2015년 4월 15일 1판 1쇄 발행
2025년 9월 1일 1판 3쇄 발행

지은이 | 유재원
펴낸이 | 이호준
펴낸곳 | 북촌

등록번호 | 제300-2015-55호
등록일자 | 2015년 3월 24일

주소 | 03648 서울특별시 서대문구 연희로41길 114, 2동 703호(홍은동, 미성아파트)
전화 | 02) 722-3629
팩스 | 02) 395-3629
이메일 | bookblog@naver.com

ISBN 979-11-955091-1-9 (04380)
      979-11-955091-0-2 (세트)

이 책을 만든 사람들
북 디자인 | 아르떼203
제작 | 소다미디어(주)

ⓒ유재원, 2015~2025

이 책의 판권은 저작권자와 북촌에 있습니다.
저작권자와 북촌 모두의 서면 동의 없이는 이 책의 일부 또는 전부를 이용할 수 없습니다.

- 책값은 표지에 있습니다.
- 잘못된 책은 바꾸어 드립니다.

유재원의
그리스 신화
I
올림포스 신들
▲▲▲▲▲▲▲

북초

글쓴이의 말

신화, 있는 그대로 즐겨라

▲▲▲▲

남는 것은 이야기뿐이다

거의 20년 만에 다시 신화 앞에 서는 기분은 실로 착잡하다. 젊어서 한때 마음껏 객기를 부리던 곳에 노인이 되어 다시 돌아온 기분이다. 덧없음이 가장 먼저 다가왔다. 거울 앞에서 더 이상 젊지 않은 자신의 모습을 보며 "헛되도다, 헛되도다!" 하고 외치는 듯한 심정이다.

신화는 인류가 가지고 있는 가장 오래된 문화유산이다. 사람이 살던 흔적은 사라져도 그들이 살아가며 겪었던 모험과 성취에 대한 이야기는 남는다. 더구나 그 이야기를 솜씨 좋은 사람이 멋있게 꾸미고 아름답게 읊으면, 그 이야기는 거의 영원이라고 할 만큼 오래오래 남게 된다. 그랬기에 고대 그리스인들은 자신의 이야기가 위대한 시인의 노래가 되는 것을 최고의 명예로 여겼다. 알렉산드로스 대왕은 아킬레우스에게는 호메로스라는 위대한 시인이 있었지만 자신에게는 그렇게 위대한 시인이 없음을 안타까워했다.

생명이 없는 돌이나 건축물도 이야기가 있으면 생명을 얻고, 살아 있는 사람도 이야기가 없으면 잊혀진다. 남는 것은 이야기뿐이다. 그리고 이야기는 신화가 될 때 가장 확실한 생명을 얻는다. 신화는 죽지 않는다.

신화에 이끌린 젊은 시절

우리 외갓집은 큰 책가게를 했다. 그래서 남들보다 일찍 책을 가까이할 수 있었다. 방학이 되면 가게 뒤쪽에 있던 책 창고는 나의 도서관이었다. 온종일 창고에 틀어박혀 마음껏 읽고 싶은 책을 읽었다. 내가 그리스신화와 처음 마주치게 된 곳도 그 책 창고 안에서다. 《호머이야기》라는 책이었다.

세월이 흘러 그리스로 유학을 가게 되었다. 그리스는 신화의 나라답게 곳곳이 신화의 현장이었다. 그곳에서는 신화가 한낱 황당무계한 이야기가 아니라 아주 구체적인 사건들이었다. 게다가 그 현장들이 매우 아름다웠기에 신화의 매력을 한층 더 느끼게 해주었다. 델포이의 아폴론 신전을 처음 보았을 때의 감동은 지금도 나를 숨가쁘게 만든다. 올림포스 산정에 서서 에게해를 내려다볼 때, 나는 제우스가 된 듯한 착각에 빠질 정도였다. 크레타의 크노소스 궁전의 미로를 둘러보며 '여기 어딘가에 미노타우로스가 있었겠지.'라고 상상하며 아리아드네의 미모를 그려 봤다. 그 시절은 행복했었다. 젊었고 꿈이 있었고 신화가 있었고, 무엇보다도 자신만만했다.

그리스인의 눈으로 본 그리스신화

그리스신화란 호메로스가 활동하던 기원전 8~9세기부터

'이교 세계'가 끝나는 기원후 3~4세기까지 그리스어를 사용하던 여러 지방에 널리 퍼져 있던 온갖 불가사의한 설화와 전설을 총칭하는 말이다. 그런데 우리나라에서 출간된 그리스신화 관련 책들의 제목은 대부분 '그리스-로마신화'로 되어 있다. 그 까닭은 이 책들이 그리스 문명의 황금기인 기원전 5세기에 살던 고대 그리스인의 관점에서가 아니라, 기원후 2세기 이후의 로마 시대 관점에서 쓰인 신화를 바탕으로 하고 있기 때문이다. 이 시대는 그리스 정신이 이미 생명을 다한 뒤였다.

합리주의에 바탕을 둔 철학적 사고가 발전하면서, 올림포스 신들은 윤리적인 존재가 아니라는 이유로 숭배의 대상이 아니라 비난의 대상으로 전락했다. 제정 로마 시대에 이르자 신화는 믿을 만한 것은 못 되지만, 시적 영감을 주는 신기하고 재미있는 이야기로 여겨졌다. 그러자 작가들은 생명력을 잃은 신화를 수집하여 일목요연하게 정리하기 시작했다. 이미 신화 편찬자들은 생명을 다한 올림포스 신들과 영웅들을 일정한 순서로 나열했다. 그들은 신의 신격이나 종교적 의미는 철저하게 무시한 채 소재 위주로 편집했다. 지금 우리가 흔히 만나는 그리스-로마신화는 이렇게 향유를 발라 반듯하게 눕혀 놓은 죽은 신들과 영웅들의 이야기다.

원죄와 선악을 분명히 구분하는 윤리적 종교 '그리스도교'가 우위를 확보하게 되자, 그리스신화는 더욱더 급속하게 전락하기 시작했다. 각 신의 신전을 중심으로 신관과 교인으로 구성된 당당한 종교였던 올림포스 신앙은, 새로운 종교인 그리스도교의 박해를 받아 미련한 민중을 속이는 사이비 종교의 취급을 받기에 이르렀다. 그리스도교가 제국의 국교로 선포된 기원후 4세기에 이르자 '위대한 판 신'은 완전히 죽었다. 신화는 더 이상 신들의 이야기가 아니라 황당무계한 이야기로 전락했다. 이제 신화는 작가들에게 상상력과 소재를 제공하는 문학적 가치로서만 살아남기에 이르렀다. 목적이 아니라 수단이 된 것이다.

고대 그리스 문명이 절정에 달했던 기원전 4~5세기는 서양 사상을 이해하는 데 있어서 매우 중요한 시대이다. 소피스트와 소크라테스, 플라톤, 아리스토텔레스와 같은 철학자들과 에스킬로스와 에우리피데스, 소포클레스와 같은 위대한 비극작가, 헤로도토스와 투키디데스와 같은 역사가들이 활동하던 시기이다. 이 시기까지도 신화는 믿음의 대상으로 굳건히 자리를 지키고 있었다. 그러나 현대인과 고대 그리스 문명 사이에는 그리스 문화를 왜곡한 로마 시대와 중세가 가로놓여 신화에 대한 우리의 이해를 방해하고 있다. 우리가 진정으로 소크라테스나 플라톤이 알고 있던 그리스신화의 세계를 이해하려면 로마와 중세를 뛰어넘어야 한다.

산은 먼 곳에서 바라봐도 아름답다. 그러나 먼 곳에서 바라보는 산은 아무리 아름답더라도 커다란 덩어리일 뿐이다. 생명이 살아 숨 쉬는 계곡과 개울, 폭포와 오솔길은 보이지 않는다. 자연의 진정한 아름다움을 맛보려면 산속으로 들어가야 한다. 먼 곳에서 바라보는 산과는 비교가 안 된다. 그리스신화도 마찬가지이다. 올림포스 신들을 더 이상 숭배하지 않게 된 시대에 써내려간 신화를 읽는 것은, 먼 곳에서 산의 윤곽만 보는 것과 같다. 생동감이 없다. 신화는 신들의 이야기여야 한다. 믿음의 대상이 아닌 신은 더 이상 신이 아니다. 따라서 올림포스 신앙을 빼 버린 그리스신화의 이해는 공허할 뿐이다. 신화를 이해하기 위해서는 무엇보다도 올림포스 신앙의 본질을 이해해야 한다. 하지만 지금까지 이런 시도가 없었기에, 그리스학을 평생 연구한 입장에서 소크라테스가 알고 있던 살아 있는 신들의 신화를 되찾아보고 싶었다. 기원전 5세기 이후에 끼어들어 신화를 왜곡하고 오염시킨 요소들을 제거한 순수한 모습의 신화를 밝혀 보고 싶었다.

산에 가는 까닭은 정상을 정복하기 위해서가 아니다. 즐기기 위한 것이다. 신화를 읽는 것도 마찬가지이다. 신화에 통달해 보겠다는 생각은 자칫하면 오만이 될 수 있다. 오만은 올림포스 신들이 가장 경계하던 죄악이다. 아름다운 감동이나 깨달음을 느끼는 곳에서 즐기는 것이 신화를 읽는 방법이다. 신화가 있다는 것은 우리에게 무척 소중한 일이다. 신화를 연구하는 것도 무척 가치 있다. 그러나 그보다 더 의미 있는 것은, 신화를 있는 그대로 즐기는 것이다.

근 20년 만에 또다시 신화 책을 내면서 신화와 나의 인연은 참으로 끈질기다는 생각이 든다. 결국 신화는 이야기고, 이야기는 누군가에 의해 말해지지 않으면 안 된다는 평범한 진실에 새삼 엉뚱한 사명감을 느낀다. 이번에는 힘들더라도 끝까지 이야기를 해 보겠다는 각오도 해 본다.

이 책을 만드는 동안 내내 내 딸 수진이의 원망을 살 정도로 독촉을 한 '북촌' 출판사의 이호준 사장께 고마운 마음을 전한다. 그의 다정한 격려와 비평이 없었더라면 이 책은 나오지 못했을 것이다.

2015년 4월 1일
인왕산 자락에서

차
례

▲▲▲▲

글쓴이의 말 04
일러두기 12

제1부
천지개벽과 신들의 탄생

1장 | 신화가 말하는 우주의 생성과 "대폭발이론" 16

2장 | 신들의 전쟁 26

3장 | 인간의 탄생 44

4장 | 대홍수와 인간의 다섯 시대 56

제2부
올림포스 신들과 위대한 조연들

1장 | 신들의 보금자리, 올림포스 산 76

2장 | 인간과 신들을 지배하는 번개의 신, 제우스 84

3장 | 신성한 불꽃을 지키는 부뚜막의 여신, 헤스티아 114

4장 | 결혼과 가정을 지키는 정절의 수호신, 헤라 120

5장 | 경작지를 지키는 풍요의 여신, 데메테르 132

6장 | 사랑을 주관하는 미의 여신, 아프로디테 148

7장 | 야생과 출산을 돌보는 숲의 여신, 아르테미스 190

8장 | 학문과 문명을 돌보는 지혜의 여신, 아테나 206

9장 | 질서와 안정을 지키는 빛의 신, 아폴론 230

10장 | 나그네와 길을 지켜주는 전령의 신, 헤르메스 262

11장 | 폭력과 공포를 관장하는 전쟁의 신, 아레스 290

12장 | 화산과 불을 다루는 대장장이의 신, 헤파이스토스 298

13장 | 축제와 광기를 지배하는 포도주의 신, 디오니소스 318

14장 | 지진과 폭풍을 일으키는 바다의 신, 포세이돈 348

15장 | 땅속의 부를 지배하는 지하 세계의 신, 하데스 380

찾아보기 390

일러두기

그리스어 낱말은 '문화체육관광부 고시 제2010-00호, 2010. 2. 00.'에 따라 아래와 같이 한글로 적는다.

▲▲▲▲

고전 그리스어 자모와 한글 대조표

	로마자	그리스어 자모	한글 모음 앞	한글 자음 앞·어말	보기
자음	b	β	ㅂ	브	bema(βῆμα) 베마, biblos(βίβλος) 비블로스, brotos(βροτός) 브로토스
	g	γ	ㄱ	그	gamos(γάμος) 가모스, gignosko(γιγνώσκω) 기그노스코
	ng	γγ	ㅇㄱ	-	angelos(ἄγγελος) 앙겔로스, anangello(ἀναγγέλλω) 아낭겔로
	nk	γκ	ㅇㅋ	-	ankyra(ἄγκυρα) 앙키라, enkaio(ἐγκαίω) 엥카이오
	nkh	γχ	ㅇㅋ	-	ankhos(ἄγχος) 앙코스
	nx	γξ	-	ㅇ크스	Sphinx(Σφίγξ) 스핑크스, Syrinx(Σύριγξ) 시링크스
	d	δ	ㄷ	드	doron(δῶρον) 도론, Ariadne(Ἀριάδνη) 아리아드네, drao(δράω) 드라오
	z	ζ	ㅈ	-	Zeus(Ζεύς) 제우스, enzymon(ἔνζυμον) 엔지몬
	th	ϑ	ㅌ	트	Thessalia(Θεσσαλία) 테살리아, Thrake(Θράκη) 트라케, Kythnos(Κύθνος) 키트노스
	k	κ	ㅋ	ㄱ, 크	kopos(κόπος) 코포스, ekthesis(ἔκθεσις) 엑테시스, Perikles(Περικλῆς) 페리클레스
	l	λ	ㄹ, ㄹㄹ	ㄹ	lathos(λάθος) 라토스, Helene(Ἑλένη) 헬레네, alpha(ἄλφα) 알파, telma(τέλμα) 텔마
	m	μ	ㅁ	ㅁ, 므	momphe(μομφή) 몸페, Memnon(Μέμνων) 멤논, mneme(μνήμη) 므네메, analemma(ἀνάλημμα) 아날레마
	n	ν	ㄴ	ㄴ	Nonnos(Νόννος) 논노스, anthropos(ἄνθρωπος) 안트로포스, Platon(Πλάτων) 플라톤
	x	ξ	ㄱ스, 크스	ㄱ스	exodos(ἔξοδος) 엑소도스, Xenos(ξένος) 크세노스, Sextos(Σέξτος) 섹스토스, hex(ἕξ) 헥스
	p	π	ㅍ	ㅂ, 프	Pan(Πάν) 판, optikos(ὀπτικός) 옵티코스, hypnos(ὕπνος) 히프노스, Ptolemaios(Πτολεμαῖος) 프톨레마이오스, Sappho(Σαπφώ) 사포
	r	ρ	ㄹ	르	hora(ὥρα) 호라, kardia(καρδία) 카르디아, pater(πατήρ) 파테르, Pyrrha(Πύρρα) 피라
	s	σ	ㅅ	스	soma(σῶμα) 소마, skhema(σχῆμα) 스케마, Nestor(Νέστωρ) 네스토르
		ς	-	스	Adonis(Ἄδωνις) 아도니스, Danaos(Δαναός) 다나오스
	t	τ	ㅌ	트	tauros(ταῦρος) 타우로스, Atlas(Ἄτλας) 아틀라스
	ph	φ	ㅍ	프	alpha(ἄλφα) 알파, Daphne(Δάφνη) 다프네
	kh	χ	ㅋ	크	khi(χῖ) 키, khronos(χρόνος) 크로노스
	ps	ψ	ㅂ스, 프스	ㅂ스	hypsilon(ὕψιλον) 힙실론, Psykhe(ψυχή) 프시케, Kekrops(Κέκροψ) 케크롭스

12

자음	h	(거친 숨표)	ㅎ	-	hepta(ἑπτά) 헵타, hypnos(ὕπνος) 히프노스
모음	a	α	아		agora(ἀγορά) 아고라, thallasa(θάλασσα) 탈라사, kharites(χάριτες) 카리테스
		ᾳ			lathra(λάθρᾳ) 라트라, praos(πρᾷος) 프라오스
	e	ε	에		epsilon(ἒψιλον) 엡실론, hen(ἕν) 헨
		η			helios(ἥλιος) 헬리오스, Hera(Ηρα) 헤라
		ῃ			thnesko(θνήσκω) 트네스코, mimnesko(μιμνήσκω) 밈네스코
	o	ο	오		Odysseus(Οδυσσεύς) 오디세우스
		ω			hora(ὥρα) 호라, soma(σῶμα) 소마
		ῳ			tragodia(τραγῳδία) 트라고디아, komodia(κωμῳδία) 코모디아
	y	υ	이		hypothesis(ὑπόθεσις) 히포테시스, physis(φύσις) 피시스
	i	ι	이		idea(ἰδέα) 이데아, time(τιμή) 티메
	ai	αι	아이		aiskhos(αἴσχος) 아이스코스, haima(αἷμα) 하이마
	ei	ει	에이		heis(εἷς) 헤이스, teikhos(τεῖχος) 테이코스
	oe	οι	오이		Moirai(Μοῖραι) 모이라이, Delphoi(Δελφοί) 델포이
	au	αυ	아우		auxo(αὔξω) 아욱소, autos(αὐτός) 아우토스
	eu	ευ	에우		eudaimon(εὐδαίμων) 에우다이몬, proseukhe(προσευχή) 프로세우케
		ηυ			heurethen(ηὑρέθην) 헤우레텐
	ou	ου	우		Ouranos(Οὐρανός) 우라노스, kouphos(κοῦφος) 쿠포스

기타   μμ, νν

고전 그리스어에서 콧소리 이중 자음 μμ, νν은 각각 'ㅁㅁ', 'ㄴㄴ'으로 적는다.

보기   Anna Αννα 안나   Gamma Γάμμα 감마

예외 사항 : 이미 굳어진 낱말은 그대로 쓴다.

그리스어 표기	영문 표기	굳어진 표기	원칙에 따른 표기
Αἰγαῖον	Aegaeon	에게	아이가이온
Αἴτνα	Aetna	에트나	아이트나
Ἀθῆναι	Athenae	아테네	아테나이
Ἀττική	Attica	아티카	아티케
Μυκῆναι	Mycenae	미케네	미케나이
Φαίδρα	Phaedra	페드라	파이드라
Καυκάσος	Caucasus	코카서스	카우카소스

천지개벽과 신들의 탄생

제1부

1장
신화가 말하는 우주의 생성과 "대폭발이론"

태초에는 '카오스Chaos, 혼돈'만이 있었다. 카오스는 공허空虛가 아니었다. 카오스는 만물의 원천이 되는 모든 물질의 원형과 에너지로 꽉 찬 공간이었다. 물질과 에너지가 서로 분리되지 않고 뒤죽박죽 섞인 곤죽과 같은 상태가 바로 카오스였다.

얼마 지나지 않아 대지의 여신인 가이아Gaia, 대지가 생겨났고, 곧이어 모든 물질을 서로 결합·생성하게 하는 정신적 힘인 에로스Eros, 사랑가 생겨났다. 이 에로스는 우주의 원초적 친화력을 나타내는 것으로, 후대 신화에 나타나는 남녀 간의 애정을 관장하는 아프로디테Aphrodite의 장난꾸러기 아들 에로스와는 다른 신이다. 이리하여 우주를 구성할 원초적인 질료가 모두 갖추어졌다.

카오스로부터 닉스Nyx, 밤와 에레보스Erebos, 어둠가 태어났다. 닉스는 밤하늘의 맑은 어두움이고 에레보스는 땅속의 칠흑 같은 어두움이다. 이 둘은 서로 어울려 맑은 대기인 아이테로스Aitheros, 창공와 헤메라Hemera, 낮를 낳았다. 이렇게 카오스로부터 모든 천체가 운행할 우주의 드넓은 어둠과, 낮과 밤의 세계가 생겨났다.

밤의 여신인 닉스는 혼자 힘으로 운명의 여신인 모이라이Moirai 세 자매와 신의 분노를 상징하는 네메시스Nemesis, 석양의 낙원에서 황금사과를 지키는 에스페리데스Esperides, 저녁를 낳았다. 이외에도 닉스는 인간사의 어두운 면과 관련이 있는 수많은 자식을 낳는다. 즉 잔혹한 죽음, 파멸, 고뇌, 죽음, 잠, 꿈, 비난, 불행, 운명, 복수, 비참, 사기, 애욕, 노쇠, 그리고 불화의 여신 에리스Eris를 낳았다. 마지막 자식인 에리스로부터 다시 고통과 망각, 기근, 병마, 분쟁, 전투, 살인, 남아 살해, 승벽남과 겨뤄 이기려는 버릇, 논쟁, 의심, 불법不法, 거짓, 그리고 맹세가 태어났다.

한편 가이아는 자신과 같은 크기의 우라노스Ouranos, 하늘를 낳아 자신을 뒤덮게 하였다. 또 요정들의 은신처인 오레Ore, 산맥를 낳고, 이어서 폰토스Pontos, 바다를 낳았다. 이렇게 우주를 생성한 후, 가이아는 우라노스와 어울려 열두 명의 티타네스Titanes와 외눈박이 키클롭스Kyklops 삼형제, 손이 100개나 달린 헤카톤케이레스Hekatoncheires, 100개의 손을 가진 거인 삼형제를 낳았다.

헤시오도스Hesiodos는 천지개벽의 과정을 이와 같이 전하고 있다. 여기서 유난히 관심을 끄는 것은 카오스 신화와 현대 물리학의 대폭발이론Big Bang Theory이 기이할 정도로 닮았다는 점이다. 물리학자들은 대폭발이 있기 전에 우주의 크기는 0이었으며, 이때 모든 물질과 에너지는 극한점 안에 뒤엉켜 있었다고 설명한다. 즉 대폭발이 일어나 우주Cosmos, 코스모스가 탄생하기 전에는 오직 카오스만이 존재했다는 것이다.

대폭발이 일어나자 우주는 점점 팽창했고, 물질과 에너지가 분리되면서 물질은 서서히 식어가며 응고하기 시작했다. 대폭발 후 100초가 지나면 온도는 섭씨 10억 도로 떨어지는데, 이때 양성자와 중성자는 서로 간에 작용하는 강한 핵력을 벗어날 힘을 갖지 못해 중수소의 원자핵을 형성하기 시작한다. 이후 두 개의 중수소 원자핵이 결합하여 다시 헬륨의 원자핵을 만든다. 대폭발 후 불과 몇 시간 내에 헬륨이나 기타 원소가 생성된 것이다. 그 후 약 100만 년 정도 팽창을 거듭하는 동안 우주의 온도는 섭씨 수천 도까지 떨어지고, 그 결과 전자와 원자핵이 전자력을 이길 수 없게 되면서 결합하여 원자를 만들기 시작한다. 드디어 만물의 어머니인 가이아가 생겨난 것이다.

이때까지 우주에는 빛이 없었고 어둠만이 존재할 뿐이었다. 그러나 이 어둠은 더 이상 카오스는 아니었다. 팽창을 계속하는 동안 우주는 원자들이 촘촘히 모인 구역과 그렇지 않은 구역을 형성해 갔다. 에레보스어둠와 닉스밤가 카오스로부터 태어난 것이다.

팽창이 계속되고 이에 따라 온도가 더욱 떨어지면, 물질이 평균보다 더 촘촘히 모여 있는 구역에서는 그 물질들의 중력으로 인해 팽창이 멈추게 되고 마침내 수축이 시작된다. 이렇게 수축하는 구역에서 중력은 외부의 물질들을 끌어들이면서 회전하기 시작한다. 모든 물질을 끌어들여 화합하게 하는 힘, 즉 우주에서 우리가 만나게 되는 "모든 물질을 만들어내는 힘"인 중력이 작용하기 시작한다. 마침내 에로스가 탄생한 것이다. 과학자들은 이때의 우주는 달걀 모양의 타원 은하 형태를 하고 있었으리라고 추측한다. 그런데 헤시오도스와 다른 천지개벽 신화에는 닉스가 달걀 모양으로 모습을 바꿔 에로스를 낳았다는 설도 있다. 신화와 현대과학의 설명이 또다시 일치하는 장면이다. 이제 가이아는 에로스의 힘을 빌려 우주를 지금 우리가 보고 있는 모습으로 만들어가기 시작한다.

스스로의 중력으로 수축된 원자들은 서로 핵융합을 하여 우주의

어둠 속에서 빛나기 시작하면서 광명은 어둠에서 분리된다. 잠깐 사이에 우주의 구석구석까지 찬란하게 빛나는 별들이 헤아릴 수 없을 만큼 생겨났다. 가이아가 우라노스와 어울려 만들어낸 수많은 천체가 밤하늘에 반짝이게 된 것이다. 이제 더 이상 카오스는 존재하지 않는다. 우주는 팽창해 가는 어둠과 그 어둠 속에서 아름답게 타오르는 별들로 가득 차게 되었다. 우리가 밤하늘을 통해 볼 수 있는 아름다운 우주는 이렇게 완성된 것이다.

　과학적 지식이 전혀 없었던 고대인들이 상상력을 발휘해 설명한 우주의 생성과, 현대 과학자들이 허블 망원경 같은 온갖 현대장비와 컴퓨터를 이용하여 관측한 뒤 고도의 수학으로 분석해 설명한 우주 생성의 모습이 어쩌면 이토록 비슷할까? 언뜻 무척 복잡하게 보일 수도 있지만, 고대와 현대의 설명이 유사한 데는 분명한 이유가 있다.

대폭발 이후 우주는 팽창하기 시작했다. 팽창이 계속되면서 우주가 식어가자 물질들은 수축되어 원자를 이루었다. 원자들은 핵융합을 일으키며 빛을 뿜어내기 시작했다. 빛이 어둠에서 분리된 것이다. 잠깐 사이에 찬란하게 빛나는 별들이 우주를 구석구석까지 가득 채웠다.

- 파일　M82 HST ACS 2006-14-a-large web.jpg
- 출처　http://www.spacetelescope.org/images/html/heic0604a.html
http://hubblesite.org/gallery/album/entire_collection/pr2006014a/
- 저자　NASA, ESA, and The Hubble Heritage Team (STScI/AURA)

우주가 시작될 때의 대폭발을 본 사람은 아무도 없다. 과학자들은 우주로부터 관찰하고 수집할 수 있는 모든 현상과 자료를 바탕으로 분석하고 가설을 세운다. 가설을 세워 무엇인가를 설명한다는 것은 결국 상상력의 영역이다. 아무리 현대과학이 고도로 발달했다 하더라도 결국 우주의 생성과 같은 태고의 일은 상상력으로 설명할 수밖에 없는 것이다.

고대인들 역시 우주의 시작을 보았을 리 없다. 헤시오도스의 천지개벽 신화는 그 뿌리가 수메르-바빌로니아 시대까지 거슬러 올라가며 고대 문명세계에 널리 퍼져 있던 이야기다. 인류는 석기시대부터 밤하늘의 별자리와 별들의 움직임을 관찰하여 천구도天球圖, 별들의 위치를 기록한 천체지도를 만들고 일식과 월식을 계산할 줄 알았다. 천지개벽 신화에 나타나는 고대인들의 지혜는 결코 우연한 것이 아니었다. 전자망원경 같은 첨단 장비를 통한 관찰이나 고도로 발달한 현대수학이나 컴퓨터를 이용하여 정확한 분석은 할 수 없었지만, 가설을 세우는 데 필요한 상상력은 현대인보다 더 탁월했는지도 모른다. 결국 고대 문명을 이뤄낸 현자들과 현대 과학자들은 단지 축적된 지식에서 차이가 날 뿐, 지적 능력이나 지혜는 그다지 다르지 않았다. 그러나 일반인들의 입장에서는 어려운 수학 공식과 전문용어로 가득한 스티븐 호킹Stephen Hawking의 현대 물리학적 설명보다는 헤시오도스의 천지개벽 신화가 훨씬 아름답고 알기 쉽다. 이런 점에서 신화는 옛사람들의 황당무계한 이야기가 아니라 아직도 살아 숨 쉬는 지혜와 진리의 보고이다.

우주가 자리를 잡아가자, 닉스는 혼자 힘으로 인간이 두려워하는 존재들을 하나씩 낳기 시작했다. 잠과 죽음과 꿈이 밤의 여신인 닉스의 자식이라는 것은 무척 자연스럽다. 애욕도 밤의 자식인데, 이 또한 사랑의 행위가 밤에 이루어지는 것을 감안하면 당연한 것이다. 그러나 파멸과 고뇌, 비난, 불행, 비참, 사기, 노쇠가 밤의 자식이라는 신화의 설명은 고대인들에게 밤의 어둠이 얼마나 두려움의 대상이었는가를 잘 보여 준다. 전등도 없고 불씨도 귀하던 태고 시절, 인간은 밤이 이끌어낸 칠흑 같은 어둠속에서 절망적인 공포를 느꼈다. 전깃불로 밤을 환히 밝히는 현대인들로서는 상상하기 어려운 일이다.

운명이 밤의 딸이라는 신화의 설명은 특히 우리의 관심을 끈다. 고대인들은 밤을 피할 수 없는 운명처럼 생각했다. 신의 분노를 상징하는 네메시스도 밤의 딸이다. 천벌 받을 죄를 저지른 자들에게 '어떤 일이 일어날지 모르는' 밤은 두려운 시간이었다.

또 불화의 여신 에리스도 밤의 딸이었는데, 이 에리스는 나중에 "가장 아름다운 여신에게"라고 말하며 신들의 잔칫상에 황금사과를 던져 트로이아 전쟁을 불러일으킨 장본인이다. 에리스는 고통, 망각, 기근, 병마, 분쟁, 전투, 살인, 가부장제도, 승벽, 논쟁Logoi, 의심, 불법不法, 거짓, 그리고 맹세처럼 온갖 불행의 근원이 되는 자식을 낳았다.

이들 중에서 눈길을 끄는 것들은 논쟁Logoi과 맹세Orkos다. 로고스Logos는 성경에서는 말씀으로 번역된다. 그리스도교 신학에 따르면 하느님 자신이 곧 로고스다. 성경의 해석을 떠나면, 이 낱말은 이성 또는 논리로 번역된다. 그러나 헤시오도스 시대의 그리스인들은 논리적인 말, 로고스를 언쟁의 씨앗으로 보고 불화가 낳은 자식으로 간주했다. 맹세 역시 인간의 우매함을 상징하는 표상이다. 힘없고 유한하며 이해타산에 밝은 인간의 맹세는 믿을 게 못 될 뿐 아니라, 불화의 원인만 제공할 뿐이라는 얘기다. 이런 점에서 당시 그리스인들이 품었던 인생에 대한 깊은 통찰이 느껴진다.

≪ 테미스
우라노스와 가이아 사이에서 태어난 정의의 여신
(기원전 4세기 후반에서 3세기 전반 사이, 아테네 국립 고고학 박물관 소장)

∨ 헤스페리데스들과 오케아노스
낮과 밤의 경계인 세상의 가장 서쪽에 살고 있는 헤스페리데스들과 그들의 아버지인 대양의 신 오케아노스
(기원전 400-375년, 뉴욕 메트로폴리탄 박물관 소장)

우주가 생성된 후 가이아는 지구의 모습을 정비해 나가기 시작한다. 우선 우라노스하늘와 오레산맥, 그리고 폰토스바다를 혼자의 힘으로 낳는다. 그리고 우라노스와 어울려 열두 명의 티타네스와 키클롭스, 헤카톤케이레스를 낳았다. 정신력을 상징하는 테미스Themis, 법나 므네모시네Mnemosine, 기억와 같은 예외도 있으나, 이들이 낳은 자식들은 하나같이 무시무시하고 거친 자연의 힘을 상징하는 존재들이다. 티타네스의 맏형인 오케아노스Okeanos, 대양는 대지를 둘러싸고 있는 물을 상징하고, 히페리온Hyperion 은 빛을 상징한다. 키클롭스 삼형제 브론테스Brontes, 스트로페스Stropes, 아르게스Arges는 각각 천둥과 번개, 벼락의 신들이다. 또 헤카톤케이레스는 폭풍우처럼 거칠고 무지막지한 자연의 힘을 상징하는 괴물이다. 양들을 치며 벌판에서 야영을 하던 목동들이나 안전하지 못한 움막에서 살던 초기 농경민들에게 천둥번개나 폭풍우와 같은 자연의 힘은 두려움의 대상이었다. 그러기에 이들은 이런 무서운 자연의 힘을 신으로 모시고 달래보려 했다.

가이아는 또 폰토스바다와 어울려 현명한 네레우스Nereus 와 타우마스Thaumas, 경이驚異, 바다 괴물들의 아버지인 포르키스Porkys를 낳았다. 이렇게 하여 지구도 대부분 정리되었다. 이제 남은 것은 신들과 인간의 출현뿐이었다.

헤시오도스가 정리한 신들의 족보

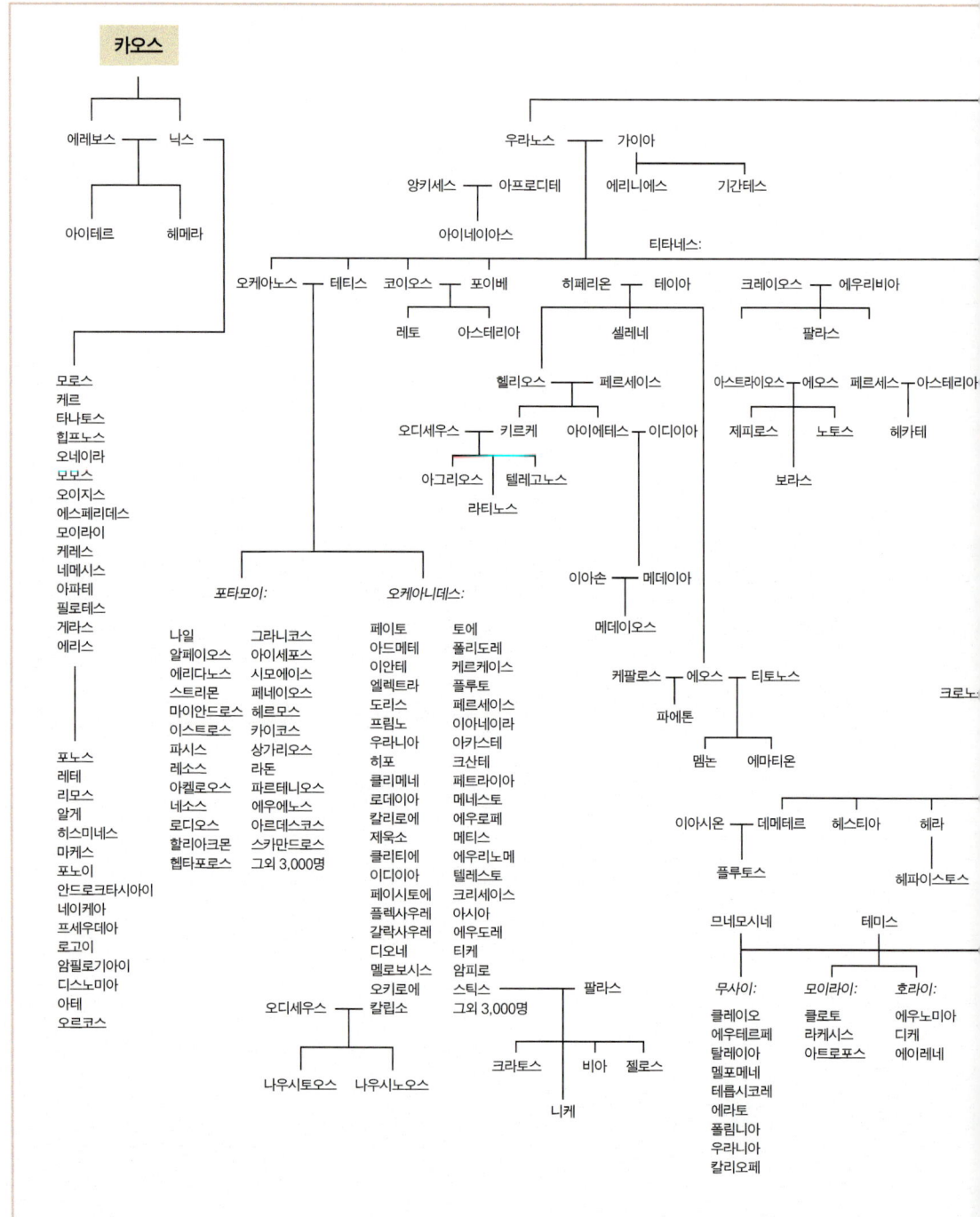

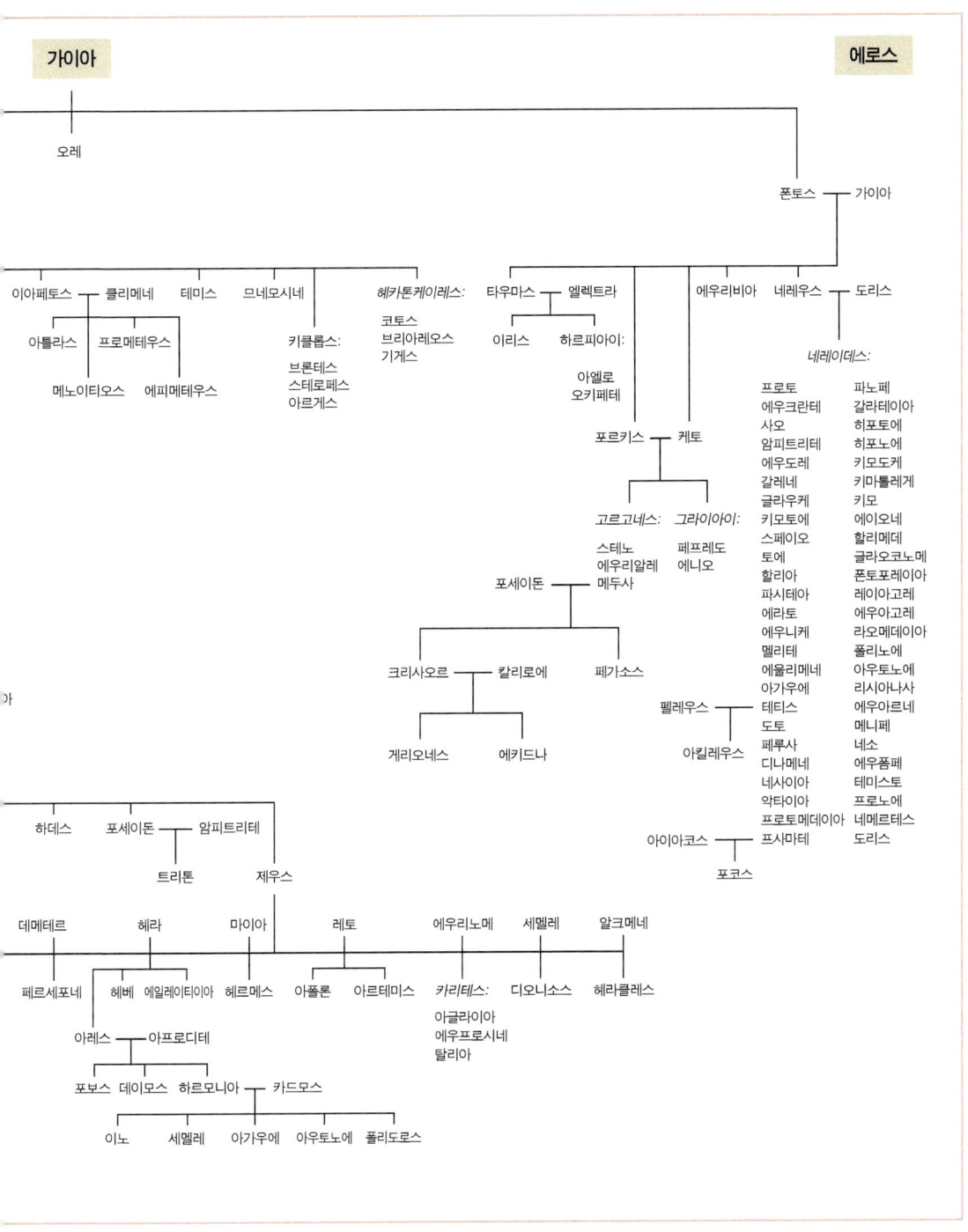

1장 신화가 말하는 우주의 생성과 "대폭발이론" 25

2장 신들의 전쟁

우라노스와 크로노스

하늘과 땅이 최초의 부부로서 함께 세계를 창조하는 다른 지역의 신화와는 달리, 그리스신화에서는 가이아가 모든 세계의 근원으로 우라노스하늘마저 그녀의 소생이다. 하늘과 땅이 정비되자 가이아는 통치권을 우라노스에게 넘겨준다. 그러나 권력을 잡은 우라노스는 끔찍한 자식들의 모습이 보기 싫어 이들을 모두 빛이 닿지 않는 가이아의 몸속 깊은 곳에 가두었다. 가이아는 덩치 큰 자식들이 자기 안에서 요동치는 바람에 괴로움을 당하였다. 이 고통에서 벗어나고 또 자식들에게 자유를 되찾아주기 위하여, 가이아는 날카로운 낫을 준비한 뒤 자식들에게 아버지인 우라노스를 제거하자고 제안했다. 다른 자식들은 겁을 내고 응하지 않았다. 그러나 막내인 크로노스Kronos 만은 어머니 가이아의 제안을 받아들였다. 밤에 우라노스가 가이아의 옆에 누웠을 때, 가이아의 비호 아래 몰래 부부 침실에 숨어 있던 크로노스는 준비한 낫으로 곡식을 베듯 우라노스의 생식기를 잘라 던졌다. 우라노스에게 권력을 주었던 가이아는 이렇게 하여 그를 권좌에서 내쫓았다. 그때부터 우주 최초의 부부였던 우라노스와 가이아는 영원히 갈라서게 되었다. 이제 하늘과 땅은 충분히 떨어져 더 이상 섞이는 일이 없게 되었다.

우라노스의 생식기가 땅에 떨어지면서 피가 흘러나왔는데, 거기서 복수의 여신들인 에리니에스Erinyes와 거인족 기간테스Gigantes가 태어났다. 에리니에스들은 부모를 살해한 자들이나 맹세를 지키지 않은 자들을 끝까지 쫓아가 복수한다. 이들은 나중에 어머니 클리타임네스트라Klytaimnestra를 죽인 오레스테스Orestes를 괴롭히며 끈질기게 쫓아다닌다. 이들 에리니에스들은 고대 사회의 관습법을 어긴 자들을 벌하는 무서운 신이었다.

한편 바다 위로 떨어진 생식기는 거품이 되었는데, 그 거품에서 아름다움과 사랑의 여신인 아프로디테Aphrodite가 태어났다. 그리스어로 거품을 아프로스aphros라 하는데 아름다움과 사랑은 맑은 날 푸른 파도 위에 부서지는 거품처럼 찬란하고도 덧없는 것이다.

신의 생식기를 거세함으로써 그 피가 땅에 떨어졌다는 신화는 자연의 생명력을 기원하는 고대 종교제전의 비밀 의식을 떠올리게 한다. 고대 소아시아 프리기아 지방에서는 대지의 여신 키벨레Kybele의 제전 때, 제관祭官들이 제단 앞에서 자신들의 성기를 자르고 피로 땅을 물들여 대지의 생명력을 기원하는 전통이 있었다. 아직도 오지奧地에서 농사를 짓는 농경민들은 동물을 죽여 그 피로 땅을 적셔 자연의 생명력을 유지하려는 희생의식을 치른다. 그리스도교의 부활절 의식도 기원을 거슬러 올라가 보면, 신이 자신을 희생물로 바쳐 자연의 생명력을 새로이 하고 유지하려는 고대 농경민의 종교제전에 그 뿌리를 두고 있다. 우라노스가 거세당하고 그 피가 땅에 뿌려지는 신화에는 지금은 사라진 고대의 종교제의가 숨어 있다.

크로노스와 제우스

우라노스로부터 거의 틀이 잡힌 우주를 물려받은 크로노스는 자신의 형제인 티타네스들은 지하로부터 해방시켰지만, 보기 흉한 키클롭스와 헤카톤케이레스들은 그대로 땅 밑에 가두어 놓았다. 실망한 가이아는 크로노스 역시 자신의 자식 가운데 하나에게 권좌를 빼앗길 것이라고 저주했다. 이를 두려워한 크로노스는 운명을 피해 보려고 자신과 레아Rhea 사이에서 생긴 아이들을 낳는 즉시 삼켜버렸다. 자식을 매정하게 먹어치우는 남편을 그대로 둘 수 없었던 레아는 가이아를 찾아가 이런 횡포로부터 벗어날 방법을 의논했다. 이에 레아는 막내아들 제우스를 낳은 뒤 돌을 아기라고 속여 크로노스에게 삼키게 하고, 가이아에게 맡겨진 제우스는 크레타Krete의 딕테Dikte 산속 딕타이온Diktaion 동굴에서 자라난다. 레아는 아기 제우스가 우는 소리를 감추기 위해 쿠레테스Kouretes 족으로 하여금 청동방패를 두드리며 춤을 추게 했다.

제우스가 태어났다는 딕타이온 동굴이 있는 딕테산

이렇게 위기를 넘긴 제우스는 장성하자마자 아버지의 왕위를 빼앗기 위해 도전했다. 제우스는 우선 메티스Metis, 지혜 여신에게서 얻은 약을 크로노스에게 먹여 자신의 형제들을 토하게 했다. 이때 크로노스는 마지막으로 삼켰던 돌멩이를 먼저 토해내는데, 제우스는 이 돌을 델포이 신전이 있는 파르나소스 산에 올려놓아 자신이 승리했다는 증거로 삼았다. 크로노스가 삼켰던 자식들을 토해내자, 이들과 크로노스의 형제인 티타네스 족 사이에 치열한 전투가 벌어졌다. 그런데 모든 티타네스가 크로노스 편에 선 것은 아니었다. 지하세계의 강인 스틱스Styx는 티타네스 족에 속했지만, 자신의 자식이었던 크라토스Kratos, 힘, 비아Bia, 폭력, 젤로스Zelos, 의욕 또는 질투, 니케Nike, 승리를 거느리고 제우스 편에서 싸웠다. 스틱스의 아버지 오케아노스Okeanos와 이아페토스Iapetos의 아들 프로메테우스Prometheus, 앞서 배우는 자도 제우스 편을 들었다.

크로노스에게 천으로 감싼 돌을 건네고 있는 레아
크로노스는 이 돌을 갓 태어난 제우스인 줄 알고 삼킨다.
(기원전 460년쯤, 뉴욕 메트로폴리탄 박물관 소장)

가이아와 레아도 제우스를 도왔다. 제우스는 가이아의 충고에 따라 땅속 깊은 곳인 타르타로스Tartaros에 갇혀 있던 키클롭스 삼형제와 헤카톤케이레스 삼형제를 풀어주어 자기편으로 끌어들였다. 키클롭스 삼형제는 모두 솜씨 좋은 대장장이였다. 이들은 제우스에게는 번개를, 포세이돈Poseidon에게는 삼지창 트리아이나Triaina를, 하데스Hades에게는 머리에 쓰면 상대방에게 보이지 않게 되는 황금투구 키네에Kynee를 무기로 만들어 주었다. 티타네스들과의 전쟁이 9년 만에 제우스의 승리로 끝나자 올림포스Olympos 신들의 시대가 시작되었다. 전쟁에서 진 크로노스와 그의 형제 티타네스들은 땅속 깊은 곳에 갇히게 되었다. 그러나 티타네스 가운데 아틀라스Atlas 만은 제우스로

갓난아기 제우스에게 젖을 먹이는 요정 아말테이아와 쿠레테스 족의 전사들

아말테이아가 젖을 먹이는 동안 쿠레테스 족의 전사들이 청동방패에 칼을 두드려 내는 소리에 장단을 맞춰 춤을 추고 있다. 이런 방법으로 쿠레테스들은 크로노스가 제우스의 울음소리를 듣지 못하게 했다.
(로마시대, 파리 루브르 박물관 소장)

갓난아기 제우스에게 풍요의 뿔에 담긴 우유를 먹이고 있는 딕테 산의 요정 아말테이아

이 그림은 자연에서 자라나는 제우스를 묘사하고 있다. 제우스 아래에는 양 한 마리가 풀을 뜯고 있고 나무 뒤에는 판 신 한 명이 피리를 불고 있다.
(기원후 130년쯤, 로마 바티칸 박물관 소장)

부터 영원히 하늘을 떠받치고 있어야 한다는 무서운 벌을 받게 되었다.

자신의 권좌를 지키기 위해 아들을 잡아먹는 이야기는 여러 고대신화에 나타난다. 아버지와 아들은 가부장제도의 틀 안에서 항상 갈등한다. 가정 밖에서는 같은 편이지만 가정 안에서는 주도권을 놓고 항상 대립한다. 아버지는 가장의 권위와 절대권을 행사하려 하고 아들은 이에 반항하고 때로는 도전한다. 아직 윤리가 확립되지 못했을 때, 아버지와 아들 사이의 이런 갈등과 대립은 종종 생사를 건 육체적인 완력 대결로까지 치달았다. 어느 사회에서든 지도자의 무능력은 개인의 불행일 뿐만 아니라 집단 전체의 재앙이다. 더구나 초창기의 인류는 자연에서 안전하지 못했다. 이런 상황에서 우두머리는 항상 가장 강력한 자여야 했다. 누구든 자신이 우두머리보다 강하다고 생각하면 즉시 도전해 자웅을 겨룰 수 있었다. 패배자는 대개 죽음을 피할 수 없었다. 후환을 두려워하는 승리자는 패배자를 죽이게 마련이었기 때문이다.

태어나 같은 거주 공간에서 함께 식사하며 자라난 아들이야말로 아버지의 장단점을 누구보다도 잘 안다. 이 때문에 아버지들은 가장 강력한 잠재적 도전자인 아들을 경계해야 했다. 많은 원시문화에서 아들을, 특히 큰아들을 아버지의 정기를 빼앗아간다고 하여 죽이던 관습은 이런 아버지의 불안을 반영한다. 신화에 아들이나 조카를 죽이려는 아버지나 삼촌의 이야기가 유난히 많은 것은 이런 까닭이

벌을 받고 있는 아틀라스와 프로메테우스

티타네스 족 아틀라스가 세계의 서쪽 끝에서 하늘을 받치고 있는 형벌을 받고 있고, 오른쪽에는 독수리가 돌기둥에 손발이 묶인 프로메테우스의 오장육부를 파먹고 있다. 아틀라스는 하늘의 무게에 몸이 앞으로 굽었고, 프로메테우스가 흘린 피는 땅을 흥건히 적시고 있다. 그림 아래에 보이는 기둥 머리는 인간들이 살고 있는 대지를 상징한다.
(기원전 550년쯤, 로마 바티칸 박물관 소장)

다. 오이디푸스Oidipous, 페르세우스Perseus, 이아손Iason, 심지어《햄릿Hamlet》의 설화까지도 모두 이런 갈등과 불안을 반영한다. 자식을 지하감옥에 가두는 우라노스나 태어나는 대로 족족 집어삼키는 크로노스의 포악한 행위 뒤에도 권력을 사이에 둔 부자 사이의 갈등과 불안, 경계심이 도사리고 있다. 그리고 아버지와 아들 사이의 이런 갈등은 아직도 계속되고 있다. 인류가 가부장 제도를 이어가는 한 이런 갈등 구조는 항상 존재할 것이다.

갓난아기인 제우스의 울음이 크로노스의 귀에 들리지 않도록 춤을 추며 청동방패를 쉬지 않고 두드려대는 쿠레테스Kouretes족은 전설적인 사나운 전사들이다. 춤을 추는 행위나 청동방패를 두드리는 행위는 악귀를 쫓는 종교제의와 관련이 깊다. 샤먼들이나 무당에게 있어서 지금도 북과 꽹과리 소리는 신들의 세계로 통하는 길이다.

크로노스와 제우스 사이의 왕위쟁탈전은 자연의 무지막지한 힘과 이성적이고 보다 많은 지혜와 기술을 가진 자와의 싸움이다. 돌멩이를 갓 태어난 제우스로 알고 삼키는 장면에서 우리는 힘만 세고 우둔한 크로노스의 모습을 볼 수 있다. 제우스는 아버지의 왕위를 빼앗으려면 크로노스로 하여금 삼킨 자식들제우스의 형제들을 토하게 해야 한다는 메티스의 충고에 따라 약을 구해 이 일을 성사시킨다. 이제 우주의 지배자는 힘만 세서는 안 되고 지혜와 기술을 겸비해야 하는 시대가 온 것이다.

아틀라스가 하늘을 떠받치는 영겁의 벌을 받게 된 이유가 티타네스 족의 우두머리였기 때문인지, 아니면 유난히 잘 싸워 제우스를 많이 괴롭혀서인지는 확실치 않다. 일설에는 아틀라스가 디오니소스Dionysos 신을 찢어 죽이려 했기 때문에 이런 벌을 받게 되었다는 이야기도 있다. 하지만 아틀라스가 이토록 무거운 벌을 받게 된 이유보다는 다른 것에 주목해야 한다. 그것은 아틀라스가 하늘을 받치는 순간부터 하늘과 땅의 불안정한 상태가 영원히 끝났다는 점이다. 카오스로부터 시작된 천지개벽은 아틀라스가 하늘을 굳건히 떠받치는 순간에 완성되어 이제 더 이상 혼돈은 없게 되었다. 이렇게 하여 천지개벽의 시대는 막을 내렸다.

천지개벽과 천지창조

그리스신화의 신들은 천지를 창조하지 않았다. 오히려 이들은 천지개벽 이후에 생겨나 불사의 몸이기는 하지만 흥망성쇠를 겪었다. 이들은 전지전능하지도 영원히 거룩하지도 않다. 천지개벽 이후에 생겨났기에, 태초 이전에는 존재하지도 않았고 우주의 종말 이후에도 살아남을 확률은 전혀 없다. 이들은 또 그리 윤리적인 존재도 아니다. 이들은 인간들과 마찬가지로 약점을 가지고 있고 화를 내기도 하며 남을 속이기도 한다. 어느 순간에는 한없이 자비롭다가도 또 다른 순간에는 냉혹하기도 하고, 자신들에게 오만하게 대든 인간들에게 잔인하게 복수하기도 한다. 그래서 우리는 그리스신화의 신들에게서 따뜻한 인간미를 느끼게 된다. 또 신이 여럿이다 보니 어느 한 신에게만 잘 보인다고 모든 재앙을 피할 수 있는 게 아니다. 여러 신을 두루두루 잘 섬겨야 한다. 자연의 어느 한 부분도 두렵지 않은 것이 없다. 하찮은 돌이나 풀 한 포기에도 생명이 깃들어 있다. 이러한 세계에서 자연은 인간의 것도 아니고 함부로 다룰 수 있는 대상도 아니다. 자연은 우리의 일부요 우리와 동등한 존재인 것이다.

그러나 천지를 창조한 유일신은 태초 이전에도 있었고 세상에 종말이 오더라도 계속 존재한다. 유일신은 윤리적으로도 완벽하여 오직

선할 뿐이다. 유일신에게서 자연에 대해 모든 권한을 위임 받은 인간은 자연에 대해 오만하다. 그에게 두려운 것은 하느님뿐이므로 자연을 이용대상으로 바라볼 뿐이다. 인간은 자연을 더 이상 생명을 가진 존재로 인식하지 않는다. 유일신에게 선택 받았다는 주장 뒤에는 항상 독선과 오만의 위험이 도사리고 있다. 더구나 하느님으로부터 은총을 받았다는 증표는 객관적으로 확인할 수 없다. 그런 은사는 선택 받은 사람에게 내린 하느님의 은밀한 계시이기 때문에 남들이 알 수 없는 것이다. 여기에 진짜 위험이 도사리고 있다. 역사상 종교와 진리의 이름으로 이루어진 인류의 수많은 죄악을 볼 때, 또 나날이 황폐해 가는 환경을 볼 때, 차라리 유일신 대신 올림포스 신들이 그대로 남아 있었더라면 더 좋았을 것이라는 부질없는 생각까지 든다. 천지창조보다는 차라리 천지개벽에 마음이 더 끌리는 까닭이 여기에 있다.

기간테스(Gigantes)와의 전쟁

제우스가 자신의 아버지인 크로노스와 삼촌격인 티타네스들과의 전쟁에서 승리하여 지배하게 된 세계는 더 이상 카오스, 즉 혼돈의 세계가 아니었다. 하늘과 땅, 강과 바다가 모두 제자리를 잡은 안정된 세계, 즉 코스모스Cosmos, 우주였다. 그러나 제우스가 우주의 지배권을 확실히 하기 위해서는 넘어야 할 고비가 남아 있었다. 새로운 승리자 제우스는 티타네스들을 땅속 깊은 곳인 타르타로스에 가두었다. 이는 가이아의 뜻에 반하는 것이었다. 비록 크로노스의 만행이 괘씸하여 제우스를 도와 그를 제거하기는 했지만, 제 자식들이 영원히 지하의 어둠속에 갇히길 바란 것은 아니었다. 티타네스에 대한 제우스의 처리방법이 마음에 들지 않았던 가이아는 복수하기 위해 무지막지한 거인들인 기간테스를 낳았다. 일설에 이들은 우라노스의 생식기가 잘려나갈 때 대지 위에 떨어진 피에서 태어났다고 한다. 그러나 기간테스란 어원적으로 가이아의 자식들이란 뜻이다. 인간의 형상을 한 기간테스는 불사의 몸은 아니었지만, 산을 번쩍 들어 올릴 만큼 힘이 셌다. 또 키가 엄청나게 커서 머리가 하늘에 닿았고, 깊은 바닷속으로 걸어 들어가도 겨우 허리가 잠길 뿐이었다.

가이아의 사주를 받은 기간테스들은 아무런 선전포고도 없이 올림포스를 공격해 왔다. 집채만한 바위가 날아들고 불붙은 큰 나무가 빗발치듯 쏟아졌다. 거인들이 움직일 때마다 천지가 흔들려 섬은 가라앉고 땅은 바다로 무너져 들어갔다. 강물은 물줄기가 엉망이 되어 곳곳이 범람했고 화산들은 일제히 용암을 뿜어댔다. 지진이 땅을 울렸고 바다에는 해일이 일어났다. 지옥이 따로 없었다. 온 세상이 카오스로 되돌아간 것 같았다. 올림포스 산을 비롯한 모든 산들이 나뭇잎이 떨듯 요동쳤다.

올림포스 신들도 전열을 가다듬고 용감히 맞서 싸웠다. 번개와 천둥으로 무장한 제우스가 앞장섰고, 그 옆에는 승리의 여신 니케가 섰다. 포세이돈과 헤파이스토스Hephaistos, 아폴론Apollon, 아레스Ares도 각자의 무장을 하고 싸웠다. 운명의 여신들인 모이라이도 열심히 싸웠다. 당나귀를 탄 디오니소스는 판Pan 신을 비롯한 그의 무리들을 거느리고 전투에 뛰어들었다. 디오니소스의 무리가 질러대는 요란한 소리에 기간테스들은 겁에 질렸다. 그러나 가장 혁혁한 전과는 이 전쟁의 와중에 무장한 채 태어난 아테나Athena 여신의 몫이었다. 아테나는 거인 중에도 가장 무섭고 힘이 센 팔라스Pallas를 죽이고 그 가죽을 벗겨 갑옷의 가슴막이로 썼다.

거인들과의 전쟁
이 전쟁에서 혁혁한 공을 세운 아테나가 거인 알키오네우스의 머리카락을 움켜쥐고 있고, 알키오네우스는 절망적으로 저항하고 있다. 오른쪽 아래에 망연자실한 대지의 여신 가이아가 보이고, 그 위로는 스틱스 강의 딸인 승리의 여신 니케가 달려오고 있다.
(기원전 180년쯤, 베를린 Staatiliche Museen 소장)

거인들과의 전쟁
오른쪽에 창으로 거인 포이토스를 공격하는 헤라가 보이고, 그 옆에 아폴론이 거인 에피알테스를 칼로 공격하고 있다. 뱀이 그려진 방패를 들고 있는 아레스는 쓰러져 있는 거인 미논을 찌르고 있다.
(기원전 420-400년, 베를린 Staatiliche Museen 소장)

치열한 전쟁은 오랫동안 계속됐다. 올림포스 신들은 용감히 싸웠지만 기간테스들도 만만치 않았다. 그러나 올림포스 신들만으로는 이 전쟁을 이길 수 없었다. 인간의 도움이 있어야만 전쟁을 이길 수 있다는 신탁이 있었던 것이다. 이 말을 들은 제우스는 아테나 여신을 보내 헤라클레스Herakles를 데려오게 했다. 한편 가이아는 기간테스를 살려낼 수 있는 약초를 찾아 나섰다. 이를 알아차린 제우스는 헬리오스Helios, 해와 셀레네Selene, 달, 에오Eo, 새벽에게 자신이 약초를 찾기 전에는 나타나지 말라고 명령했고, 그 약초를 가이아보다 먼저 찾아내 없애버렸다. 이렇게 되자 기간테스들은 더 이상 견디지 못하고 패퇴하기 시작했다.

새로 전투에 참가한 헤라클레스는 기간테스의 대장인 알키오네우스Alkyoneus를 활로 쏘아 쓰러뜨렸다. 그러나 그는 곧바로 다시 일어났다. 그는 자신의 고향에서는 절대로 죽지 않는 운명이었기 때문이다. 아테나 여신의 조언을 들은 헤라클레스는 그를 다른 지역으로 멀리 들고 가서 죽였다. 이밖에 다른 기간테스들도 하나씩 올림포스 신들의 창과 화살에 죽어갔다. 거인들의 우두머리 에우리메돈Eurymedon은 제우스의 손에 죽었다. 포세이돈은 폴리보테스Polybotes를 에게해 바닥에 처넣어 죽였다. 펠로레우스Peloreus는 아레스의 칼에 맞아 죽었고, 아폴론이 쏜 화살에 오른쪽 눈을, 헤라클레스가 쏜 화살에 왼쪽 눈을 맞은 에피알테스Ephialtes도 죽음을 피할 수 없었다. 헤파이스토스와 헤카테Hekate는 뜨겁게 달군 쇠로 클리티오스Klytios를 지져 죽였다. 전쟁에서 이기면 아테나를 아내로 삼겠다고 큰소리치던 엔켈라도스Enkelados는 바로 아테나의 손에 의해 시칠리아 섬 밑에 눌려 죽었다. 아레스는 거인 미마스Mimas를 산으로 깔아뭉개 죽였다. 올림포스 신들에게 산을 던지며 공격했던 아다마스토르

거인 폴리보테스를 죽이는 포세이돈

그림 왼쪽에서 대지의 어머니 여신 가이아가 자기 자식을 손자가 죽이는 장면에 망연자실하고 있다.
(기원전 420-400년, 베를린 Staa-tiliche Museen 소장)

거인들과의 전쟁

아폴론과 아르테미스가 세 명의 거인들에게 활을 겨누고 있다. 그들 사이에 거인 칸타로스 (그의 투구 위에 얹혀 있는 항아리의 명칭이 '칸타로스'임)가 겁에 질려 도망치고 있고, 땅바닥에는 이미 거인 한 명이 죽임을 당해 쓰러져 있다.
(기원전 525년쯤, 델피 박물관 소장)

Adamastor도 올림포스 신들이 던진 산에 깔려 죽었다. 사자로 변신한 디오니소스는 거인 에우리토스Eurytos를 찢어 죽였다. 죽지 않은 기간테스들은 뿔뿔이 흩어져 도망쳤다. 올림포스 신들과 기간테스와의 전쟁은 거인들의 일방적인 패배로 끝났다. 이와 함께 대지의 여신 가이아의 계획도 무산되었다. 이제 제우스를 중심으로 한 올림포스 신들의 지배가 확실해졌다. 우주에는 다시 평화와 질서가 찾아왔다.

 티타네스와의 전쟁이나 기간테스와의 전쟁에 대한 이야기는 많은 점에서 비슷하다. 그래서 고대부터 두 설화를 혼동하는 경우가 많았다. 이들 신화는 문명의 여명기에 있던 초창기 인류가 자연의 대재앙을 어떻게 받아들였는가를 어렴풋이나마 짐작하게 해 준다. 티타네스와 기간테스는 대홍수나 지진, 화산 폭발, 가뭄, 대화재 같은 자연의 무지막지한 물리적 힘을 상징한다. 초창기 인류에게 이런 대재앙은 공포의 대상이었다. 인류가 우주를 이성의 힘으로 살 수 있는 안전한 곳으로 받아들이기 위해서는 이러한 공포로부터 벗어나야만 했다. 바로 그 시점에 언제 닥칠지 모르는 재앙에 대한 공포를 극복할 수 있는 수단을 제공한 게 바로 신화였다. 티타네스와 기간테스가 자연의 무시무시한 물리적 재앙을 상징한다면, 올림포스 신들은 우리가 일상생활에서 경험을 통해 잘 알고 있는 온화하고 안정된 자연세계의 안정성과 항구성을 상징한다. 이제 조화로운 자연을 상징하는 올림포스 신들이 무섭고 변덕스러운 자연의 재앙을 누름으로써 인류는 우주를 안심하고 살만한 곳으로 느끼게 되었다. 이러한 정신적 안정감 없이 문명을 이룩하기란 불가능했을 것이다.

 실제로 기간테스들의 이름을 어원적으로 분석해 보면 신화의 이런 성격이 두드러지게 나타난다. 아테나에게 죽임을 당하여 시칠리아 섬에 매장되었다는 엔켈라도스는 '땅속 깊은 곳으로부터의 굉음'

거인들과의 전쟁
우주의 패권을 얻기 위해 제우스는 세 번에 걸친 큰 전쟁을 치러야 했다. 이 그림에서는 제우스가 번개로 거인을 공격하고 있고 그의 곁에서 헤라가 창을 겨누고 있다. 한편 승리의 여신 니케는 적장의 말고삐를 빼앗아 쥐고 있고 그 아래에는 아테나 여신이 싸우고 있다. 가운데 상처를 입고 쓰러져 있는 거인의 모습이 애처롭다.
(기원전 440년쯤, 스피나 고고학 박물관 소장)

이라는 뜻이고, 또 다른 아테나의 희생자인 팔라스는 '땅의 흔들림'이란 뜻이다. 많은 거인들이 산 밑에 깔려 죽은 것은 지진이 일어나 땅이 흔들리는 현상을 말한다. 이와 같이 자연의 대재앙들이 인간과 아주 흡사한 모습과 성격을 지닌 올림포스 신들에게 정복당했다는 것은, 인간 문명이 두렵고 변덕스러운 자연재해를 누르고 승리했다는 것을 의미한다. 이것은 또한 올림포스 이전 시대에 공포와 숭배의 대상이었던 자연신들에 대한 인간 정신의 승리이기도 하다. 이제 인간은 자연재해를 두려워하기만 하는 소극적인 태도에서 벗어나, 능동적으로 대처할 정신적·기술적 준비가 되어 있었다.

기간테스와의 전쟁에서 아테나 외에 데메테르Demeter, 아프로디테, 아르테미스Artemis 같은 여신들의 활약은 전혀 눈에 띄지 않는다. 올림포스 신앙으로 흡수되기 이전에 여신들은 원래 지신地神이었기 때문이다. 기간테스들도 지신들이다. 그들은 대지의 여신 가이아의 후원을 받고 있는데, 지신들답게 주로 산과 바위를 무기로 집어 던진다. 반면 제우스를 비롯한 올림포스 신들은 천신天神을 대표한다. 제우스의 무기인 번개만 봐도 그가 천신이라는 것이 명확하게 드러난다. 결국 올림포스 신들과 기간테스 사이의 전쟁은 천신과 지신 사이의 전쟁이었다. 기간테스와 맞붙은 전쟁에서 지신 계열의 여신들은 중립을 지켜 같은 지신 계열이었던 기간테스를 공격하지 않았다.

기간테스와의 전쟁에 인간 헤라클레스가 등장한 것은 시대적으로 맞지 않다. 인류의 탄생은 올림포스 신들이 기간테스와 맞붙어 승리하고 나서 오랜 시간이 지난 뒤에 일어난 일이기 때문이다. 그러나 신화의 정신은 이런 부조리에 아랑곳하지 않는다. 물론 헤라클레스의 참전은 후대에 덧붙여진 것이다. 중요한 것은 인간도 이 중요한 전투에서 한몫 했다는 점이다. 인간의 도움을 받아야 승리할 수 있는 올림포스 신들은 그렇지 않은 절대자보다 훨씬 인간적이고 가깝게 느껴진다. 그리스 정신의 기본은 항상 인간 중심주의였다.

티폰(Typhon)과의 전쟁

제우스와 올림포스 신들이 우주의 진정한 대권을 잡기 위해서는 무서운 시련이 한 가지 더 기다리고 있었다. 가이아가 기간테스의 참패를 보면서도 포기하지 않았기 때문이다. 또 다른 복수극을 벌이기 위해, 가이아는 자신의 뱃속 깊숙한 곳에 있던 타르타로스와 어울려 막내아들 티폰을 낳았다. 그 모습은 정말 소름 끼치도록 무서웠다. 상반신은 인간이고 하반신은 뱀이었는데 힘과 몸집에는 당할 자가 없었다. 키는 기간테스보다도 커서 일어서면 머리가 별에 부딪히고 손을 뻗으면 하늘의 동쪽 끝에서 서쪽 끝까지 닿았다. 손가락 대신 뱀이 100마리나 달려 있었고 허리 아래로는 독사들이 감겨 있었다. 날개가 있어서 날 수도 있었고, 검은 혀를 날름거리는 독사들은 끊임없이 불꽃을 뿜어대며 듣기에도 무시무시한 소리를 내고 있었다. 티폰이 바다를 휩쓸고 지나가면 폭풍우가 일고 비바람이 쳐서 수많은 배들이 난파당했고, 땅을 치면 지진이 났다.

티폰이 공격해 오자 올림포스 신들은 이집트로 줄행랑을 쳐서 제각기 동물의 모습으로 변신하여 숨었다. 그러나 제우스와 아테나만은 당당히 맞서 싸웠다. 지금의 이집트와 요르단의 중간 지방에서 티폰과 제우스가 맞붙은 것이다. 처음에는 제우스가 번개로 티폰에게 상처를 입혔다. 하지만 제우스는 도망가는 티폰을 코카서스까지 쫓아갔다가 티폰의 꼬리에 얻어맞고 무기인 낫을 빼앗기고 만다. 이 낫은 바로 크로노스가 우라노스에게 상처를 입힌 낫이다. 티폰은 제우스의 팔과 다리의 힘줄과 신경을 끊어 힘을 못 쓰게 한 뒤 지금의 시리아와 터키의 국경지역인 킬리키아Kilikia 지방의 동굴에 가두고, 제우스의 힘줄과 신경은 곰 가죽에 싸서 딴 곳에 숨겨 두었다. 킬리키아 지방은 티폰이 태어난 곳이다.

사기꾼과 도둑의 수호신인 헤르메스Hermes와 판 신 가운데 하나인 아이기판Aigipan은 티폰의 어머니에게서 동굴의 위치를 알아냈다. 헤르메스와 아이기판은 힘줄을 지키는 용을 큰 소리로 놀라게 한 뒤 힘줄과 신경을 훔쳐 제우스에게 되돌려 주었다. 기력을 회복한 제우스는 티폰을 공격해 하이모스Haimos, 피 산에서 퇴치한 뒤, 그를 시칠리아 섬의 에트나 화산 밑에 처넣었다. 이렇게 해서 세 번에 걸친 대우주의 전쟁은 모두 제우스의 승리로 끝났고 그의 패권은 더 이상 위협 받지 않게 되었다. 우주에는 이제 질서와 안정이 깃들게 되었다.

티폰은 물론 태풍을 상징한다. 발음과 의미가 가까움에도 불구하고 티폰Typhon과 우리나라의 태풍typhoon사이에는 아무런 어원적 관련이 없다. 그리스어 티폰에는 "연기를 내다"라는 뜻의 어간 "typh-"가 있는데, 천둥·번개를 수반한 폭풍우를 일컫던 말이다.

인간이 경험하는 자연현상 가운데 가장 인상적이고 공포를 불러일으키는 것이 태풍이다. 태풍은 거대할 뿐더러 광범위한 지역에 걸쳐 며칠씩 계속된다. 그 피해 역시 가장 크고 격렬하다. 태풍은 과연 하늘 끝부터 대지와 대양에까지 뻗쳐 어디가 시작이고 어디가 끝인지를 알 수 없을 정도로 몸집이 크고 위력도 막강하다. 천둥과 번개를 동반한 강한 비바람을 몰고 오는 태풍은 조화를 이룬 자연에 가장 무섭고 위협이 되는 존재이다. 인간은 안정과 조화를 이룬 자연에 가장 직접적으로 위협이 되는 태풍에 대해서도 신화를 통해 해결점을 제시해야 했다. 인간에게 친숙한 온화하고 예측 가능한 자연세계에 대한 마지막 위협이었던 태풍이 우주의 질서를 주관하는 제우스 앞에 무릎을 꿇고 말았다는 사실은, 이제 태풍마저도 두려움의 대상이 아니라는 것을 보여 준다. 달랠 수도 없고 예측할 수도 없는 무지막지한 자연의 힘이 아니라, 인간과 비슷하고 이해할 수 있는 존재인 제우스가 기상 변화를 다스린다는 것은 인간에게 퍽 안심되는 일이었다. 제우스는 그 앞에서 애원할 수도 있고 제물을 바쳐 달랠 수도 있는 존재였기 때문이다. 무엇보다도 인간이 제우스의 비위를 거스르지 않는 한 인간은 온화한 자연세계를 기대할 수 있게 되었다는 점이 중요한 것이다.

3장
인간의 탄생

인류의 시작과 프로메테우스

한동안 우주에 홀로 머물던 신들은 진흙을 빚어 인간과 짐승의 형상을 만든 뒤 불에 구워 지구 위의 동물을 창조했다. 짐승들이 제각기 삶을 영위할 수 있도록 각 짐승들에게 재주를 한 가지씩 주는 일은 에피메테우스Epimetheus, 뒤늦게 배우는 자의 몫이었다. 그러나 항상 깨달음이 늦고 부주의하다 보니, 에피메테우스는 아무 생각 없이 재주를 나누어 주다가 동이 나는 바람에 인간에게는 아무것도 줄 수 없었다. 인간은 뛰는 재주도, 강한 발톱도, 날 수 있는 날개도 없이 무방비상태로 남아 다른 짐승들의 밥이 될 처지가 되었다.

에피메테우스가 이렇게 일을 그르친 것을 본 형 프로메테우스는 헤파이스토스의 대장간에서 불을, 아테나에게서 지혜를 훔쳐 인간에게 주었다. 그러나 출입이 엄격하게 금지되어 있던 제우스의 거처에는 들어갈 수 없어서 인간에게 꼭 필요한 정치政治만은 훔치지 못했다. 불과 지혜는 천상의 보물로서 제우스가 반출을 엄격하게 제한하고 있는 것들이었다. 그러나 인간을 누구보다도 사랑했던 프로메테우스는 연약한 인간이 살아남기 위해서는 지혜가 필요하고, 또 불 없이는 지혜가 무용지물이라는 것을 잘 알고 있었기에 제우스에게 불경不敬을 저지른 것이다. 천상에서 불을 훔칠 때 프로메테우스는 회향나무 가지에 불씨를 담아 왔다고 한다.

그리스신화는 인류 기원에 대한 뚜렷한 정설定說을 보여주기보다는, 인간이 대지에서 자연스럽게 생겨난 것으로 보는 것 같다. 일설에는 프로메테우스가 아테나 여신의 도움을 받아 진흙으로 인간을 빚어냈다고 하지만, 이 설은 고대 그리스에서 널리 받아들여진 것 같지는 않다.

진흙을 빚어 인간이나 짐승을 만들었다는 신화는 인류 공통의 모티브를 이루고 있다. 또 인간을 빚었다는 신이나 영웅들은 흔히 인간에게 불을 전해준 인물이기도 하다. 이것은 아마도 인류가 토기를 제작하던 무렵부터 생겨난 신화인 것 같다. 진흙을 반죽하여 물레에서 여러 가지 형상을 만들어갈 때, 또 토기를 불에 구우면 내구성이 생기는 것을 알았을 때, 인간과 짐승들도 솜씨 좋은 신이 빚어 만들었을 것이라는 상상은 자연스러운 것이다.

그리스신화에서 제우스는 인간에게 전혀 호의적이지 않다. 오히려 인간을 창조하고 제우스와 맞서 인간을 옹호하고 은혜를 베푼 공은 제우스의 영원한 견제자인 프로메테우스의 차지였다. 불을 훔친 것 외에도 프로메테우스는 인간을 위하여 제우스를 속였다. 티타네스와의 전쟁이 끝난 뒤 각자의 권리를 정하려고 신들과 인간이 모였을 때, 프로메테우스는 소 한 마리를 잡아 뼈는 먹음직스럽게 보이는 기름으로 싸서 한쪽에 두고, 살코기와 내장은 보기 흉한 가죽에 싸놓

인간의 탄생

그림 중앙에 앉아 있는 프로메테우스가 갓 빚어 낸 인간을 왼손으로 붙잡은 채 바라보고 있고, 오른쪽에서 아테나가 그에게 나비 모양의 영혼을 넣어 주고 있다. 여신 앞에 있는 받침대에는 벌써부터 슬픔에 잠긴 인간 한 명이 서 있고, 여신 뒤에 있는 인간의 영혼 역시 슬픈 표정으로 서 있다. 영혼의 발 아래에는 죽은 인간 한 명이 쓰러져 있고, 어린 에로스가 그의 죽음을 애도하고 있다. 오른쪽 방향으로 떠나가는 어린아이는 죽은 자의 생명이다. 에로스 위에 밤의 여신 닉스가 마차를 타고 떠나가고 있는데, 이는 새벽이 밝아오고 있음을 상징한다. 프로메테우스 뒤쪽 윗부분에

고는 제우스에게 좋아하는 쪽을 먼저 고르라고 했다. 언뜻 보기에 맛있어 보이는 기름을 고른 제우스는 자신이 속은 것을 알고 프로메테우스와 인간을 미워하게 되었다. 그래서 제우스는 인간이 일을 열심히 해야만 겨우 먹고 살 수 있도록 풍요를 빼앗고 불을 줄 것을 거절하여 음식을 구워먹지 못하게 하자, 이에 맞서 프로메테우스가 천상의 불을 훔쳤다는 설도 유력하게 전해 내려온다.

프로메테우스는 천상의 불을 훔쳐 인간에게 가져다주었을 뿐 아니라 온갖 시술도 가르쳐 주었다. 그는 집 짓는 법과 농사, 가축 길들이기, 배 만들기, 글쓰기, 항해법과 기후 측정법, 셈하기 등 인간이 인간답게 살기 위해 필요한 기술들을 모두 가르쳐 주었다. 그야말로 그

리스신화에서 가장 위대한 문화영웅인 셈이다. 자신이 미워하는 인류를 이렇게 지극히 챙기는 프로메테우스를 제우스가 곱게 볼 수 없었음은 너무도 당연하다.

    프로메테우스의 인간에 대한 사랑은 이에 그치지 않는다. 한 번은 제우스가 적들을 물리친 후 신들에게 각자의 능력에 맞는 권한을 분배할 때, 인간은 전혀 고려하지 않았다. 제우스는 또 만약 인간이 모두 없어지면 자신이 새로운 인류를 창조하면 된다고 말했다. 이에 맞선 것은 프로메테우스뿐이었다. 또 제우스는 인간들에게 희망을 심어주는 동시에, 인간으로 하여금 앞날을 전혀 보지 못하도록 했다. 이 덕분에 인간은 허망할 뿐인 인생을 희망을 갖고 살게 되었다.

는 운명의 여신 크로토가 인간의 운명을 천으로 짜고 있고, 그녀 앞에는 또 다른 운명의 여신 라케시스가 동그란 공 위에 인간의 별점을 그려 넣고 있다. 그림 오른쪽 끝에서 헤르메스 신이 나비 날개를 한 죽은 자의 영혼을 하늘로 인도하고 있고, 그 옆에 운명의 여신 아트로포스가 죽은 자의 운명으로 짠 천을 들고 앉아 있다. 그림 왼쪽에 풍요의 뿔을 가지고 있는 여인은 대지 어머니 가이아다. 그 위편에 대양의 신 오케아노스가 부채를 들고 길게 누워 있고, 그의 앞에는 태양의 신 헬리오스가 마차를 몰고 하늘로 올라가고 있다.
(기원후 270년쯤, 로마 Museo Capitolino 소장)

하지만 자신의 권위에 도전하여 사사건건 반항하는 프로메테우스를 제우스가 그냥 놓아둘 리 없었다. 호시탐탐 기회를 노리던 제우스는 드디어 불을 훔친 죄를 물어 그를 지구의 서쪽 끝 코카서스의 절벽에 쇠사슬로 묶어 놓고는 독수리로 하여금 날마다 그의 오장육부를 쪼아 먹게 하였다. 프로메테우스는 불사의 몸이었기에 이런 혹독한 고문에도 죽지 않고 밤마다 새로운 오장육부가 생겨나 이 고통을 영원히 받아야 할 판이었다. 그의 형인 아틀라스도 제우스의 미움을 사서 동쪽 끝 아틀라스 산정에서 하늘을 떠받치는 형벌을 받고 있었다.

그러나 프로메테우스에 대한 제우스의 형벌은 오래 계속되지 않았다. 프로메테우스만이 제우스의 운명에 대한 비밀을 알고 있었기 때문이다. 이 비밀을 알고 있는 한 제우스는 프로메테우스와 화해할 수밖에 없었다. 프로메테우스가 코카서스에 묶여 있던 30년 동안 제우스는 포세이돈과 헤르메스 등을 보내 이 운명의 비밀을 알아내려 하지만 모든 것을 미리 내다보는 프로메테우스는 이에 넘어가지 않고 꿋꿋하게 버틴다. 끝내 제우스도 어쩔 수 없어 자신의 아들 헤라클레스를 보내 독수리를 활로 쏴 죽이게 하여 화해를 제의한다. 그때서야 프로메테우스는 제우스에게 주어진 운명의 비밀, 즉 테티스Thetis와 결합하여 낳은 아이가 제우스의 왕좌를 빼앗을 운명이라는 것을 알려 주어 둘은 서로 화해한다. 이 운명은 제우스에게 복수하겠다는 미련을 버리지 못한 가이아가 내린 저주였다.

프로메테우스는 제우스와 화해한 뒤부터 손에 철로 만든 반지를 항상 끼고 있는데, 이는 제우스가 지하의 강 스틱스에 걸어 절대로 사슬을 풀어주지 않겠다고 한 맹세를 지키기 위한 조치였다. 스틱스 강의 이름으로 맹세한 것은 신도 어길 수 없었기 때문이다.

테티스가 다른 신과 어울려 아버지보다 강력한 아들을 얻는 것이 두려웠던 제우스는 테티스를 인간인 펠레우스Peleus에게 시집보내기로 결정한다. 운명에 대한 제우스의 두려움은 이토록 컸던 것이다. 테티스는 과연 펠레우스보다 훨씬 훌륭한 영웅 아킬레우스Achilleus를 낳는다.

절대 권력자인 제우스의 부당한 결정에 끊임없이 용감하게 맞서는 프로메테우스는 원래 티타네스의 하나인 이아페토스의 아들이다. 그의 형제로는 아틀라스와 메노이티오스Menoitios, 간절히 바라는 자, 에피메테우스가 있다. 이들 형제는 아틀라스만 빼고는 모두 인간의 정신활동과 관계가 있다. 프로메테우스Prometheus란 "미리, 앞서"를 뜻하는 접두사 "pro-"와 "배우다, 깨닫다"라는 의미를 가진 어근 "math-"가 결합해 만들어진 이름으로, 그의 특성을 잘 나타내는 이름이다. 프로메테우스는 어머니 가이아로부터 티타네스와 제우스 사이의 승패는 힘이 아니라 지혜와 기술에 의해 결정된다는 말을 듣고 자신의 동족인 티타네스들에게 이 말을 전하지만, 티타네스들이 자신의 말에 귀를 기울이기는커녕 비웃기만 하자 제우스를 도와 승리할 수 있게 해주었다. 이런 점에서 프로메테우스는 제우스의 은인이다.

그러나 모든 권력자들이 그렇듯이 대권을 장악한 제우스는 독재자가 되었다. 모든 일을 결정함에 있어서 제우스는 제 기분에 따를 뿐, 정의나 합리성은 별로 중요하게 여기지 않았다. 이에 당당히 맞선 인물은 프로메테우스뿐이었다. 권력 가까이 있는 자들은 생리적으로 누구 하나 절대자의 비위를 거스르면서까지 바른 말을 하려 들지 않는다. 이런 권력은 부패하고 타락하게 마련이다. 프로메테우스가 제우스 옆에 있었다는 사실은 인류뿐만 아니라 제우스에게도 무척 다행이었다. 절대 권력을 쥔 자가 범하는 우매함과 과오를 자신의 안녕을 돌보지 않고 용감하게 지적하는 프로메테우스야말로 압제에 맞서 싸우는 민주 투사의 원형을 보여준다. 생사여탈권을 쥐고 있는 권력자 앞에서 굴하지 않고 자신이 옳다고 생각하는 대로 말할 수 있는 사람은 별로 없는데, 프로메테우스는 바로 그런 행동의 모범을 우리에게 보여주었다.

그러나 우리가 간과해서는 안 되는 것은 프로메테우스의 행동에는 항상 냉철한 계산이 깔려 있다는 점이다. 그는 모든 것을 미리 아는 혜안을 갖고 있다. 그는 절대자인 제우스보다도 정신적인 면과 지혜에서 월등히 앞선다. 이 때문에 제우스마저도 프로메테우스를 함부로 대하지 못한다. 또 제우스는 이런 점을 충분히 통찰할 수 있을 정도로 현명한 통치자이기도 하다. 자신에게는 없는 지혜와 전문적 지식을 갖고 있는 자를 알아볼 수 있는 제우스였기에 그의 권력은 오랫동안 유지될 수 있었다. 절대 권력을 가지고 있지만 권력의 한계를 정확히 파악한 지배자 제우스와, 자신이 어떤 점에서 확고한 우위에 있는가를 파악한 소신 있는 견제자야말로 우리에게 꼭 필요한 사람들이다. 요즘 우리 사회나 정치를 바라볼 때면, 그리스신화 시대를 살아갔던 사람들에게 우리보다 훨씬 현명했던 제우스와 프로메테우스 같은 지도자가 있었다는 사실이 한없이 부럽게 느껴진다.

판도라(Pandora) : 신들의 선물

프로메테우스가 천상의 불을 훔쳤다는 사실을 안 제우스는 크게 노해 이렇게 소리쳤다. "이아페토스의 아들, 재주 많은 프로메테우스여, 나를 속이고 불을 훔쳐 기분 좋겠지만, 두고 보아라. 네

제우스와 헤르메스, 에피메테우스와 판도라
맨 왼쪽에 제우스가 서 있고, 바로 옆에 헤르메스가 판도라에게 줄 꽃 한 송이를 손에 든 채 다가가고 있다. 망치를 든 인물은 에피메테우스인데, 그는 그 망치로 땅의 틈에서 솟아 나오고 있는 판도라를 도와주려 한다. 판도라 위에 에로스가 결혼을 상징하는 머리띠를 들고 다가오고 있다.
(기원전 450년쯤, Asmolean Museum 소장)

놈이나 네가 사랑하는 인간에게 큰 재앙이 있을 줄 알아라. 내가 인간들에게 불에 대한 불행을 내리노니, 그들은 그 불행을 애지중지하면서 기뻐할 것이다."

이렇게 말한 제우스는 호탕한 웃음을 터뜨리며 올림포스의 장인 匠人 헤파이스토스를 시켜 진흙을 물에 반죽하여 아름다운 처녀를 빚은 후 옥구슬 같은 목소리와 참을성을 주었다. 아테나 여신은 이 처녀에게 방직을 가르쳐 주었고, 아프로디테는 얼굴에 매력과 교태를, 가슴에는 격렬한 욕망과 몸을 나른하게 하는 생각을 주었다. 헤르메스는 여기에 덧붙여 개 같은 염치없음과 교활한 성격과 거짓말을 판도라에게 넣어주었다. 이 모두가 제우스가 바라던 것이었다.

이와 같이 모든 신들로부터 온갖 선물을 받은 인류 최초의 여인 판도라는 아테나가 치장해준 모습 그대로 매력의 여신 카리테스 Kharites들에게 둘러싸여 황금 옷을 걸치고 헤르메스에게 이끌려 에피메테우스에게 보내졌다. 경솔한 에피메테우스는 제우스가 주는 선물을 조심하라는 프로메테우스의 말을 잊은 채, 판도라의 아름다움에 반해 앞뒤를 생각하지 않고 얼른 이 선물을 받아들였다. 에피메테우스의 경망한 행동 때문에 남자들은 자신의 불행을 품에 안고 애지중지하며, 날마다 속을 태우고 속으면서 살아가게 되었다.

판도라는 하늘에서 온갖 불행과 재앙이 가득 들어 있는 단지를 선물로 가지고 내려왔다. 신들은 이 단지를 절대로 열어봐서는 안 된다고 타일렀다. 그러나 호기심을 이기지 못한 판도라는 단지 뚜껑을 열고 말았다. 이 때문에 온갖 불행과 재앙이 인간사회에 가득 퍼지게 되었다. 깜짝 놀라 황급히 뚜껑을 닫았을 때는 다른 것들은 모두 빠져나가고 '희망'만이 남았다. 그래서 인간은 희망을 간직하고 살게 되었다.

이 헤시오도스의 신화에 따르면, 세상의 모든 것들이 암수로 짝을 이루고 있었는데 인간만이 짝 없이 남자들만 살고 있었다는 이야기가 된다. 현명한 그리스인들이 이 이야기를 믿었을 것 같지는 않다. 그러나 판도라의 신화는 구약성경에 나오는 이브하와의 신화와 함께 여자들의 부덕함과 미천함을 정당화하는 근거로 서양사에 굳건히 자리 잡고 있다.

근면과 성실을 최고의 덕으로 삼고 평범한 농민으로 평생을 살았던 헤시오도스는 농경사회를 대표하는 인물이다. 그는 여자들을 남자들의 불행과 모든 악의 근원으로 보았던 모양이다. 그러나 이 신화에는 모계사회로부터 가부장의 힘이 절대적인 부계사회로 전환되던 시대의 이데올로기가 숨어 있다. 미케네 문명 이전의 그리스 사회는 모계사회였다는 증거가 곳곳의 전설이나 전승에 남아 있다. 모계사회에서 부계사회로 이행되는 과정에서 판도라 설화는 남자들에게 매우 유용한 이데올로기를 제공해 주었을 것이다. 아담의 갈비뼈에서 만들어져 뱀의 유혹에 빠져 선악과를 따먹고는 아담까지 공범으로 만들어 원죄를 짓게 한 이브나, 제우스의 악의에 찬 선물을 잔뜩 받아 태어나 재앙의 단지를 연 판도라는 여자라는 이유만으로 악덕의 상징이 되고 말았다.

인류는 오랫동안 여자들이 아이를 배고 출산하는 것은 자연발생적인 현상일 뿐이고 남자는 잉태에 아무런 역할을 하지 않는다고 생각했다. 이 때문에 아이는 여자의 것이고 남자들에게는 아무런 권한도 없었으며, 여자들과 아이들로 구성된 사회에 남자의 자리는 없을 수밖에 없었다. 이런 사회에서는 여자가 자녀에 대한 실질적인 권리를 갖고 있었다.

그러나 신석기시대에 들어 인류가 목축을 하고 농경을 시작하면서 상황은 바뀌기 시작했다. 짝짓기를 하지 않은 암놈이 새끼를 배지 못하고, 씨를 뿌리면 싹이 나는 자연현상을 보고 남자들의 의식에 큰 변화가 일어났다. 정자의 역할을 어렴풋이나마 이해하기 시작했다. 이젠 밭인 여자가 아니라 씨를 뿌린 남자 자신이 아이들에 대한 소유권을 주장하게 되었다. 이와 함께 아이의 양육을 담당하는 여자들도 아이 아버지에게 속해야 한다는 남성권위주의적 사상도 자연스레 형성되어 갔다. 이런 사회적 대변화에는 이에 대응하는 이데올로기의 발전이 필수적이다. 판도라 신화는 바로 이런 시대적 요구에 딱 들어맞는 신화였다.

신데렐라나 백설공주, 잠자는 숲속의 미녀에 나오는 여자주인공들은 하나같이 수동적이고 소극적이다. 얼굴은 예쁘지만 머리는 천치에 가까울 정도로 나쁜 편이다. 마녀에게 여러 번 속아 넘어가는 백설공주의 우매함은 가히 측은할 정도이다. 이들은 자기주장을 할 줄도 자신을 돌볼 줄도 모른다. 어떤 어려운 환경에도 순응한다. 또 어떤 경우에도 참을 줄 알고 복종한다. 부엌에서 음식을 장만하고 집 안을 청소하고 옷을 빠는 데 만족할 뿐 아니라 즐거워하기까지 한다. 여자에게 부엌과 가정보다 더 행복한 곳은 없다. 남자를 위하여 가사 일에 전념하고 남자가 프러포즈할 때까지 참을성 있게 기다릴 줄 안다. 남자가 사랑의 입맞춤을 하기 전에는 의식이 깨어나지 못한다. 남자를 통해서만 완성되고 행복해진다는 강력한 주장이 이들 설화에 숨겨져 있다. 판도라 신화로 시작된 여성 멸시풍조는 백설공주 설화로 굳건해진다. 더 나은 미래의 남녀관계를 위해서는 이들 설화가 갖고 있는 해악을 더 널리 알려야 할 것 같다. 더 이상 우리 딸들에게 백설공주나 숲속의 미녀 따위의 이야기를 믿으라고 가르쳐서는 안 된다.

에피메테우스가 판도라를 받아들이지 않았더라면 남자들은 얼마나 무미건조하고 어려운 삶을 살아가야 했을까? 헤시오도스의 주장대로 판도라가 모든 불행과 악의 근원이라 하더라도 남자들은 여자 없는 천당보다 차라리 여자와 함께 지옥에 가는 것이 더 나을 것이다.

판도라의 단지에 대해 한 가지 의문이 더 남는다. 제우스가 인간에게 재앙이 되는 것만을 넣은 판도라의 단지에 희망을 넣은 이유가 뭘까? 그리고 왜 희망만이 단지에 남았을까? 살아 있는 모든 생명체는 개체 보존과 종족 보존을 위해 끊임없이 다른 생명체들과 경쟁해야 한다. 인간들의 삶도 다를 게 없다. 오히려 만물의 영장인 인간의 생존 경쟁은 더욱 치열하고 처절하다. 인간은 단순히 다른 종種에게 이기는 것만으로는 충분하지 않고, 다른 인간들도 이겨야만 한다. 그래야 사회 안에서 남들에게 눌려 지내지 않고 살 수 있다. 아무도 이 생존경쟁에서 자유로울 수 없다. 그러기에 삶이란 고통이다. 소포클레스Sophokles의 말대로 인간에게 가장 행복한 것은 아예 태어나지 않는 것이고, 그 다음으로 행복한 것은 아무런 인연을 남기지 않고 죽는 것인지도 모른다. 어떤 삶을 살든 끝내 죽음을 피할 수 없는 인간의 운명은 결국 허망하다. 삶 자체가 미망일 뿐이다. 그러나 내일은 더 나은 삶이 올지도 모른다는 헛된 기대를 하며 살아가기에, 인간은 삶에 대한 미련을 버리지 못한다. 제우스가 판도라의 단지 안에 희망을 남겨 놓은 것은, 인간으로 하여금 헛된 희망에 매달려 삶을 이어가게 함으로써 신들에게 봉사하도록 하려는 용의주도한 조치인지도 모른다.

4장
대홍수와 인간의 다섯 시대

데우칼리온(Deukalion)과 피라(Pyrrha)

　　프로메테우스로부터 불을 받은 인간들은 날이 갈수록 타락하여 점점 교만해지고 사악해져 갔다. 제우스는 이런 인류가 보기 싫었다. 그래서 그는 큰 물난리를 일으켜 지구 위의 모든 인간을 없애기로 마음먹었다. 이를 미리 알아차린 프로메테우스는 자신의 아들 데우칼리온Deukalion에게 큰 나무배를 만들어 식량과 생활필수품을 미리 실었다가 홍수가 나면 그 배를 타고 재앙을 피하라고 가르쳐 주었다. 제우스는 북풍 보레아스Boreas를 동굴에 가두고 남풍 노토스Notos만을 불게 하여 시커먼 비구름이 온 하늘을 덮게 하고는 손바닥으로 구름을 한 번 지그시 눌렀다. 그러자 비가 무섭게 내리기 시작했다. 천둥 번개가 치고 성난 물결은 닥치는 대로 대지 위의 모든 것을 집어삼켜 버렸다. 강물은 순식간에 불어나 벌판으로 넘쳐 곡식과 풀, 나무를 모두 휩쓸었다. 생명을 가진 모든 것들이 물 속에 잠겨 죽음을 맞았다. 제우스의 요청을 받은 포세이돈도 바다에서 큰 풍랑을 일으켜 대지를 덮쳤다. 모든 하천의 신들도 제각기 힘을 다해 대지 위로 물로 뿜어댔다. 이렇게 아흐레 동안 밤낮으로 비가 내렸다. 지구 위의 육지는 모두 물속에 잠겨 버렸다. 이 무서운 홍수는 대지 위의 모든 생명을 빼앗아 갔다. 이제 높은 산봉우리 몇 개만이 겨우 물 위로 섬처럼 모습을 드러내고 있을 뿐이었다.

데우칼리온과 피라를 태운 배는 남쪽으로 흘러가서 보이오티아Boiotia 지방의 파르나소스Parnassos 산에 이르렀다. 지상의 모든 인간이 죽었음을 확인한 제우스는 비를 멈춘 뒤 북풍을 시켜 비구름을 쫓아내고 맑게 갠 푸른 하늘을 드러나게 했다. 날이 개자 데우칼리온과 피라는 배에서 나와 자신들을 구해준 제우스에게 제사를 드렸다. 제우스는 이들이 올리는 제사를 기쁘게 받아들이며 소원이 있으면 들어주겠다고 했다. 데우칼리온과 피라는 드넓은 세상에 살아남은 유일한 인간이었으므로 외롭고 무서웠다. 그래서 그들은 제우스에게 다른 인간들과 함께 살 수 있게 해 달라고 간청했다. 제우스는 이 청을 들어주어 이들에게 얼굴을 가리고 허리띠를 푼 채 등 뒤로 어머니의 뼈를 뿌리고 가면 다른 인간이 생겨날 것이라고 일러주었다. 어머니의 뼈를 뿌리란 말에 의아해 하던 데우칼리온과 피라는 어머니의 뼈라는 것이 곧 대지의 뼈라고 할 수 있는 돌멩이라는 것을 깨닫고 신이 시키는 대로 했다. 데우칼리온이 던진 돌에서는 남자가 생기고 피라가 던진 돌에서는 여자가 생겨났다. 이제 다시 대지 위에 새로운 인간이 생겨난 것이다. 이 새로운 인간들은 돌에서 생겨났기에 돌처럼 굳은 의지와 참을성을 가지고 있고 또 돌처럼 무정하고 잔혹해질 수도 있다.

돌에서 생겨난 인간들 외에 데우칼리온과 피라 사이에서 태어난 자식들도 있었다. 이들은 그리스인들의 선조가 되었다. 큰아들 헬렌

Hellen은 모든 그리스인의 선조이고, 딸 프로토게네아Protogenea는 제우스와 어울려 서부 그리스인인 아이톨리아Aitolia족의 조상 아이틀리아스Aithlias를 낳았다. 이와 같이 그리스인들은 다른 민족들처럼 돌에서 생겨난 것이 아니고 데우칼리온과 피라 사이에서 태어난 것이다.

인간들이 타락하여 죄악을 저지르게 되자 신이 노하여 큰 홍수로 인간을 멸하는 이야기는 세계 여러 민족의 신화에 나타난다. 그중 가장 유명한 것이 노아의 홍수이다. 여호와는 죄악을 일상적으로 저지르는 타락한 인류를 벌하기 위해 40일간 끊임없이 비를 내렸다. 이 대홍수로 인해 지상의 모든 인간들이 목숨을 잃었다. 오직 의로운 노아의 가족만이 하느님의 계시에 따라 미리 산 위에서 커다란 방주를 지어 모든 짐승의 암수 한 쌍과 함께 대재앙을 피해 살아남을 수 있었다. 성경에 의하면 현생 인류는 모두 노아로부터 시작한다. 이런 대홍수 이야기는 고대 메소포타미아 지방에 널리 퍼져 있었다. 이미 수메르 시대의 기록에도 대홍수 이야기가 나오고 이집트신화에도 대홍수 이야기가 나온다. 내용이 조금 빈약하기는 하지만 우리나라의 구전설화에도 서너 편의 대홍수 이야기가 나온다.

과학자들의 연구에 의하면 인류가 막 농경을 시작한 기원전 2000년경에 지구의 기후는 아직 안정되지 않아 곳

키클롭스와 피라, 그리고 데우칼리온

그림 오른쪽에 키클롭스들이 대장간에서 새로운 인류인 철의 인간들을 만들기 위해 열심히 일하고 있다. 왼쪽에 치부를 가리고 있는 여자는 피라다. 그 옆에 데우칼리온이 나무를 바라보며 서 있다. 이 장면은 창세기의 아담과 이브를 떠올리게 한다.
(기원후 270년쯤, 로마 Museo Capitolono 소장)

곳에 여러 차례 큰비가 내렸다. 이런 대홍수는 그 흔적이 지층에 남아 있는 엄연한 과학적 사실이다. 그러므로 큰 물난리로 대재앙이 일어났다는 신화적인 이야기는 단순히 인간이 상상력으로 만들어낸 것이 아니라, 실제로 인류가 직접 경험한 사실에 바탕을 둔 것임을 알 수 있다. 몇몇 고고학자들은 코카서스 산맥의 깊은 계곡에서 노아의 방주를 발견했다고 주장하고 있다. 각 민족은 태고에 선조들이 겪었던 대홍수에 대한 전설에다 후대에 자신들이 직접 겪은 물난리를 적당히 각색하여 민족마다 조금씩 다른 대홍수 신화를 만들어냈다.

대홍수에서 살아남은 인간이 돌을 던지자 사람이 되었다는 설화에는 고대 농경사회의 마술적 의례가 흔적처럼 남아 있다. 돌처럼 딱딱한 씨앗이 땅에 떨어져 싹이 트고 자라나 열매를 맺는 자연현상이 고대인들에게는 기적처럼 보였을 것이다. 이는 신이 내리는 은총이었다. 해마다 봄이 오면 고대 농경민들은 한 해 농사를 시작하는 행사로 성대한 제사를 지내며 밭에 씨앗=돌멩이을 뿌리고 풍년을 기원했다. 인류는 이런 농경시대의 경험을 통해 인간도 대지에 씨처럼 뿌려진 돌멩이에서 자라난 것으로 생각하게 되었다. 풍년을 비는 동시에 대지의 신비로운 생산력을 찬양하는 종교적 제사가 대홍수 신화와 맞물려 인류의 기원에 대한 새로운 설화로 발전한 것이다.

세계 여러 민족의 대홍수 설화에 공통적으로 나타나는 주제 가운데 하나는, 자신들의 선조는 돌로부터 생겨난 것이 아니고 대홍수 때 살아남은 원래의 인류로부터 태어났다는 것이다. 이는 다른 민족보다 자신들이 더 우수하다는 이데올로기를 제공하였고 이로부터 인종차별이란 인류의 최대 질병이 잉태되었다.

18세기 노예상인들은 자신들의 행위를 합리화하기 위해 흑인은 아버지 노아가 벌거벗고 잠든 것을 홍보았던 함의 자손이고 백인은 아버지의 벗은 몸에 고개를 돌린 채 옷을 덮어준 셈의 자손이라 주장했다. 노아는 나중에 이 사실을 알고 함과 그의 자손을 저주했다.

"가나안은 저주를 받아 형제들에게 천대 받는 종이 되어라. 중략 가나안은 셈의 종이 되어라."

이 때문에 백인이 흑인들을 노예로 삼는 것은 하느님의 뜻이라는 것이다. 창세기 9:18~29 참조 참으로 어처구니없는 주장이지만, 그 당시 유럽의 제국주의자들은 다른 인종을 무자비하게 착취하면서 세계 지배를 정당화하는 훌륭한 이데올로기를 구약성경에서 얻었던 것이다.

고대 그리스인들도 위의 설화에 근거하여 자신들을 헬레네스Hellenes, 즉 헬렌Hellen의 자손이라 부르고 다른 민족들은 바르바로이Barbaroi, 즉 알 수 없는 말을 웅얼거리는 자들이라고 경멸하였다.

데우칼리온이란 말의 어원은 포도즙을 의미하는 데우코스deukos에서 온 것이다. 이것은 그리스인들이 지금의 그리스 본토로 이주해 들어올 때 포도 재배기술을 가져왔다는 사실을 암시한다. 한편 '피라'라는 낱말은 어원적으로 밀 경작과 관련이 있다. 이는 그리스인들이 그리스 본토로 들어오면서, 밀을 경작하던 원주민들이 포도 재배기술을 가진 그리스인들에게 복속되었음을 암시한다. 즉 밀 재배를 중심으로 하는 모계 중심 문명의 여신이었던 피라가 포도를 재배하는 가부장적 문명의 그리스인에게 정복되면서 데우칼리온의 부인으로 신격이 떨어지는 과정을 보여준다. 이처럼 신화는 기억의 저편으로 가물가물 사라져 가던 역사적 사실을 복원하듯 전해준다.

실락원(失樂園)과 진보론

"크로노스가 우주를 지배하던 태초에는 황금 족속이 살았다. 이들은 아무런 걱정도 없었고 고통도 슬픔도 몰랐으며, 삶은 축제의 연속이었다. 이들은 늙지도 않았고, 죽음을 잠드는 것처럼 생각하여 전혀 두려워하지 않았다. 땅은 굳이 돌보지 않아도 풍성한 수확을 가져다주었기에 이들은 모든 것을 평화롭게 나누었고 욕심을 부리지 않았다. 대지가 이들을 모두 덮어 버린 후에 이들 황금 족속들은 행운을 가져다주는 좋은 정령이 되어 마을 근처에 머물면서 어려운 일이 생기면 사람들을 도와주고 있다.

두 번째 족속은 올림포스 신이 은으로 만든 족속이었다. 이들은 생김새나 영혼에 있어서 황금 족속과 닮은 점이 하나도 없는 형편없는 족속이었다. 이들은 100년 동안 어머니의 보살핌을 받으며 지내야 했다. 성장하여 사춘기에 이르면 어머니 곁을 떠나는데 우매함과 무모함 때문에 얼마 살지 못했다. 이들은 신들을 공경하지도 않았고 제사를 드리지도 않았다. 제우스는 이들의 불경스러움에 분노하여 은으로 만든 족속을 모두 멸망시켜 버렸다. 하지만 이들은 명계에서 황금 족속 다음으로 존경을 받고 있다.

세 번째 족속은 청동 족속인데 이들은 물푸레나무에서 생겨났다. 이들은 앞서 살았던 은으로 만든 족속보다 훨씬 더 형편없는 족속이었다. 몰염치하고 호전적이어서 항상 싸움을 일삼고 끔찍한 일들을 저질렀다. 다이아몬드와 같은 차가운 심장을 가졌고 무슨 짓을 하든 전혀 수치를 느끼지 않았다. 무기와 집을 모두 청동으로 만들었지만, 아직 검은 빛의 철은 다룰 줄 몰랐다. 이들은 신의 지배를 받아들이지 않고 자신들이 스스로를 다스리다가 아무 흔적 없이 음습한 하데스

번개와 왕홀을 잡고 있는 제우스

(기원전 480년쯤, 런던 영국박물관 소장)

의 집으로 사라져 갔다. 이들이 사라지자 대지 위에는 또다시 찬란하게 빛나는 태양만이 남게 되었다.

제우스는 청동 족속이 사라진 대지를 네 번째 인류인 영웅 족속으로 가득 채웠다. 이들은 신들의 후손으로 반인반신反人反神이었기에 앞선 청동 족속보다는 덕도 높았고 수치와 명예를 알고 존중했다. 그러나 이 시대에는 처참한 전쟁이 계속 벌어졌다. 악명 높은 테바이의 일곱 용사가 카드모스Kadmos의 땅 테바이Thebai에서 전쟁을 벌인 것도, 오이디푸스Oidipous의 천륜을 어긴 비극도, 망망대해를 건너 모험을 하고 아름다운 머릿결을 가진 헬레네Helene를 사이에 두고 트로이아Troia 전쟁을 벌인 것도 모두 이 영웅시대의 일이다. 영웅 족속이 멸망한 뒤에 제우스는 이들을 지구 끝에 있는 아름다운 섬으로 데려갔다. 이곳에서는 1년에 세 번씩 달콤한 과일이 영글었다. 영웅들은 이 천국과 같은 곳에서 평화롭고 윤택한 삶을 누리고 있다.

다섯 번째 인간은 나, 헤시오도스가 속한 이 시대의 인류이다. 나는 차라리 이보다 이전에 태어나거나 다음 시대에 태어났으면 더 행복했으리라. 왜냐하면 현재의 인류는 철 족속이기 때문이다. 철 족속의 삶은 낮이고 밤이고 불안하고 피곤할 뿐이다. 신들은 이 족속에게 끊임없는 걱정거리를 안겨 주고 있다. 이들은 태어난 지 얼마 되지 않아 머리가 하얗게 센다. 아이들은 부모를 닮지도 않고 아이들끼리도 제각각이다. 친구 사이도, 배우자들끼리도 서로를 위하지 못하고 제 앞가림하기에 바쁘다. 예전처럼 형제들 사이에 우애가 있지도 않다. 조금 자라 독립하게 되면 부모를 공경하기는커녕 말대답이나 하고 모욕하기 일쑤이고 심지어 욕지거리까지 해댄다. 부모가 늙으면 공양하지 않고 내쫓아 버린다. 신의와 정의, 진리에는 조금의 가치도 인정하지 않고 사악하고 파렴치한 자들을 칭송한다. 수치도 이 시대에는 사라지고 없다. 자신보다 조금이라도 나은 자들이 있으면 이들을 모함하고 험담한다. 거짓 맹세를 밥 먹듯 하며 남의 불행을 보고 즐거워한다. 수치의 여신 아이도스Aidos와 복수의 여신 네메시스마저 이들이 하도 역겨워서 이 땅을 떠나 올림포스로 물러갔다. 이제 인류는 무법천지에서 치유할 수 없는 불행과 고통을 견디며 살아가야 하는 운명에 처하게 되었다."

헤시오도스는 이처럼 인류의 역사를 다섯 시기로 나누어 기술하고 있다. 이 신화는 물론 실제 인류의 역사를 기술한 것이 아니다. 오히려 헤시오도스 시대의 인류 역사에 대한 심한 비관론적 사상을 드러내고 있다. 이 신화가 말하고자 하는 의도는 분명하다. 인류는 시간의 흐름과 함께 점점 타락하고 그로 말미암아 불행해졌다는 것이다. 헤시오도스 시대의 지식인은 인류의 진보를 결코 믿지 않았다. 헤시오도스에게 있어서 문명이란 인간을 사악하게 만들고 신에게서 멀어지게 해 결국 불행하도록 만드는 것일 뿐이었다.

인류가 문명을 이루기 전의 원시상태를 인류가 경험했던 가장 행복했던 이상향으로 그리는 것은 헤시오도스의 독창적인 사상이 아니다. 모든 인간 사회에는 문명이 생기기 이전의 태고 때가 인류에게는 낙원이었다는 사상이 널리 퍼져 있다. 유태교의 에덴동산이 가장 대표적인 예이다. 유태교와 그리스도교에서는 하느님의 뜻에 따라 살아감으로써 아담과 이브의 죄 때문에 떠나야 했던 낙원으로 되돌아가기 위해 노력하라고 신자들에게 가르친다. 중국에서도 삼황오제시대나 요순시대가 이상향으로 그려지고 있다. 중국의 도교는 도를 닦아 신선이 되어 이 잃어버린 낙원으로 돌아가는 것을 이상으로 한다.

어떻게 하여 인간은 춥고 공포에 떨던 원시시대를 낙원과도 같은 행복한 시절로 생각하게 된 것일까? 그러나 문명의 발달로 자연과 괴리되면서 인간이 느끼게 된 불안을 되짚어 보면 어쩌면 이런 사상은 지극히 자연스러운 발전이라는 것을 알게 된다.

불을 모르던 때에 인류는 그저 행복했다. 황금 족속 시대는 인류가 불이나 어떤 기술이나 문명의 이기를 사용할 줄 모르던 시대이다. 이때의 인류는 농사나 목축을 할 줄 몰랐고 사회를 조직하지도 않았다. 배를 건조하여 바다를 항해하는 일 따위는 상상도 할 수 없었다. 인류는 자연에서 동물들과 마찬가지로 자연이 제공하는 열매나 조그만 사냥감만으로 만족하며 살았다. 천둥이 치면 두려움에 떨고 칠흑같은 밤에는 공포를 느끼며 쪼그린 채 잠이 들 뿐이었다. 그 시절 인간과 신의 접촉은 직접적이었다. 신의 섭리에 따라 해가 뜨면 일어나 활동하고 날이 지면 보금자리를 찾아 휴식을 취했다. 재산을 축적할 줄도 몰랐기에 빈부의 차이도 없었다. 모든 인간은 평등했다. 권력자의 무덤을 만들기 위해 거대한 역사를 벌일 줄도 몰랐다. 무엇보다도 중요한 것은 인간이 아직 신이나 짐승들에게 아무런 죄를 짓지 않은 상태였다는 것이다. 자연에서 자연의 법칙에 순응하며 살아가는 최초의 인류에게는 원죄란 있을 수 없었다.

인간의 모든 죄악과 불행은 프로메테우스가 제우스로부터 불을 훔쳐 인간에게 갖다 줌으로써 시작되었다. 이 사건으로 말미암아 인간은 제우스의 미움을 받게 되어 불행해지기 시작했다. 불은 기술의 상징이요 문명의 요체이다. 불을 다루게 됨으로써 인간은 문명을 일으키고 발전과 진보를 이룩할 수 있었다. 물레로 토기를 빚어 불에 구워 단단하게 하였다. 구리와 주석을 발견하여 불에 녹여 여러 가지 유익하고 편리한 도구를 제작했다. 밤이면 모닥불을 피워 추위를 이겨냈고 야수들의 공격을 효과적으로 막아낼 수 있었다. 인간은 도구를 이용하여 더욱더 대담하게 자연을 정복하기 시작했다. 잉여 생산물이 축적되면서 일부 지배계층은 생계를 위한 노동에서 해방되었다. 이들은 하늘의 별을 관측하고 사계절의 기후변화를 관찰하면서 주기적으로 일어나는 자연현상에 대하여 많은 것을 알게 되었다. 자연현상에 대하여 어느 정도 예측까지도 할 수 있게 되자 인간의 지능발달은 더욱 더 가속화되기 시작했다.

사회가 더욱 복잡해지고 문화적 배경을 달리하는 다양한 민족이 도시를 이루어 복잡한 문명을 만들어 나가게 되자, 이집트의 파라오나 메소포타미아의 사제계급 같은 전문적 지식을 바탕으로 하는 새로운 지배계층이 형성되었다. 이들은 신의 대리인 또는 지상의 신으로 행세하며 세속적 삶을 통치하였다. 자연히 빈부의 차이와 지배자-피지배자의 계급 구분이 생겨나게 되었다. 인류 역사상 처음으로 불평등 관계가 형성된 것이다.

그러나 자연을 파괴하며 문명을 발전시켜 나갈수록, 인간은 자연과 점점 더 멀어져 간다는 사실을 깨닫고 불안해지기 시작했다. 자연에서 신의 섭리대로 약육강식의 법칙에 따라 잡아먹고 잡아먹히던 시절, 인간에게는 신에게 원죄를 지었다는 불안감이 없었다. 당시 인간과 자연, 그리고 신 사이에는 아무런 거리감도 존재하지 않았다. 그러나 농경을 시작하고 목축을 통해 자연의 비밀을 조금씩 훔쳐내서

스핑크스와 피라미드

이집트 아부심벨의
파라오 람세스 2세
조각상

자신의 것으로 만들어 가면서, 인간은 자연으로부터 멀어져 가는 자신들의 모습에 대해 막연한 두려움과 불안을 갖게 되었다. 반면에 자연에 존재하는 것들에 대해서는 아무것도 두려워하지 않게 되었다. 사자나 호랑이 같은 맹수도, 코끼리 같은 덩치 큰 짐승도, 뱀이나 지네 같은 징그러운 벌레도 모두 인간의 적수가 되지 못했다. 두려운 것은 오히려 인간 자신이었다. 특히 생살여탈권을 가진 지배계급은 어떤 맹수보다도 위험하다. 교활하고 비윤리적이고 걷잡을 수 없게 변덕스러워 위험을 예측할 수조차 없으니 정말 두렵기 짝이 없다.

인간은 그제야 문명이 자신들에게 가져다 준 불행이 얼마나 끔찍한 것인가를 깨닫기 시작했다. 이 모든 것이 궁극적으로 프로메테우스가 가져다준 불에서부터 시작되었음을 알게 되었다. 차라리 문명이 없던 옛 시절이 행복하게 보였다. 제우스의 저주는 실로 무서웠다. 그러나 때는 이미 늦었다. 문명의 수레바퀴를 되돌릴 수는 없었다. 인간은 이제 깊은 죄책감과 불안에서 벗어날 수가 없었다. 원죄의식이 싹튼 것이다.

원죄사상을 바탕으로 하는 종교의 대표적인 사례인 그리스도교 신앙에 이런 사상이 가장 분명히 드러난다. 인간이 신과 자연과 하나였던 에덴동산 시절은 다시 돌아올 수 없는 것일까? 신 가까이에서 신의 섭리대로 행복하게 살던 낙원은 영영 되찾을 수 없는 것일까? 아니다. 자비롭고 선한 하느님은 타락한 인간에게도 구원의 길을 열어 놓았음에 틀림없다. 이제 인간이 다시 구원 받아 낙원을 되찾는 유일한 길은 절대자인 신에게 참회하고 용서를 비는 것뿐이다. 신이 인간을 불쌍히 여겨 이 죄악의 구렁텅이에서 구원해 주길 간절히 기도하는 것 외에 다른 어떤 희망도 존재하지 않는다. 에덴동산에서 선악의 과일을 따먹은 이후 원죄는 인간의 운명이었다. 그러나 인간이 진정으로 참회하고 하느님의 길을 따른다면 원죄를 벗고 다시 하느님의 나라인 낙원으로 들어갈 수 있을 것이다. 이렇게 하여 선과 악이 대립하는 위대한 윤리의 종교가 생겨나게 되었다.

그러므로 윤리적 종교를 신봉하는 사람들은 죄악의 씨인 불을 인간에게 훔쳐다준 프로메테우스를 제우스가 벌한 것은 지극히 당연하다고 주장한다. 황금 족속의 시대를 이상향으로 본 플라톤Platon 역시 이 주장에 동조한다. 그러나 소피스트Sophist나 아리스토텔레스Aristoteles처럼 인류의 진보를 믿는 철학자들은 제우스의 행위를 압제자의 부당한 월권행위로 보았다.

원죄 개념을 바탕으로 한 실낙원 사상에 맞선 진보사상가들은 불도 사용할 줄 모르고 문명의 혜택이란 아무것도 받지 못하는 원시시대의 생활을 직시한다. 헐벗고 굶주리며 목숨을 보전하기 위해 이리저리 불안에 쫓기며 도망 다니는 것이 낙원의 생활일 수는 없다. 그들은 인류가 문명을 통해 물질적으로나 정신적으로 더 풍요로운 삶을 발전시켜 왔으며 앞으로도 무궁무진한 발전을 할 것이라고 믿는다. 이런 진보에 대한 믿음을 본격적으로 주장한 최초의 사상가들은 기원전 5세기에 아테네Athene를 중심으로 활동하던 소피스트들이었다. 이들은 페르시아 전쟁을 통해 그리스와 그리스 너머에 존재하는 다른 민족의 생활을 비교해 볼 기회를 가졌다. 여러 민족 가운데는 아직도 자연 상태에서 벗어나지 못한 미개인들도 있었다. 그들의 생활은 결코 행복하지 않았다. 오히려 물질문명이 발달한 그리스의 삶이 훨씬 행복했다. 그들은 인류문명의 진보를 믿었고 진보만이 인류가 행복을 추구하는 길이라고 생각하기에 이르렀다. 이런 진보사상의 밑바탕에는 인간에 대한 믿음, 인류의 발전 가능성에 대한 무한한 신뢰가 깔려 있다.

원죄를 주장하는 윤리적 종교가 신을 중심으로 하는 사상체계라면 진보를 믿는 사상은 인간 중심주의를 기본으로 하는 사상체계이다. 이 진보사상은 르네상스를 거쳐 현대 과학문명으로 이어진다. 특히 다윈의 진화론에 이르러서는 자연세계 역시 진보한다는 사상으로까지 발전했다.

우리는 지금 진보사상이 주도하는 시대에 살고 있다. 태고시대의 생활이 이상향의 삶이 아니라면, 구태여 하느님께 참회하며 낙원으로 돌려보내 달라고 기도할 이유가 없다. 진보주의 사상이 우세한 시대에 종교는 자연히 의미가 축소된다. 세상이 어수선하고 지배계급이 변덕스럽고 무지막지할 때, 인간은 종교의 힘을 빌려 태고의 이상향을 그리워한다. 그러나 인간이 절대 빈곤과 정치적 불안에서 벗어나게 되면, 그리고 자신의 생활이 조금씩 나아진다면 진보주의를 믿게 된다.

인류가 황금 족속에서 은의 족속으로, 다시 청동 족속을 거쳐 철의 족속으로 타락해 간다는 헤시오도스의 신화는 진보를 믿는 이 시대에는 그리 큰 설득력을 갖지 못한다. 그러나 그의 신화를 통하여 당시의 그리스인들이 처했던 불안한 사회생활의 일부를 느낄 수 있다. 신화는 항상 그 신화가 만들어진 시대를 반영하기 때문이다.

은의 족속 시대는 모계사회 시대의 희미한 기억을 반영한다. 100년 동안 어미 옆에서 양육되다가 사춘기가 되어 어미를 떠나서는 얼마 못 살고 죽는 은의 족속은 여자를 중심으로 군집하여 살아가던 수렵·채취경제 시대의 모습을 나타낸다. 이 시절 인류의 수명은 30세를 넘기지 못했다고 한다. 집단에서만 생활하다가 갑자기 집단을 떠난 사춘기 소년은 거친 자연환경에 어떻게 적응할지 몰랐다. 헤시오도스가 기술한 대로 이들은 무지몽매하고 쓸 만한 연장 하나 제대로 갖추지 못했다. 또 기술도 별로 발달하지 못해 충분한 음식도 얻을 수 없었기 때문에 건강도 별로 좋지 않았다. 이들은 이런 상태로 거친 자연세계에 무모하게 덤벼들다가 제 수명을 다하지 못하고 죽어 갔을 것이다. 아직 원죄 개념도 생기지 않았기에 종교가 발달하지도 않았다. 그러므로 이들은 신들에게 제사를 드리지 않았다.

세 번째 인류인 청동의 족속은 청동기를 제작·사용하던 초기 그리스인들을 가리킨다. 이들은 청동을 능숙하게 다룰 줄 알았다. 네 번째 족속인 영웅 족속은 실은 청동 족속과 다른 족속이 아니다. 이 영웅 족속은 그리스 이외의 문명에서는 알려지지 않은 존재로서 호메로스가 그려내는 영웅들의 모습을 합리화시키기 위해 헤시오도스가 고육지책으로 설정한 족속이다. 이들은 북방에서 그리스 본토로 이주하면서 선주민들을 정복하며 올림포스 신앙을 가지고 들어왔는데, 그리스신화에 나오는 영웅들은 모두 이 시대에 속한다.

다섯 번째 족속인 철의 족속은 미케네Mycenae 문명이 붕괴된 기원전 11세기에 북쪽에서 남하한 도리아인Doria들을 지칭한다. 이들은 철기문명을 가진 호전적인 부족이었다. 이 시대에 이르면 사회조직은 복잡해지고 문명은 꽤 발달해서 왕권을 중심으로 하는 미케네 문명의 전통적 가치관이 붕괴된다. 도리아인의 침투 이전부터 보이오티아에 살고 있던 선주 그리스 민족 출신인 헤시오도스에게 이들 철의 족속은 도덕적으로 타락하고 무지막지한 야만인으로 비춰졌다. 헤시오도스의 글에는 농경생활의 미덕을 굳게 믿는 보수적 사상이 깊게 깔려 있다.

제3의 성(性)을 가진 인간

　오늘날에는 남성과 여성이라는 두 가지 성性만이 존재하지만 아주 먼 옛날에는 한 몸에 남녀의 성을 모두 가지고 있는 제3의 성을 가진 인간이 있었다. 그런 인간들은 몸뚱이가 둥글었으며 손발이 넷씩 달려 있고 머리에는 서로 반대 방향을 보고 있는 두 개의 얼굴이 붙어 있었다. 귀도 넷이었고 성기性器도 남녀의 것 하나씩 쌍으로 되어 있었다. 이들은 지금의 인간들처럼 고개를 곧바로 들고 양방향 어디로든 걸어 다닐 수 있었다. 그러나 이들이 빨리 움직일 때는 마치 곡예사들이 재주를 넘듯이 여덟 개의 손발을 쳇바퀴 돌리듯 번갈아 움직여 굴러가듯 달렸는데 그 빠르기가 상상을 초월할 정도였다. 남성은 원래 태양의 자손이고 여성은 땅의 자손이며 남녀를 함께 갖춘 제3의 성을 가진 인간은 달의 자손이었다.

　달은 양성적 존재이다. 이들은 자신의 조상을 닮아 둥근 모양을 하고 있었고 걸음걸이마저 달을 닮아 굴러가듯 움직였다. 이들의 힘은 매우 강했고 야심도 많았다. 아무것도 두려워하지 않았던 이들은 끝내 올림포스 신들에게 도전하기에 이르렀다. 제우스는 이들을 벼락을 내려 없애고 싶었지만 그렇게 되면 신들에게 제물을 바칠 인류마저 전멸할 판이었다. 골똘히 궁리한 끝에 제우스는 제3의 성을 가진 인간들의 몸을 두 쪽으로 갈라놓았다. 몸을 자를 때마다 얼굴을 돌려놓아 절반이 된 자신의 짝을 바라보게 함으로써 이들의 힘이 약해지게 했다. 아폴론은 사방의 가죽을 끌어다 갈라진 이들의 몸을 지금의 배 쪽으로 꿰매주었다. 그 꿰맨 자리가 우리의 배꼽이다.

　그 후 인간은 잃어버린 자신의 반쪽을 그리워하여 합치려 했다. 그리하여 남녀는 서로 끌어안고 하나가 되려는 욕망에 사로잡히게 되었다. 제우스의 바람대로 인간의 힘은 몸이 반쪽으로 되면서 절반으로 줄어들었다. 게다가 그 힘마저도 잃어버린 반쪽을 찾기 위해 쓴다. 제우스는 이제 인간의 도전에서 자유롭게 되었다.

플라톤의 〈대화편〉 "향연Symposion"에 나오는 이야기이다. 인간이 왜 사랑을 바라게 되었는가를 설명하기 위해 향연 중에 당대의 희극작가 아리스토파네스Aristophanes가 주장한 설이다. 신화라기보다

복희와 여와
국립중앙박물관 소장

는 다분히 철학적인 성격을 띠고 있는 이야기이다. 그러나 이 이야기를 아리스토파네스나 플라톤이 지어낸 것 같지는 않다. 인류가 다른 동물에서 유래하였다는 설명은 많은 신화에 등장하는 모티브이다. 그리스신화에도 인간의 일부는 동물에서 유래하였다는 이야기가 나온다. 프로메테우스는 인간과 뭇 짐승들을 만들었다. 세월이 흐르자 인간에 비해 동물의 숫자가 너무 많아 문제가 되었다. 프로메테우스는 짐승들 가운데 몇몇을 인간으로 바꾸었다. 그런 이유로 우리들 가운데에는 겉모습은 인간이지만 영혼은 짐승인 사람들이 생겨나게 되었다.

중국신화에도 비슷한 이야기가 있다. 진흙을 빚어 천신의 모양을 닮은 사람을 만들던 여신 여와는 넓디넓은 대지 구석구석까지 인간을 퍼뜨리기에는 너무 많은 시간과 공이 들어가야 한다는 사실을 깨달았다. 여와는 궁리 끝에 좋은 꾀를 생각해 냈다. 하늘에서 새끼줄 하나를 가져와서는 그 새끼줄을 진흙에 흠뻑 적셔 높은 산에 올라가 사방으로 힘차게 휘둘렀다. 진흙 덩어리가 흩어지며 방울이 되었다가 이내 사람으로 변했다. 이렇게 하여 인간 사회에는 빚어 만든 고상한 족속과 흩뿌려 만든 천한 계급의 인간이 함께 살게 되었다. 귀족은 빚어 만든 인간의 후예이고 백성은 흩뿌려 만든 인간의 후손이다. 다분히 계급사회의 이데올로기가 느껴지는 설화이다.

올림포스 신들과 위대한 조연들

제2부

그리스의 사계절

　　　　그리스의 겨울은 음산하다. 잔뜩 하늘이 흐리고 시도 때도 없이 비가 내린다. 영하로 내려가는 추위는 없지만 난방시설이 시원치 않아 옷 속으로 스며드는 냉기는 지겨울 정도로 을씨년스럽다. 습기를 가득 품은 대기는 한없이 무겁고 하늘도 바다도 모두 짙은 잿빛이다. 이런 스산한 겨울은 12월부터 2월까지 이어진다.

　　　　그러나 3월이 되면 모든 것이 급작스레 달라진다. 하늘은 지중해 특유의 청명함을 되찾고 태양은 눈부실 정도로 빛난다. 들녘에는 온갖 이름 모를 꽃이 만발하여 수놓은 융단처럼 아름답다. 이런 날 바다가 보이는 언덕에 앉아 있으면 아름다움과 평화로움에 이 세상을 창조한 조물주를 저절로 찬양하게 된다.

　　　　계절의 여왕인 5월이 되면 하늘은 울고 싶을 정도로 투명해진다. 그저 하늘을 바라보는 것만으로도 삶의 의미를 느낄 수 있다. 그러나 5월이 끝날 때쯤이면 꽃들은 지고 태양은 점점 더 뜨거워진다. 메마른 대지는 서서히 푸른빛을 잃고 누렇게 변해 간다. 이제 더 이상 비는 오지 않는다. 여름이 시작되는 것이다.

구름 한 점 없는 하늘, 수평선 건너편의 조그만 돌 하나까지 보이는 청명한 대기, 이글이글 타오르는 태양, 이것이 그리스의 여름이다. 한여름의 더위는 섭씨 40도를 웃돌지만 습기가 거의 없어 그늘에 들어서면 서늘하게 느껴진다. 바닷가에 홀로 앉아 있으면 태초의 고요 속에 잠긴 듯 아무런 소리도 들리지 않는다. 작열하는 태양 아래 온갖 사물들은 투명해져 경계선마저 사라져 간다. 푸른 바다를 배경으로 하얗게 칠한 지중해의 집들이 숨 막히는 긴장을 자아낸다. 한낮에는 인적도 드물어지고 자연은 신을 찬양하듯 한없이 빛날 뿐이다.

그리스의 여름은 갑작스레 왔다가 갑작스레 지나간다. 시월에 들어 어느 날 첫 빗방울이 떨어지면 여름은 한 순간에 생명을 잃는다. 어떤 의미에서 그리스에 가을은 없다. 음산한 겨울과 찬란한 봄, 그리고 작열하는 태양의 계절인 여름만이 있을 뿐이다. 가을은 짧다. 아름다운 단풍도 지지 않는다. 하늘이 다시 잿빛을 띠고 날씨가 변덕을 부리며 간간이 비를 뿌리면 여름은 끝난 것이다. 가을과 겨울은 구분이 되지 않는다. 구태여 나뭇잎이 지는 동안을 가을이라 하지만 날씨나 자연의 모습은 겨울과 별로 차이가 없다.

이런 모든 기후의 조화를 주관하는 신이 바로 제우스이다. 농경과 해상무역을 주업으로 삼던 그리스인들에게 날씨의 변화는 생사를 결정하는 주요한 요인이었다. 따라서 기후를 관장하는 제우스가 모든 신들과 인간의 아버지로 숭배되었던 것은 지극히 자연스러운 일이다. 예측이 불가능하고 무지막지한 자연의 힘을 상징하는 티타네스와 기간테스, 티폰을 정복한 제우스는 때에 맞춰 비를 내리고 계절을 바꾸며 조화로운 자연을 지배했다. 고대 그리스인들은 제우스가 다른 신들과 함께 올림포스 산에 살고 있다고 믿었다.

성스러운 산, 올림포스

　　　　푸른 에게해를 오른쪽으로 하고 아테네에서 테살로니키로 가는 고속도로를 4시간쯤 달리면 왼쪽에 웅장한 산의 모습이 보인다. 이 산이 바로 올림포스이다. 국도에서 좌회전하여 약 5킬로미터를 들어가면 올림포스에 가장 가까운 마을인 리토호로Litochoro에 도착한다. 웅장한 올림포스를 뒤로 하고 짙푸른 잉크색의 에게해를 바라보는 이 마을은 참으로 아름답다. 여기서 포도주를 곁들인 점심을 먹고 다시 굽이굽이 산길을 올라가면 한때 큰 제재소가 있었던 프리오니아Prionia라는 곳에 도착한다. 찻길은 여기에서 끝난다. 해발 1,100미터에 위치한 이곳은 그리스의 다른 지역에서는 볼 수 없는 짙푸른 녹음과 풍부한 물줄기가 눈을 시원하게 해준다. 크지는 않지만 아름다운 폭포와 수정처럼 맑은 물을 담고 있는 조그만 연못 뒤로는 아름드리나무들이 깊은 숲을 이루고 있다.

　　본격적인 등산은 이 숲으로 들어가면서 시작된다. 이곳에서 해발 2,100미터에 위치한 A산장까지는 6킬로미터 남짓한데, 나무그늘이 짙게 드리워져 무척 상쾌하다. 길이 가파르게 변한다 싶을 때쯤이면 멀리 산장이 보인다. 산장에 짐을 풀고 계곡을 굽어보면서 신이 된 듯한 기분 좋은 착각에 빠져 본다. 산은 깊고 신비롭다. 계곡 사이로 드나드는 안개와 구름이 선계에 온 것을 실감케 한다. 땅거미가 지면 기온은 갑자기 내려가고 산안개가 짙게 깔린다. 산장 식당 안에서는 흥에 겨워 연주하는 부주키Boutzouki에 맞춰 등산객들이 그리스 민요를 구성지게 불러댄다. 포도주를 앞에 놓고 노랫소리를 듣는 동안 산장

올림포스 산

의 밤은 깊어 간다.

다섯 시간 동안 내리막길이 전혀 없는 카키아 스칼라Kakia Skala를 오를 때면 신의 세계로 가는 길이 얼마나 고되고 어려운가를 수없이 느끼게 된다. 그러나 고생 끝에 해발 2,866미터인 스칼라Skala 봉우리에 닿으면 더 엄청난 시련이 기다리고 있다. 60~70도를 오르내리는 가파른 바위를 100미터쯤 내려가다 다시 가파른 바위를 네 발로 타고 한 시간 이상 기어 올라가야 올림포스의 정상인 미티카스Mitikas에 이르게 된다. 이곳의 높이는 해발 2,917미터이다. 운이 좋아 화창한 날씨를 만나면 푸른 에게해 전부가 발아래 놓인다.

다시 경사가 70도를 넘나드는 내리막길을 두 시간 이상 내려가서 제우스의 왕관이라는 스테파니Stefani 봉우리를 반 바퀴쯤 돌면 세오Seo 산장이 보인다. 이곳의 지형은 퍽 인상적이다. 스테파니 봉우리가 병풍처럼 둘렀고 산세가 계곡으로 빠지기 전에 커다란 운동장이 두서너 개 들어설 정도의 평평한 땅이 있다. 그리고 제우스의 발이 놓였음직한 자리에 또다시 평평한 땅이 있어 마치 큰 팔걸이의자 모양을 하고 있다. 이곳이 제우스의 왕좌이다. 그리고 왕좌에 앉은 제우스의 눈길이 자연스레 닿을 만한 곳에는 아름다운 초원이 펼쳐져 있는데, 이곳에서 무사이Mousai들이 음악을 연주하고 카리테스들이 춤을 추었다고 한다.

기후를 관장하는 신이 사는 세계답게 올림포스 산의 날씨는 변덕스럽다. 맑게 개는 것 같다가 갑자기 천둥번개가 치며 소나기가 내리기도 하고 한여름에도 우박이 쏟아진다. 계곡 사이로 구름이 짙게 깔렸다간 한 순간에 화창해지는가 하면 다시 짙은 안개로 길을 잃게 한다. 바다 위에서 이런 변화무쌍한 올림포스를 바라보던 그리스인들에게 이 산은 틀림없는 제우스의 궁전이었던 것이다.

올림포스 신들

티타네스와의 전쟁에서 승리한 크로노스의 아들 삼형제, 제우스, 포세이돈, 그리고 하데스는 제비를 뽑아 세계를 나누어 다스리기로 했다. 그 결과 제우스는 하늘을, 포세이돈은 바다를, 하데스는 지하세계를 다스리게 되었다. 그리고 올림포스와 지상은 삼형제 모두의 공동소유로 하였다. 그러나 지하세계에 은둔하는 하데스는 올림포스로 올라간 적이 거의 없다. 포세이돈도 주로 바다 밑 자기 궁전에서 지냈다. 이렇다 보니 올림포스에는 주로 제우스와 그의 자식들이 거주하게 되었다.

제우스와 헤라, 아폴론, 아르테미스
(브라우오나 박물관 소장)

　올림포스에는 운명에 따라 결정된 고유의 직분과 기능을 가진 열두 명의 신이 한 가족을 이루며 살고 있었다. 모든 신들과 인간들의 아버지인 제우스와 그의 아내 헤라, 순결한 부뚜막의 여신 헤스티아, 대지의 여신 데메테르, 음악과 예언의 신 아폴론, 그의 누이인 숲의 여신 아르테미스, 예술과 지혜의 여신 아테나, 대장장이 신 헤파이스토스, 그의 아내로서 아름다움의 여신인 아프로디테, 전쟁의 신 아레스, 그리고 뒤늦게 올림포스 신의 반열에 오른 포도주의 신 디오니소스까지 모두 열두 명의 신이 서로 어울려 각자의 직분에 따라 세계를 다스리고 있었다.

　그러나 이 열두 명의 명단은 시대에 따라 조금씩 차이가 난다. 기원전 8세기경에 쓰인 호메로스의 서사시 〈일리아스Ilias〉와 〈오디세이아Odysseia〉에는 디오니소스가 올림포스 신으로 인정받지 못하고, 포세이돈이 열두 신 중의 하나로 등장하고 있다. 디오니소스는 호메로스 시대 이후에 올림포스 신앙에 흡수된 신이다. 또 이렇다 할 특별한 신화를 품고 있지 않은 헤스티아를 올림포스 신의 명단에서 빼기도 한다.

열둘이라는 숫자는 1년을 이루고 있는 열두 달을 상징하는 숫자로 고대 문명사회에서 신성하게 여겨졌다. 올림포스 신이 열둘일 뿐만 아니라 우라노스가 낳은 티타네스의 숫자도 남녀가 여섯씩 모두 열둘이었다. 그리스신화 속에서 열둘이란 숫자는 반복하여 나타난다. 헤르메스가 아폴론의 소를 훔친 후에 그중에 두 마리를 잡아 열두 조각을 내어 올림포스 신들에게 제사 지낸다. 아르고나우타이 Argonautai도 모험을 떠나기 전에 열두 개의 제단을 세우고 희생을 올린다. 헤라클레스의 모험도 열두 가지로 구성된다.

그리스인들뿐만 아니라 유태인들도 열둘이란 수의 신성을 믿었다. 유태인들은 열두 지파를 믿었고 예수의 제자도 열둘이다. 예수가 태어났다는 성탄절 12월 25일과 요단강에서 예수가 세례를 받았다는 신현 축일 1월 6일 사이는 열이틀이다. 이 열이틀은 그리스 정교회 신도들에게 1년 중에 가장 신성한 기간 중 하나이다. 또 점성술도 십이성좌를 기초로 이루어져 있다. 동양에서도 십이지 十二支에 따라 사람의 운명을 점치기도 하고 성격을 논하기도 한다.

열둘에 전지전능한 유일신을 합한 숫자가 바로 서양인들이 불길하다고 느끼는 13이란 숫자이다. 13이라는 숫자는 인간세계에 속하는 것이 아니라 완전한 존재인 신의 숫자이다. 그러므로 인간에게 13이란 수는 감당하기 어려운 숫자이다. 아직 이승에 머물고 싶은 인간에게 저 너머 신의 세계에 속하는 숫자는 부담스럽고 피하고 싶은 숫자일 뿐이다. 또 13은 열둘의 한 주기가 끝나고 새로 시작되는 주기의 첫 숫자이기도 하다. 모든 사람에게 새로운 시작은 항상 불안과 공포를 느끼게 한다. 잘 알고 있는 세계를 떠나 미지의 새로운 세계로 나아가는 것은 피할 수 있다면 피하고 싶은 일이다. 13이라는 숫자가 주는 공포는 바로 이런 새로운 시작에 대한 공포인지도 모른다.

제우스의 권력 투쟁과 시련

제우스는 크로노스와 레아 사이에서 막내로 태어났다. 어머니 레아는 크로노스에게 갓 낳은 아이 대신 돌을 주어 삼키게 하고 제우스를 크레타 섬에서 크로노스 몰래 키웠다. 제우스는 장성하여 아버지로부터 형제들을 구해 내고 곧바로 9년간의 전쟁을 벌여 권좌를 차지했다. 티타네스와의 전쟁에서 이긴 지 얼마 지나지 않아 제우스는 가이아의 사주를 받은 기간테스들과 다시 전쟁을 치러야 했다. 제우스는 치열한 전투 끝에 겨우 기간테스들을 이길 수 있었다. 우주의 권좌를 차지하기 위한 제우스의 시련은 여기에서 그치지 않았다. 이번에는 무시무시한 거구의 괴물 티폰과 한바탕 결투를 벌여야 했다. 첫 싸움에서 티폰에게 패하여 힘줄을 빼앗겼을 때, 제우스의 운명은 그것으로 끝나는 듯했다. 그러나 최후의 승리자는 제우스였다. 헤르메스의 도움으로 힘줄을 되찾은 제우스는 티폰을 몰아붙여 시칠리아 섬의 에트나Etna 산 밑으로 처넣어 꼼짝 못하게 했

제우스와 티폰의 결투

세계의 패권을 얻기 위해 제우스는 수많은 적들을 물리쳐야 했다. 제우스의 마지막 적은 무시무시한 괴물인 폭풍우의 신 티폰이었다. 제우스는 티폰과의 첫 번째 결투에서 패하며 수모를 당했다. 이 그림은 제우스가 번개로 하반신이 뱀이고 날개가 달린 티폰을 공격하는 장면을 보여 준다. 티폰의 구레나룻과 긴 턱수염이 인상적이다. (기원전 540–530년, 뮌헨 Staatliche Antikensammlungen 소장)

다. 제우스는 다시 승리했다. 세 차례에 걸친 패권 다툼에서 제우스는 모두 승리했다. 이제 제우스의 권좌는 확고부동한 것이었다. 그 후에 있었던 제우스에 대한 도전 가운데는 별로 심각한 게 없었다.

포세이돈의 쌍둥이 아들인 거인 오토Oto와 에피알테스Ephialtes가 올림포스에 올라오려 했을 때, 제우스는 번개 한 방으로 간단하게 그들을 혼내 줄 수 있었다. 또 한 번은 끊임없이 바람을 피워 대는 제우스에게 속이 상한 헤라가 아테나와 아폴론, 포세이돈의 도움을 받아 제우스가 잠든 사이에 가죽으로 묶어 버렸다. 그러나 바다의 여신 테티스가 바다 깊숙한 곳에서부터 모든 신들에게 존경을 받는 거인 브리아레오스Briareos를 데려와 이 음모를 분쇄해 버렸다. 이에 대한 보답으로 제우스는 테티스의 아들 아킬레우스를 인간 중 가장 위대한 영웅으로 만들어 주었다.

이 사건 이후 어느 누구도 제우스의 권좌를 넘보지 않았다. 제우스는 신들과 인간들의 아버지로서 우주를 다스리게 되었다. 티타네스와의 전쟁 직후, 제우스와 포세이돈, 하데스 삼형제가 제비뽑기를 하여 각기 하늘과 바다, 지하세계에 대한 지배권을 나누기는 했지만 제우스는 실질적인 절대 권력자였다. 하데스는 지하에 박혀 올림포스와 지상에서 일어나는 일에 관여하지 않았고, 포세이돈도 감히 제우스에게 대들지 못했다. 오히려 포세이돈은 충실한 협조자로서 제우스의 통치를 도왔다.

어느 신화에서든 최고의 신이 권력을 장악하는 과정은 길고 험난하다. 티타네스, 기간테스, 티폰과 맞서 싸운 제우스의 전쟁은 새로운 종교와 옛 종교 사이의 투쟁을 암시한다. 승리자인 새로운 종교의 신 봉자들은 자신들의 신을 험난한 위기와 모험을 이겨낸 진정한 승리자로 미화하고 싶어 한다. 권력을 쟁취하기 위한 시련이 어려우면 어려울수록 신의 위대함은 더 빛난다. 그러기 위해서는 상대방이 무지막지한 힘의 소유자인 동시에 거칠고 악당이어야 한다.

새로운 신의 승리가 단순히 물리적인 힘의 우위로 그쳐서도 안 된다. 지혜와 윤리적인 측면에서도 완벽한 승리여야 한다. 제우스가 꾀로 크로노스로 하여금 자신의 형제들을 토해 내게 하였다는 것은 지혜에 있어서도 제우스가 크로노스보다 우위에 있음을 증명한다. 제우스는 프로메테우스에게서 티타네스와의 승패는 힘이 아니라 지혜와 기술에 달려있다는 가이아의 말을 전해 듣는다. 가이아의 조언에 따라 제우스는 타르타로스에 갇혀 있던 키클롭스와 헤카톤케이레스를 풀어준다. 그들의 도움으로 제우스는 티타네스와의 전쟁에서 승리한다. 기간테스와의 전쟁에서도 제우스는 인간의 도움 없이는 승리할 수 없다는 사실을 알고 지체 없이 헤라클레스에게 도움을 청한다. 또 가이아가 기간테스들을 살려낼 수 있는 약초를 찾는다는 정보를 알아낸 제우스는 태양과 달, 새벽의 신들에게 자신이 약초를 찾기 전에는 나타나지 말라고 명하고 그 약초를 먼저 찾아 없애 버린다.

　제우스에게는 다른 신들에게는 없는 정치적 기민함이 있다. 정보의 중요성을 알고 정보를 적절히 다룰 줄 안다. 승리하기 위해서는 신의 자존심도 버리고 하찮은 존재인 인간의 힘을 빌릴 정도로 지혜와 현실적 감각이 있다. 필요한 정보를 적시에 알아 사태를 정확하게 판단하고 그에 맞는 조치를 정확하게 준비하는 제우스의 지혜는 다른 신들을 압도한다. 그가 인간들뿐만 아니라 신들까지 지배할 수 있는 것은 이런 탁월한 정치 감각과 술책을 가진 덕분이다. 이러한 정치적 감각과 술책은 제우스보다 힘이 센 티타네스나 기간테스, 티폰에게서는 찾아볼 수 없는 미덕이다. 올림포스 신인 포세이돈 역시 물리적 힘에 있어서는 제우스와 맞먹지만 술책과 정치적 균형 감각에 있어서는 훨씬 떨어진다.

　제우스는 조직에 있어서도 달인이다. 그는 아폴론과 아테나를 자신의 좌우에 배치하고 헤르메스와 무지개 신 이리스Iris를 전령으로 부리며 전 세계를 빈틈없이 다스린다. 그래서 신들은 제우스를 존경하고 두려워한다. 트로이아 전쟁에 참가한 올림포스 신들은 누구나 제우스의 명령에 복종한다. 제우스가 전투에 참가하지 말라고 화를 내었을 때 어느 신도 감히 이 말을 어길 수 없었다. 제우스의 입에서 신들 각자가 자신이 편들고 싶은 진영에서 싸워도 좋다는 허락이 떨어지자 신들은 비로소 마음 놓고 전투에 참가한다.

　지하의 신 하데스가 데메테르의 딸 페르세포네Persephone를 납치했을 때, 제우스가 이를 방관한 것도 세계를 다스릴 때 하데스의 도움이 필요했기 때문이었다. 페르세포네는 제우스 자신의 딸이기도 하다. 패권을 위해서 딸의 행복쯤은 희생되어도 상관없었다. 제우스는 그런 정략가이다.

제우스는 자신이 그토록 소유하기를 바랐던 테티스가 아버지보다 더 위대한 아들을 낳을 운명이라는 것을 알고 그녀에 대한 미련을 깨끗이 버린다. 자신의 아들에게 왕위를 빼앗길지 모른다는 제우스의 강박관념은 이에 그치지 않는다. 테티스가 혹시 다른 신과 어울려 아들을 낳으면 자신의 강력한 경쟁자가 될 것을 두려워한 제우스는 그녀를 신이 아닌 인간 펠레우스Peleus에게 시집보내기로 결정하고 그대로 실천에 옮긴다. 용의주도한 책략가로서의 모습이 적나라하게 드러나는 부분이다.

그뿐 아니라 메티스가 자신의 왕위를 빼앗을 아들을 낳을 운명이라는 말을 듣자, 제우스는 그녀를 조그맣게 만든 뒤에 통째로 삼켜 버린다. 이처럼 제우스는 권력 앞에서 지극히 냉철한 현실주의자이다.

제우스의 교활함은 에리스의 사과를 처리하는 데서 가장 잘 드러난다. 테티스와 펠레우스의 결혼식에 초대 받지 못한 불화의 여신 에리스가 "가장 아름다운 여인에게"라는 말과 함께 던져 놓고 간 황금 사과를 두고 헤라와 아테나, 아프로디테가 다투었다. 신들이 제우스에게 세 여신 가운데 누가 가장 아름다운가를 결정하라고 부탁한다. 어느 여신에게 황금 사과를 주건 간에 나머지 두 여신의 불만을 피할 수 없음은 불 보듯 뻔한 이치였다. 아무리 제우스라 하더라도 강력한 두 여신의 원망을 듣게 되는 것은 부담스러운 일이었다. 교활한 제우스는 그 결정을 인간인 파리스Paris에게 하도록 미룬다.

그러나 제우스의 교활함은 단순한 교활함이 아니다. 고도의 정치적 계산이 숨어 있는 교활함이다. 그 당시 지상에는 인구가 너무 많아 가이아는 그 무게에 괴로워하고 있었다. 사람의 수를 줄일 필요가 있었다. 더구나 인간들은 오만해져 신들을 공경할 줄 모르고 전쟁과 음모로 세월을 보내고 있었다. 제우스는 이런 인간들을 없애기 위해 음모를 꾸민다. 그 음모 가운데 하나가 에리스의 사과였다. 제우스는 파리스의 판정으로 황금 사과를 차지한 아프로디테가 세상에서 가장 아름다운 여인 헬레네를 유혹하도록 파리스를 도와주리라는 것을 알고 있었다. 헬레네는 바로 트로이아 전쟁을 일으키기 위하여 제우스 자신이 레다Leda와 어울려 낳은 딸이다. 파리스에게 납치될 당시 헬레네는 스파르타의 왕 메넬라오스Menelaos의 왕비였다. 헬레네의 납치로 말미암아 고대의 가장 큰 전쟁 가운데 하나인 트로이아 전쟁이 일어난다. 이 전쟁에서 양측 대부분의 영웅들이 죽는다. 원래 인구 감소가 목적이었던 제우스는 전쟁을 될 수 있는 대로 오래 끌어 희생자의 수를 늘이는 데 주력한다. 트로이아의 함락과 함께 트로이아 측의 영웅들은 전멸한다. 승리자인 그리스 영웅들도 고향에 살아 돌아간 숫자는 별로 많지 않다. 귀향의 항해에서 영웅들은 신들의 미움을 받아 대부분 죽고 만다. 제우스의 음모는 완전한 성공을 거두고 지상의 인구는 눈에 띌 정도로 줄어들었다. 이런 교활함에도 불구하고 제우스는 자신의 자식을 잡아먹는 크로노스보다 훨씬 윤리적이고 세련된 신이다. 크로노스에 비해 제우스는 더 이성적이고 인간적이다.

기후를 주관하는 신, 제우스

언어학적으로 인도-유럽어 계통에 속하는 그리스인들은 기원전 2000년경, 북방에서 지금의 그리스 땅으로 이주해 들어왔다. 제우스 신앙은 이들과 함께 그리스 땅에 전해졌다. "제우스Zeus"는 어원적으로 하늘을 뜻하는 어근 "din-"에서 파생되었다. 동일한 어근에서 파생된 이름을 갖는 천신天神이 인도와 로마, 움브리아인의 신화에도 나타난다. 특히 그리스어의 표현 Zeus Pater제우스 아버지는 라틴어의 유피테르Jupiter = Diespiter와 움브리아어의 유파테르Jupater, 산스크리트어의 디아우스 피타르Dyaous Pitar 등과 언어학적으로 정확하게 일치한다. 그러므로 천신 제우스에 대한 신앙의 기원은 인도-유럽어족이 아직 분기하기 전인 기원전 3000년 이전으로 거슬러 올라갈 수 있다.

제우스는 형제들과의 제비뽑기에서 하늘을 지배하게 되었다. 키클롭스가 제우스에게 바친 무기는 천둥과 번개였다. 하늘의 지배자 독수리가 제우스를 상징하는 새이다. 제우스의 신격은 대기를 비롯해 하늘의 모든 일을 다스리는 것이다. 제우스는 바람과 구름, 비, 서리, 눈, 우박을 비롯한 모든 기후 변화를 주관하는 신이다. 특히 비는 제우스의 물이라고 불렸다. 그의 제단은 흔히 구름이 모이는 산 정상에 세워졌다. 가뭄이 들면 이 제단에서 희생제가 치러졌다. 그는 무엇보다도 좋은 날씨를 보내 주어 풍요를 선물하는 신이다. 그러나 인간이 불경을 저지르면 홍수를 내리거나 가뭄이 들게 하여 벌한다. 한 해 농사는 전적으로 그의 손아귀 안에 있다. 제우스가 좋은 날씨를 준비하면 풍년이 들고 그가 심술을 부리면 인간은 헛농사를 지을 수밖에 없다. 이 때문에 제우스는 두려움의 대상이었다. 제우스에게 불경을 저지른 사람 가운데 그의 형벌을 피할 수 있는 이는 아무도 없었다.

천둥과 번개로 자신의 분노를 표현하는 제우스는 예언의 신이기도 하다. 하늘을 다스리는

왕홀과 번개를 잡고 위엄을 갖춘 채 근엄한 표정을 짓고 있는 제우스
(기원전 480-470년쯤, 베를린 Staatiliche Museen 소장)

그리스의 메테오라를 뒤덮은 구름
제우스는 가장 예측불허인 구름을 주관하는 신격을 가지고 있었다.

그리스 북서부의 에피로스 지방에 있는 제우스를 숭배하던 가장 오래된 성소 도도네
제우스 제단 안에 제우스의 신수(神樹)인 떡갈나무가 심어져 있다. 고대 그리스의 제우스 신관들은 바람에 떨리는 떡갈나무 가지의 흔들림이나 독수리의 비상을 보고 제우스의 신탁을 알아내려 했다.

그는 인간들에게 무지개와 유성을 통하여 자신의 뜻을 전하기도 하고 핏빛 비를 내려 인간의 오만을 경고하기도 한다. 꿈속에 헤르메스를 보내 인간에게 운명을 알려 주고 새를 날려 보내 징조를 보여 준다. 에페이로스Epeiros 지방에 있는 제우스의 신탁소 도도네Dodone에서는 떡갈나무의 흔들림으로 제우스의 뜻을 알아냈다. 리비아의 암몬Ammon에 있는 제우스의 신탁소도 유명하다. 헤로도토스Herodotos에 의하면 도도네와 암몬의 신탁소는 이집트에서 날아온 검은 비둘기의 말에 따라 그 지방 신관들이 세운 것이라 한다. 이 검은 비둘기들은 사람의 말을 할 줄 알아 제우스의 뜻을 전했다. 아폴론이 운영하는 델포이 신전도 제우스의 뜻을 전하는 것에 지나지 않는다.

질서의 감시자, 제우스

우주의 지배자로서 제우스는 모든 신들과 인간의 아버지이다. 그는 올림포스 산정에서 세상을 굽어보며 모든 일을 주관했다. 제우스는 분수에 어울리지 않는 욕심을 부려 질서를 어지럽히는 자들을 용서하지 않았다. 거인이나 신이라 할지라도 질서를 어지럽히면 용서 받지 못했다.

아폴론의 아들 아스클레피오스Asklepios가 자연의 법칙을 거슬러 죽은 자들을 살려 내자 제우스는 번개를 내리쳐 아스클레피오스를 죽였다. 아들을 잃은 아폴론은 슬픔을 이길 수 없었다. 그러나 제우스에게 대들 수는 없는 일이었다. 아폴론은 화풀이로 애꿎은 키클롭스를 화살로 쏘아 죽였다. 번개를 만든 것은 이들이었기 때문이다. 제우스는 이런 일을 저지른 아폴론이 괘씸하여 명계의 감옥인 타르타로스에 그를 가두려 했다. 아폴론은 어머니 레토Leto가 제우스에게 무륭을 끓고 빌어 타르타로스에 갇히는 일은 면하게 되었다. 대신 아폴론은 인간인 아드메토스Admetos 왕 밑에서 1년 동안 머슴살이를 하게 되었다.

태양 신 헬리오스의 아들 파에돈Phaedon 은 아버지의 충고를 듣지 않고 태양을 실은 마차를 몰겠다고 고집했다. 파에돈의 미숙한 솜씨에 마차는 궤도를 벗어나 너무 낮게 나는가 하면 때로는 너무 높게 날았다. 이 바람에 강물이 마르기도 하고 강추위가 몰아닥치기도 했다. 파에돈을 내버려 두면 자연의 질서가 완전히 파괴될 판이었다. 올림포스 산 위에서 이런 상황을 지켜보던 제우스는 번개를 내리쳐 파에돈을 죽였다.

테살리아Thessalia 지방의 영웅 익시온Ixion 은 제우스의 사랑을 받아 불사의 몸이 되었다. 그러나 그는 배은망덕했다. 바람만 피워 대는 제우스에게 화가 난 헤라가 자신의 유혹을 받아 줄 것이라는 엉뚱한 생각으로 헤라에게 사랑을 고백했다. 헤라에게서 익시온의 이런 불경한 짓거리를 들은 제우스는 구름으로 헤라의 모습을 만들어 익시온을 시험했다. 익시온은 그것이 헤라인 줄 알고 덤벼들었다. 익시온의 파렴치함을 본 제우스는 그의 사지를 불의 수레바퀴에 묶은 뒤 공중을 날게 했다. 이 형벌은 엄청나게 고통스러운 것이어서 죽음만이 익시온을 이 형벌로부터 구원해 줄 수 있었다. 그러나 그는 불사의 몸이었기에 이 형벌로부터 영원히 벗어날 수 없었다.

거인 티티오스Tityos 는 제우스의 연인 가운데 하나인 레토Leto 를 겁탈하려다가 아폴론과 아르테미스의 화살에 맞아 죽었다. 그러나 일설에는 티티오스를 죽인 것은 제우스의 벼락이었다고 한다.

제우스에게 욕정을 불어 넣어 인간 여자를 사랑하도록 만든 아프로디테 역시 제우스의 복수를 벗어나지 못했다. 제우스의 음모에 빠진 아프로디테는 인간 안키세스Anchises를 사랑하게 되어 아들 아이네이아스Aineias를 낳는다. 아이네이아스는 트로이아 전쟁에 참가했다가 나중에 이탈리아로 이주하여 로마시를 건설한다.

외지에서 온 귀공자 이아손Iason과 사랑에 빠져 아버지와 조국을 배반한 메데이아Medeia는 아버지 아이에테스Aietes의 추격을 따돌리기 위해 동생 압시르토스Apsyrtos를 죽인 후, 사지를 찢어 바다에 버린다. 이에 역겨움을 느낀 제우스는 메데이아가 이아손의 사랑을 잃게 하여 처벌한다.

소아시아 리디아Lydia 지방의 왕 탄탈로스Tantalos는 매우 부자였을 뿐만 아니라 신들의 사랑을 받아 올림포스에서 식사를 같이 하곤 하였다. 탄탈로스는 자신의 집에서 신들에게 음식 대접을 할 때 신들을 시험하기 위해 자신의 아들 펠롭스Pelops를 죽여 그 고기를 식탁에 올렸다. 제우스는 탄탈로스의 파렴치한 행위에 분노하여 그를 지하세계에서 영원히 갈증과 기아의 고통을 받게 했다. 물속에 박힌 말뚝에 묶인 탄탈로스가 물을 마시려 고개를 숙이면 물은 똑같은 거리를 유지한 채 내려가 버렸다. 이 때문에 탄탈로스는 물을 마실 수 없었고, 머리 위에 달린 음식은 그가 고개를 들어올리면 그만큼 위로 올라가 먹을 수 없었다. 눈앞에 있는 물과 음식을 못 먹고 갈증과 기아에 시달리는 것은 가장 괴로운 형벌이다.

아르카디아Arkadia의 왕 리카온Lykaon은 제우스의 사랑을 받아 50명의 아들을 얻었다. 그러나 그도 제우스를 시험하기 위해 아이 하나를 죽여 제우스의 식탁에 올려놓았다. 제우스는 이런 잔혹한 행위를 눈 하나 깜짝하지 않고 저지르는 리카온에게 역겨움을 느끼고 그와 그 아들들을 늑대로 만들었다.

리카온의 자손인 미녀 영웅 아탈란타Atalanta는 불경스럽게도 제우스의 신전에서 남편 멜라니온Melanion과 사랑을 즐겼다. 이에 화가 난 제우스는 그들을 사자로 만들었다.

아티카Attika의 왕 페리파스Periphas는 공명정대하고 의로운 사람이었다. 신들을 공경함에 있어서도 게으름이 없었다. 특히 아폴론에 대한 그의 정성은 유달랐다. 페리파스가 너무도 훌륭한 사람이었기에 그의 백성들은 그를 신처럼 떠받들었고 끝내는 그에게 제우스라는 이름을 부여하고 신전을 지어 바쳤다. 이를 곱게 볼 제우스가 아니었다. 당장 벼락을 내려 죽여 버리려 했지만 아폴론의 간곡한 만류로 그것만은 참았다. 대신 페리파스를 독수리로 변하게 했다. 비록 오만이라는 불경을 저질렀지만 생전에 착한 사람이었다는 점을 고려하여 새들의 왕 독수리로 만들어 준 것이다.

케윅스Keux와 알키오네Alkyone는 너무 행복한 나머지 자신들은 제우스와 헤라가 부러울 게 없다고 자랑했다. 이에 발끈한 제우스는 이 부부를 물총새로 만들었다.

코린토스Korinthos의 꾀 많은 영웅 시시포스Sisyphos는 제우스가 요정 아이기나Aigina와 사랑을 나누는 밀회 장소를 아이기나의 아버지 아소포스Asopos에게 일러준 죗값으로 지하 세계에서 끊임없이 돌을 굴리는 벌을 받았다.

보이오티아지방의 이름난 사냥꾼 악타이온Aktaion은 아르테미스 여신이 목욕하는 모습을 훔쳐보다가 여신의 저주를 받아 자신의 사냥개에게 물려 죽었다. 그러나 일설에는 악타이온은 인간의 몸으로 주제넘게 달의 여신 셀레네를 탐내었다가 제우스의 번개에 맞아

올림피아의 제우스 신전

죽었다고 한다. 역시 인간의 몸으로 여신 데메테르와 밭이랑에서 사랑을 한 이아시온Iasion도 제우스의 벼락에 맞아 죽었다.

엘리스Elis의 왕 살모네우스Salmoneus는 자신이 누리는 절대 권력에 중독되어 오만해졌다. 주민들에게 자신을 제우스 신과 같은 존재라고 믿게 한 후 온갖 제물을 바치게 했다. 더 극적인 효과를 얻기 위해 살모네우스는 청동으로 된 길을 만들게 한 후 역시 청동과 철로 만든 자신의 전차를 그 길 위에서 달리게 했다. 전차 뒤에는 쇠사슬을 달아 전차가 달릴 때 불꽃이 튀게 했다. 그는 또 상대방에게 불붙은 횃불을 던져 제우스가 번개 던지는 모습을 흉내 냈다. 보다 못한 제우스는 번개와 불벼락을 내려 살모네우스와 그의 주민들 모두를 죽였다.

제우스에게 불경을 저지르다가 벼락을 맞아 죽은 사람은 수 없이 많다. 쿠레테스들은 헤라의 사주를 받고 제우스와 이오Io 사이의 아들 에파포스Epaphos를 훔쳤다가 벼락에 맞아 죽었다. 어린 포세이돈을 길렀다고 전해지는 케아Kea 섬의 주민 텔키네스Telchines들도 제우스를 홀대한 벌로 번개에 맞아 죽었다. 다만 다른 사람들의 눈총을 받으면서까지 제우스를 대접한 착한 처녀 덱시테아Dexithea는 구원을 받고, 마침 그 섬을 찾아온 크레타의 왕 미노스Minos와 사랑을 나누어 섬의 새로운 주민의 시조를 낳는다. 제우스의 번개 따위는 두렵지 않다고 허풍을 떤 카파네우스Kapaneus는 테바이 성벽을 기어오르다가 벼락을 맞아 죽었다.

펠롭스의 두 아들 아트레우스Atreus와 티에스테스Thyestes가 아르고스의 왕위를 놓고 다툴 때, 제우스는 부정한 방법으로 왕위를 얻으려는 티에스테스를 막는다. 아트레우스의 아내 아에로페Aerope와 몰래 정을 통한 티에스테스는 아에로페를 통하여 아트레우스 소유의 황금 양털을 훔친다. 그러고 나서 시민들에게 황금 양털을 가진 자가 왕이 되도록 하자고 제안한다. 아직도 자신이 황금 양털을 갖고 있다고 생각한 아트레우스는 이 제안에 선뜻 응했다. 그러나 정작 시민들 앞에 황금 양털을 내놓은 사람은 티에스테스였다. 이제 왕위는 티에스테스에게로 돌아가는 듯했다. 이때 티에스테스의 부정한 행동을 못마땅하게 여긴 제우스는 아트레우스에게 헤르메스를 보내 왕위를 되찾을 방법을 가르쳐 준다. 제우스의 충고에 따라 아트레우스는 티에스테스를 찾아가 만약 해가 동쪽으로 지면 왕위를 양보하겠다는 맹세를 하라고 다그쳤다. 그런 일이 일어날 까닭이 없다고 생각한 티에스테스는 선선히 맹세를 했다. 이때 제우스가 해의 진로를 하루 동안 바꾸어 놓았다. 이런 이변에 티에스테스는 아르고스에서 추방되고 아트레우스가 왕이 된다.

제우스는 타락한 인류를 멸하기 위해 네 번이나 홍수를 일으켰다. 황금의 인간, 은의 인간, 청동의 인간, 철의 인간은 모두 제우스가 보낸 홍수에 휩쓸려 차례로 멸망했다. 데우칼리온과 피라만이 착한 사람들이었기에 그 홍수에서 살아남았다. 전쟁과 살육, 음모와 모함으로 세월을 보내는 영웅시대의 인간들의 꼴이 보기 싫어 제우스는 두 번의 큰 전쟁을 일으켰다. 첫 번째 전쟁은 테바이 전쟁으로 알려진 오이디푸스의 아들들 사이의 왕위 쟁탈전이다. 오이디푸스의 두 아들 에테오클레스Eteokles와 폴리네이케스Polyneikes는 1년씩 왕위를 번갈아 맡기로 했다. 먼저 왕이 된 에테오클레스는 1년이 지나도 왕위에서 물러나려 하지 않았다. 대신 폴리네이케스를 국외로 추방했다. 쫓겨난 폴리네이케스는 아르고스 여섯 용사의 도움을 받아 조국 테바이를 공격했다. 이 전투에서 에테오클레스와 폴리네이케스 두 형제는 서로 상대방의 손에 죽고 원정은 실패로 끝난다. 그러나 더 많은 사람이 죽기를 바라는 제우스는 비극이 끝나도록 내버려 두지 않았다. 첫 번째 원정에 실패한 용사들의 아들들은 다시 군대를 조직하여 테바이를 공격한다. 두 번째 전투에서는 원정군이 운이 좋아 승리한다. 이때 테바이가 철저히 파괴되는 바람에 곧 이어 일어난 트로이아 전쟁에는 테바이 군이 출정하지 못한다. 타락한 인간을 멸하기 위해 제우스가 일으킨 두 번째 전쟁은 트로이아 전쟁이다. 아름다운 헬레네를 파리스가 납치함으로써 시작된 이 전쟁에서 영웅들은 대부분 죽고 만다.

아스클레피오스의 설화에서 우리는 제우스가 자연의 섭리를 깨는 것에 대해 분노하는 모습을 본다. 제우스는 핏빛 비를 보내 인간의 오만을 경고한다. 산성비는 그가 보내는 핏빛 비이다. 인간이 개발을 앞세워 자연을 파괴하면서 제우스의 분노를 피할 수 있다고 생각한다면 이것이야말로 엄청난 오만이다. 앞서 언급한 이야기에서 분명히 드러나듯 제우스는 인간의 오만에 대해 반드시 대가를 치르게 한다. 벼락으로 때려죽이거나 짐승으로 바꿔 놓는 수법 이외에도 제우스가 죄 지은 자들을 처벌하는 방법은 많다. 제우스는 타락한 인간을 처벌하기 위해 네 차례나 홍수를 일으켜 지상에서 사람의 자취를 없애 버린 신이다. 그는 또 인간을 멸하기 위해 여러 번 커다란 전쟁을 일으켰다. 그런 제우스가 오만의 꼭대기에 올라선 현대인류를 다시 한 번 없애지 말라는 법은 없다. 현대인들은 카파네우스처럼 제우스의 벼락쯤은 무섭지 않다고 허풍을 떤다. 그러나 오만은 타락을 불러일으킨다. 타락은 자연의 재앙을 불러온다. 오

가장 오래된 제우스 신앙의 중심지인 도도네의 고대 원형 극장으로 들어가는 입구

늘날 인류는 엘니뇨현상과 같은 이상 기후에 시달린다. 극지방의 하늘에는 오존층이 파괴되어 구멍이 뚫렸다. 자외선으로부터 생명체를 보호해 줄 차단막이 사라지고 있다. 많은 과학자들이 이런 재앙의 이유를 환경 파괴에서 찾고 있다. 자연의 재앙 앞에 인간은 미약할 뿐이다. 우리는 그 간단한 사실을 잊고 있다.

파에돈과 익시온의 불타는 수레바퀴는 궤도를 따라 움직이는 태양을 상징한다. 제우스는 천체를 다스리는 신이다. 제우스에게 불경을 저지른 자들은 하나같이 벼락에 맞아 죽는다. 죽음을 면한 자들도 짐승이나 새로 바뀌는 벌을 받는다. 그러나 시시포스나 탄탈로스, 익시온처럼 윤리적으로 도저히 용납할 수 없는 죄를 저지른 자들은 죽어서까지 형벌을 피하지 못한다. 그들의 형벌은 영원히 계속된다. 반면 제우스는 데우칼리온과 피라처럼 의로운 사람이나 덱시테아처럼 착한 사람에게는 복을 내린다.

리카온과 그의 아들들이 늑대로 변했다는 설화는 영웅의 이름 "Lykaon"이 형태적으로 늑대를 의미하는 그리스어 "lykos"와 비슷한 데에서 유추한 것이다. 대부분의 민간 어원이 그러하듯 이 유추는 근거가 없다. 그리스어의 어간 "lyk-"는 빛을 뜻하는 라틴어 "lux"와 통한다. 리콘과 제우스의 관계는 빛과 '빛의 신'의 관계에서 유래한 것이다.

제우스에게 사람 고기를 대접하는 이야기와 이에 대한 신의 분노는 올림포스 신앙 이전의 종교에 있었던 인신공희 人身供犧와 이에 대한 올림포스 신들의 혐오감을 나타낸다. 제우스는 야만스러운 풍습을 싫어했다. 문명이 발달하면서 인간의 피를 흘리는 종교 행위는 역겨움의 대상이 되어 갔다. 이 때문에 인간 대신 소나 양 같은 짐승이 희생물로 쓰이게 되었다.

도시 국가와 가부장제의 수호자, 제우스

만물의 통치자로서 제우스에 대한 개념은 세월에 따라 변해 갔다. 올림포스 신앙의 초기에 제우스는 모든 왕족의 시조였다. 세월이 흐름에 따라 통치권이 왕에서부터 귀족들에게 옮겨 가자 제우스는 귀족 가문의 선조가 되었다. 그러다가 권력 구조가 귀족들의 소수 지배에서 자유 시민들이 스스로 통치하는 민주주의로 바뀌자 제우스는 도시의 수호신이 되었다.

도시 국가를 수호하는 제우스는 가장家長을 존경하며 순종하고 따르는 가부장제도의 수호신이기도 하다. 평화로운 가정을 파괴하는 자는 제우스의 화를 피할 수 없다. 하지만 여기에는 함정이 있다. 얼핏 보면 제우스는 헤라와 합법적인 가정을 이루어 인간들에게 모범을 보이듯하다. 그러나 절대적 권위를 자랑하는 가부장제의 가장들이 흔히 그러하듯 제우스는 가정에 충실한 남편이 결코 아니다. 수많은 연애사건과 염문으로 헤라의 속을 썩이고 질투를 불러일으킨다. 그는 전형적인 가부장제의 폭군 가장이다.

제우스는 또한 뱀의 모습을 하고 뒤뜰에 있는 광을 지켜 주는 신이다. 그리스인들은 안뜰 한가운데에 제우스의 제단을 만들고 가정의 평안과 재산의 보호를 비는 제사를 정기적으로 지냈다. 제사는 집안의 가장이 주관했다. 페넬로페Penelope의 청혼자 가운데 오디세우스의 용서를 받고 목숨을 부지하게 된 음유시인 페미오스Phemios와 전령傳令 메돈Medon이 오디세우스의 마음이 언제 변할지 몰라 불안에 떨며 피신한 곳도 궁전 안뜰에 있는 제우스 제단이었다.

제우스는 또한 가난한 자와 이방인, 청원자의 수호신이기도 하다. 제우스의 사랑과 은총을 바라는 사람은 항상 가난한 자들을 도와

주어야 한다. 낯선 이방인이 마을로 들어서면 제우스의 뜻에 따라 그를 잘 대접해야 한다. 죄를 지은 자가 제우스의 신전에 피신하여 자비를 청할 때에는 죄인을 성역에서 함부로 끌어낼 수 없다. 청원자의 말을 들어 보고 제우스의 신탁을 묻는 등의 정당한 절차를 밟은 후에야 그에 대한 조치를 취할 수 있었다.

청원자의 수호신인 제우스는 신들과 인간들의 맹세를 감시하는 직분도 담당하고 있다. 트로이아 전쟁에서 메넬라오스Menelaos와 파리스가 결투하기 전에 양군의 병사들은 제우스에게 맹세를 어기는 자에게 저주를 내려 "그 자손들의 골이 술처럼 땅에 쏟아지게 하고 그들의 아내들은 남의 노예가 되게" 해 달라고 기도한다.

분수를 모르는 오만한 자들을 혐오하고 거짓 맹세를 하는 자들을 처벌하는 제우스는 점차 정의를 존중하는 윤리적 신으로 변모해 갔다. 모든 신들과 인간의 지배자가 되기에는 물리적 힘의 우위만으로는 부족하다. 제우스가 다른 신들보다 훨씬 더 위대한 존재가 되기 위해서는 윤리적으로도 다른 신들보다 더 훌륭해야 한다. 세상 모든 일을 주관하는 제우스가 윤리적으로 부도덕하다면 사회정의를 바랄 수 없기 때문이다. 그리스 고전 시대의 후기로 내려오면서 제우스를 중심으로 하는 유일신 사상이 싹튼다. 이에 따라 제우스에게 여러 가지 윤리적인 가치를 부여하는 움직임이 생겨난다. 그 대표적인 예가 아이스킬로스Aischylos이다. 그의 비극은 윤리적 존재로서 제우스를 재조명하는 것을 주제로 한다. 그러나 고대 그리스는 통일성보다 다양성을 더 중요하게 여겼다. 당시 그리스인들은 올림포스 신들을 윤리적인 존재로 여기지 않았다. 제우스 역시 절대 선을 추구하는 윤리신으로 발전하지 못했다.

그리스 신들은 힘 있고 유복한 왕족이나 현대 백만장자의 모습을 더 닮았다. 자신이 하고 싶은 일이라면 내키는 대로 하고야 마는 자유롭고 거만한 존재였다. 진정한 윤리신의 출현은 인도-유럽어족이 아닌 셈족 문명에서 이루어졌다. 윤리적 유일신을 믿는 유대교, 그리스도교, 이슬람교는 모두 셈족의 종교이다. 사막과 오아시스라는 척박한 환경 속에서 천국과 지옥, 선과 악이 극명하게 대립하는 세계관이 더 손쉽게 받아들여졌다. 세월이 흐름에 따라 셈족 계통의 유일신 사상은 그리스 문명의 올림포스 신앙을 대치하기에 이른다. 그러나 그것은 아직 먼 훗날의 이야기다.

바람둥이 신, 제우스 : 제우스의 자식과 연인들

제우스는 천하의 바람둥이로 여신들과 요정, 심지어는 유부녀와 사랑을 즐겨 수많은 자식을 낳는다. 제우스는 가장 먼저 지혜의 여신 메티스와 관계를 맺는다. 메티스는 제우스를 피하기 위해 여러 짐승의 모습으로 변신하여 보지만 제우스의 끈질긴 구애에 몸을 맡긴다. 메티스가 임신한 사실을 알았을 때 제우스는 메티스가 이번에는 딸을 낳지만 다음에 낳을 아들은 자신의 왕좌를 빼앗을 것이라는 예언을 듣게 되었다. 불안해진 제우스는 메티스를 작게 만들어 삼켜 버렸다. 메티스를 삼킴으로써 제우스는 운명의 공포로부터 벗어날 수 있었고 동시에 메티스의 지혜를 자기 것으로 만들게 되었다. 달이 차서 제우스의 머리를 뚫고 태어난 딸이 바로 아테나이다.

다음으로 제우스는 자연의 법과 질서의 여신인 테미스Themis와 결합하여 계절의 여신 호라이Horai 세 자매와 운명의 여신 모이라이 세 자매를 낳는다. 호라이 여신의 이름은 각기 에우노미아Eunomia, 질서, 디케Dike, 정의, 에이레네Eirene, 평화이다. 이들 모두 질서정연한 자연의 힘을 의인화한 존재들이다. 이들은 올림포스에서 제우

번개를 든 제우스가 요정 아이기나를 납치하는 장면
이 결합에서 아이기나는 아이아키스 족의 시조인 아이아코스를 낳았다.
(기원전 490년쯤, 파리 Bibliothèque Nationale 소장)

스를 도와 계절의 변화를 관장한다. 운명의 여신 역시 세 명인데 클로토 Klotho 는 생명의 실을 뽑아내고 라테시스 Lachesis 는 운명을 나누어 주며 아트로포스 Atropos 는 생명의 실을 끊는다. 이들 역시 제우스를 도와 사람들이 태어날 때부터 죽을 때까지의 운명을 관리한다.

이어서 제우스는 기억력의 여신인 므네모시네와 아흐레 동안 어울려 음악을 관장하는 아홉 명의 무사이를 낳았다. 이들 아홉 명의 이름은 칼리오페 Kalliope, 클리오 Klio, 폴힘니아 Polhymnia, 에우테르페 Euterpe, 테르시코레 Tersichore, 에라토 Erato, 탈레이아 Thaleia, 우라니아 Urania 이다. 이들 가운데 칼리오페는 제우스의 사랑을 받아 유명한 무사족 코리반테스 Korybantes 를 낳았다. 무사이들은 올림포스에서 아폴론을 도와 음악을 연주한다. 악보가 없던 시대에 음악을 연주하는 일은 오직 기억력에 의존할 수밖에 없었다. 그러므로 기억력의 여신

제우스의 자식들

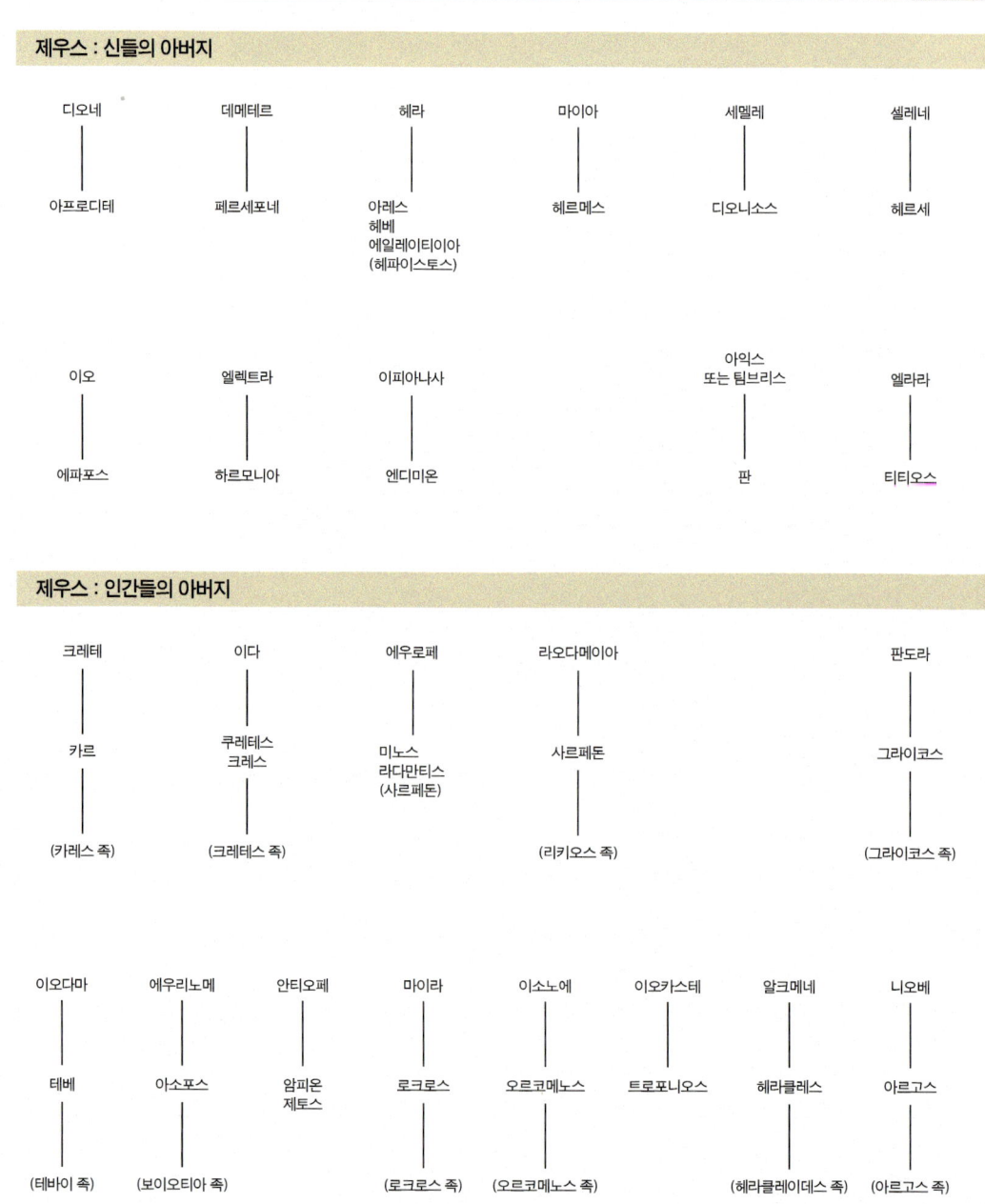

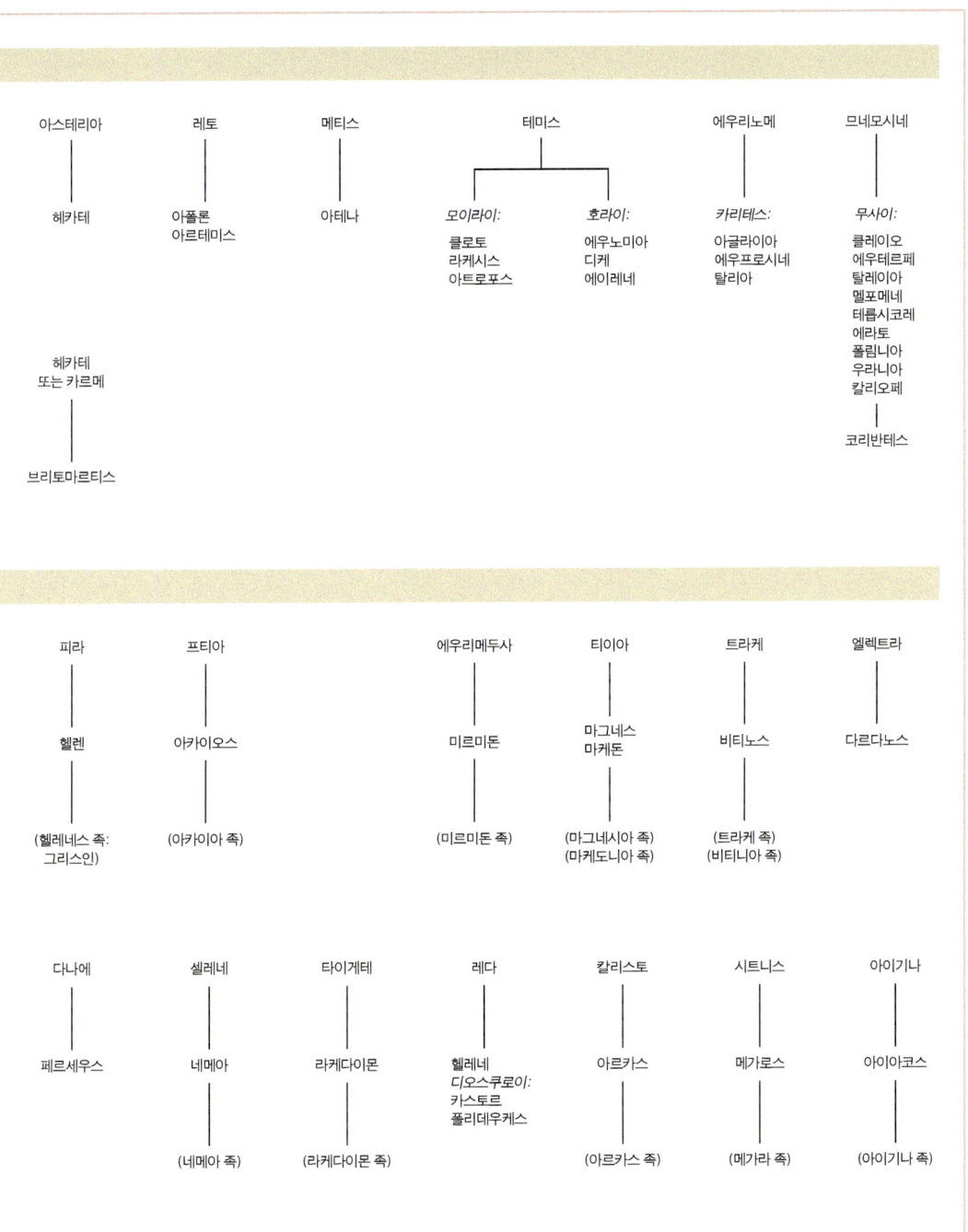

에게서 음악의 신들이 태어나게 된 것이다.

제우스는 또 오케아노스Okeanos, 대양의 딸 에우리노메Eury-nome, 널리 퍼진 질서와 관계를 맺어 우아優雅의 여신들인 카리테스 세 자매, 아글라이아Aglaia와 에우프로시네Euphrosene, 탈리아Thalia를 낳았다. 이들은 올림포스에서 춤을 담당했다.

제우스는 싫다고 반항하는 자신의 누이 데메테르를 황소로 변해 겁탈했다. 이들 사이에서 태어난 아이가 나중에 지하세계의 여왕이 된 딸 페르세포네다. 고대인들은 지하에서 황소가 달릴 때 지진이 일어난다고 믿었다. 이 황소가 대지의 생명력을 상징하는 데메테르와 어울려 식물의 생명력을 뜻하는 페르세포네를 낳았다는 것은 참으로 당연하면서도 아름다운 비유다.

바람둥이 제우스가 헤라와 결혼하게 된 데에는 사연이 있다. 헤라에게 연정을 품은 제우스는 사랑을 고백했으나 평소의 제우스를 잘 아는 헤라는 관계를 허락하지 않았다. 그러자 어느 봄날 제우스는 조그만 뻐꾸기로 변신해 가련한 모습으로 헤라의 품에 안겼다. 바들바들 떨고 있는 가엾은 작은 새를 불쌍히 여긴 헤라는 비둘기를 품에 안았다. 그 순간 제우스는 본 모습을 드러내고 헤라를 범하려 하였다. 그러나 헤라는 정식 결혼을 하겠다는 약속을 받기 전까지 완강하게 버텼다. 제우스는 이에 굴복하여 결혼을 승낙하고 만다. 이들 사이에서 태어난 자식으로 전쟁과 폭력의 신인 아레스와 대장장이 신 헤파이스토스, 그리고 청춘의 여신 헤베Hebe와 산파의 여신 에일레이티이아Eileithyia가 있다.

결혼을 했다고 제우스의 난봉기가 사라진 것은 아니었다. 오히려 그의 난봉은 결혼 후에 더 심해졌다. 달의 여신 셀레네는 제우스의 사랑을 받고 아테네의 왕이 된 아들 판디아스Pandias를 낳았다. 일설에는 아테나의 분노에 절벽에서 떨어져 죽은 케크롭스Kekrops의 딸 헤르세Herse, 이슬와 헤라클레스의 손에 죽은 네메아Nemea의 사자도 제우스와 셀레네 사이의 자식이라고 한다.

헤라와 결혼한 뒤에도 제우스는 새로운 연인들에게서 여러 명의 올림포스 신들을 얻었다. 레토와 어울려 아폴론과 아르테미스를 낳았고, 아틀라스의 딸 마이아Maia로부터 전령의 신 헤르메스를, 카드모스Kadmos의 딸 세멜레Semele에게서는 포도주의 신 디오니소스를 얻었다. 또한 아틀라스의 딸 엘렉트라Elektra에게서는 딸 하르모니아Harmonia, 조화를, 타이게테Taygete에게서는 스파르타인의 선조인 라케다이온Lakedaimon을 얻었다. 하르모니아는 후에 테바이의 건설자 카드모스와 결혼한다.

제우스는 이제 여신들로부터 눈을 돌려 요정과 인간 여성들에게 관심을 갖기 시작했다. 위대한 신인 그가 평범한 요정이나 인간 여성을 상대하기 위해서는 여러 가지 변신술이 필요했다. 제우스는 반인반마半人半馬인 사티로스의 모습을 빌려 잠든 안티오페Antiope를 차지하여 쌍둥이 형제 암피온Amphion과 제토스Zethos를 얻었다. 이들은 후에 테바이의 영웅이 된다.

제우스는 아르테미스의 모습으로 변신하여 요정 칼리스토Kalisto를 속인 후 아르카디아Arcadia 지방의 건국 영웅 아르카스Arkas를 낳았다. 칼리스토는 임신한 사실을 아르테미스에게 들켜 죽임을 당하고 만다. 제우스는 그녀를 곰으로 변신시켜 하늘로 데려왔다. 곰 별자리는 바로 칼리스토의 모습이다. 이 설화는 칼리스토의 아들 아르카스와 그리스어로 곰을 의미하는 아르코스arkos라는 낱말의 발음이 비슷한 데서 생겨난 것이다.

아르고스의 왕 아크리시오스Akrisios는 딸이 낳은 자식에게 죽임을 당하게 되리란 예언을 피해 보려고 외딸 다나에Danae를 지하 감옥에 가두었다. 그러나 다나에의 미모에 반한 제우스는 황금의 비가 되어 지하 감옥으로 스며들어 다나에를 품었다. 이들 사이에서 태어난 아이가 메두사Medousa의 목을 자른 영웅 페르세우스Perseus이다. 페르세우스는 메두사를 처치하고 고국에 돌아와 본의 아니게 외할아버지 아크리시오스를 죽이게 된다. 예언이 실현된 것이다. 결국 운명을 피할 수 없었던 것이다. 황금의 비로 변한 제우스를 맞아 잉태하는 다나에의 전설에는 햇빛이 지하로 스며들어 씨앗의 생명력을 소생시키는 아름다운 상징이 숨어있다.

제우스는 아르고스의 또 다른 처녀 이오Io를 사랑하게 되었다. 그는 헤라의 눈을 피해 보기 위해 구름으로 변신하여 하늘을 가렸다. 그러나 남편 감시에 여념이 없는 헤라의 눈을 속일 수 없었기에 사랑의 행각은 들통나고 만다. 제우스는 급한 나머지 이오를 암소로 변신시켰다. 그러나 제우스의 의도를 간파한 헤라는 그 암소를 선물로 달라고 졸라 얻어낸다. 헤라의 소유가 된 가련한 이오는 온갖 고생을 하며 트라케와 소아시아를 거쳐 이집트까지 가게 된다. 이집트에서 제우스가 이오를 손으로 만지자 이오는 비로소 인간의 모습을 되찾고 아들 에파포스Epaphos를 낳을 수 있었다. 에파포스는 "접촉하다, 만지다"를 뜻하는 어간 "epaph-"에서 유래한 낱말이다. 에파포스는 나중에 이집트의 왕이 된다.

이오의 조카인 니오베Niobe는 제우스의 사랑을 받아 아르고스의 건국 영웅인 아르고스Argos와 펠라스고이Pelasgoi족의 시조인 펠라스고스Pelasgos를 낳았다. 이 니오베는 후에 자신은 아들 일곱, 딸 일곱, 합쳐서 열네 명의 자식을 낳았는데 레토는 아폴론과 아르테미스 둘

가니메데스를 납치하는 제우스
(기원전 490-480년, 올림피아 박물관 소장)

밖에 못 낳았으니 자신이 레토보다 낫다고 자랑하다가 아폴론과 아르테미스에게 모든 자식을 잃게 된다.

시리아 왕 아게노르Agenor의 딸 에우로페Europe는 봄에 꽃을 따러 들에 나갔다가 아름다운 황소의 모습에 이끌려 다가간다. 신기하게도 황소는 쓰다듬어 달라는 듯 그녀 앞에 온순하게 엎드렸다. 호기심이 강한 에우로페는 황소 등에 올라탔다. 그러자 황소는 갑자기 일어나 달리기 시작했다. 눈 깜짝할 사이에 벌어진 일이었다. 에우로페를 태운 황소 제우스는 에개해를 건너 크레타 섬으로 도망쳤다. 여기서 비로소 자신의 모습을 드러낸 제우스는 에우로페를 안고 마음껏 사랑을 나눴다. 이들 사이에서 크레타의 영웅 미노스Minos와 그의 형제 라다만티스Rhadamanthys와 사르페돈Sarpedon이 태어났다. 이들은 각자가 세운 도시에서 왕이 되었다. 에우로페는 테바이를 건설한 영웅 카드모스의 누이이다. 유럽이란 말은 바로 이 에우로페에게서 유래한 것이다.

보이오티아Boiotia에 있는 강의 신 아소포스에게는 20명의 딸이 있었다. 그 가운데 아이기나가 유난히 아름다웠다. 제우스는 이번에는 독수리로 변하여 아이기나를 납치했다. 딸이 납치되었다는 소식을 들은 아소포스는 사방으로 딸의 행방을 찾아다닌다. 그는 코린토스를 지나다 시시포스를 만난다. 시시포스는 사건의 종말을 다 알고 있었다. 시시포스에게서 제우스와 딸이 어디 있는지를 들은 아소포스는 딸 아이기나와 사랑을 나누고 있는 제우스를 덮친다. 제우스는 벼락으로 아소포스를 쫓아버렸다. 상대가 제우스인지라 아소포스는 할 수 없이 자신의 강으로 돌아갔다. 제우스와 아이기나 사이에서 신들에 대한 공경심으로 이름난 아이아코스Aiakos가 태어난다. 아이아코스는 트로이아 전쟁의 영웅 아킬레우스와 아이아스Aias의 조상이다.

바람둥이 제우스는 유부녀도 마다하지 않았는데, 그중에서도 눈에 띄는 것은 제우스가 스파르타의 왕 틴다레우스Tyndareus의 아내 레다Leda의 사랑을 얻기 위해 백조로 변신한 사건이었다. 아름다운 백조와 레다의 관계에서 가장 아름다운 여인인 헬레네와 디오스쿠로이Dioskouroi 형제가 태어났다. 헬레네는 나중에 트로이아 전쟁의 원인이 된다.

제우스는 또 다른 유부녀 알크메네Alkmene를 건드려 그리스 최고의 영웅 헤라클레스를 낳는다. 알크메네는 테바이의 왕 암피트리온Amphitrion의 아내이다. 그녀는 정숙하여 남편 이외의 남자는 거들떠보지 않았다. 교활한 제우스는 바로 암피트리온의 모습으로 변신하여 알크메네를 품에 안았다. 이런 사실을 모르는 암피트리온은 같은 날 밤 아내와 동침했다. 하룻밤 사이에 두 남자와 맺은 사랑으로 태어난 쌍둥이가 바로 헤라클레스와 이피클레스Iphikles이다. 헤라클레스는 제우스의 아들이고 이피클레스는 암피트리온의 아들이다.

제우스는 또 요정 이피아나사Iphianassa와의 사이에서 미남 엔디미온Endymion을 얻었다. 엔디미온은 나중에 달의 신 셀레네의 애인이 된다.

레토를 겁탈하다가 아폴론과 아르테미스의 손에 죽은 거인 티티오스Tityos는 흔히 포세이돈과 요정 엘라라Elara 사이의 아들로 알려져 있으나 일설에는 아버지가 포세이돈이 아니라 제우스라고 한다.

제우스가 여자들만 사랑의 대상으로 삼은 것은 아니었다. 가니메데스Ganymedes는 트로이아의 왕 다르다노스Dardanos의 아들이었다. 이 미소년의 아름다움에 반한 제우스는 독수리로 변신하여 그를 납치하였다. 그리고 헤르메스를 가니메데스의 아버지에게 보내 그의 아들은 제우스 신 옆에서 잘 지내고 있다고 전하게 했다. 제우스는 그 대가로 다르다노스에게 하늘을 나는 말을 선사했다. 가니메데스는 올림포스에서 불사의 몸이 되어 신들에게 술을 따르는 시중을 든다.

그리스신화에는 제우스의 연애 행각에 대한 이야기가 수없이 많다. 실로 제우스의 여성관계는 어지러울 정도로 많아 그 이야기를 모두 들춰 보는 일은 결코 쉬운 일이 아니다. 제우스가 이렇게 엄청난 바람둥이가 된 것은 사실 자신의 뜻이 아니었다. 제우스의 정력이 넘치는 애정 행각에서 우리는 제우스 신앙이 확산되어 가는 과정을 엿볼 수 있다. 올림포스 신앙이 그리스 땅에 들어오기 훨씬 이전에 각 지방에서 숭배되던 신들이 제우스 신앙에 흡수되는 과정에서 여신들은 그의 연인으로 각색되었고 남신들은 그의 아들로 취급되기에 이른 것이다. 그뿐만이 아니다. 그리스인들은 혈통을 매우 중요하게 생

제우스가 트로이아의 왕자 가니메데스를 납치하는 장면

제우스는 트로이아 지방의 이다 산에서 가니메데스를 납치하여 올림포스로 데려간다. 그 후 가니메데스는 올림포스 산에서 신들에게 술을 따라 주는 일을 하는 시동이 된다.
(기원전 460년쯤, 페라라 Museo-Archelogico di Spina 소장)

각했기에 부족마다 자신들의 혈통을 주신主神인 제우스와 관련시키고 싶어 했다. 그 과정에서 수많은 전설이 만들어졌다. 그 결과 제우스는 인류 역사상 유례를 찾아보기 힘들 정도로 천하의 난봉꾼이 되어 수습할 수 없을 정도로 난잡한 여자관계를 갖게 되었다. 이러한 제우스의 바람기는 후세 철학자들과 윤리가들로부터 비윤리적이라고 호된 비난을 받게 되었다. 제우스의 연애담을 만들어 낸 사람들은 이런 일이 후세에 일어나리라곤 상상조차 하지 못했을 것이다.

윤리성에 상처를 입은 제우스 신앙은 완벽한 윤리로 무장한 유일신 신앙에게 점차 자리를 내주게 된다. 자신의 권좌를 지키기 위해 그토록 사랑하던 테티스까지 포기한 제우스였다. 테티스가 혹시 다른 신과 사랑하여 강력한 경쟁자가 될 아들을 낳을까 두려워 그녀를 인간 펠레우스에게 시집을 보내면서까지 권력에 집착한 제우스였다. 그러나 제우스가 그렇게 피하고 싶어 하던 운명이 어떤 한 자식에게서가 아니라 그의 애정 행각 전체로부터 실현되었다. 한때 제우스 신앙이 다른 신앙을 흡수하며 생겨났던 연애 설화가 세월이 흘러 제우스가 몰락한 원인이 되었다. 운명의 기구함은 신들도 피할 수 없는가 보다.

3장

신성한 불꽃을 지키는 부뚜막의 여신
헤스티아

제우스의 누이들

올림포스에는 여신이 여섯 명 있었다. 이들 중 헤스티아와 헤라Hera, 데메테르는 크로노스와 레아 사이에 태어난 제우스의 누이들이다. 제우스의 딸인 아테나와 아르테미스가 젊음과 활달한 건강미를 자랑하고, 바다 거품에서 태어난 아프로디테가 관능미를 가지고 있다면, 제우스의 누이들은 원숙한 여인의 안정감과 중후함을 느끼게 한다. 어딘가 엄격하고 위엄 있는 어머니 같은 여신들이다. 나이에 따라 알맞은 직분과 성격을 부여한 그리스인들의 지혜와 재주가 새삼 놀랍다.

제우스의 누이들인 이 세 여신은 메소포타미아나 이집트 신화에서는 찾아볼 수 없는 그리스 고유의 신격과 직분을 갖고 있다. 이들에 대한 신앙은 올림포스 신앙이 생기기 훨씬 이전 시대에 이미 시작되었다. 아테나와 아폴론, 그리고 아르테미스가 비교적 후대에 생겨난 올림포스 신앙에 어울리는 전형적인 그리스적 신들이라면, 이들은 올림포스 시대 훨씬 이전에 존재했던 그리스 토착신앙에서 유래한 신들이다. 따라서 이들에 대한 신화에는 올림포스 신앙보다 훨씬 오래된 토착신앙의 특성이 곳곳에 드러난다. 그래서인지 제우스도 이들에게는 명령하거나 함부로 하대하지 못하고 항상 정중하고 부드럽게 대한다.

부뚜막의 신, 헤스티아

그리스 말로 헤스티아는 화덕을 나타내는데, 이 낱말의 의미는 수천 년이 지난 오늘날까지도 변함이 없다. 현대 그리스어에서도 화덕은 아직도 에스티아라고 불린다. 낱말 첫머리의 히읗ㅎ이 탈락했을 뿐이다. 그리스어의 보수성을 보여주는 좋은 예이다.

헤스티아는 말 그대로 '부뚜막의 신'이다. 이 여신은 화덕이 집안 한가운데 부동의 자리를 지키는 것과 마찬가지로 항상 올림포스에 조용히 머물 뿐이다. 따라서 이 여신에게는 이렇다 할 신화가 없다. 다른 신들처럼 특별한 모험담이나 사연이 없다. 전쟁이나 싸움에 끼어들지도 않는다. 대부분의 신들이 편을 갈라 트로이아 전쟁에 참가했을 때도 헤스티아는 변함없이 올림포스에 남아 있었다. 호메로스의 서사시에는 이 여신에 대한 언급이 없다. 아마도 호전적인 성향의 호메로스에게 가정을 지키는 조용한 이 여신은 매력이 없었는지도 모른다. 헤시오도스에 이르러 비로소 헤스티아는 크로노스와 레아의 맏딸로 등장한다. 올림포스에서 이 여신의 위치는 확고부동하다. 순수한 불꽃의 여신답게 그녀는 처녀신이다. 이 여신은 제우스로부터 순결을 지킬 권리와 인간이 올리는 제물의 첫 번째 몫을 받을 권리를 인정받았다. 그녀는 가장 온화하고 인자한 신이다. 누구든 그녀의 성소로 피신하면 보호를 받았다.

꽃을 들고 있는 부뚜막의 여신 헤스티아
(기원전 520년쯤, 타르키니아 Museo Nationale Archelogico 소장)

어원적으로 헤스티아는 라틴어의 베스타vesta와 통한다. 그러나 동일한 신격에 대한 두 민족의 신앙에는 차이가 있다. 그리스에서는 헤스티아에 대해 국가적으로 제사를 지내지 않았다. 그녀는 어디까지나 안정된 가정생활을 수호하는 신이었다. 그러나 로마의 베스타 여신은 국가적으로 가장 중요한 신으로 간주되었다. 나라에 전쟁과 같은 큰일이 있을 때면 로마인들은 이 여신에게 큰 제사를 지내고 국가적 길흉을 점쳤다. 로마에는 베스타 여신의 성화를 지키는 여섯 명의 여사제가 있었다. 이들은 다섯 살에서 열 살 사이에 선발되어 30년 동안 봉사했다. 이들은 순결을 지켜야 했다. 30년의 봉사기간이 끝난 뒤에는 결혼이 허용되었으나 대부분은 그대로 순결을 지켰다. 그들은 결혼이 별로 행복한 것이라고 생각하지 않았던 모양이다.

헤스티아는 부뚜막을 지키는, 좀 더 정확히는 아궁이의 신성한 불꽃을 수호하는 여신이다. 아득한 옛날 인류가 아직 수렵으로 살아갈 때에, 불씨는 매우 귀한 것이었다. 그 시절에는 불을 일으키는 것 못지않게 중요한 것이 바로 불씨를 꺼뜨리지 않고 지키는 일이었다. 어디를 가든 인간은 보금자리를 마련할 때에 맨 먼저 불을 피우고 화덕을 만들었다. 나머지 생활공간의 배치는 화덕을 중심으로 이루어지게 마련이었다. 음식을 만들고 불을 쪼이며 추위를 쫓는 곳이 바로 화덕이었다. 화덕은 안정된 가정생활의 상징이었다. 해가 지면 모닥불에 둘러앉아서 후손들에게 생활의 지혜와 전통을 전해주었다. 인류의 문화 창달도 화덕을 중심으로 이루어졌다. 헤스티아가 아니었으면 안정된 가정생활도 문화의 창조도 없었을 것이다.

불씨를 일으키는 것이 힘들던 시절, 불은 신성한 것이었다. 특히 씨족장이나 부족장의 화덕은 그 집단의 운명을 결정하는 상징적인 의미까지 가지고 있었다. 그 시절, 불은 곧 생명이자 신성한 것이었다. 불씨를 꺼뜨린다는 것은 큰 재앙을 의미하는 것이요 생명을 잃는 것이었다. 아궁이의 불꽃을 지키는 헤스티아야말로 지극히 숭고한 신이었다. 부족이 이동할 때, 가장 소중히 다루어야 하는 것은 불씨였다. 부족의 일부가 다른 지방으로 가서 새로운 식민지를 만들 때, 불씨를 얻어 가는 것은 매우 중요한 일이었다. 신성한 불씨 없이는 공동체가 성립할 수 없었다.

신성한 불에 대한 숭배는 어느 민족에게서나 쉽게 찾아볼 수 있다. 오늘날에도 신성한 불에 대한 제전은 남아 있다. 현대 올림픽 경기도 올림피아의 헤라 신전 앞에 마련된 성스러운 제단에서 오목경으로 태양빛을 모아 신성한 불씨를 얻는 의식으로 시작된다. 이 성스러운 불씨는 여러 사람들에 의해 올림픽이 열리는 장소까지 봉송된다. 지구 반 바퀴를 도는 일이 있어도, 어떤 악천후에도 성화를 꺼뜨려서는 안 된다. 조그만 불씨 하나를 가져오기 위하여 많은 사람들이 정성을 다하여 달린다. 인류 모두가 신성한 불의 의미를 알고 있다. 성화가 봉송되는 동안 인류는 축제를 맛본다. 조그만 불씨 하나로 인류가 하나가 된다. 이 얼마나 아름다운 불의 제전인가? 헤스티아는 인자한 미소를 머금고 성화를 바라본다.

동방 정교회의 부활절 예배는 장엄하고도 감동적이다. 부활절날 밤, 지난해의 묵은 불은 모두 꺼진다. 예수가 부활하는 순간에 새로운 불이 점화된다. 신성한 새 생명의 불꽃은 촛불에서 촛불로 이어져 온

교회를 빛으로 가득 채운다. 지난 삶은 죽어 버리고 새 생명이 불타오른다. 교인들은 이 신성한 불씨를 고이 지켜 집으로 가져가서는 성화 앞의 등잔에 붙인다. 이 순간 사람들은 숭고한 불의 의미를 깨닫는다. 부활절 예배는 찬란하고 감동 깊은 촛불의 축제이다.

우리나라에서도 아궁이의 신인 조왕신祖王神을 널리 숭배했다. 조왕신은 부뚜막에 살면서 가족들의 건강과 행복을 빌어 주고 조상에게 소식을 전해 주었다. 저승사자도 조왕신의 허락이 있어야 죽은 사람을 저승으로 데려갈 수 있었다. 뿐만 아니라 염라대왕 앞에서 죽은 사람을 위해 변명해 주고 조상들께 선처를 호소하는 것도 조왕신의 직분이었다. 헤스티아와 너무도 비슷하다. 시대와 장소는 딜라도 아궁이 신이 하는 직분은 언제나 가정의 화목함과 안녕을 지키는 것인 모양이다.

헤스티아 신앙은 부족사회에 뿌리를 둔 도시국가 시대에는 그리스에서 매우 중요한 신앙이었다. 그러나 제정 로마 시대에 들어 도시국가체제가 붕괴되고 이른바 사해 동포주의, 즉 코스모폴리타니즘 Cosmopolitanism이 성행하자 가정과 부족 공동체의 수호신인 헤스티아가 설 자리가 사라졌다. 그로부터 헤스티아는 사람들 사이에서 점점 잊혀졌다. 아궁이의 불꽃은 여전히 타오르고 있었지만 가정이나 지역사회의 안정과 결속에 대한 관심은 사라져 갔다. 행복한 가정생활도 지역사회의 공동 운명체 의식도 사라지자 사람들은 불안을 느끼기 시작했다. 새로운 공동체 모임이 필요해졌고, 사람들은 이를 제공하는 종교로 모여들게 되었다. 강력한 윤리와 공동체 의식을 강조하는 종교인 그리스도교가 헤스티아를 대신하여 안정된 가정과 사회를 약속했다. 헤스티아는 다시는 가정으로 돌아올 수 없는 운명에 처했다.

그러나 산업사회에 들어와서까지도 화덕은 가정생활의 중심이었다. 과학이 계속 발전하여 전기가 발명되고 중앙 난방시설이 집 안으로 들어온 뒤로, 화덕은 의미를 잃게 되었다. 부엌은 더 이상 신성한 곳이 아니다. 헤스티아를 잃은 가정은 중심을 잃었다. 신주를 모시던 집 안의 중심 자리는 이제 텔레비전이 차지해 버렸다. 텔레비전은 바깥세상의 온갖 잡다한 소식을 집 안으로 끌어들이니 집 안이 편안할 리 없다. 때로는 채널 결정권을 가지고 아내와 남편이, 부모와 자식이 서로 다툰다. 헤스티아가 기억에서 사라지자 화목한 가정도 잊혀졌다. 헤스티아가 떠나 버린 가정에는 중심도 화목함도 사라져 버렸다. 공동체의 중심이었던 화덕의 의미가 사라진 뒤에는 공동체 의식도 사라져 갔다. 헤스티아가 기억에서 사라지자 가정이 붕괴되고 사회가 와해되기 시작했다. 세계화가 진척되면서, 인터넷이 널리 보급되면서 더 이상 헤스티아가 머물 곳은 없다. 그러나 물질문명이 아무리 발전해도 우리에게는 헤스티아가 필요하다. 때로 텔레비전을 끄고 촛불 앞에 온 식구가 모여 앉아 이야기꽃을 피워 볼 수는 없는 것일까? 우리는 여전히 헤스티아가 필요하다.

헤스티아의 불은 대장장이 신 헤파이스토스의 불과 전혀 다르다. 헤파이스토스의 불은 생산과 기술의 진보를 추구하는 불이기에 끝내 아름다운 버섯구름을 가진 끔찍한 핵폭탄에 이르게 될 운명이었다. 그러나 헤스티아의 불은 아궁이에서 평화롭게 타오른 불이다. 우리가 음식을 만들고 몸을 녹이는 불이다. 연인이나 금실 좋은 부부가 식탁 위에 켜 놓은 사랑의 촛불이다. 프로메테우스가 자신을 희생하면서까지 제우스로부터 우리에게 가져다준 불은 쓰기에 따라 유익할 수도 파멸을 불러올 수도 있다. 이 시대에 진정 우리에게 필요한 것은 헤파이스토스가 아니라 헤스티아다.

4장

결혼과 가정을 지키는
정절의 수호신

헤라

　　헤라 역시 크로노스와 레아의 딸이다. 제우스의 누이인 동시에 정실부인이다. 눈처럼 흰 팔을 갖고 있는 헤라는 매우 아름다웠다. 파리스의 사과를 놓고 미의 여신 아프로디테, 지혜의 여신 아테나와 함께 아름다움을 다툴 정도로 눈부셨다. 위엄 어린 헤라의 모습에는 정숙함과 범접할 수 없는 아름다움이 깃들어 있었다. 더구나 이 여신은 해마다 나우플리온Nauplion에 있는 카타노Kathano 샘에서 목욕을 하여 처녀성을 되찾았다. 이렇게 아름다운 헤라에게 반한 제우스는 사랑을 고백하고 어울리길 원했지만 평소 제우스의 행실을 잘 아는 헤라는 좀처럼 그의 사랑을 받아들이지 않았다. 오랫동안 기다리던 제우스는 어느 날 헤라가 산에 홀로 있는 것을 발견했다. 천둥의 신 제우스는 이 기회를 놓치지 않고 곧바로 천둥 번개를 동반한 폭풍우를 내리게 하고 자신은 조그만 뻐꾸기로 변신하여 여신의 무릎에 내려앉았다. 천둥이 무서워 가련하게 떠는 작은 새를 측은하게 여긴 여신은 가슴에 새를 안았다. 그러자 제우스는 원래의 모습으로 돌아와 헤라를 덮쳤다. 완강히 반항하던 여신은 정실부인으로 맞이하겠다는 약속을 받아내고서야 제우스를 받아들였다.

올림포스에서 거행된 결혼식은 성대했다. 무사이들이 음악을 연주하며 노래했고 카리테스들이 춤을 추었다. 운명의 여신들인 모이라이가 축가를 지어 불렀고 모든 신들이 참석하여 축복했다. 헤라는 제우스와의 사이에서 전쟁의 신 아레스와, 나중에 헤라클레스에게 신부로 준 영원한 청춘의 신 헤베Hebe, 그리고 해산하는 여인들의 수호신인 에일레이티이아를 낳았다.

또 제우스가 여성의 힘을 빌리지 않고 아테나를 낳자 자신도 남성의 힘을 빌리지 않고 아이를 낳을 수 있음을 보여 주기 위해 대장장이 신 "헤파이스토스"를 낳았다. 그러나 헤라는 외모가 흉한 헤파이스토스가 마음에 들지 않아 올림포스 밑으로 던져 버렸다. 불사의 몸이었던 헤파이스토스는 대장장이 일을 배운 후 아름다운 의자 하나를 만들어 헤라에게 선물했다. 하지만 의자에 앉은 헤라는 다시는 일어날 수 없었다. 오직 헤파이스토스만이 이 의자의 마술에서 헤라를 풀어 줄 수 있었다. 어머니 헤라를 의자에서 풀어 준 후 아들과 어머니는 화해했다. 그 뒤 이 모자母子는 무척 좋은 관계를 유지했다.

자신이 낳은 아이들 외에도 헤라는 여러 아이들을 돌보았다. 특

왕홀을 들고 있는 헤라
(기원전 470-460년, 뮌헨 소장)

히 포세이돈의 딸이며 영웅 아킬레우스의 어머니인 테티스는 친딸처럼 키웠고 성장한 뒤에도 보호자가 되어 항상 보살펴 주었다. 또 히드라Hydra 섬의 괴물 레르나이아Lernaia 와 네메아Nemea 지방의 사자, 세상의 서쪽 끝인 에스페리스Esperis 지방의 사과나무를 지키는 뱀을 손수 키웠다. 나중에 이 괴물들은 모두 헤라클레스의 손에 죽고 만다.

이토록 아름다운 부인과 결혼한 뒤에도 제우스의 바람기는 결코 사라지지 않았다. 무엇이든 내키는 대로 하던 제우스는 폭군 같은 가부장이었다. 이를 참을 수 없었던 헤라는 포세이돈과 아테나, 아폴론의 도움을 받아 잠든 제우스를 가죽 끈으로 묶어 버렸다. 천하를 다스리던 제우스의 패권도 이로써 끝날 뻔했다. 그러나 헤라 자신이 친딸처럼 길러 준 테티스가 모든 신들의 존경을 받는 브리아레오스를 바닷속 깊은 곳에서 불러내어 제우스를 구출하는 바람에 이 음모는 실패하고 말았다.

일설에는 제우스의 패권에 가장 위협이 되었던 티폰도 제우스의 폭거에 시달린 헤라가 제우스를 몰아내기 위해 낳은 아이라고 한다. 또 다른 신화에는 프로메테우스도 제우스를 견제하기 위해 헤라가 낳았다고 한다.

이런 시도가 모두 실패한 뒤 헤라는 복수의 방향을 제우스의 정부情婦들에게로 돌리게 된다. 아폴론과 아르테미스의 어머니인 레토로 하여금 해산할 곳을 찾지 못해 헤매게 만든 것이 바로 헤라였다. 어느 땅이든 레토에게 해산을 허락한 곳은 헤라의 저주가 뒤따를 것이기에 아무도 레토를 받아들이려 하지 않았다. 더 이상 잃을 것이 없었던 델로스Delos 섬만이 레토에게 해산을 허락했다.

제우스의 사랑을 받아 에파포스를 낳은 이오Io는 헤라에게 쫓겨 소의 모습으로 도망 다녀야 했다. 헤라는 자신의 연적인 이오를 눈이

100개 달린 괴물 아르고스Argos를 시켜 감시하게 했다. 아르고스는 100개의 눈으로 번갈아 자면서 이오는 잠들지 못하게 괴롭혔다. 이오가 잠들지 못하게 하는 혹독한 고문에 시달리는 것을 보다 못한 제우스는 헤르메스를 보내 이오를 구해 주었다. 헤르메스는 누구든 잠들게 하는 황금 지팡이로 아르고스의 눈을 모두 잠들게 한 뒤 죽여 버렸다. 헤라는 아르고스의 눈을 공작의 꼬리에 붙여 주었다. 헤르메스가 아르고스를 죽인 후에도 헤라의 복수는 집요하게 계속되었다. 헤라는 등에를 시켜 끊임없이 몸을 물어뜯게 하여 이오를 괴롭혔다. 물을 마시고 잠깐이라도 쉬고 싶어도 이오는 쉴 곳을 찾지 못했다. 헤라의 사주를 받은 각 지방의 신들이 이오를 받아 주지 않았기 때문이다. 이오의 고난은 끝이 없어 보였다. 그러나 이오가 이집트에 도착하자, 제우스는 이오의 몸에 손을 대어 다시 사람의 모습으로 바꾸어 주었다. 이오는 이집트에서 에파포스접촉한 자를 낳는데, 그는 커서 이집트의 왕이 된다.

아르카디아 지방의 요정 칼리스토 역시 제우스의 사랑을 받아 아들 아르카스를 낳는다. 그 벌로 헤라의 저주를 받은 칼리스토는 곰의 모습을 하고 있다가 자기 아들의 창에 맞아 죽게 된다.

디오니소스 신의 어머니인 세멜레에게 의심의 마음을 불어넣어 제우스에게 원래의 모습을 보여 달라고 조르게 한 것도 헤라였다. 세멜레는 무시무시한 제우스의 모습을 보자 공포에 차서 죽고 만다. 헤라의 복수는 이에 그치지 않는다. 제우스가 어린 디오니소스를 세멜레의 언니 이노Ino에게 맡기자 이노와 그녀의 남편 아타마스Athamas를 미치게 하여 자신들의 자식들을 죽이게 만든다. 디오니소스 신 자신도 헤라의 저주를 받아 한동안 미쳐 여러 지방을 헤매고 다니게 된다.

그러나 제우스의 자식에 대한 헤라의 복수 가운데 가장 치열하고 집요하게 이루어진 것은 헤라클레스에 대한 복수이다. 헤라는 헤라클레스의 왕위 계승권을 박탈하기 위해 에우리스테우스Eurystheus를 먼저 태어나도록 한다. 아직 젖먹이인 헤라클레스의 요람에 뱀을 집어넣은 것도 헤라였다. 어려서부터 힘이 셌던 헤라클레스는 이 뱀의 목을 졸라 죽였다. 헤라클레스를 미치게 한 것도 헤라였고 인간으로서는 거의 불가능한 임무를 맡겨 헤라클레스를 시험한 것도 헤라의 짓이었다. 헤라클레스를 미치게 한 대가로 헤라 역시 제우스에게 벌을 받아 손목에 쇠고랑이 채워져 하늘에 매달리는 수모를 당해야 했다. 헤라는 또 아마존의 여왕 히폴리테Hippolyte의 허리띠를 구하러 간 헤라클레스를 왕권을 탐하러 왔다고 중상모략하여 불필요한 전투를 일으켰다.

헤라의 집요한 복수는 헤라클레스의 친구에게까지 미친다. 헤라클레스가 독약에 중독되어 죽어 가는 순간에 장작더미에 불을 붙여 주어 참을 수 없는 고통을 덜어 준 친구 필로크테테스Philoktetes는 트로이아로 가던 중에 헤라가 보낸 뱀에 물렸다. 그는 뱀에게 물린 상처에서 나는 악취 때문에 동료들의 버림을 받고 트로이아 원정에 참가할 수 없게 되었다.

헤라는 가부장 제도의 바탕을 이루고 있는 가정에 위협이 되는 짓을 한 자도 용서하지 않았다. 제우스의 유일한 정실부인으로서 헤라는 일부일처제의 가부장적 가치관에 반하는 어떤 도전도 용납할 수 없었다.

정당한 계승자를 암살하고 왕위에 오른 이올코스Iolkos의 왕 펠리아스Pelias는 헤라의 복수를 피할 수 없었다. 헤라는 아르고나우타이Argonautai, 아르고스 원정대의 대장 이아손Iason을 도와준 메데이아

프로메테우스의 충고를 듣고 있는 헤라
(기원전 480-470년, 파리 Bibliothèque Nationale 소장)

Medeia를 펠리아스에게 보냈다. 늙은 아버지를 다시 젊어지게 해줄 수 있다는 메데이아의 말에 속은 펠리아스의 딸들은 아버지를 토막 내어 솥에 삶아 죽인다.

자신에 대한 숭배를 게을리 한 라이오스Laios를 벌하기 위해 테바이에 스핑크스를 보내 사람들을 잡아먹게 한 것도 헤라였다. 라이오스는 우연히 길에서 만난 자신의 아들 오이디푸스의 손에 죽게 된다. 헤라의 복수는 이에 그치지 않았다. 오이디푸스로 하여금 자신의 어머니 이오카스테Iokaste와 결혼하게 만들어 인간으로서 겪을 수 있는 최대의 비극을 만들었다. 오이디푸스의 아들들을 서로 싸우다 죽게 만들고 끝내 테바이 시가 적의 손에 멸망하게 만든 것도 헤라의 복수가 낳은 무서운 결과였다.

또한 헤라는 미인대회의 심사를 맡아 자신을 제쳐놓고 아프로디테에게 황금사과를 넘겨준 파리스가 정당한 결혼으로 메넬라오스와 맺어진 헬레네를 유혹하여 트로이아로 달아나자, 파리스의 가족과 조국까지 철저하게 파괴하여 복수했다. 파리스는 정당한 결혼을 파경에 이르게 했을 뿐 아니라 친절하게 손님을 대접한 가정을 파괴했다는 점이 그의 벌을 더 무겁게 했다.

헤라Hera라는 낱말은 영웅을 뜻하는 헤로스heros의 여성형으로 여주인이라는 뜻을 갖고 있다. 이런 어원을 가지고 있는 것을 볼 때 헤라는 원래 원초적 생명력을 나타내는 대지의 여신이었던 것 같다.

대지의 생명력을 나타내는 여신 헤라는 자연히 뱀과 관련이 깊다. 뱀은 온몸을 땅에 대고 기어 다니기 때문에 대지의 비밀과 신비한 생명의 원초적 에너지를 흡수하는 존재이다. 여신이 주신主神이었던 인류 초창기 시절 뱀은 널리 숭배되었다. 생명을 잉태하고 만들어 내는 여성의 생산적 힘과 대지의 정기를 빨아들이는 뱀은 흔히 같은 테두리 안에서 숭배의 대상이 되었다. 생명나무를 지키는 뱀의 이야기는 고대 신화에 반복하여 나타나는 모티브이다. 에덴동산에 있던 생명나무와 뱀, 그리고 이브의 설화도 고대 신앙의 전형적인 구조를 가지고 있다. 실제로 당시에는 강수량도 풍부하고 초목이 우거져 고대 메소포타미아 지방에서 에덴동산이라고 믿었던 바레인 섬에서는 옛날 사람들이 정성 들여 모신 뱀의 미라가 발견되었다. 헤라가 히드라 섬의 물뱀 레르나이아와 세계의 서쪽 끝인 에스페리스의 황금사과를 지키는 뱀을 손수 길렀다는 설화는 대지의 여신과 뱀의 이런 관계를 잘 설명해주고 있다. 이 뱀들은 모두 헤라클레스의 손에 죽는데, 이는 대지의 여신이 중심이었던 모계사회가 제우스를 중심으로 하는 부계사회로 이전되는 과정을 묘사한 것이다.

    물은 모든 생명체의 기원이다. 따라서 생명력을 의인화한 대지의 여신 헤라가 물과 관련이 깊은 것은 우연이 아니다. 우선 헤라는 아르고스 지방의 관할권을 놓고 바다의 신 포세이돈과 다투어 이긴다. 이는 대양의 신 오케아노스와 대지의 여신 가이아가 결합했다는 설화와 연결된다. 헤라와 생명수의 관계는 헤라가 바다의 여신 테티스를 친딸처럼 길렀다는 설화와도 맞아떨어진다. 헤라와 테티스의 관계는 평생 지속된다는 점에서 헤라 신앙과 생명수의 신앙이 얼마나 끈질기게 결합되었는가를 짐작할 수 있다. 나우플리아Nauplia 지방에 있는 회춘의 샘 '카사노의 설화' 역시 물의 생명력과 관련이 있다. 물이 갖고 있는 생명력을 '그 물에 목욕하면 다시 숫처녀가 된다.'라는 이야기보다 더 잘 표현하는 방법은 없을 것이다.

    물은 생명이다. 물이 오염되고 바다가 오염되면 어떤 생명체도 살아남을 수 없다. 이 간단한 진리를 산업사회는 잊고 있다. 그릇된

남부 이탈리아의 파에스툼에 있는 헤라 신전
고대 그리스신전 가운데 가장 오래되었고 보존 상태 역시 가장 좋은 것 가운데 하나이다.
(기원전 5세기 초)

진화 제일주의와 물질만능사상이 지구를 좀먹고 있다. 우리의 생명력을 죽이고 있다. 오염되지 않은 깨끗한 물을 먹을 권리를 우리는 갖고 있다. 공장이나 자동차보다, 60평이 넘는 호화 주택보다 우리에게 소중한 것은 우리와 우리 자손들이 먹고 살아갈 깨끗한 물이다. 물의 생명력을 잊은 인류의 앞날은 어둡다. 자신도 모르는 사이에 헤라의 무서운 복수에 직면하게 될 것이다. 복수에는 누구보다도 이력이 난 헤라이다. 그녀의 복수는 냉혹하고 잔인하다. 회춘까지 가능케 하는 맑은 샘은 이제 어디에 남아 있는가?

헤라는 동방에서 유래한 아프로디테와는 달리 순수한 그리스 신이다. 헤라에 대한 신앙은 주로 펠로폰네소스의 아르골리스Argolis와 아티카 반도, 보이오티아 지방과 에우보이아Euboia 섬을 중심으로 성행했다. 이 지역들은 아테네를 비롯하여 미케네, 아르고스, 테바이처럼 고대 그리스에서도 일찍부터 문명이 개화된 지역을 포함하고 있다. 이는 헤라 신앙이 아주 오래되었다는 사실을 반영한다. 헤라에 대한 숭배는 제우스를 중심으로 한 올림포스 신앙보다 훨씬 앞선다. 그러나 가부장적 문화를 가진 제우스 신앙이 그리스 땅에 들어오자 헤라는 대지의 여신으로서의 성격을 조금씩 잃고 직분도 서서히 변하여 단순히 여성의 수호신으로 전락하고 말았다. 특히 제우스의 정실부인으로 올림포스 신앙에 흡수된 뒤 헤라는 정당한 결혼을 지키고 가부장적 남편을 중심으로 하는 일부일처제의 수호신이 되었다.

그러나 원시 모계사회에서 가부장적 부계사회로의 전이는 평화롭게만 이루어진 것은 아니었다. 헤라는 이 과정에서 거세게 반항했다. 일설에 의하면 헤라는 티폰을 낳아 제우스를 제거하려 했다. 이것이 실패하자 이번에는 제우스를 견제하기 위해 프로메테우스를 낳았다고도 한다. 제우스의 처가 된 후에도 헤라는 잠든 제우스를 묶어 제거하려 하였으나 이 역시 실패했다. 참으로 헤라다운 끈질긴 반항이었다.

모권 사회로부터 부권 사회로의 전이가 쉽지 않았음을 잘 나타내 주는 신화가 바로 헤라클레스 신화이다. 헤라클레스는 헤라의 용서를 받을 때까지 수많은 고초와 시련을 겪어야 했다. 그는 헤라가 손수 기른 괴물들을 퇴치해야만 했다. 헤라클레스Herakles 란 말은 '헤라의 영광'이라는 뜻을 가지고 있다. 헤라클레스의 설화를 통해 우리는 헤라 신앙이 올림포스 신앙에 흡수되는 과정이 꽤 완만하게 진행되었음을 짐작할 수 있다. 또 아르골리스를 비롯한 헤라 신앙의 중심지에는 역사시대까지도 모권 사회적 잔재가 많이 남아 있었던 것으로 유명하다.

제우스를 제거하는 데 실패한 헤라는 이번에는 제우스의 연인들에게 복수를 시작한다. 역시 헤라다운 집념이다. 이제 헤라는 가부장적 가족제도에서 정실부인으로서의 위치와 권리를 수호하는 여신이 되었다. 본처로서 시앗들에게 부리는 헤라의 행패는 1960년대에 수많은 한국 관객을 울렸던 영화《미워도 다시 한 번》의 본처는 상대도 안 될 정도로 매몰차고 모질다. 남편의 난봉은 어쩌면 당연한 것으로 보고 약하고 힘없는 첩만을 모질게 다루는 헤라의 모습은, 그 누구보다도 봉건적이고 가부장적 사회의 가치관을 가진 여인의 전형이다. 고대에 생명력을 상징하던 대지의 여신 헤라가 올림포스 시대에는 극단적인 가부장 제도의 수호신이 되어 버린 것이다. 어느 틈에 헤라는 힘 있는 남편의 행위는 모두 정당하고 그의 사랑을 받아들인 연약한 여자들만 죄가 있다는 전형적인 가부장 제도의 이중 가치관을 신봉하는 여신으로 변신하였다. 헤라는 끝에 가서는 다른 여인에게서 얻은 제우스의 자식들을 모두 받아들인다. 그렇게 미워하던 헤라클레스와도 결국 화해하고 자신의 딸 헤베를 아내로 주기까지 한다. 이런 점에서도 헤라는 전형적인 가부장 제도의 정실부인다운 모습을 보여 준다. 가장의 권한이 절대적이던 시절에 이렇게 해서라도 자신의 권리를 지키지 않는다면 정실부인의 위치가 흔들릴 수도 있었기 때문이다.

우리는 헤라의 질투를 이해해야만 한다. 절대적인 권한을 휘두르는 남편 밑에서 본처가 자신의 권리와 주장을 강력하게 펼치지도 못한다면 언제 그 자리를 잃게 될지도 모른다. 그러기에 헤라는 정당한 결혼으로 이루어진 가정을 위협하는 어떤 행위나 사상도 용서할 수 없었다.

고대 그리스 세계에서 헤라 신앙은 대단히 중요했다. 숭배되던 지역도 매우 넓어 그리스 전역에 걸쳐 있었고 제우스 못지않게 숭배되었다. 헤라는 제우스의 부인이 된 뒤에도 강력한 신으로 남았다. 제우스에게 대적할 정도는 못 되지만 완력에 있어서도 다른 신들보다 한수 위였다. 트로이아 전쟁이 막바지에 이르렀을 때, 한 번은 아르테미스가 감히 헤라에게 대들자 여신은 왼손 하나로 아르테미스의 두 손목을 쥐고는 사정없이 얼굴을 때렸다. 힘에 밀린 아르테미스는 제우스에게로 도망쳐 엉엉 울 수밖에 없었다. 올림포스에서 제우스 다음으로 실력과 권위를 인정받던 아폴론도 자기 누이의 봉변을 눈앞에서 보고도 감히 헤라에게 덤벼들지 못했다. 이 설화에서 보듯이 올림포스에서 헤라는 여신 가운데 가장 존경 받는 자리를 차지하고 있었다.

그러나 이토록 위대하고 존경을 받던 헤라도 제우스 신앙이 힘을 잃자 함께 몰락하고 만다. 특히 그리스도교가 옛 그리스 땅으로 들어와 예수가 제우스의 자리를 차지해 버리자 헤라는 최고 여신의 자리를 성모 마리아에게 빼앗기고 기억 속에서 서서히 사라져 갔다. 올림포스 신앙이 들어오기 전부터 그리스 땅에서 숭상 받던 위대한 여신의 운명도 이로써 끝났다.

5장

경작지를 지키는 풍요의 여신
데메테르

공해의 도시, 엘레우시스

아테네에서 서쪽으로 22킬로미터쯤 가면 비극작가 아이스킬로스Aiskhylos의 고향이자 데메테르와 페르세포네 신앙의 중심지였던 엘레우시스Eleusis가 나온다. 이곳은 한때 그리스 최대의 산업지대로 정유공장과 제철소, 시멘트 공장, 조선소가 온갖 공해물질을 내뿜어 누구나 한시 바삐 빠져 나가려 했던 곳이다. 이런 까닭에 유학생활 동안 그리스 유적지를 거의 빼놓지 않고 찾아 다녔지만, 엘레우시스만은 가까운 거리에도 불구하고 끝내 찾지 않았다. 그리스 제일의 공해지대였기에, 단 하루라도 견딜 자신이 없었기 때문이다.

그러나 지금 이곳은 예전의 오명을 벗었다. 도시 입구에서부터 조용하고 깨끗한 인상이 물씬 풍긴다. 다만 예전의 악명이 남아있어서 이곳을 찾는 관광객은 그리 많지 않다. 엘레우시나의 유적은 매우 인상적이다. 호젓한 구석에 숨어 있어 밖에서 이 성소가 보이지는 않지만, 엘레우시스 언덕에서는 제2차 페르시아 전쟁 때 그리스군에게 결정적인 승리를 가져다 주었던 살라미스 Salamis 섬이 훤히 내려다 보인다. 누구에게나 한 번쯤 찾아가 보라고 권하고 싶은 곳이다.

데메테르와 페르세포네

데메테르 역시 헤라나 헤스티아와 마찬가지로 크로노스와 레아의 자식이다. 이 여신에게는 제우스와 사랑하여 얻은 페르세포네란 딸이 있었다.

페르세포네는 신의 딸답게 매우 아름다웠다. 명계의 신 하데스는 그녀를 한 번 보고는 그대로 사랑에 빠져버렸다. 그러나 데메테르가 자신의 외동딸을 어두컴컴한 지하세계에 시집보낼 것 같지 않았다. 하데스는 페르세포네를 유괴하기로 마음먹고 그녀의 아버지인 제우스에게 도움을 청했다.

어느 청명한 봄날 오후, 페르세포네는 친구들과 함께 꽃을 따고 있었다. 제우스와 하데스의 음모에 가담한 가이아는 소녀 앞에 아름다운 수선화 한 송이를 피어나게 했다. 꽃의 향기는 하늘과 대지 위로 그윽하게 퍼져나갔다. 페르세포네는 그 아름다움에 넋을 잃고 자기도 모르게 손을 뻗어 잡으려 했다. 그 순간 땅이 열리고 어둠속에서 하데스가 황금마차를 타고 나타나서 소녀를 낚아채고는 번개처럼 땅 밑으로 사라졌다. 소녀는 아버지의 이름을 부르며 애처롭게 살려달라고 소리쳤다. 그러나 제우스는 올림포스 깊숙한 곳에 틀어박혀서는 딴청을 부렸다. 헤카테 여신만이 자신의 동굴 안에서 비명소리를 들었으나 크게 신경을 쓰지 않았다. 태양의 신 헬리오스는 이 모든 것을 보고 있었지만, 이 유괴사건이 제우스와 하데스의 음모인 것을 알고는 모른 체하기로 마음먹었다.

소녀는 어둠의 왕국으로 끌려가면서 혹시나 올림포스 신들이 구출해 주길 기대했으나 끝내 아무도 나타나지 않았다. 절망에 빠진 페르세포네는 믿어지지 않을 정도의 큰 소리로 어머니를 불렀다. 이 소리는 모든 산은 물론 바닷속 깊숙한 데까지 울려퍼졌다. 데메테르도 이 소리를 들었다. 딸을 잃은 어머니는 횃불을 켜들고 산과 들과 바다 위를 미친 듯이 쏘다니며 밤낮으로 딸을 찾아다녔다.

이렇게 헤매 다닌 지 아흐레 되던 날 밤, 데메테르는 헤카테를 만나 페르세포네의 비명소리는 들었으나 누가 범인인 줄은 모르겠다는 말을 들었다. 둘은 모든 것을 굽어보는 헬리오스에게 찾아가서 도움을 청했다. 딸을 잃은 어머니의 슬픔을 본 헬리오스는 주범은 하데스이고 공범은 바로 제우스임을 데메테르에게 밝혔다. 그리고 하데스와 같은 신랑감도 없지 않느냐고 위로의 말을 하였다. 그러나 데메테르에게 이런 합리화는 전혀 위로가 되지 않았다.

제우스의 배반에 실망한 데메테르는 올림포스를 등지고 지상을 떠돌아다니기 시작했다. 초라한 노파의 모습으로 발 닿는 대로 떠돌던 그녀는 어느 날 엘레우시스에 도착했다. 마침 물을 길러 왔던 엘레우시스의 왕 켈레오스Keleos의 딸들은 불쌍해 보이면서도 어딘가 위엄이 어린 할머니를 보자 어디서 온 누구시냐고 물었다. 데메테르는 자신은 크레테에서 온 도소Doso, 즉 베푸는 여인라고 소개하며, 해적을 만나 노예로 팔릴 뻔하다가 가까스로 도망쳐오는 길이라고 둘러댔다. 그리고 자신은 아이도 잘 돌보고 집안의 허드렛일도 잘하니 부모님께 잘 말해달라고 부탁했다. 큰딸이 얼른 달려가 이 일을 어머니께 말씀드리자 마침 막 아들을 낳아 유모를 구하고 있던 왕비 메타네이라Metaneira는 데메테르를 불러들였다.

데메테르는 여신인 지라 궁에 들어서자 머리가 천장에 닿았고, 방 안은 신비한 빛으로 가득 찼다. 메타네이라는 여신의 기품에 눌려 자리에서 일어나 노파에게 자신의 자리를 권했다. 그러나 딸을 잃은 슬픔에 여신은 말없이 가만히 서 있을

엘레우시스 성소 입구에 있는 우물

제우스와 하데스의 공모로 딸 페르세포네를 납치당한 데메테르는 지상의 농업을 돌보지 않고 방황하다가 엘레우시스에 이르러 우물가에 앉아 있다가 그 나라 공주를 만난다.

뿐이었다. 음식을 권해도 먹으려 하지 않았다. 여신의 기분을 풀어주려고 하녀 이암베Iambe가 음담패설에 가까운 짙은 농담을 해대자 여신은 자신도 모르게 웃고 말았다. 일설에는 이암베가 치마를 들어 알궁둥이를 드러내자 여신이 웃고 말았다고 한다. 때를 놓치지 않고 메타네이라는 데메테르에게 술을 권했다. 그러나 아직 슬픔에서 벗어나지 못한 여신은 포도주 대신 박하 향을 가미한 보리차를 달라고 했다. 그 뒤 이 보리차는 엘레우시스 제전의 공식 음료가 되었다.

데메테르는 궁전에 머물면서 켈레오스와 메타네이라의 아들 데모폰Demophon을 보살피는 일을 맡았다. 여신은 켈레오스 가족이 베푼 친절에 보답하려고 데모폰을 불사의 몸으로 만들어 주기로 했다. 아침이면 신의 숨결을 쐬어주고 가슴을 불사초로 문질러 주었다. 밤이면 아기를 불 위에 올려놓아 평생 늙지 않도록 해줄 작정이었다.

여신의 배려로 아이는 놀라운 속도로 자랐다. 메타네이라는 의심이 들었다. 밤에 몰래 데메테르의 방을 들여다보다가 여신이 아이를 불 위에 올려놓는 것을 보고 아이를 죽이려는 줄로 생각하고 소스

라치게 놀라 소리쳤다. 데메테르는 자신의 공들인 계획이 수포로 돌아가게 되자 화를 내며 아이를 불에서 꺼내 눕히고는 메타네이라를 꾸짖었다.

"아, 인간의 어리석음이여, 언제 행운이 오고 언제 불행이 오는 줄 모르는구나. 나는 네 아들을 불사의 몸으로 만들어 주려고 했었는데, 네가 망쳐놓았으니 아이는 죽어야 할 운명으로 되돌아가고 말았구나. 그러나 내 품에서 키운 아이니 영광스러운 삶을 누리게 해주마. 나는 데메테르 여신이다. 너희는 이제 사람들을 모아 나의 신전을 짓고 내가 이르는 대로 큰 제사를 올려라."

이렇게 말한 뒤 여신은 자신의 본모습을 드러냈다. 아름다운 금발을 한 늘씬한 몸매의 여신에게서 신비한 빛이 뿜어져 나왔다. 그녀가 떠나자 메타네이라는 남편 켈레오스에게 모든 것을 이야기했다. 왕은 즉시 사람들을 모아 여신의 분부대로 신전을 지어 데메테르를 모셨다.

신전에 틀어박힌 데메테르는 자신의 직분인 농사를 전혀 돌보지 않았다. 그녀로서는 제우스와 하데스가 한 짓을 도저히 용서할 수 없었다. 인류가 농사를 지은 이래 최악의 흉년이 들었다. 농부들은 공연한 노력을 할 뿐이었다. 씨앗도 거둬들였다. 이제 인류는 굶어 죽게 되고 올림포스를 향한 제물도 모두 끊어질 지경에 이르렀다.

사태의 심각성을 눈치 챈 제우스는 무지개의 여신 이리스를 엘레우시스의 신전에 보내 데메테르를 달래려 했다. 그러나 데메테르는 막무가내였다. 제우스는 연이어 다른 신들을 보내 선물과 감언이설로 여신의 마음을 돌이켜보려 했지만 성공하지 못했다. 제우스는 하는 수 없이 헤르메스를 하데스에게 보내 지상의 황폐함을 알리고 이를 막기 위해서는 페르세포네를 돌려보내는 수밖에 없다고 전했다.

하데스는 제우스의 명을 따르겠다고 약속했다. 그리고 자신이 손수 마차에 말들을 잡아맸다. 그러나 음흉한 하데스는 어머니에게로 돌아간다는 기쁨에 들떠 방심하고 있던 페르세포네에게 석류 한 알을 강제로 먹였다. 헤르메스는 이를 모른 채 말고삐를 잡고 전속력으로 페르세포네를 엘레우시스로 데려왔다.

모녀의 상봉은 감동적이고 기쁨으로 충만해 있었다. 북받치는 첫 감동이 가라앉자 데메테르는 딸에게 지하세계를 떠나기 전에 무엇인가를 먹은 게 있느냐고 물었다. 페르세포네는 석류 한 알을 먹었다고 대답했다. 이로써 페르세포네는 지하 세계와 영원한 인연을 맺게 되었다.

제우스는 자신의 어머니 레아를 데메테르에게 보내 페르세포네가 1년 중 여덟 달은 지상에서 어머니와 함께 지내고 나머지 넉 달은 지하에서 남편 하데스와 보내는 것이 어떻겠냐는 중재안을 제시했다. 데메테르도 더 이상 욕심을 부려 봐야 별 수 없음을 깨닫고 중재안을 받아들였다. 데메테르가 올림포스로 돌아가 자신의 직분을 다시 시작하자 대지에는 짙은 녹음이 되돌아왔고 경작지는 풍요로움을 되찾았다. 엘레우시스를 떠나기 전 데메테르는 왕과 귀족들을 불러 모아 자신을 받들기 위한 제전을 어떻게 올려야 할지를 가르쳐주었다. 이것이 유명한 엘레우시스 비의 秘儀, 비밀스런 종교의식 이다.

데메테르란 말은 땅을 의미하는 "de-"와 어머니를 뜻하는 "meter"의 합성어로 순수 그리스어 어원을 갖고 있다. 한편 페르세포네란 이름은 그리스 이전의 선주민 언어에서 유래한 것이 확실하다. 데메테르는 그리스 고유의 신으로 올림포스 신앙 훨씬 이전부터 생식력의 여신으로 숭배되어 왔다. 대지의 여신 가이아가 모든 것의 근원인 어머니라면 데메테르는 밀 경작이 이루어지는 평원의 어머니이

지하 궁전에서 꽃과 술잔을 들고 있는 하데스와 손에 밀 이삭과 닭을 갖고 있는 페르세포네

그들 앞에는 향로가 피워져 있다. 페르세포네의 의자 밑에 또 한 마리의 닭이 있다.
(기원전 430-460년, 이탈리아 레기오 칼라브리아 국립 박물관 소장)

며, 땅이 가지고 있는 생산력을 상징하는 여신으로 토지를 지배한다.

데메테르는 항상 그녀의 딸 페르세포네와 함께 숭배되었는데, 엘레우시스 지방의 이들에 대한 신앙은 기원전 2000년대 이전으로 거슬러 올라간다. 따라서 엘레우시스의 데메테르 신전은 그리스 이전의 농경민 때부터 전해져 내려오는 것이다.

데메테르는 농부들의 신이다. 호메로스의 서사시에는 이 여신에 대한 언급이 거의 없다. 특히 올림포스에는 데메테르를 한 번도 등장시키지 않는다. 왕과 귀족들을 위한 서사시에 평민의 신인 데메테르는 어울리지 않는 신격이었던 모양이다. 반면 농민들은 파종 때부터 추수 때까지 데메테르와 페르세포네가 항상 함께한다고 느꼈다. 해마다 밀 새싹이 파릇파릇 돋는 12월에는 데메테르와 페르세포네, 그리고 디오니소스 신을 위한 큰 축제를 열어 여신을 기렸다. 데메테르와 페르세포네에게는 풍요로운 추수에 대한 감사를 드렸고, 디오니소스에게는 포도주가 아무런 탈 없이 잘 익기를 빌었다.

아름다운 소녀를 납치하는 전설은 여러 신화에 반복되어 나타나는 주제이다. 그러나 데메테르와 페르세포네의 신화에는 모성애가 중요한 모티브motive로 작용한다. 올림포스 여신들 가운데 데메테르는 강한 모성애를 가진 여신이다. 딸을 잃은 어머니의 슬픔 앞에는 포악한 제우스나 음흉한 하데스도 방법이 없어 결국 굴복하고 만다.

수선화는 12월부터 3월 사이에 물가에 피는 하얀 꽃이다. 한 줄기에 20~30 송이가 무더기로 피어 그윽한 향기를 퍼뜨린다. 물에 비친 자신의 모습에 반한 젊은이 나르키소스Narcissos가 변해서 된 꽃이다. 한창 아름다운 10대 미소년이 자기애에 빠져 있음을 상징하는 꽃이다. 아마 페르세포네도 자신의 아름다움에 반해 있었는지도 모른다.

자기 딸의 납치극에 가담하는 제우스의 모습은 유력자에게 자신의 딸을 정략 결혼시키는 권력지향형 아버지의 전형적인 모습을 보여 준다. 자신의 정치적 목적을 위해 암흑가의 유력자에게 자신의 부하나 자식까지도 서슴없이 내어주는 냉혹한 정략가의 모습이 드러난다. 사랑하지도 않는 사람에게 강제로 시집가는 소녀의 심정은 얼마나 절망적일까? 자신이 알지 못하는 음모에 휘말려 희생당하는 평범한 시민의 마음은 얼마나 불안하고 억울할까? 누군가가 나타나 자신을 구출해 주길 바라는 간절한 마음을 어찌 헤아릴 수 있을까? 그러나 지상에서 일어나는 모든 일의 감시자인 태양의 신 헬리오스마저 권력자들의 음모는 모른 척 외면할 뿐이다.

정체를 모르는 악당에게 외동딸을 빼앗긴 어머니의 마음은 인생의 모든 것을 포기할 정도로 절망적이다. 켈레오스의 딸들과 메타네이라의 따뜻한 마음이 데메테르에게 새로운 의욕을 준다. 데모폰을 불사의 몸으로 만들기에 정성을 다하는 데메테르의 모습은 아킬레우스를 불사의 몸으로 만들려 했던 테티스의 모습과 너무나 흡사하다.

둘 다 믿음이 없는 경망스러운 인간들의 어리석음 때문에 계획을 망치는 것까지도 똑같다. 정말 데메테르의 말대로 인간은 어리석어서 무엇이 행운이고 무엇이 불행인 줄 모른다.

고대 그리스인들은 석류가 죽은 자들의 땅인 지하세계에 속하는 열매라고 믿었다. 불행하게 죽은 영웅들의 무덤가에는 석류가 핀다고 생각했다. 그러나 또 석류는 생식력의 상징이기도 했다. 익으면 저절로 벌어져 피와 같은 붉은 빛을 띠는 석류는 다 자란 처녀를 상징하기도 한다. 그래서 석류는 곧 결혼의 열매이기도 했다. 하데스의 석류를 먹은 페르세포네는 영원히 지하세계의 신과 부부의 연을 맺게 되었다.

페르세포네는 비록 강제로 지하세계로 끌려왔고, 또 하데스의 속임수에 속아 자신의 의사와 상관없이 그의 아내가 되었지만, 결혼생활에 큰 불만은 없었다. 오히려 결혼 후 그녀는 지하세계의 여왕이 되어 그곳을 방문하는 사람들을 안내하며 자신의 지위를 마음껏 즐겼다. 에로스의 애인인 프시케Psyche가 지하세계로 내려가 미용에 좋은 약을 얻어오라는 아프로디테의 명령을 받고 지하세계에 갔을 때, 페르세포네는 프시케를 친절하게 도와주어 상자에 잠을 담아주었다. 또 헤라클레스가 지옥을 지키는 머리가 셋 달린 괴견怪犬 케르베로스Kerberos를 데려오란 명령을 받고 지하에 갔을 때 그에게 그 개를 데려가도 좋다고 허락한 것도 페르세포네였다. 또 그녀는 아도니스Adonis를 두고 아프로디테와 다툼을 벌이기도 했다. 아프로디테는 페르세포네에게 아도니스를 잠시 맡겼으나 되돌려달라고 하자 미소년의 아름다움에 반한 페르세포네는 돌려주려 하지 않았다. 끝내 제우스의 중재로 1년의 3분의 1은 지하 세계에서 페르세포네와 함께, 또 다른 3분의 1은 아프로디테와 함께 지내고, 나머지 3분의 1은 아도니

아도니스

이 항아리 맨 윗부분에는 제우스를 가운데 두고 왼쪽에 페르세포네가, 오른쪽에 아프로디테가 아도니스의 소유권을 놓고 서로의 주장을 펴고 있다. 아직 어린아이인 아도니스는 제우스의 왕 홀을 쥐고 있다. 그 아래 중앙에 반나의 아도니스가 호화롭게 장식되어 있는 긴 의자에 나른한 자세로 주워 있고, 에로스가 그에게 다가가고 있다. 왼쪽에 횃불을 든 여자는 아르테미스 여신이고 그의 오른쪽에 페르세포네와 아프로디테가 서 있다. 항아리 밑 부분에는 아홉 무사이들이 그려져 있다.
(기원전 4세기 중반, 나폴리 국립 고고학 박물관 소장)

스의 자유의사대로 살게 하기로 합의를 보았다. 그러나 아프로디테를 더 좋아한 아도니스는 1년의 여덟 달은 지상에서 지내고 넉 달은 페르세포네와 함께 지냈다. 아도니스의 이런 생활주기는 페르세포네와 너무도 흡사하다. 페르세포네나 아도니스 모두 싹을 내고 성장한 뒤 다시 죽어가는 식물의 생명과정을 상징화한 데에서 이런 유사성이 생겨난 것이다.

페르세포네가 여덟 달 동안은 지상에서 어머니와 함께 지내고 넉 달은 지하에서 하데스와 지낸다는 의미는 분명하다. 흔히 사람들은 페르세포네가 여름 동안 지상에 있다가 음산한 겨울에는 지하 세계로 간다고 생각한다. 그러나 고대 그리스에서 페르세포네 축제는 시월에 치러졌다. 지중해 기후에서 정작 식물이 푸른빛으로 자라는 시기는 시월부터 이듬해 오월까지다. 여름에는 비가 오지 않아 풀은 말라 시들고 대지는 누렇게 죽어버린다. 새싹의 정령인 페르세포네는 밀의 새순이 돋는 시월에 지상으로 와서 밀이 자라는 겨울철과 봄철을 지상에서 지낸다. 그러나 오월 들어 건기가 시작되면 그녀는 다시 지하의 하데스에게로 내려간다. 그녀가 없는 여름 동안 대지는 누렇게 황폐한 모습을 띤다. 페르세포네의 납치는 바로 이러한 계절의 변화를 그대로 반영한다. 하데스가 페르세포네를 납치한 것이 봄이요, 그녀가 다시 어머니 품으로 돌아온 계절이 바로 석류가 익는 시월이었다. 페르세포네가 지상과 지하세계를 번갈아가며 사는 것은 밀의 파종과 성장, 추수의 행위를 상징한다. 페르세포네가 시월에 다시 지상으로 돌아온다는 것은 어둡고 차가운 대지를 뚫고 힘차게 돋아나오는 밀 새싹의 생명력을 상징화한 것이고, 봄이 되어 지하 세계로 돌아간다는 것은 추수가 끝난 밭에서 푸른빛이 서서히 사라져가는 것을 상징화한 것이다.

데메테르가 가르친 대로 이루어졌다는 엘레우시스의 비의秘儀는 고대세계에서 예식의 아름다움과 성스러움으로 가장 유명했다. 수많은 고대작가와 철학자들은 이 예식이 세상에서 가장 아름다운 종교제전이라고 칭찬하였다. 그러나 이 예식에서 있었던 일에 대해 절대로 다른 사람들에게 이야기하면 안 됐다. 예식에 참가한 자들은 죽어 지하세계에서 행복한 삶을 누리게 된다고 믿었다. 그러나 만약 비의의 비밀을 누설하면 큰 벌을 받는다고 생각했다. 그 믿음이 얼마나 확실했던지 참가자들은 황홀한 종교적 체험을 했다는 것 이외에는 그 어떤 비밀도 누설하지 않았다. 비의에서 어떤 일이 이루어졌는지는 오늘날까지 영원한 수수께끼로 남아 있다. 다만 우리가 아는 것은 엘레우시스 제전에서 그리스인들은 해마다 지하세계에서 돌아오는 페르세포네를 맞는 예식을 치름으로써 죽음 뒤에 다시 살아나는 부활을 경험했다는 것뿐이다. 또 켈레오스 궁전에서 데메테르가 보여 준 침묵과 금식, 포도주를 거절하고 박하향이 나는 보리차를 마시는 행위, 밤에 횃불을 밝히고 딸을 찾아 헤매는 행위를 통해 우리는 엘레우시스 제전에서 이와 비슷한 행위들이 이루어졌을 것이라고 짐작할 뿐이다.

데메테르의 다른 이야기들

데메테르가 페르세포네를 찾아 헤매다가 펠로폰네소스 반도의 산악지역 아르카디아 지방을 지날 때, 포세이돈은 여신에게 정욕을 느꼈다. 그럴 기분이 아니었던 데메테르는 말로 변신해 마침 그곳을 지나던 말의 무리에 숨었다. 눈치 빠른 포세이돈은 자신도 수말로 둔갑해 욕심을 채웠다. 이들 사이에서 딸이 하나 태어났

데메테르와 트리프톨레모스, 페르세포네
세상 사람들에게 농사 짓는 법을 전파하라는 데메테르 여신의 명을 받은 엘레우시스의 왕 트리프톨레모스가 길을 떠나기 전에 여신에게서 축복을 받고 있다. 오른쪽에 페르세포네가 횃불을 들고 서 있다.
(기원전 450-445년, 아테네 국립 고고학 박물관 소장)

다. 이 딸의 이름은 에리니스Erinys, 즉 화난 여인이었는데 엘레우시스 비교에 입교하지 않은 사람들에게는 비밀이었다. 나중에 화가 풀린 데메테르가 강에서 몸을 씻어 정결을 되찾자 그녀의 이름을 루시아Lousia, 즉 목욕한 여인으로 바꿔 주었다.

데메테르와 인간 이아시온Iasion의 이야기는 비극적이다. 크레타를 지나던 여신은 이아시온의 아름다움에 반해 세 번 갈아 일군 밭이랑에서 사랑을 즐겼다. 그러나 여신이 인간 남자에게 정욕을 느껴 사랑 행위를 하는 것이 보기 싫었던 제우스는 벼락을 내리쳐 이아시온을 죽여 버렸다. 데메테르는 이아시온과의 사이에서 부富의 신 플루토스Ploutos를 낳았다. 풍요의 신 데메테르의 아들 플루토스는 풍성한 수확으로 사람들을 부유하게 만들어 주었다. 이 신화에는 잘 일군 밭이랑에서 남녀가 사랑을 나눠 풍년과 자신들의 생식력을 비는 농경민족의 풍습이 반영되어 있다. 지금도 원시 농경을 하는 부족들은 씨를 뿌리는 계절이 되면 부부가 밭에 가서 사랑을 나눈다. 땅 위에서 하는 인간의 사랑 행위는 땅 밑에 자리한 식물의 생산성을 높여 풍성한 수확을 가져온다는 소박한 믿음이 풋풋하게 느껴진다.

기원전 2세기에 아테네에서 활동했던 아폴로도로스Appolodoros에 의하면 에레우시스 궁전에서 데메테르가 돌보던 데모폰은 어머니 메타네이라의 불경 때문에 죽고 그 대신 데메테르는 메타네이라의 맏아들 트리프톨레모스Triptolemos에게 날개 달린 뱀이 끄는 수레를 주어 밀의 씨앗과 농사법을 가르쳐 전 세계에 전파하게 하였다고 한다. 그는 또 낫과 쟁기 등의 농기구도 발명했다고 전해진다. 그러나 이 신화는 아티카 반도 출신이 전 세계에 농사를 가르쳤다고 주장함으로써 아테네의 문화적 우월성을 부각하려는 정치적 의도를 담고 있다.

테살리아 지방의 왕 에리시크톤Erysichthon이 신들에 대한 제사를 잘 드리지 않고 데메테르에게 바쳐진 신성한 밤나무를 잘라 자기 집을 지으려 하는 등 여신을 깔보자, 여신은 자신의 무서운 면모를 드러내어 에리시크톤에게 아무리 먹어도 배가 계속 고픈 게걸병에 걸리게 했다. 집과 재산을 모두 음식을 장만하기 위해 탕진하고도 계속 배가 고프자, 그는 끝내 하나뿐인 딸까지도 팔아먹게 되었다. 노예로 팔린 딸은 아버지가 불쌍하여 포세이돈에게 도와달라고 애원했다. 그녀를 가엾게 여긴 포세이돈은 그녀에게 둔갑술을 가르쳐 노예 상태에서 벗어나도록 도와주었다. 포세이돈에게서 배운 둔갑술을 이용하여 딸은 얼마 동안 아버지의 왕성한 식욕을 겨우겨우 채워줄 수 있었다. 그러나 만족을 모르는 아버지의 게걸병을 견딜 수 없어 딸마저 도망치고 말자 에리시크톤은 자신의 살까지 뜯어먹다가 끝내 기아로 죽고 말았다.

에리시크톤의 신화에서 우리는 신을 두려워하지 않는 불경한 인간이 받는 무서운 보복을 본다. 자연의 신성함을 무시하고 나무를 자르는 등 무분별하게 환경을 파괴하자 여신은 인간에게 기근이란 형벌을 내렸다. 대지 어머니를 마구 파헤치고 나무를 베어내고 땅과 물을 오염시키는 방식으로 자연을 파괴하면, 인간이 아무리 노력해도 자연은 더 이상 우리에게 풍요로움을 베풀지 않을 것이다. 산업사회 이래로 인류는 에리시크톤처럼 게걸병에 걸렸다. 아무리 변신에 능한 인류의 착한 딸 과학과 기술도 만족을 모르는 인간의 욕심 앞에선 무력해지고 언젠가는 우리를 저버릴 것이다. 그러면 인류는 마지막 순간 자기네들끼리 아귀다툼을 벌이다 끝내 멸망할 것이다. 우리는 겸허한 마음으로 이 신화의 깊은 뜻을 헤아려야 한다. 그러나 그런 조짐은 어느 곳에서도 보이지 않는다. 불안할 따름이다.

딸을 팔아 연명하는 이야기는 우리에게도 낯익은 주제이다. 눈을 뜰 수 있다는 승려의 말에 심봉사는 제 분수도 생각지 않고 욕심에 눈이 멀어 덜컥 공양미 300석을 약속한다. 효심이 지극한 심청은 공양미 300석을 구하기 위해 몸을 판다. 우리들의 욕심은 결국 자손들이 짊어질 부채이다. 에리시크톤의 딸이 바다의 신 포세이돈의 도움으로 아버지의 곁으로 돌아오는 이야기도, 용왕의 도움으로 살아오는 심청이 이야기와 비슷하다. 다만 《심청전》의 결말은 잘살게 된다는 낙관적인 것인 데 비해 에리시크톤의 이야기는 끝내 파멸로 끝난다.

6장

사랑을 주관하는
미의 여신

아프로디테

빛의 도시, 코린토스

"모든 배가 코린토스로 가는 것은 아니다."라는 그리스 속담이 있다. 모든 사람이 똑같이 운이 좋은 것이 아니라는 뜻이다. 그리스 본토와 펠로폰네소스 반도를 잇는 지협地峽에 위치한 이 도시는 동쪽으로는 사로니코스Saronikos 만灣을, 북쪽으로는 코린토스 Korinthos 만灣을 끼고 있어 육상과 해상의 교통 요충지이다. 이런 지정학적 이점과 도시 주변에서 나는 질 좋은 고령토를 이용한 도자기 산업의 융성을 바탕으로 코린토스는 기원전 8세기 말부터 6세기까지 그리스 세계에서 가장 번영한 도시로 발전했다. 동시에 그리스에서 가장 사치스럽고 화려한 환락의 도시이기도 했다. 특히 아프로디테 여신의 신전에는 아름다운 창녀들이 여신을 위하여 신성한 매춘을 하고 있었다. 그리스의 가장 아름다운 여인들이 이 신전에 다 모여 있었다. 모든 고대 그리스 남자들은 생애에 단 한 번만이라도 코린토스에 가 보고 싶어 했다.

고대 코린토스의 주 도로였
던 레카이온 로의 유적

아테네에서 동쪽으로 약 81킬로미터 떨어진 코린토스로 가는 길
은 고대로부터 험하기로 유명하다. 지금은 직선으로 시원스럽게 뚫
린 고속도로가 있어 옛 정취를 느낄 수 없게 되었지만, 아직도 고속도
로 아래쪽에는 옛 길이 남아 있다. 경험 삼아 국도로 들어서면 가파른
절벽 사이로 좁은 길이 위험스럽게 구불구불 뻗어 있다. 발 끝 아래
저 멀리에는 작열하는 태양 아래 푸른 바다가 반짝이고 햇빛을 받은
하얀 대리석 바위는 눈이 부시다. 절경이다. 숨이 막힐 것 같다. 이 길
이 바로 아테네의 영웅 테세우스Theseus가 아버지 아이게우스Aigeus
를 찾아, 온갖 악당 괴물을 처치하며 트로이젠Troizen에서부터 아테
네로 온 길이다. 세월이 흘러 그의 아들 히폴리토스Hippolitos가 새어
머니 페드라Phedra의 유혹을 뿌리치고, 모함에 빠져 미친 듯이 전차
를 달리다가 떨어져 죽은 길이다. 이 이야기를 현대화한 영화 《페드

6장 사랑을 주관하는 미의 여신, 아프로디테 149

라》에서 주인공이 바흐의 음악을 들으며 마지막으로 "페드라"를 외치면서 떨어져 죽는 장면을 촬영한 곳도 바로 이 길이다. 아프로디테의 저주를 받은 그가 여신의 신앙 중심지인 코린토스를 향해 달려갔으니 어차피 그에게 구원 받을 가망성은 전혀 없었던 것이다. 아버지에게 영광을 가져다 준 바로 그 길에서 아들은 죽음을 맞이한다. 인생의 아이러니다.

지중해 지역은 항상 맑은 대기 속에 태양이 눈부시게 빛나는 밝은 지방이다. 그러나 그중에서도 코린토스는 유난히 밝다. 지금도 코린토스의 폐허에 서면 빛이 가득함을 느낄 수 있다. 청명함이 땅 바로 위까지 퍼져 내려온 듯한 빛의 도시이다. 그래서 원래 코린토스는 태양의 신 헬리오스에게 바쳐졌던 도시이다. 그러나 헬리오스가 아프로디테의 딸 로도스Rhodos와 결혼할 때 이 도시를 아프로디테에게 헌납하였다. 가장 아름다운 여신에게 어울리는 아름다운 도시이다. 그리스 건축 양식 중에서도 코린토스식은 포도나무 잎으로 장식한 가장 화려하고 아름다운 기둥을 뽐낸다. 미의 여신 아프로디테에게 걸맞은 멋을 아는 건축가의 작품답다. 그립다. 다시 한 번 코린토스의 폐허에 서서 아프로디테의 체취를 느끼고 싶다.

아프로디테의 탄생

남편의 횡포에 불만을 품은 가이아는 막내아들 크로노스를 자신의 침실에 숨겼다. 밤이 되어 우라노스가 가이아의 침실에 들어와서 사랑을 하려는 순간에 크로노스는 낫으로 우라노스의 생식기를 잘라 바다에 던졌다. 망망한 바다 위에 떨어진 살점과 피는 파도에 이리저리 쓸려 다니다가 아름다운 거품이 되었다. 눈치 빠른 서풍西風 제피로스Zephyros는 이 거품을 키테라Kythera 섬 해안을 거쳐 키프로스Kypros 섬으로 밀고 갔다. 거품은 점차로 아름다운 여체의 형상을 띠어 갔다. 파포스Paphos 도시 근처 해안에 도착하자 거품 속에서 눈부시게 아름다운 여신이 나타났다. 계절을 주관하는 호라이 여신들이 새 여신을 맞아 보석으로 장식한 아름다운 옷을 입히고는 곧바로 신들의 향연이 있는 올림포스로 안내했다. 제우스를 비롯한 모든 신들이 아프로디테의 요염한 자태에 놀라움을 감추지 못했다. 금발에 갈색 눈을 가진 여신의 피부는 상아빛으로 빛났다. 완벽한 조화를 이룬 육체는 아름다움의 표본이었다. 바라보는 이들은 모두 숨을 죽였다. 자신도 모르는 사이에 막연한 그리움과 노곤한 기대감과 욕망이 온몸에 스며들었다. 운명을 관장하는 모이라이 여신들이 아프로디테에게 아름다움과 사랑의 직분과 항해하는 배와 선원들의 수호하는 직분을 맡겼다. 아무도 이의를 가질 수 없는 결정이었다. 미와 사랑의 여신 아프로디테는 이렇게 화

아프로디테의 탄생
자연 상태에서 곡선과 직선이 가장 아름다운 조화를 이루고 있다는 가리비조개에서 미의 여신 아프로디테가 나오고 있다.
(기원전 370-360년, 테살로니키 고고학 박물관 소장)

6장 사랑을 주관하는 미의 여신, 아프로디테   151

려하게 올림포스에 등장했다.

바다 거품에서 태어난 미와 사랑의 여신 아프로디테, 그리스어로 "아프로스aphros"는 거품을 의미한다. "아프로디테Aphrodite"는 "거품에서 태어난 여자"라는 뜻이다. 달리는 뱃전에 부딪치는 물거품처럼 아름다움은 덧없는 것이지만 그 자체가 하나의 완벽한 미덕이다.

아프로디테의 이름에 대한 이런 해석은 근거 없는 민간 어원학적인 것으로 실제로는 아프로디테 여신과는 아무런 관계가 없다. 아프로디테는 셈족 계통의 여신으로 그리스인이 오기 훨씬 전부터 팔레스타인 지방부터 시칠리아 섬에 이르는 동부 지중해 일대 사람들이 널리 숭배했다. 이 여신의 신앙 중심지인 키프로스의 파포스에서 기원전 1200년경에 세워진 아프로디테 신전이 발굴되었다.

원래 아프로디테는 우주 전체를 지배하는 무서운 힘을 가진 여신이었다. 그녀는 여성의 생식력은 물론이고, 자연의 왕성한 생식력과 끈질긴 회생력을 상징하는 여신으로, 다산과 모든 생명체의 정상적인 성장을 주관했다. 그리스인의 도래와 함께 제우스 신앙이 들어오자 주신主神으로서의 아프로디테는 기억에서 사라지고 생식과 번식의 요체가 되는 사랑을 주관하는 일만이 그녀의 직분으로 남았다.

오래된 신격이 새로운 신앙에 흡수될 때 시간의 문제가 생긴다. 위의 설화에 의하면 크로노스 시대에 탄생한 아프로디테가 올림포스 신들의 향연에 참석한다. 신화이기에 가능한 일이라지만 논리적으로 전혀 아귀가 맞지 않는다. 신화 속의 수많은 인물들을 한데 묶어 거대한 족보를 만든 서사시의 작가들이 이 모순을 그냥 놓아 둘 리가 없다. 호메로스는 아프로디테를 제우스와 디오네Dione 사이에서 태어난 딸이라고 주장한다. 디오네는 그리스 북서쪽의 도도나Dodona 지방의 여신이다. 언어학적으로 보면 디오네는 제우스의 어근 "dio-"에 여성형 접미사 "-ne"가 붙은 낱말로 "여자 제우스"라는 뜻이다. 그녀 역시 올림포스 신앙 이전에 이 지역 사람들이 주신主神으로 숭배하던 여신이었다. 도도나 신전은 제우스의 신탁으로 유명하다. 이곳에는 떡갈나무 숲이 있는데 신관들은 이 나무의 살랑거리는 소리를 해석하여 신탁을 전했다. 그러나 이 지역에서 아프로디테 신앙의 흔적을 찾을 수 없다. 만약 정말로 디오네가 아프로디테의 어머니라면 있을 수 없는 일이다. 아프로디테의 탄생과 올림포스 신들 사이의 시간의 모순을 깨달은 음유 시인들의 합리적인 정신은 디오네를 아프로디테의 어머니로 만들어 이 모순을 해결하려 하였다. 그러나 일반 백성들에게 아프로디테는 여전히 거품에서 태어난 아름다운 여신으로 남아 있었다.

미의 여신 아프로디테

미의 여신 아프로디테의 위력이 가장 잘 드러난 사건은 헤라, 아테나와 함께 "에리스의 사과"를 놓고 한바탕 아름다움의 경쟁을 벌일 때였다. 펠레우스와 테티스의 결혼식에 불화의 여신 에리스는 초대 받지 못했다. 신성하고 즐거운 축제에 불화가 일어나길 바라지 않았기 때문이었다. 화가 난 에리스는 피로연에 나타나서 "가장 아름다운 여신에게"라는 글귀와 함께 황금 사과 하나를 던졌다. 아름다움에 있어서 누구에게도 지지 않는다는 세 여신이 후보로 나섰다. 원숙미와 정숙미를 자랑하는 흰 팔의 아름다운 헤라와, 단아하고 지성미가 넘치는 아테나, 그리고 교태와 관능미를 가진 아프로디테가 황금 사과의 주인을 자처했다. 역사상 최초의 미인 대회가 열리게 되었다.

　　교활한 정략가인 제우스는 이런 곤란한 일에 심사위원이 되기를 피하고 판정을 트로이아의 이데 산 근처에서 양을 치고 있던 파리스에게 맡겼다. 황금 사과를 얻지 못한 두 여신의 원망을 사는 것은 주신인 제우스에게도 결코 만만한 일이 아니었기 때문이었다. 헤라는 파리스에게 소아시아 전체의 통치권을 약속했다. 아테나는 전투에서 무적의 힘을 주겠다고 했다. 그러나 아프로디테는 세상에서 가장 아름다운 여인의 사랑을 얻게 해 주겠다고 제의했다. 파리스는 아프로디테의 승리를 선언했다. 파리스의 판정 이후 더 이상 미의 여신 자리를 놓고 아프로디테와 경쟁을 벌이는 여신은 없었다. 그러나 파리스는 그가 내린 판정 때문에 자신은 물론 부모 형제와 조국까지 파멸로 이끈다. 그와 헬레네의 사련邪戀, 도리를 벗어난 남녀간의 사랑은 그리스인들의 분노를 일으켜 트로이아 전쟁의 원인이 되었기 때문이다. 미인 경연대회에서 실패한 헤라와 아테나는 앙심을 품고 그리스군을 도와 트로이아의 멸망을 부추겼다. 제우스가 은밀히 준비한 불행이 현실로 나타난 것이다.

　　미의 여신으로서 아프로디테는 완벽한 여체의 아름다움을 상징한다. 루브르 박물관에 전시된 "밀로스의 아프로디테" 여신상은 매일 수많은 관객의 경탄을 자아낸다. 비록 팔은 잘려 떨어져 나갔어도 균형 잡힌 팔등신 몸매와 군살 하나 없는 완벽한 여체의 아름다움은 흠잡을 데가 전혀 없다. 미의 기준은 시대에 따라 변한다. 고대 그리스 세계에서도 아름다움의 개념은 바뀌었다. 기원전 5세기를 전후한 황금 시기에는 군살 하나 없고 좌우 대칭이 잘 잡혀 있는 균형 잡힌 몸매를 가진 조각이 사랑을 받았다. 기원전 2세기 때 작품이어서 좌우 대칭이 조금 흐트러지긴 했어도 "밀로스의 아프로디테"는 그러한 조

밀로스의 아프로디테

반쯤 흘러내린 옷 위로 드러난 몸매가 아름답다. 아름다움의 여신 아프로디테는 호메로스가 노래한 대로 '탐스러운 가슴과 우아한 목, 빛나는 눈매'를 자랑했다.

(기원전 2세기 말, 파리 루브르 박물관 소장)

아프로디테

(기원후 2세기, 아테네 국립 고고학 박물관 소장)

각의 표본이다. 그러나 후대에 갈수록 대칭과 조화, 절제된 아름다움은 사라지고 빵 속처럼 희고 포동포동한 살결을 가진 여인상이 인기를 얻었다. 이 시기의 조각으로는 아테네 국립 박물관에 전시된 작품 "아프로디테와 판 신"이 대표적이다. 기원전 100년경에 만들어진 이 작품에서 아프로디테의 모습은 요염하지만 여신다운 위엄은 사라졌다. 시대에 따라 미의 기준이 어떻게 바뀌건 간에 가장 아름다운 여체를 지닌 존재는 항상 아프로디테로 간주되었다.

헤라의 아름다움은 정숙한 원숙미를 나타낸다. 범인이 함부로 범접하지 못할 위엄이 서려 있다. 뭇 남성이 마음 편하게 대할 수 있는 아름다움이 아니다. 아테나 여신 역시 아름답다. 그러나 그녀의 아름다움은 지성적이고 고귀한 아름다움이다. 단아하고 고상하여 차갑게 느껴지는 아름다움이다. 헤라나 아테나에게 정욕을 느끼기는 어렵다. 경탄하고 바라보게 만드는 아름다움이다.

그러나 아프로디테는 다르다. 품어 보고 싶고 한번 수작을 부려 보고 싶은, 아니 그래도 괜찮을 것 같은 아름다움이다. 순진한 청년 파리스가 자신도 모르게 아프로디테에게 기운 것은 충분히 이해할 수 있다. 남성을 끌어들이는 관능적이고 뇌쇄적인 아프로디테의 아름다움 앞에 견딜 남자가 누가 있을까? 남녀의 사랑 행위를 관장하는 여신답게 아프로디테는 잠자리에서 쾌락에 몸부림치며 일그러지는 관능적 모습이 연상되는 섹시sexy한 아름다움을 가졌다. 모든 남성으로 하여금 정욕을 느끼게 하는 아름다움이다. 아프로디테를 통하여 우리는 여체가 갖는 관능적 의미를 깨닫게 된다.

사랑의 여신 아프로디테

아프로디테는 한 무리의 하위 신격의 신들을 거느리고 다녔다. 청춘의 여신 헤베와 조화의 여신 하르모니아, 계절의 여신들인 호라이, 우아함의 여신 카리테스, 순종의 여신 페이토Peitho, 정욕의 신 히메로스Himeros, 욕망의 신 포토스Pothos는 아프로디테의 주변에서 옷을 짜고 화장을 도와주는 등 온갖 잔심부름을 하며 지냈다. 금 화살과 납 화살로 신과 인간에게 온갖 못된 사랑 장난을 치고 다니는 에로스도 여신의 무리 중에 빼어 놓을 수 없는 존재이다.

제우스는 번개로 천둥 벼락을 치고 포세이돈은 삼지창으로 땅과 바다에 지진과 폭풍우를 일으킨다. 아폴론과 아르테미스는 활로 멀리 있는 적을 기습적으로 쓰러뜨린다. 아프로디테는 이런 무시무시한 무기 대신 젖가슴을 감싸는 아름다운 수를 놓은 띠가 하나 있을 뿐이다. 언뜻 별것 아닌 것처럼 보이는 이 무기의 위력은 그 어떤 무기보다도 강력하다. 신이고 인간이고 이 마법의 띠 앞에선 자신도 모르는 사이에 노곤해지고 긴장이 풀리며 정욕에 사로잡히게 된다. 전지전능하다는 제우스마저 아프로디테가 이 띠로 부리는 농간 때문에 수많은 여신들과 숲속의 요정, 그리고 인간 여인들을 뒤쫓아 다녔다.

트로이아 전쟁이 한창일 때, 트로이아군에게 우세하게 전개되던 전세를 제우스 몰래 그리스군에게 유리하도록 역전시키고픈 헤라는 아프로디테에게서 이 띠를 빌려 제우스의 정욕을 불타오르게 했다. 욕정을 이기지 못한 제우스가 헤라와 사랑을 나누는 동안에 포세이돈이 마음껏 그리스군을 도와 트로이아군을 공격하자 전세는 단숨에 역전되었다. 사랑을 끝내고 나서야 자신이 속을 것을 알고 제우스는 황급히 상황을 되돌려 놓았지만 그동안 입은 트로이아 측의 피해는 막심했다.

　신들 중에서 가장 아름다운 여신인 아프로디테는 올림포스 신들 중에 가장 추하게 생기고 또 절름발이인 대장장이 신 헤파이스토스와 결혼했다. 이 결혼은 여신 자신이 선택한 게 아니었다. 헤파이스토스의 기술과 발명품들이 필요했던 올림포스 신들은 여신 중에 가장 아름다운 아프로디테와의 결혼을 미끼로 그를 올림포스에 불러들일 수 있었다. 그러나 그녀는 자신의 의사와 관계없이 맺어진 못생긴 남편에만 매달려 지내지 않았다. 사랑의 여신답게 아프로디테는 많은 연인을 가지고 있었다. 그녀는 신과 인간을 가리지 않았다.

　아프로디테의 연인 중에 가장 유명한 자는 전쟁과 폭력의 신 아레스이다. 그들 사이의 애정 행각은 도를 지나쳐 모든 것을 보는 헬리오스가 중천에 떠 있을 때에도 공공연하게 이루어졌다. 보다 못한 헬리오스가 이를 헤파이스토스에게 귀띔해 주었다. 대장장이 신은 눈에 안 보이는 그물로 간통하던 두 연인을 사로잡아 놓고는 모든 올림포스 신들을 불러 현장을 보게 하여 톡톡히 망신을 주었다. 그러나 아프로디테와 아레스의 불륜 관계는 끝나지 않았다. 이들 사이에서 포보스Phobos, 겁 와 데이모스Deimos, 공포, 하르모니아Harmonia, 조화, 에로스Eros, 사랑·애정라는 네 자식이 태어난다. 이들 가운데 포보스와 데이모스는 아버지 아레스를 쫓아다니고, 하르모니아와 에로스는 어머니 아프로디테를 따라다닌다.

　아프로디테는 포세이돈과 사랑을 나누어 시칠리아 섬 엘리모이족Elymoi 의 시조가 되는 에리카스Erykas 와 나중에 태양신 헬리오스의 신부가 되는 아름다운 섬 로도스Rhodos 를 낳았다.

　아프로디테는 디오니소스와도 사랑을 나누었지만 그들의 사랑은 오래 가지 못했다. 디오니소스가 인도로 떠났기 때문이다. 아프로

잠이 든 마이나스
(기원후 117-138년, 아테네 국립 고고학 박물관 소장)

디테는 곧바로 아도니스와 어울렸다. 디오니소스가 돌아왔을 때 그녀는 임신 중이었다. 여신인 그녀조차 누구의 아이인지 알 수가 없었다. 이렇게 태어난 아이가 흉측하게 생기고 파렴치한 번식력의 신 프리아포스Priapos이다. 일설에는 디오니소스와 아프로디테 모두를 미워한 헤라가 산모의 배를 쓰다듬어 아이의 모양을 흉측하게 만들었다고 한다.

아프로디테와 아레스가 간통을 하다가 헤파이스토스가 쳐놓은 그물에 걸려 망신을 당할 때 아폴론은 헤르메스를 놀리려고 아프로디테와 사랑할 수만 있다면 아레스 대신 저 그물 속에 있어도 좋겠느냐고 넌지시 물었다. 꾀 많고 사기성이 농후한 헤르메스는 아프로디테만 허락한다면 아레스와 셋이서라도 저 그물 속에 잡혀 있고 싶다고 넉살좋게 받아 넘기며 아프로디테에 대한 정욕을 숨김없이 드러냈다. 과연 헤르메스의 욕망은 이루어져 아프로디테와 사랑을 나누게 되었다. 이들 사이에서 태어난 신이 남성과 여성이 한 몸에 섞인 헤르마프로디토스Hermaphroditos이다.

사랑의 여신인 아프로디테가 이끌고 다니는 하위 신들의 성격은 분명하다. 남녀 사이의 애정에 필요한 젊음과 조화로운 어울림, 우아함과 욕망, 정욕의 신들이다. 순종을 나타내는 페이토의 존재는 다분히 가부장적 특성을 드러낸다. 다만 계절의 변화를 주관하는 호라이 여신이 등장하는 것은 자연의 생식력을 상징하는 아프로디테의 고대 성격을 반영하고 있다.

사랑하는 사람의 정욕을 불러일으킬 수 있는 마법의 띠는 인간이면 누구나 한 번쯤 꿈꿔 보는 물건이다. 이 꿈을 이루기 위하여 수많은 부적과 온갖 종류의 사랑의 미약媚藥이 만들어졌다. 그러나 과학의 발달이 절정에 이른 지금까지도 이런 발명품은 아직 나오지 않았다. 오히려 다행이다. 인간의 욕정까지도 마음대로 조정하는 세상에서 사랑은 의미를 잃고 말 것이다.

미의 여신 아프로디테와 추남인 헤파이스토스의 결합은 생명의 근원인 축축한 흙과 인공적 생산물을 만들어 내는 불과의 결합이다. 흙으로 빚은 토기를 불에 구워 아름다운 도자기를 만들어 내듯이 자연의 아름다움과 인간의 기술이 합쳐져 인공적 아름다움을 만들어 낸다. 자연의 아름다움에 비해 인공적 아름다움은 초라하기 이를 데 없다. 아무리 기술을 뽐내고 재주를 피워도 헤파이스토스의 초라함은 아프로디테 앞에서 더 두드러질 뿐이다.

사랑의 여신 아프로디테와 폭력의 신 아레스의 결합은 얼핏 부자연스럽게 보인다. 그러나 짝짓기 행위의 격렬함과 폭력성을 직시한다면 이들의 결합이야말로 사랑의 본질임을 알 수 있다. 아무리 다정하게 시작된 사랑 행위도 절정의 순간에 이르면 거칠고 폭력적으로 바뀌고 만다. 20세기 프랑스의 철학자 조르주 바타이유Georges Bataille의 말대로 에로티시즘의 본질은 폭력과 조그마한 일시적 죽음이기 때문이다. "삶에까지 파고드는 죽음"인 에로티시즘은 파괴를 전제로 하며 금기의 위반이다. 성행위는 조화調和로 시작하지만 공포와 두려움이 없는 사랑 행위는 밋밋하여 에로티시즘에 이르지 못한다. 아프로디테와 아레스 사이에서 하르모니아조화와 데이모스공포, 포보스두려움가 태어난다고 간파한 고대인들은 사랑의 본질을 정확하게 꿰뚫고 있었다. 두 신의 관계가 다른 연인들보다도 오래 지속된 것은 사랑의 본질끼리 결합했기 때문이다. 아프로디테의 관능과 아레스의 야만스러움의 조화야말로 에로티시즘의 정수精髓이다.

아프로디테와 바다의 신 포세이돈의 결합은 왕성한 생식력과 모든 생명의 근원인 물의 결합이다. 이 설화에는 아프로디테가 아직 만물의 어머니로 숭배되던 시대의 모습이 엿보인다. "장미"를 뜻하는 "로도스Rhodos"는 터키의 서남쪽 앞바다에 위치한 섬의 이름이다. 예로부터 뜨거운 태양과 해맑은 바다를 자랑하는 아름다운 섬이다. 하늘에서 내려다보는 이 섬의 모습은 참으로 아름답다. 짙은 잉크색의 깊은 바다 위에 에메랄드빛 띠를 두른 푸른 섬은 보석처럼 빛난다. 이 모습에 반해 태양의 신 헬리오스는 코린토스를 아프로디테에게 양보하면서까지 로도스와 결혼하기를 바랐다.

아프로디테와 디오니소스의 만남은 데메테

프리아포스
아프로디테와 디오니소스 사이에서 태어난 풍요와 생식의 신. 큰 생식기 위에 온갖 과일이 풍요롭게 얹혀져 있다.
(터키 에소스 셀죽 박물관 소장)

백조를 타고 있는 아프로디테
(기원전 470-460년, 런던 영국박물관 소장)

르와 페르세포네의 결합과 마찬가지로 생식력의 여신과 식물의 정령과의 결합이다. 아프로디테와 아도니스의 결합도 똑같은 종류의 결합이기에 아프로디테가 밴 아이가 둘 중 누구의 아이인지 모르는 것도 어찌 보면 당연한 것이다. 이들 사이에 태어난 자식 프리아포스는 유난히 성기가 큰 모양으로 그려지는 흉한 모습의 신으로 생식과 풍요를 보살피는 신이다. 아프로디테나 디오니소스 모두가 원래 생식력을 상징하는 셈족 계통의 신이었다는 것을 떠올려보면 이들의 자식이 괴상하게 생기고 파렴치한 생식력의 신으로 숭배되었다는 것도 쉽게 이해된다.

아프로디테가 헤르메스와 사랑을 나눠 얻은 아들의 이름인 헤르마프로디토스는 언어학적으로 쉽게 설명할 수 있다. "헤르마프로디토스"라는 이름은 "헤르메스Hermes"의 어근 "herm-"과 "아프로디테Aphrodite"의 어근 "aphoddit-"의 합성어이다. 다른 설화에 의하면 아름다운 소년 헤르마프로디토스를 짝사랑한 요정 살마키스Salmakis가 그가 목욕하고 있는 호수에 뛰어들어 둘이 영원히 하나가 되게 해 달라고 신들에게 빌었다. 요정을 불쌍하게 여긴 신들이 그녀의 기도를 들어 주어 양성을 가진 신을 만들었다고 한다. 소아시아 서남부에 위치한 카리아 지방에서는 남녀가 한 몸인 신을 믿었다. 불가사의한 현상을 합리적으로 이해하려는 그리스인들은 이런 방법으로 남녀 양성을 가진 신의 유래를 설명했다.

아프로디테와 아도니스 : 생식력의 여신

아프로디테의 연애 대상은 남신들에 국한되지 않았다. 인간 중에도 아름답고 매력적인 젊은이는 여신의 눈길을 벗어날 수 없었다. 키프로스의 왕 키니라스Kinyras의 딸 "스미르나Smyrna"는 아프로디테의 노여움을 사서 아버지에게 정욕을 품게 되었다. 아버지에게 술을 취하게 한 뒤 동침에 성공한 스미르나는 임신을 하게 되었다. 나중에야 이 일을 알게 된 왕은 딸을 죽이려 하였다. 스미르나가 신들에게 구해 달라고 기도하자 스미르나는 향나무로 변했다. 화가 풀리지 않은 아버지는 나무를 두 동강 내 버렸다. 그러자 그 속에서 아도니스가 튀어나왔다. 아프로디테는 이 아기를 남의 눈에 띄지 않는 명계로 데려가서 페르세포네에게 맡겼다. 청년이 된 아도니스의 모습은 너무도 아름다웠다. 페르세포네는 이 미소년을 탐내 아프로디테에게 되돌려 주려 하지 않았다. 인간을 두고 두 여신이 연적이 된 것이다. 아프로디테는 제우스에게 중재를 부탁했다. 결국 1년의 3분의 1은 지하 세계에서 페르세포네와 함께 보내고, 또 다른 3분의 1은 아프로디테와, 나머지 3분의 1은 아도니스의 자유의사에 맡기기로 결정했다. 아도니스는 자신의 몫도 아프로디테와 함께 지냈다. 어두운 지하 세계에서 페르세포네와 지내기보다는 밝은 지상에서 아름답고 관능적인 아프로디테와 보내는 것이 훨씬 즐거웠기 때문이다. 아프로디테 역시 아도니스에게 푹 빠져 있었다. 산과 숲에서 사냥하는 아도니스를 따라다니기 위해 올림포스까지 등지고 마법의 띠를 이용하여 아도니스의 정욕을 계속 부추겼다. 하지만 이런 행복한 시간은 오래 지속될 수 없었다. 어느 날 사냥을 하던 아도니스는 멧돼지에게 받혀 죽어 페르세포네의 명계로 내려가고 말았다. 아도니스에게 연인 아프로디테를 빼앗긴 아레스가 일으킨 사고였는데, 그 배후에는 질투에 찬 페르세포네가 있었다. 아도니스가 흘린 피에서 붉은 아네모네 꽃이 피어났다. 아프로디테와 그녀의 무리들은 형언할 수 없는 슬픔에 잠겨 애통하며 울었다. 아프로디테는 아도니스를 지상으로 되돌려 보내 자신과 함께 지내게 해 달라고 페르세포네에게 간절하게 빌었다. 두 연인의 애절한 사랑을 측은히 여긴 페르세포네는 이를 허락하여 아도니스는 다시 1년 가운데 3분의 2는 지상에서 아프로디테와 지낼 수 있게 되었다. 아도니스가 죽음에서 부활한 것이다.

올림포스 신들은 불행한 운명 때문에 제 명을 다하지 못하고 죽는 젊은이들을 나무나 꽃으로 변신시켰다. 아폴론에게 쫓기던 다프네Daphne는 월계수로 변했고 아폴론의 원반에 맞아 죽은 키파리소스Kyparissos와 히아킨토스Hyakinthos는 물푸레나무와 히아신스 꽃이

아테네의 고대 아고라 아틸로스 회랑에 있는 아프로디테 여신
자연의 풍요와 생식력을 주관했던 시절의 위엄과 권위가 느껴진다.

되었다. 물에 비친 자신의 모습에 반해 물가에서 죽어 간 나르키소스 Narkissos는 수선화가 되어 물가에 피어났다. 스미르나 역시 나무로 변했다. "스미르나"는 그리스어로 몰약나무를 가리킨다. 이 나무의 수액으로 몰약을 만든다. 몰약은 방향제나 방부제로 쓰인다. 살충제나 냉장고가 없던 시절에 몰약은 매우 유용하고 귀한 물건이었다. 아기 예수가 태어났을 때 동방박사 세 사람이 바친 선물은 황금과 유향, 그리고 이 몰약이었다.

아도니스 설화에서 우리는 우주 전체를 지배하는 무서운 힘을 가진 생식력의 여신 아프로디테의 모습을 엿볼 수 있다. 아도니스 설화의 중심은 죽음과 부활이다. 아도니스는 셈어로 "주님"이란 뜻이다. 봄이면 말라 죽어 버린 것처럼 보이는 나무에서 기적처럼 돋아나는 새싹의 정령인 그는 식물의 끈질긴 회생력을 상징하는 신으로, 한때 아프로디테와 함께 우주 전체를 지배하는 무서운 신이었다. 그는 죽임을 당한 어머니의 변신인 몰약나무에서 태어나 역시 식물의 정령인 페르세포네의 손에 길러진다. 또 페르세포네와 마찬가지로 1년의 3분의 1은 지하에서, 나머지 3분의 2는 지상에서 지낸다. 이런 주기는 기본적으로 세 계절만 나타나는 지중해성 기후의 특성을 잘 나타낸다.

페르세포네는 밀의 파종기인 시월에 지상에 와서 밀이 자라는 겨울과 봄을 어머니 데메테르와 함께 지내다가 추수기인 유월에 다시 지하로 떠난다. 반대로 봄에 돋아나는 새싹의 정

아프로디테와 에로스
(아테네 국립 고고학 박물관 소장)

령인 아도니스는 꽃이 피어나는 사월에 지상으로 와서 한 여름을 지내다가 비 내리고 축축한 가을이 오면 다시 지하로 내려간다. 아프로디테와 함께 아도니스는 죽어 버린 듯한 어둡고 차가운 땅속에서 끈질긴 생명력으로 새싹을 틔우고 꽃을 피우는 봄의 정령이다.

사월을 나타내는 라틴어 "Aprilis"는 그리스어의 "Aphrodite"에서 유래된 낱말로 "아프로디테의 달"이란 뜻이다. 엘리엇T. S. Eliot은 시 〈황무지〉를 "April is the cruelest month 사월은 가장 잔인한 달"로 시작한다. 생활에 찌들어 더 바람직한 삶에 대한 모든 희망을 저버린 채 날마다 좀비처럼 살아가는 현대인들에게 생명이 되살아나는 사월April은 자신의 비참함을 더욱 분명하게 느끼게 하기에 잔인하다.

고대 시리아의 비블로스Biblos 지방에서는 해마다 사월이면 "아도니스 축제"가 열렸다. 이 지방의 여인들은 봄이 오면 아네모네 꽃씨를 화분에 심고 따뜻한 물을 주어 정성 들여 꽃을 피운다. 아름다운 봄꽃이 이내 시들면 아프로디테의 사랑을 받던 젊은이의 죽음을 애도하여 소리 내어 울며 꽃상여를 만들어 성대하게 장례를 지낸다. 이런 축제를 통하여 시리아인들은 겨울이 되어 죽었던 자연이 봄을 맞아 소생하는 기쁨을 맛보았다.

이교도의 봄 축제는 그리스도교에 부활절로 흡수되어 오늘에 이른다. 지금도 그리스 정교회에서는 부활절을 크리스마스보다 더 큰 축제로 기념한다. 부활절이 되면 모든 교인이 그리스도의 죽음을 애도한다. 성 금요일이 되면 젊은이들은 들에 나가 아름다운 꽃을 듬뿍 꺾어 그리스도의 관을 장식한다. 저녁이 되면 슬픔에 젖어 꽃상여를 메고 온 마을을 한 바퀴 돌며 장례식을 올린다. 성 토요일에는 종일 굶으며 그리스도의 죽음을 애도한다. 15분마다 울리는 교회의 제종 소리는 듣는 이로 하여금 진정으로 슬픔을 느끼게 한다. 교회마다 종치는 시간이 조금씩 달라 종소리가 하루 종일 끊임없이 들려온다. 밤 12시를 기해 그리스도가 부활하면 온 세상은 기쁨으로 가득하다. 고대 이교도들의 봄 축제는 그리스 정교회의 부활절에 그대로 살아 있다. 민간신앙의 끈질김을 느낄 수 있다.

아프로디테의 저주와 축복 : 제우스와의 대립

우주를 주관하고 자연의 생식력을 나타내는 아프로디테의 무서운 힘은 여신의 저주와 축복 속에 더 분명한 모습을 드러낸다. 아프로디테는 자신을 무시하거나 모욕한 인간을 내버려두지 않았다.

렘노스Lemnos 섬의 여자들이 아프로디테 여신에게 제사를 드리지 않자 여신은 그 여자들의 몸에서 지독한 악취가 나게 했다. 이 때문에 남편들은 모두 트라케Thrake 출신 여종들과만 잠자리를 가졌다. 이에 화가 난 렘노스의 여인들은 남자를 모두 죽여 버리고 여인 천하를 만들었다. 그러나 남자가 없는 섬의 인구는 줄기만 했다. 아프로디테의 남편 헤파이스토스의 영역인 이 섬에 사람의 씨가 말라 버릴 위기상황이었다. 남편을 위해 아프로디테는 때마침 이곳을 지나던 이아손Iason을 비롯한 아르고나우타이를 섬으로 불러들여 종족을 번식하게 해 주었다.

키프로스의 왕 키니라스의 딸들은 여신을 무시한 벌로 이방인 남자만 보면 색정을 억누를 수 없어 계속 몸을 팔다가 끝내 타향 만리 이집트에서 생애를 마친다. 또 다른 딸인 스미르나는 아버지에 대한 욕정을 이기지 못해 근친상간의 대죄를 저지르고 아버지의 손에 죽게 된다. 이 근친상간에서 아도니스가 태어난다.

스파르타의 왕 틴다레우스가 아프로디테에게 제사 지낼 것을 거부하자, 여신은 그의 딸 헬레네와 클리타임네스트라로 하여금 남편을 배신하고 정부와 놀아나게 하였다.

음악의 여신 무사이 가운데 하나인 클레이오가 아프로디테와 아도니스의 사랑을 조롱하자, 아프로디테는 클레이오의 아들 히아킨토스Hyakinthos를 타미레스Thamyres와 아폴론의 남색 대상으로 만들어 모욕을 주었다.

아프로디테는 아르테미스만을 진정한 여신으로 받들고 여인들과의 사랑은 거들떠보지도 않은 채 사냥에만 열중하는 오만한 히폴리토스Hippolitos를 벌하기 위해 그의 새어머니 페드라Phaidra에게 히폴리토스에 대한 색정을 품게 한다. 히폴리토스는 보답 받을 길 없는 짝사랑에 절망한 페드라의 모함에 빠져 아버지 테세우스Theseus의 저주를 받아 죽게 된다.

아프로디테가 자신의 아들 아이네이아스Aineias를 구하기 위해 트로이아 전쟁터에 뛰어들었을 때, 여신에게 상처를 입힌 아르고스의 왕 디오메데스Diomedes도 저주를 벗어나지 못했다. 아프로디테의 사주를 받은 디오메데스의 처 아이기알레이아Aigialeia는 남편이 전쟁에 나가 목숨을 걸고 싸우는 동안 정부 코메테스Kometes를 왕으로 앉혔다. 전쟁에서 돌아온 디오메데스는 새로운 왕과 아내의 위협에 못 이겨 이탈리아로 도주할 수밖에 없었다.

아프로디테의 힘은 남을 돕는 데에도 위력적이다. 우선 여신은 자신의 생명력을 발휘하여 판도라에게 생명을 불어넣고 여성다운 아름다움과 매력을 풍기게 하였다.

키프로스의 조각가 피그말리온Pygmalion은 자신이 나무로 만든 여인상을 사랑하게 되었다. 그는 아프로디테에게 이 조각에 생명을 주어 여인이 되게 해 달라고 간절히 빌었다. 지성이 지극한지라 여신은 소원을 들어 주었다.

바다의 요정 아르기라Argyra는 파트라Patra 지방에 사는 미소년 셀렘노스Selemnos와 딱 한 번 불 같은 사랑을 나누고는 그를 버렸다. 그러나 셀렘노스는 그녀를 잊을 수 없었다. 사랑하는 여인에게 버림 받은 셀렘노스는 비실비실 앓다가 죽고 말았다. 이를 불쌍히 여긴 아프로디테는 그를 사랑하는 여인이 사는 바다를 향해 한없이 흘러 들어가는 강으로 변신시켜 주었다. 그래도 셀렘노스의 슬픔은 커져만 갔다. 보다 못한 아프로디테는 그에게 "망각"을 심어 주었다. 그때서야 셀렘노스의 영혼은 안정을 되찾았다. 그 뒤 사랑에 실패한 남녀가 이 강에 와서 몸을 씻으면 실연의 아픔을 잊을 수 있게 되었다.

레스보스Lesbos 섬의 뱃사공 파온Phaon은 여행객으로 가장하고 온 아프로디테를 정성을 다하여 친절히 모셨다. 여신은 그 보답으로 그를 다시 아름다운 젊은이로 만들어 주었다. 그 뒤로 파온은 모든 여인들의 사랑을 받았다.

아르카디아Arcadia 왕국의 공주이자 영웅인 아탈란타는 달리기에서 무적이었다. 그녀는 평생 처녀로 살겠다고 고집했다. 그녀와 결혼하고 싶은 자는 달리기 경주를 해야 했다. 경주에서 이기면 결혼해 주지만 지는 경우에는 목숨을 잃게 된다. 영웅 멜라니온이 아탈란타와 결혼하기 위해 달리기 경주를 했다. 실력으로는 이길 수 없다는 것을 잘 알고 있었던 그는 아프로디테에게 도움을 요청했다. 여신은 제아무리 강철 같은 마음을 가지고 있어도 갖고 싶은 유혹을 느끼게 하는 아름다운 황금 사과 셋을 멜라니온에게 주었다. 아탈란타가 앞서려는 순간마다 멜라니온은 사과를 떨어뜨려 경주에서 이겼다. 그러나 결혼한 뒤 그만 아프로디테에게 감사의 희생을 바치는 것을 잊었다. 어느날 한 신전 앞을 지나다가 둘은 갑자기 욕정을 느껴 신전 안에서 관계를 했다. 아프로디테의 농간이었다. 이런 불경을 저지른 죄로 그들은 신들의 저주를 받아 사자로 변했다.

파리스에게 아름다운 헬레네를 넘겨준 것도 아프로디테였다. 메데이아Medeia로 하여금 이국에서 온 낯선 남자 이아손에게 마음을 빼앗겨 아버지와 조국을 배반하게 한 것도, 아리아드네Ariadne로 하여금 테세우스에게 반하게 한 것도 다 아프로디테의 장난이었다.

아리아드네가 낙소스Naxos 섬에서 테세우스에게 버림을 받고 절망에 빠져 있을 때, 디오니소스 신이 그녀와 결혼하기 위해 찾아올 것이니 걱정하지 말라고 위로해 준 것도 아프로디테였다.

이들 설화에서 가장 인상적인 것은 아프로디테가 보여 주는 다양하고 전지전능한 능력이다. 아프로디테는 흙으로 빚어 만든 판도라에게 생명과 여성의 매력을 부여하고, 피그말리온이 나뭇조각으로 만든 목조 여인상에게도 생명을 불어넣었다. 이루지 못할 사랑에 실망하여 죽은 셀렘노스를 강으로 만들었고 나중에는 "망각"까지 부여했다. 멜라니온과 아탈란타를 사자로 만들었는가 하면, 파온에게는 젊음을 되돌려 주었고, 렘노스 섬의 여인들을 저주했다가 다시 풀어 주었다. 여인들에게 정욕을 불어넣어 타락시키기도 하고, 미소년을 남색의 대상으로 만들기도 한다. 한마디로 그녀는 인간의 운명을 마음대로 할 수 있는 권능을 가지고 있다. 심지어 아들 아이네이아스를 구하기 위해 전쟁터에 뛰어들어 싸우기까지 한다. 이런 권능은 우주를 관장하는 조물주에게나 어울리는 것이다. 올림포스 신앙에서는 제우스나 할 수 있는 갖가지 일을 제우스의 견제나 시기를 조금도 받지 않고 스스럼없이 해치우고 있다. 올림포스 신앙이 도래하기 전에

파리스와 세 여신

파리스가 리라를 들고 바위 위에 앉아 있고, 그 앞에 아프로디테와 아테나, 헤라 여신이 아름다움을 겨루며 그의 판정을 받기 위해 서 있다.
(기원전 480-460년, 런던 영국박물관 소장)

피토와 아프로디테

설득의 여신 피토가 목에 칼을 쓰고 있고, 울고 있는 에로스 한 명을 아프로디테 앞으로 데리고 와서 화해를 시도하고 있다. 이 에로스는 무언가 큰 잘못을 저질러 벌을 받고 있는 모양이다. 아프로디테 어깨 위에는 또 다른 에로스가 자기 형제의 편을 들며 어머니에게 속삭이고 있다.
(기원후 20-30년, 나폴리 Museo Nationale Archelogico 소장)

우주 전체를 지배하면서 만물을 생성하기도 하고 파멸시키기도 하는 어머니 여신 그대로의 모습이다. 제우스는 이런 아프로디테를 묵묵히 바라볼 뿐이다.

아프로디테는 또한 여자들에게 정욕을 일으켜 뭇 남성에게 몸을 맡기게 한다. 렘노스 섬의 여인들이 아르고나우타이의 영웅들에게 몸을 맡겼고 키프로스의 왕 키니라스의 딸들은 외국인에게 몸을 팔았다. 스파르타의 왕 틴다레우스의 딸 헬레네와 클리타임네스트라와 디오메데스의 아내 아이기알레이아는 남편을 배신하고 정부를 끌어들였다. 페드라는 의붓자식에게 색욕을 느꼈다. 코린토스와 키프로스를 비롯한 아프로디테 신앙의 중심지에서는 신성 매춘이 공공연히 이루어졌다. 아프로디테 자신도 신과 인간을 가리지 않고 제우스에 못지않은 애정 행각을 벌였다.

아프로디테 신앙에서 여자들은 주도권을 쥐고 스스럼없이 파렴치한 애정 행각을 벌인다. 다분히 모권 중심적 사회의 가치관이 남아 있다. 일부일처제를 바탕으로 하는 가부장적 사회에 대한 정면 도전이요 커다란 위협이 되는 행위이다. 가부장적 가치관을 갖고 있는 올림포스 신앙과 정면으로 대치되는 것이다. 또 히아킨토스를 남색의 대상으로 만들어 그의 어머니 클레이오에게 모욕감을 주는 행동은 제우스를 비롯한 올림포스의 남신들이 즐겼던 동성애를 정면으로 비난하는 행위이다. 제우스가 파렴치하게도 자신의 누이와 조카딸들과 관계를 맺은 근친상간에 대해서도, 아프로디테는 아버지와 동침한 스미르나를 처벌함으로써 반대 의사를 분명히 했다.

그녀는 애정관계에 있어서는 자유분방했지만, 호색적인 사랑보다는 진실한 사랑으로 맺어지는 남녀관계를 분명히 선호했다. 가부장적 사회에서 흔히 일어나는 정략적인 결혼을 비웃기라도 하듯 사랑 없는 정략결혼에 희생된 많은 여인들을 부추겨서 애인을 만들게 했다. 뿐만 아니라 순결을 지키기 위해 금욕하려는 자가 있으면 남녀를 불문하고 벌을 주었다. 아르테미스를 숭배하여 순결을 맹세한 히폴리토스와 아탈란타 모두 아프로디테의 희생물이 되고 말았다. 이는 헤스티아와 아테나, 아르테미스의 순결과 금욕을 공공연하게 비웃는 행위였다. 아프로디테가 이상적으로 본 유일한 사랑의 형태는 애정을 바탕으로 한 자연스러운 남녀 사이의 사랑이었다.

제우스는 이상하게도 이렇게 사사건건 자신의 가치관에 정면으로 도전하고 그의 뜻에 어긋나는 행동을 하는 아프로디테를 묵인한다. 뿐만 아니라 아름다운 여성이면 여신이든 인간이든 가리지 않고 파렴치하게 덤벼드는 제우스가 가장 아름답고 자유분방한 아프로디테에게만큼은 예외적으로 흔한 수작 한 번 걸지 않는다. 다만 아프로디테의 기득권을 인정하고 수수방관할 뿐이다.

아프로디테와 관계된 설화는 양에 있어서도 제우스에 못지않다. 한 신앙이 세력을 얻어 퍼져 나갈 때는 지방의 많은 신들을 흡수하게 마련이다. 아프로디테 신앙은 올림포스 신앙이 그리스로 들어오기 훨씬 이전부터 다른 군소 신앙을 정복하며 동부 지중해 일대에서 번성하고 있었다. 아프로디테와 관련된 설화가 많은 것은 위대한 생식력의 여신 아프로디테가 많은 지방 신들을 흡수했음을 암시한다. 제우스에 못지않은 난잡한 여신의 연애 행각도 이때 얻어진 특성이다. 나중에 올림포스 신앙이 도래하면서 제우스가 그러했듯이 아프로디테도 각 지방의 신들과 다양한 애정 관계를 맺었다. 올림포스 신앙이 들어오기 훨씬 전에 이미 아프로디테와 결부되어 있는 이 설화들에 대해 새로운 정복자 제우스는 시비를 걸 수 없었다.

뒤늦게 그리스에 도착한 제우스는 이미 뿌리 깊게 퍼져 있는 아프로디테 신앙과 마주치게 되었다. 영악한 전략가인 제우스는 섣불리 전통 깊은 아프로디테와 맞선다는 것은 이롭지 못하다는 것을 직감적으로 눈치 챘다. 아프로디테와 전략적인 제휴가 필요했다. 올림포스 신들은 물론 제우스 자신보다도 훨씬 이전으로 거슬러 올라가는 아프로디테의 탄생 설화도 손대지 않은 채 내버려 두었다. 아프로디테가 바다에 떨어진 우라노스의 피에서 태어났다는 이 설화는 그녀가 크로노스계가 아니라고 분명히 주장하고 있는데도 제우스는 너그러이 용인했던 것이다. 다만 은근히 아프로디테도 자신과 디오네 사이에서 태어난 딸이라는 소문을 유포하여 때가 오기를 기다렸다. 가부장 제도에 정면으로 대치되는 아프로디테 신앙의 여러 가지 특성도 그대로 묵인했다. 성급하게 아프로디테와 애정 관계를 맺어 문제를 복잡하게 만들지도 않았다. 그러나 미와 사랑의 여신이라는 아프로디테의 신격을 강조함으로써, 그녀가 이전에 가지고 있던 조물주로서의 신격은 기억에서 사라지도록 용의주도하게 움직였다. 인류 역사상 최고의 전략가인 제우스는 이처럼 다양한 책략을 시기 적절하게 활용했다. 적의 힘이 강할 때는 무리하게 공격해선 안 된다. 때가 오기를 기다려 결정적인 순간에 치명타를 날려야만 한다. 서두를 필요는 없다. 어차피 시간은 제우스 편이다.

어느 날 이다 산에서 양을 치는 미소년 안키세스Anchises를 발견했을 때 제우스는 자신이 그렇게 기다리던 순간이 왔음을 깨닫고 회심의 미소를 지었다. 제우스의 반격이 시작되었다.

아프로디테와 안키세스 : 제우스의 반격

아프로디테의 농간에 빠져 제우스는 수많은 요정과 인간

여자를 쫓아다니느라 체면이 말이 아니었다. 아프로디테의 장난은 점점 더 심해져 도를 넘게 되었다. 제우스는 복수를 결심했다. 트로이아의 이다 산 근처에서 아름다운 청년 안키세스가 양을 돌보고 있는 것을 본 제우스는, 아프로디테가 이 인간 남성에게 반하도록 만들었다.

하늘 높은 곳에서 안키세스를 본 아프로디테는 그의 수려한 용모에 반해 화장을 고치고 노출이 심한 자극적인 옷을 골라 입었다. 온갖 사치스런 장신구로 단장을 마친 그녀는 관능미 넘치는 모습으로 안키세스 앞에 나타났다. 그녀가 풍기는 그윽한 향기와 아름다움에 안키세스는 숨도 못 쉴 만큼 압도되었다. 갑자기 누를 수 없는 정욕이 그의 몸을 감쌌다. 그러나 압도적인 미모로 미루어 볼 때 그는 그 여인이 인간이 아니라 여신일 것이라고 생각했다. 그래서 그녀가 어느 여신인지는 모르지만 그녀를 위해 신전을 짓고 제사를 올릴 테니 부디 트로이아인 중에서 가장 훌륭한 영광을 누리는 용사가 되게 해 주고 자식들이 잘되고 노후까지 행복한 삶을 살 수 있게 해 달라고 간청했다.

아프로디테는 자신의 출현에 주눅이 든 안키세스에게 자신은 프리기아Phrygia의 왕녀인데 꽃놀이를 하던 도중에 헤르메스에게 납치되어 이곳으로 오게 되었다고 거짓말을 했다. 헤르메스에게 납치되어 오는 중에 안키세스의 아내가 되리라는 말을 들었고 자신이 트로이아 말을 할 줄 아는 것은 어려서부터 트로이아 여인을 유모로 두었기 때문이라고 말하여 안키세스를 안심시켰다. 만약 그가 진심으로 자신을 아내로 맞이할 의향이 있다면 부모님께 전갈을 보내 허락을 받아 달라는 부탁도 잊지 않았다. 또 자신의 부모님이 걱정할 테니 전령을 보내 소식을 전하면 지참금과 혼수품을 보내 줄 것이라는 말도 덧붙였다. 이런 모든 준비 과정을 마친다면 자신은 기쁜 마음으로 안키세스에게 시집갈 마음의 준비가 되어 있다고 말했다.

아프로디테의 말은 안키세스의 정욕에 새로운 불을 댕겼다. 두려워해야 할 여신이 아니라고 하니 장래에 자신의 아내가 될 여인을 품지 못할 이유가 어디 있단 말인가? 이토록 아름다운 여인에게 욕망을 느끼지 않는 남자가 있을까? 안키세스는 복잡한 의례가 끝나기를 기다릴 것 없이 아프로디테를 침대로 끌어들였다. 침대에는 자신이 사냥에서 잡은 곰과 사자의 가죽이 깔려 있었다. 아프로디테는 부끄러운 듯 눈을 내리깔고 외면하며 안키세스가 그녀의 옷을 하나하나 벗기도록 내버려두었다. 자신이 연출한 연극에서 그녀는 수줍은 처녀 역할까지 훌륭하게 연기했다.

격렬한 사랑이 끝나자 아프로디테는 안키세스의 눈에 잠을 불어넣었다. 조용히 일어나 화장을 고치고 옷매무새를 바로잡았다. 여신다운 위엄도 다시 갖추었다. 그러고 나서 안키세스를 깨웠다. 천장에 닿을 듯한 여신의 키와 위엄에 찬 아프로디테를 보자 안키세스는 소스라치게 놀라 여신에게 애원했다. 자신은 처음부터 그녀가 여신임을 눈치 챘지만 그녀가 달콤한 거짓말로 자신을 속여 어쩔 수 없이 이렇게 된 것이니 부디 용서해 달라는 말부터, 여신과 사랑을 나누었으니 이제 자신은 남성의 능력을 잃게 되리란 것도 잘 알고 있다며 애원했다. 다만 바라건대 자신을 불쌍히 여겨 남들 앞에서 수치를 당하지 않게만 해 달라고 빌었다.

여신은 부드러운 목소리로 자신이 아프로디테임을 밝히고 자신과 사랑을 했다고 남성의 능력을 잃는 일은 결코 없을 것이며, 그를 불사의 몸으로 만들어 줄 수는 있으나 불로不老의 몸으로는 만들어 줄 수 없어 그렇게 하지 않노라고 일렀다. 대신 안키세스와 맺은 사랑의 결실로 열 달 후에 낳을 아이 아이네이아스의 후손이 트로이아를 다스리게 될 것이라고 했다. 또한 아이는 태어난 뒤 여신 자신이 요정들에게 맡겨 기르다가 다섯 살이 되는 해에 아버지에게 보내겠다는 말도 덧붙였다. 아이 엄마가 누구냐는 물음에는 어떤 프리기아 여인의 몸에서 얻었다고 대답하되, 여신과 잤다는 사실만은 발설하지 말 것이며 이를 지키지 않으면 제우스의 벼락에 맞아 죽게 되리라고 엄중히 타일렀다.

말을 마친 아프로디테는 씁쓸한 마음으로 안키세스의 오두막을 떠났다. 이제 여신 자신이 욕정을 못 이겨 인간 남자와 몸을 섞었으니 이런 일로 누구를 비웃거나 비난할 수 없게 된 자신을 자책할 뿐이었다.

안키세스의 설화에는 자연의 근원적인 생식력을 나타내는 아프로디테의 신격이 전혀 드러나지 않는다. 안키세스에 대한 색정을 주체하지 못하는 연약하고 음탕한 여인만이 느껴질 뿐이다. 자신의 육체적 욕망을 채우기 위해 아프로디테는 여신으로서의 자존심과 긍지를 다 버리고 인간 여자로 가장했고 수없이 거짓말을 한다. 여신으로서의 기품은 온데간데없다. 더 충격적인 일은 안키세스를 불사의 몸으로 만들어 줄 수는 있으나 불로의 몸으로는 만들어 줄 수는 없다고 고백하는 장면이다. 레스보스 섬의 파온에게 젊음과 매력을 되돌려 준 아프로디테가 이제는 자신의 연인이 늙는 것도 막아 줄 수 없게 되었다. 자연의 생식력을 주관하던 여신 아프로디테는 이제 안키세스가 성불구자로 전락하는 것만 막아 줄 수 있을 뿐이다. 자신이 낳을 아이 아이네이아스도 신으로 키우지 못하고 인간인 아버지에게 되돌려 줄 생각이다. 대단한 쇠락이다.

이제는 연애와 사랑을 주관하던 여신으로서의 위력도 약해졌다.

자연의 생식력을 주관하기는커녕 자신의 욕정조차 마음대로 조정하지 못한다. 아도니스를 사이에 두고 페르세포네와 벌였던 사랑의 쟁탈전에서 보여 주던 자신감과 집념도 사라졌다. 멜라니온에게 생식력의 상징인 황금 사과를 주어 아탈란타의 사랑을 손쉽게 얻게 해 준 그녀가 안키세스의 사랑을 얻기 위해 거짓말을 해야 했다. 뭇 남성을 욕정에 빠져들게 하던 마법의 띠도 힘을 잃었다. 겨우 잠을 깬 안키세스 앞에서 위엄을 차리며 자신과의 관계를 발설하지 말 것과 그들 사이에서 태어날 아들의 미래에 대해 이야기해 주는 정도로 체면치레를 할 뿐이다. 더 이상 아프로디테는 제우스를 위협하는 존재가 아니다. 제우스의 완벽한 승리다. 그러나 이 승리는 제우스에게 이득이 되지 못했다. 그 자신도 이 시기에 와서 힘을 잃어 가고 있었기 때문이다.

  금기는 위반하기 위해 존재한다. 누군가에 의해 만들어진 금기는 누군가에 의해 깨어지게 마련이다. 안키세스는 아프로디테와 나눈 애정 행위를 발설하지 말라는 금기를 지키지 않았다. 친구들과 어울려 술을 마시던 안키세스는 술김에 여신과의 사랑을 자랑했다. 당장 제우스의 벼락이 떨어져 그는 그 자리에서 죽고 말았다. 그러나 일설에는 옛 애인을 측은히 여긴 아프로디테가 마법의 띠로 벼락을 막아 주어 목숨은 건졌으나 반신불수가 되고 시력도 잃어 장님이 되었다고 한다.

  민간 어원설에 따르면, 아이네이아스는 "끔찍한"의 의미를 갖는 형용사 "ainon"과 "걱정, 근심"의 뜻인 명사 "achos"의 합성어이다. 안키세스를 보고 욕정을 느낀 아프로디테가 경험했던 "끔찍한 고뇌"를 뜻하는 이름인 셈이다.

  아이네이아스가 다섯 살이 되는 해에 아버지에게 되돌려 주겠다는 아프로디테의 약속 뒤에는 고대 페르시아의 풍습이 감춰져 있다.

고대 페르시아에서는 모든 아이를 첫 5년간은 외가에서 기르다가 다섯 살이 되어서야 비로소 아버지에게 되돌려 주었다.

아이네이아스는 성장하여 트로이아 편에 서서 전쟁에 참가한다. 아프로디테는 사랑의 여신임에도 불구하고 위험에 빠진 아이네이아스를 구출하기 위해 자신에게는 어울리지도 않는 전쟁터에 뛰어들었다가 아르고스의 영웅 디오메데스에게 상처를 입고 망신당한다.

트로이아가 멸망한 뒤 아이네이아스는 어머니 아프로디테의 인도를 받아 페니키아인이 세운 식민 도시 카르타고를 거쳐 이탈리아로 가서 로마를 건설하게 된다. 따라서 로마의 수호신은 비너스Venus, 즉 아프로디테이다. 소아시아에서 시작해 이탈리아 로마까지 이르는 이 긴 여정은 먼 옛날에 아프로디테 신앙이 전파된 과정을 암시하고 있다. 이 민족 이동 설화는 로마의 위대한 시인 베르길리우스Vergilius에 의해 서사시 〈아이네이아스〉에 상세히 묘사되었다.

쾌락의 여신, 음탕한 아프로디테(Aphrodite Porne)

안키세스 설화에 나타나는 아프로디테의 연약한 모습은 쇠락의 끝이 아니었다. 그것은 기나긴 쇠락의 시작에 불과했다. 기원전 5세기 말에 아테네와 스파르타 간의 패권 다툼으로 벌어진 펠로폰네소스 전쟁은 올림포스 신앙의 중심지인 그리스 세계 전체를 쇠락의 내리막길로 몰아넣었다. 사회 혼란이 깊어감에 따라 또 인지의 발달에 반비례하여 인간의 믿음은 약해져 갔다. 제우스도 아프로디테도 힘을 잃어 갔다. 세속의 삶을 비관한 한 무리의 지식인들은 육체적 쾌락만이 인생에서 유일한 즐거움이고 따라서 쾌락을 주관하는 아프로디테만이 숭배할 가치가 있는 신이라고 주장했다. 이제 아프로디테는

아프로디테와 판 신, 그리고 에로스의 앞모습(좌)과 뒷모습
(기원후 100년쯤, 아테네 국립 고고학 박물관 소장)

사랑의 여신이 아니라 쾌락의 여신으로 또 한 번 전락했다.

다른 한편으로 윤리학자들은 아프로디테가 인간의 정욕을 일으켜 방탕과 타락을 부추기는 사악한 신이라고 비난했다. 혼외정사를 예사로 생각하고 매춘을 권장하고 인간의 춘정을 자극하는 천하고 음탕한 여신이며, 가부장적 사회의 기저를 뒤흔드는 천박한 여신이라고 몰아세웠다. 자연의 생식력을 주관하던 위대한 여신이 남녀 사이의 사랑을 관장하는 여신으로 강등되는 수난을 거쳐 이제는 쾌락과 매음을 권장하는 음탕한 성욕의 여신으로 매도되기에 이르렀다.

이 시대에 이르면 아프로디테는 더 이상 숭배의 대상이 아니다. 몸을 팔아 생계를 꾸려 나가는 매춘부들의 수호신 역할이나 육체적 쾌락만을 즐기려는 천박한 젊은이들이 자신의 음탕한 색욕을 채우게 해 달라고 비는 대상으로 그 존재를 인정받을 뿐이었다. 여신의 고유 권한이었던 남녀 사이의 사랑을 주관하는 일도 이제는 그녀의 아들인 에로스의 관할로 넘어간 지 오래였다. 아프로디테에게 남은 직분은 창녀를 돌보는 일과 온갖 기기묘묘한 변태적 욕구까지를 포함한 성욕을 충족시켜 주어 육체적 쾌락을 얻을 수 있도록 주관하는 일 뿐이었다. 아프로디테 자신이 이런 일을 받아들이느냐 아니냐 하는 것은 문제가 되지 않았다. 그렇게 낙인 찍은 사람들은 정작 아프로디테 본인의 생각에는 티끌만큼의 관심도 없었다.

위대한 윤리의 신을 모시는 그리스도교의 시대가 되자 아프로디테가 설 자리는 더욱 좁아졌다. 그리스도교도들은 방탕의 여신 아프로디테를 그들 사회에서 영원히 추방하고 싶어 했다. 그리스도교인들의 눈으로 보면 제우스나 아폴론은 같은 이교도 신이라 해도 여러 가지 미덕을 가지고 있었지만 아프로디테에게서는 눈곱만한 미덕도 찾아볼 수 없었다. 그녀에게는 간음과 음탕함만 남아 있었다. 돈으로 여체를 사는 매음의 근본도 따지고 보면 아프로디테의 신전에서 시작된 신성 매춘에 뿌리를 두고 있었다. 그리스도교인들은 이제 그녀를 "아프로디테 포르네Porne", 즉 "음탕한 아프로디테"라고 부르기를 주저하지 않았다. 그녀의 이름은 성과 관련된 온갖 부정적인 개념을 표현하는 데 쓰이게 되었다. 영어로 "aphrodisia"는 "성욕과다증"을 이르는 말이고 형용사 "aphrodisiac"은 "최음의, 성욕의"라는 뜻을 갖고 있다. 때로 성병을 표현하는 데에도 이 낱말을 쓴다. 아프로디테는 쾌락의 여신에서 성욕의 여신으로 또 한 번 비하되었다. 그녀의 별명 "포르네"에선 "음란, 외설"을 뜻하는 어근 "porno-"가 파생되었다. 이에 비하면 그녀의 아들 에로스는 오히려 사정이 나은 편이다. "선정주의"로 번역되는 "에로티시즘"이란 예술이 추구해야 할 하나의 개념을 나타내는 낱말로 아프로디테의 이름과 관련된 낱말들보다는 훨씬 고상한 의미를 가지고 있다. 따라서 "에로틱"이란 형용사도 부정적인 의미보다는 긍정적인 뜻으로 더 많이 쓰인다.

이렇게 밑바닥까지 전락하기는 했지만 아프로디테는 다른 올림포스 신들처럼 죽거나 잊혀지지는 않았다. 제우스나 다른 신들의 기능은 윤리신들에 의해 대치되었지만, 관능과 관련된 아프로디테의 기능을 대신할 어떤 대안도 윤리신들은 제공할 수 없었다. 윤리신들이 할 수 있는 일이란 기껏해야 자신들이 가지고 있지 않기에 제공할 수 없는 것을 제공하는 아프로디테를 모욕하고 비하하고 무시하는 것뿐이었다. 윤리신들이 아무리 아프로디테를 경멸하고 몰아붙여도 그녀를 다른 이교도 신들처럼 죽이거나 기억에서 완전히 사라지게 할 수는 없었다. 영원히 추방할 수도 없었다. 인간의 본능에 깊이 뿌리박은 관능의 세계는 윤리신도 어쩔 수 없는 아프로디테만의 것이었다.

에로스와 프시케(Psyche) : 미의 여신 아프로디테의 최후

옛날 어느 왕국에 딸이 셋 있었다. 모두가 아리따웠지만 그중에서도 셋째 딸 프시케가 가장 예뻤다. 그러나 사람들은 완벽한 아름다움을 추앙하면서도 가까이하지는 못하는 법이다. 언니들은 좋은 배우자를 찾아 시집갔건만 정작 프시케에게 구혼할 용기를 가진 젊은이는 없었다. 너무 아리따워 감당할 자신이 없었기 때문이다.

프시케의 아름다움은 온 세상에 알려졌다. 사람들은 그녀가 지나가는 것을 보려고 궁전 앞에서 기다렸다. 그녀의 아름다움 때문에 미의 여신 아프로디테의 존재는 사람들 기억에서 희미하게 지워져 갔다. 당연히 아프로디테의 신전에도 경배하는 사람의 숫자가 눈에 띄게 줄어들었다.

아프로디테는 그 원인이 프시케 때문인 것을 알고 아들 에로스를 시켜 가장 추한 남자를 사랑하도록 만들어 프시케를 벌하려 했다. 그러나 프시케를 보는 순간 그녀의 아름다움에 오히려 에로스 자신이 사랑의 화살을 맞고 말았다. 에로스는 프시케의 아버지에게 명령하여 그녀를 자신만이 아는 곳에 데려다 놓게 하였다. 그리고 그녀를 자신의 궁전에 숨겨 놓고 밤마다 찾아가 사랑을 나누었다. 낮에는 헬리오스의 눈에 띄어 어머니 아프로디테에게 들키게 될까 봐 두려웠기 때문이다.

둘만의 행복한 날들이 흘러갔다. 그러나 외로워하는 프시케를 위로하기 위해 궁전으로 초대한 언니들은 시기심이 생겨 밤에만 찾아오는 남편은 틀림없이 괴물일 것이라는 의심을 그녀의 마음에 심어 주었다. 언니들의 말에 넘어간 프시케는 등잔과 칼을 준비하여 잠든 남편의 모습을 몰래 본다. 그녀가 침대에서 발견한 것은 너무도 잘생

입을 맞추고 있는 아프로디테와 에로스
(기원후 2세기 로마 Museo Capitolio 소장)

긴 남자였다. 프시케는 에로스를 넋을 잃고 바라보느라고 등잔이 기울어지는 것도 눈치 채지 못했다. 기름 한 방울이 에로스의 어깨 위에 떨어졌다. 놀라 잠이 깬 에로스는 프시케의 믿음 없음을 책망하고는 "믿음이 없는 곳에 에로스는 머물 수 없다."라는 말을 남기고 어디론가 훌쩍 사라졌다.

프시케는 후회했지만 때는 이미 늦었다. 에로스를 찾기 위해 프시케는 방방곡곡을 뒤졌지만 그녀의 힘만으로는 찾을 수 없었다. 아프로디테만이 에로스가 있는 곳을 정확히 알고 있으리라 생각한 프시케는 여신을 찾아갔다.

프시케를 미워하는 아프로디테는 그녀에게 시련을 부과한다. 첫 번째 임무는 여러 곡식의 낟알들을 섞어 놓은 더미를 하루 해 동안 종류별로 분류해 놓는 것이었다. 어찌할 바를 모르고 멍청하게 앉아 있는데 개미떼가 나타나서 그녀를 도와주었다.

둘째 임무는 황금으로 된 털을 가진 사나운 양의 털을 깎아 오는 일이었다. 연약한 여자에게는 분명 벅찬 일이었다. 프시케는 절망하여 강가에 앉아 차라리 죽어 버리면 이 고통이 끝나리라 생각하고 강물에 뛰어들기로 결심했다. 이때 그녀를 측은하게 생각한 바람이 양이 물을 먹는 장소를 가르쳐 주고는 저녁에 그곳에 가면 가시나무 가지에 많은 황금털이 걸려 있으니 이를 모아 가면 된다고 일러 주었다.

셋째 시련은 천 길 만 길 계곡으로 떨어지는 폭포로부터 물을 길어 오라는 것이었다. 날개 달린 새라면 모를까 불가능한 일이다. 프시케는 넋을 잃고 눈물을 흘리며 폭포만 바라보았다. 때마침 독수리 한 마리가 날아와 부리로 물 항아리를 채어 가더니 폭포에서 물을 떠다 주었다.

넷째 모험은 명계에 내려가서 페르세포네로부터 "아름다움"을 얻어 오라는 명령이었다. 점입가경이었다. 가냘픈 프시케가 어찌 죽은 망령들의 세계에 다녀올 수 있단 말인가? 설령 그곳에 갈 수 있다 한들, 살아서 돌아오기를 기대할 수 없었다. 그러나 프시케는 용기를 내어 지하 세계로 가기로 마음먹었다. 그러나 지하 세계로 내려가는 길을 어디서 찾는단 말인가? 우연히 탑 하나가 서 있는 호젓한 길을 지나는데 뜻밖에도 그 탑이 프시케에게 지하로 통하는 길을 가르쳐 주었다. 그리고 지하 세계에서 만나게 될 위험과 그에 대한 대처 방법을 일러 주었다. 탑의 가르침대로 온갖 위험을 이겨낸 후 천신만고 끝에 지하의 여왕 페르세포네를 만날 수 있었다. 다행히 페르세포네는 프시케에게 친절하게 대해 주며 선뜻 "아름다움"이 들어 있는 상자 하나를 내주었다. 하지만 절대로 도중에 열어 봐서는 안 된다는 말을 들었음에도 불구하고 "아름다움"을 직접 두 눈으로 보고 싶은 욕심에 프시케는 상자 뚜껑을 열었다. 그러자 달콤한 "잠"이 빠져나와 프시케를 잠들게 했다.

천상에서 일편단심으로 자기를 찾기 위해 온갖 고생을 감수하는 프시케의 모습을 빠짐없이 보고 있던 에로스는 그때서야 그녀 앞에 몸을 드러낸다. 에로스는 잠든 프시케에게 입맞춤을 했다. 잠에서 깨어난 프시케는 그렇게도 그리워하던 에로스를 발견하고 감격의 눈물을 흘린다. 에로스는 왜 상자를 열어 보았느냐고 프시케를 가볍게 나무란 후 그녀를 올림포스로 데려가 어머니 아프로디테와 화해시킨다. 그리고 둘은 올림포스 신들의 축복을 받으며 성대한 결혼식을 올린 후 오래오래 행복하게 살았다.

이 설화는 기원후 2세기 중엽에 로마의 작가 아풀레이우스 Apuleius가 쓴 것이다. 아프로디테와 에로스, 페르세포네가 조연으로 등장하기는 하지만 이 이야기는 신화라기보다는 민담에 가깝다. 신화가 갖는 웅장한 규모나 우주론적 요소가 전혀 없다. 아프로디테나 페르세포네에게서도 여신다운 기품이나 위엄이 느껴지지 않는다. 오히려 개미나 바람, 독수리, 탑과 같은 소도구나 가련하고 연약한 여주인공과 그녀를 괴롭히는 악녀, 마지막 순간에 여주인공을 구해 주는 잘생긴 귀공자 등 민담을 특징짓는 상투적인 요소가 빠짐없이 등장한다.

여주인공 프시케는 착하고 마음씨가 곱다. 외모는 예쁘지만 그녀 자신은 그 사실을 깨닫지 못하며 별다른 관심도 보이지 않는다. 프시케는 운명에 대하여 순종적이고 소극적이다. 지적 능력도 떨어지는 편이다. 자의식도 자긍심도 강하지 않다. 항상 당하는 편이며 의지도 약하여 위기에 처하면 당황하여 한숨을 쉬거나 울어 버린다. 의타심이 많아 문제를 스스로 해결하려고 하기보다는 남의 도움을 기다린다.

반면 프시케를 괴롭히는 아프로디테는 자신의 외모뿐만 아니라 남의 외모에 대해서도 관심이 많다. 착하거나 순종적이지도 않다. 남들보다 아는 것도 많고 능력도 뛰어나다. 모든 일을 스스로 처리하는 적극적인 성격의 소유자이며 야심만만하다. 집념과 성취욕도 강하다. 집 안에서 가사일이나 하면서 만족할 여성형이 결코 아니다. 그래서 그녀는 악녀이다. 프시케의 아름다움 때문에 자신의 존재가 위협받는다고 생각하여 그녀를 해치려 하는 아프로디테는 백설공주의 새어머니 마녀인 것이다.

기원 후 2세기에 만들어진 이야기에 아프로디테가 가련하고 청순한 프시케를 괴롭히는 악녀로 묘사된 것은, 이제 미의 여신으로서의 아프로디테는 죽었다는 것을 의미한다. 시대가 바뀌면서 어느덧 아름다움의 기준도 바뀐 것이다. 아름다운 외모만으로는 남자의 사랑을 받기에 충분하지 않다. 여자의 미덕은 남자에게 의존하고 순종하는 착한 마음씨에 있다. 교양이나 지적 능력, 창의력, 개성은 더 이상 여자의 매력이 아니다. 오히려 남자의 사랑을 얻는 데 방해가 될 뿐이다. 여자는 남자의 보호를 받아야 하는 존재이며, 자신의 판단으로 어떤 일을 해서는 안 된다. 남자를 믿고 따라야 한다. 에로스가 "믿음이 없는 곳에 머물 수 없다."라고 한 것은, 여자는 절대 남자를 의심해서는 안 되며 맹목적으로 순종해야 한다는 이야기다. 순종하지 않으면 버림받는다. 이로써 가부장적 가치관이 완성되었다.

　남성 우월주의 이데올로기는 백설공주, 신데렐라, 미녀와 야수, 잠자는 숲속의 미녀와 같은 민담에 의해 반복적으로 학습된다. 자라나는 아이들은 이야기를 통해 무의식의 깊은 데까지 이 이데올로기에 물든다. 더 이상 아프로디테의 아름다움이 설 자리는 없다. 미의 여신 아프로디테는 죽었다. 그리고 다시는 살아나지 못했다.

만물(萬物)은 유전(流轉)한다

  터키에서 세 번째로 큰 아름다운 에게해의 항구 도시 이즈미르Izmir를 출발하여 한때 셀죽 터키 제국의 수도였던 셀죽Selcuk을 지나 남쪽으로 내려가면 엉클어진 잡초 사이로 허물어져가는 성벽이 군데군데 모습을 드러낸다. 인적 없는 들판 사이로 아침 햇살을 받으며 조금 더 달리면 이윽고 탁 트인 빈터가 나온다. 에페소스Ephesos의 입구이다. 폐허의 아침 공기는 믿을 수 없을 정도로 신선하다. 흰 대리석 위에는 도마뱀들이 햇볕에 몸을 덥히고 있고 가까운 웅덩이에서는 개구리 소리가 시끄럽다.

  폐허로 들어서면 왼쪽으로는 웅장한 원형극장이 보이고 오른쪽으로 대리석으로 포장된 길이 시원스럽게 뻗어 있다. 돌 틈 사이로 잡초들이 자라고 길옆에는 코린트식 원주들만이 말없이 서 있어 나그네의 마음에 폐허의 쓸쓸함을 절실하게 전해준다. 길은 갑자기 끊기고 물기를 한껏 먹은 축축한 풀밭으로 이어진다. 습지로 변한 이 풀밭은 지금은 인적이 끊기고 이름 모를 풀꽃들만 지키고 있지만 고대에는 사람과 화물로 북적거리던 항구였다. 세월이 흘러 강물의 흐름이 바뀌고 계속되는 범람으로 퇴적층이 쌓여 한때 에게해에서 가장 융성하던 항구도시였던 에페소스는 이제 해안에서 4킬로미터나 떨어진 내륙의 폐허가 되고 말았다.

이 지방의 강은 해마다 범람하고 또 그때마다 물줄기가 바뀐다. 에페소스 출신의 철학자 헤라클레이토스 Herakleitos 가 "만물은 유전한다. 그러므로 당신은 다시는 같은 강물에 들어갈 수 없다."라고 설파한 것은 형이상학적 사변이 아니라 이런 변덕스러운 강의 흐름을 두고 한 말인지도 모르겠다.

사도 바울로가 에페소스에 있는 신도들에게 보낸 편지 에베소서로 유명한 이 도시는 고대 아르테미스 여신의 숭배지로도 유명하다. 고대 7대 불가사의 중 하나로 꼽히던 에페소스의 아르테미스 신전은 127개의 기둥으로 떠받쳐진 아름다움과 화려함을 자랑했다. 이 신전에 얽힌 일화가 있다. 헤로스트라토스 Herostratos 라는 청년은 단지 자기 이름을 역사적으로 영원히 남기고 싶다는 어처구니없는 허영심 때문에 아르테미스 신전에 불을 질렀다. 기원전 356년의 일이다. 같은 해에 알렉산드로스 대왕이 태어났다. 일설에 의하면 알렉산드로

아르테미스

아르테미스는 야생적 자연을 상징하는 여신이다. 이 그림에서 아르테미스는 한 손으로는 표범을, 다른 한 손으로는 사슴을 들어 올리고 있다.

(기원전 570년쯤, 플로렌스 고고학 박물관 소장)

스 대왕이 태어난 바로 그 순간에 헤로스트라토스가 신전에 방화했다고 한다. 대왕이 에페소스에 와서 신전이 황폐해져 있는 것을 보고 도시 원로들에게 자신이 신전을 다시 세워주겠다고 제의하자 원로들은 "우리는 신으로부터 다른 신에게 드릴 공헌물을 받을 수 없습니다."라고 대답했다. 이에 기분이 좋아진 대왕은 에페소스의 모든 세금을 면제해 주었다. 덕분에 에페소스의 시민들은 자신들의 돈으로 화려한 신전을 지을 수 있었다. 나중에 안토니우스가 에페소스에 왔을 때에도 이들은 디오니소스 신이 왔다고 여자들에게 바쿠스 여신도의 옷을 입혀 환영하게 하였다. 기분이 좋아진 안토니우스 역시 이들의 세금을 면제해주었다. 영악한 사람들이다.

에페소스의 번영은 오랫동안 유지되었다. 기원후 262년까지도 이 도시는 코트족에게 약탈당했고 기원후 431년에는 종교회의가 이곳에서 열렸다. 그러나 범람으로 바다가 점점 멀어져 가자 도시의 영광도 조금씩 사라져 갔다. 약삭빠른 에페소스인들도 거대한 생태계의 변화 앞에서는 무력할 수밖에 없었다. 계속되는 범람과 해안으로 통하는 길이 막히면서 도시는 서서히 쇠퇴해 갔다. 인구도 줄어만 갔다. 어느 해인가 범람 후 창궐한 전염병에 의해 마지막으로 남아 있던 몇 안 되던 주민마저 대부분 죽자 이 도시의 마지막 불꽃은 꺼졌다. 그리고 아무도 기억하지 못하는 폐허만이 남게 되었다. 헤라클레이토스의 말대로 만물은 유전한다.

도시의 번영이 사라지자 아르테미스 신전의 영광도 사라졌다. 한때는 신전을 찾는 참배객을 상대로 적지 않은 수입을 올리던 신전도 새로운 종교인 그리스도교의 출현으로 점점 힘을 잃어갔다. 차츰 사람의 발길이 뜸해지더니 끝내는 사제도 신도도 다 떠나가고 건물만 황량하게 남았다. 6세기 말 비잔티온 제국의 유스티니아누스 황제는

터키 에페소스에 있는 아르테미스 신전의 폐허
멀리 성 사도 요한의 무덤이 있는 아야솔룩 언덕이 보인다. 그 왼쪽의 건물은 14세기 셀죽 터키 시대에 지어진 이사베이 모스크이다.

그리스도교의 위대한 영광을 찬양하기 위해 성 소피아 성당을 지었다. 이를 위해 그는 아르테미스 신전의 127개의 기둥 가운데 126개를 콘스탄티노플, 즉 지금의 이스탄불로 가져갔다. 성 소피아 성당 내부의 아름다운 기둥은 한때 아르테미스에게 바쳐졌던 것들이다. 옛 신전 터에 남아 있는 기둥은 오직 하나뿐이다. 기둥을 하나 남겨둔 이유는, 더 이상 이교도의 신은 힘이 없고 그리스도교만이 진정한 종교임을 이교도들에게 알리려는 의도라고 전해진다. 이교도 신앙에 대한 그리스도교도들의 멸시는 이에 그치지 않았다. 성당을 짓고 남은 기둥은 지하에 물 저장고를 만들 때 다시 이용했다. 지금도 성 소피아 성당 옆에 있는 지하 저수지 안에 들어가 보면 예전에 아르테미스 신전의 기둥 위에서 지붕을 받치던 메두사의 얼굴이 물속에 거꾸로 박혀 있는 모습을 볼 수 있다. 세월과 영화의 덧없음을 느낄 뿐이다.

아르테미스 신전의 지성소에는 오직 동정을 지킨 자들만이 들어갈 수 있었다. 아르테미스는 처녀 신이기 때문이다. 이 지방의 성처녀 신앙은 그리스도교로 자연스럽게 이어졌다. 성모 마리아는 생애의 마지막 시기를 에페소스에서 보냈다고 하며, 성모 마리아가 살았다는 조그만 집이 지금도 이곳에 남아 있다. 사도 요한이 요한복음과 요한계시록을 쓴 곳도 이 에페소스와 그 앞바다 건너편에 있는 파드모스 섬이었다. 성처녀 마리아에 대한 숭배가 유태인들의 고향인 예루살렘보다 소아시아에서 더 널리, 또 열광적으로 받아들여진 이유가 바로 여기에 있다. 만물은 유전한다지만 전통의 끈질김도 결코 만만치 않다.

매정한 여신, 아르테미스

아르테미스는 제우스와 레토 사이에 태어난 딸이다. 그녀는 쌍둥이 형제인 아폴론보다 조금 먼저 태어나서는 곧바로 어머니의 해산을 도왔다. 이 여신은 어릴 때 제우스에게 평생 처녀로 지내게 해달라고 요청하여 허락을 받았다.

아르테미스는 비록 올림포스의 열두 신에 속하지만 생애의 대부분을 올림포스 궁전에 머물기보다는 숲이나 산, 계곡이나 들판에서 사냥을 하며 보냈다. 그리스신화에서 이 여신은 항상 활과 화살통을 지니고 있는 모습으로 나타난다.

그녀는 항상 많은 요정들을 거느리고 다녔다. 이 요정들 역시 여신과 마찬가지로 순결을 지켜야 했다. 이를 어길 경우 여신은 용서하지 않았다. 본의 아니게 강간을 당한 경우도 예외가 아니었다. 아르카디아 지방의 요정 칼리스토의 아름다움에 반한 제우스는 아르테미스의 모습으로 그녀 앞에 나타나 스스럼없이 그녀를 안았다. 아무것도 모르는 칼리스토는 무심코 그 포옹을 받아들였다. 그 순간 제우스는 자신의 본색을 드러내고 그녀를 겁탈하였다. 이 짧은 사랑으로 아이가 생겼다. 달이 차서 배가 불러오자 아르테미스는 모든 것을 눈치 챘다. 여신은 화를 참지 못하고 칼리스토를 활로 쏘아 죽였다. 그러자 다급해진 제우스는 칼리스토를 곰으로 변하게 하여 하늘로 끌어올렸다. 그녀는 하늘로 올라가서 곰 별자리가 되었고 그녀의 아들 아르카스Arkas는 아르카디아 부족의 조상이 되었다.

미남 사냥꾼 오리온Orion은 새벽의 여신 에오스의 사랑을 받았기 때문에 아르테미스의 질투를 불러일으켜 여신의 화살을 맞고 쓰러졌다. 일설에는 오리온이 아르테미스와 함께 사냥하다가 갑자기 욕정을 느껴 여신에게 덤벼들자 여신이 전갈을 불러내어 오리온의 발뒤꿈치를 물어 죽게 했다고도 한다. 오리온은 죽은 뒤 하늘로 올라가 오리온 별자리가 되었다.

보이오티아 지방의 이름난 사냥꾼 악타이온Aktaion은 사냥을 하다가 우연히 아르테미스가 목욕하는 것을 훔쳐보게 되었다. 화를 참

악타이온을 죽이는 아르테미스
우연히 아르테미스 여신이 목욕하는 장면을 보게 된 사냥꾼 악타이온은 여신의 분노를 사 자신의 사냥개들에게 물려 죽는다. 저항을 포기한 악타이온이 팔을 뻗은 모습에서 그의 처절한 절망감이 느껴진다.
(기원전 470년쯤, 보스톤 Museum of Fine Arts 소장)

지 못한 여신은 악타이온을 사슴으로 변신시켜 50마리나 되는 그의 사냥개들에게 물려 죽게 하였다.

아르테미스를 연모하게 된 하신河神 알페이오스Alpheios는 고백이나 애원으로는 여신의 사랑을 얻을 수 없음을 알고 완력으로라도 여신의 사랑을 얻고 싶었다. 마침 그가 있는 곳에서 멀지 않은 숲속에서 아르테미스와 요정들이 한밤중에 축제를 벌인다는 사실을 알아내고 때를 놓치지 않고 기습하기로 마음먹었다. 이를 눈치 챈 아르테미스는 자신과 요정들 얼굴에 진흙을 발라 누가 누군지 알아볼 수 없게 하였다.

축제가 벌어지는 숲으로 달려온 알페이오스는 누가 진짜 아르테미스인 줄 알 수 없었다. 계획은 수포로 돌아갔다. 그는 아르테미스와 요정들의 조롱 섞인 웃음소리를 뒤로 하고 물러날 수밖에 없었다.

아폴론과 헤르메스의 사랑을 동시에 받고 이 신들의 아들을 낳은 것이 자랑스러웠던 키오네Chione는 겁 없이 아르테미스 여신은 이런 아들도 못 낳아 보았다고 흉을 보았다. 분을 참지 못한 냉혹한 여신 아르테미스는 즉시 활을 들어 키오네를 쏘아 죽였다.

아가멤논Agamemnon이 신기神技에 가까운 활솜씨로 사슴 한 마리를 멋있게 명중시키자 아르테미스도 이렇게는 못하리라고 자랑하는 불경을 저질렀다. 노한 아르테미스는 아카이아 군대가 트로이아로 원정을 떠나려 할 때, 모든 바람을 가두어 꼼짝 못하게 만들었다. 아가멤논은 큰딸 이피게니아Iphigenia를 아르테미스에게 산 제물로 바쳐 여신의 노여움을 푼 뒤에야 트로이아로 원정을 떠날 수 있었다.

아르테미스는 자신에게 제사 드리는 것을 잊는 불경에 대해서도 냉혹하게 벌하였다. 칼리돈Kalydon의 왕 오이네우스Oineus가 아르테미스에게 제물을 바치는 것을 게을리 하자 여신은 사나운 멧돼지를 보내어 모든 농사를 망치게 했다. 이 멧돼지는 멜레아그로스Meleagros를 비롯한 여러 영웅들에게 쫓기다가 미녀 영웅 아탈란타에게 잡혀 죽지만 오이네우스의 나라는 황폐해져서 왕국을 유지할 수 없었다.

아드메토스 역시 결혼식 때 아르테미스에게 제물 바치는 것을 잊어서 봉변을 당했다. 첫날밤 달콤한 꿈을 안고 침실에 들었을 때 아드메토스를 기다리고 있던 것은 어여쁜 신부가 아니라 뱀떼였다.

더 끔찍한 일은 니오베에게 일어났다. 프리기아 지방의 왕 탄탈로스의 딸 니오베는 일곱 아들과 일곱 딸을 낳았다. 아르테미스 축제 때 니오베는 모든 사람이 여신을 위해 야단법석을 떠는 것을 못 마땅히 여겨 자신은 아이를 열넷이나 낳았지만 레토는 아폴론과 아르테미스 둘밖에 못 낳았으니 자기가 더 잘났다고 자랑했다. 이에 화가 난 아르테미스와 아폴론은 화살을 쏘기 시작했다. 니오베의 일곱 아들은 아폴론의 화살에 맞아, 일곱 딸은 아르테미스의 화살에 맞아 죽었다. 니오베의 모든 자식은 한 순간에 급살을 맞은 것이다. 슬픔을 못 이긴 니오베는 그대로 바위가 되고 말았다.

거인 티티오스는 아르테미스와 아폴론의 어머니인 레토를 보고 욕정을 느껴 델포이 신전 안에서 그녀를 겁탈하려 했다. 레토의 비명을 듣고 달려온 오누이는 그 자리에서 티티오스를 때려죽였다.

아르테미스가 자신의 날렵함과 기지를 가장 잘 보여 준 것은 거인 형제 에피알테스와 오토스를 물리친 일이다. 포세이돈과 이피메데이아 사이에서 태어난 이 거인 형제는 어떤 신이나 인간도 그들을 죽일 수 없는 운명을 가지고 태어났다. 그 운명을 믿고 이들은 올림포스 신들에게 도전했다. 올림포스를 점령한 후 오토스는 아르테미스를, 에피알테스는 헤라를 각각 아내로 취할 것을 스틱스 강에 걸고 맹세했다. 형제는 올림포스 산 위에 오사 Ossa 산을, 또 그 위에 펠리오스 Pelios 산을 쌓으며 한 걸음씩 하늘로 올라오기 시작했다. 도중에 전쟁의 신 아레스를 잡아 청동항아리에 가두어 놓았다. 올림포스 신들도 속수무책이었다. 이들 형제의 운명이 의미하는 바를 정확히 깨달은 신은 아폴론이었다. 형제가 서로 죽이면 이들도 불사의 몸은 아니라는 것이다. 아폴론은 제 누이 아르테미스에게 이를 귀띔해 주었다. 아르테미스는 에피알테스에게 낙소스 Naxos 섬에서 그를 받아들이겠다고 연락을 보냈다. 항상 붙어 다니던 형제들이었기에 둘은 함께 낙소스에 왔다. 그러나 자신이 원하는 헤라가 없음을 안 오토스는 에피알테스에게 아르테미스를 자기도 사랑할 수 있게 양보해 달라고 졸랐다. 이를 거절하자 형제간에 싸움이 붙었다. 아르테미스는 사슴으로 변신하여 이들 사이에 끼어들었다. 형제는 사슴을 겨냥해 서로 반대편에서 창을 던졌다. 순간 아르테미스는 모습을 감추었다. 솜씨 좋은 사냥꾼인 이들 형제의 창은 정확하게 상대방을 명중시켰다. 그리고 동시에 숨을 거두었다.

트로이아 전쟁에서 아르테미스는 자신의 남동생 아폴론과 함께 트로이아 편에서 싸웠다. 신들끼리의 전투가 한창일 때 아르테미스는 아폴론에게 포세이돈과 맞서 싸우라고 부추기다가 옆에 있던 헤라에게 호되게 당한다. 화가 난 헤라는 아르테미스에게 "제우스가 너를 여인들의 사자獅子로 만들어 활을 들고 다니며 마음대로 여인들을 죽이도록 허락했지만 내 앞에서는 고개도 들 생각을 말아라."라고 소리치며 여신의 두 손을 움켜잡고 화살을 꺾어버렸다. 무섭고 냉혹한 아르테미스도 이때만큼은 아무 소리 못하고 일방적으로 당하기만

할 뿐이었다.

매정한 아르테미스이지만 약자들에게는 자비를 베푼다. 특히 아직 순결을 지닌 젊은 남녀에 대한 여신의 보살핌은 유별나다. 판다레오스Pandareos의 딸들이 고아가 되었을 때 아르테미스는 그들에게 아름다운 자태를 선물했다. 또 자신을 숭배하여 여자를 멀리하고 자연을 벗삼아 숲에서 사냥을 하며 지내던 히폴리토스가 아프로디테의 노여움을 사서 죽게 되자 아르테미스는 이 젊은이를 기리기 위해 트로이젠의 처녀들에게 그를 노래로 칭송하게 하고 결혼 전야에는 머리를 잘라 그의 사당에 바치도록 하였다. 또 히폴리토스의 죽음을 안타깝게 여긴 아르테미스는 의술의 신 아스클레피오스에게 히폴리토스를 소생시켜 달라고 부탁했다. 자연의 섭리를 어기는 이런 행위를 못마땅하게 여긴 제우스는 오히려 아스클레피오스를 죽게 만들었다.

아르테미스가 아폴론보다 조금 먼저 태어나서 동생의 해산을 도왔다는 이야기는 아르테미스 신앙이 아폴론 신앙보다 더 오래되었음을 암시한다. 실제로 아르테미스 신앙은 미노아 시대부터 크레타와 소아시아 지방에서 성행했다. 기원전 1450년부터 1100년 사이의 기록인 선형문자 BLinear B 문서에 아르테미스는 노예들의 주인이라고 적혀 있다. 크레타 유적지에서 발견되는 가슴을 드러낸 대지의 여신이나 에페소스의 아르테미스 신전에 안치되어 있던 수많은 유방또는 달걀을 가진 여신의 모습은 원래 아르테미스가 풍요와 다산을 주관하는 대지의 여신이었음을 알려준다. 아르테미스라는 낱말도 그리스어로는 어원 해석이 불가능하다. 특히 소아시아 지방에서 아르테미스는 대지의 여신 키벨레와 동일시되었다. 후대에 로마에 전해진 달의 여신 디아나Diana의 신격은 그리스 본토의 아르테미스가 아니라 에

아르테미스
(기원후 150-200년, 코스 고고학 박물관 소장)

페소스를 중심으로 한 소아시아의 신격을 본받은 것이다.

또한 태어나자마자 동생 아폴론이 태어나는 것을 도와주는 아르테미스는 해산을 관장한다. 원래 해산은 에일레이티이아 여신의 직분이지만 아르테미스 숭배가 그리스 전역으로 퍼지면서 아르테미스 여신의 직분 가운데 하나로 인식되기에 이르렀다.

인간이 거주하지 않는 숲이나 산, 들판의 수호신인 아르테미스의 신격은 여신이 올림포스 궁전에 살지 않고 많은 요정들과 함께 숲에서 사냥을 즐기며 산다는 사실에서 잘 드러난다. 풍요와 다산의 신 아르테미스는 경작된 농산물이나 길들여진 가축을 돌보는 신이 아니라 자연상태 그대로 살고 있는 숲과 산의 야수들과 들짐승의 수호신이다. 특히 해산의 신으로 어린 짐승들의 번식과 정상적인 성장을 주관한다. 짐승들뿐만 아니라 식물의 번식과 성장도 아르테미스의 소관이다. 해산을 주관하던 아르테미스가 풍요의 여신이라는 직분까지 얻어 어린 짐승의 출생과 정상적인 성장이나 식물의 번식과 성장을 돌보는 신격으로 발전한 것이다.

인공적으로 생산되는 농산물이나 가축과 달리 자연 상태의 동식물 번식에 가장 결정적인 영향을 끼치는 것은 달의 공전주기이다. 보름과 그믐 때 자연의 생식력은 극대화되고 상현과 하현 때에는 극소화된다. 이렇게 달의 주기와 생식력의 관계를 통해 아르테미스는 달

작은 아르테미스
셀죽 박물관 소장

의 여신 셀레네의 신격까지 자연스럽게 흡수하게 되었다.

난산을 하다가 고통 속에 죽어가는 여인의 처절한 모습을 보며 사람들은 해산의 여신 아르테미스에게 크나큰 두려움을 느꼈다. 또 달빛만 비치는 밤이나 달빛마저 없는 칠흑 같은 어둠속에서 숲이나 들판을 지나야 할 때 달의 여신 아르테미스는 끝없는 공포의 대상이었다.

또 풍요와 다산의 여신 아르테미스는 많은 지방에서 지하의 여신 헤카테와 동일시되기도 했다. 이렇게 어둠의 세계를 다스리던 신들과 어우러지면서 갑작스러운 죽음을 관장하는 아르테미스의 어두운 성격이 자연스레 형성되어 갔다. 어둠을 지배하는 여신이기에 아르테미스의 신화에는 밤하늘의 아름다운 별자리 설화가 유난히 많이 등장한다. 새벽의 여신 에오스와 오리온, 칼리스토, 또 오리온을 물어 죽인 전갈 등이 모두 별자리와 천체운동과 관련이 있다.

고대 그리스인들은 고통 없이 급작스레 죽은 자들은 먼 곳에서 아르테미스가 쏜 죽음의 화살을 맞아 죽는 것이라고 믿었다. 특히 해산을 하다가 죽는 여인들은 모두 이 화살에 맞아 죽는 것이라고 생각했다. 트로이아 전쟁에서 헤라가 아르테미스를 여인들의 사자獅子라고 부르며 마음대로 여인들을 죽인다고 말한 것은 그런 민간신앙을 잘 표현한 것이다. 보이지 않는 곳에서 느닷없이 날아드는 화살은 이길 수 없는 공포를 불러일으킨다. 소리 없이 날아와 바로 옆에 있는 사람을 쓰러뜨리는 화살을 보고 두려움을 느끼지 않을 인간은 없다. 아폴론과 아르테미스 남매는 질병과 갑작스러운 죽음의 화살을 쏘아대는 무서운 신들이다. 자신의 다산을 자랑한 니오베의 자식 열네 명을 모두 쏘아 죽이고, 아폴론과 헤르메스의 자식을 낳았다고 자신을 비웃는 키오네를 죽여 버리는 아르테미스의 잔혹함은 밤의 어둠과 사람이 살지 않는 숲과 들판에 대한 인간의 공포에서 비롯된 것이다.

칼리스토나 이피게니아 설화는 처녀를 희생물로 바치는 아르테미스 숭배의 옛 모습을 전해 준다. 갑작스러운 죽음에 이르게 하고 해산하는 여인들과 태어나는 아이들의 생사를 결정하는 무서운 여신의 노여움을 풀기 위해 무지하고 연약한 인간들은 순결한 처녀를 희생물로 바쳤다. 순결한 처녀는 아르테미스의 잔혹함을 달랠 수 있는 유일한 희생물이었는지도 모른다. 이런 제사의 마지막 흔적으로 스파르타에서는 아르테미스 여신상 앞에서 젊은이들을 매질하는 제사를 올렸다. 젊은이들에게 공개적으로 이런 시련을 주는 전통이 바로 스파르타식 교육의 바탕이 되었다.

아득한 옛날의 잔인한 제사에 대한 기억은 아르테미스에게 제물을 바치는 것을 잊으면 여신의 무서운 복수를 받게 된다는 설화를 만들어냈다. 여신에게 제물을 바치는 것을 잊은 아가멤논은 자신의 딸을 희생물로 바쳐야 했고, 오이네우스는 여신이 보낸 멧돼지 때문에 농사를 망쳐 끝내 나라의 경제가 기울었다. 또 여신은 아드메토스가 첫날밤을 보낼 침실에 뱀을 집어넣었다. 문명세계에 대비되는 자연세계를 관장하는 아르테미스 여신에게 야만스러운 풍습의 잔재가 남아 있다는 것은 당연한 일이다.

포세이돈의 자식이었던 쌍둥이 형제 오토스와 에피알테스를 아

아르테미스와 백조

때로는 한없이 거칠다가도 때로는 무척 상냥하고 친절한 숲의 여신 아르테미스가 나뭇가지로 만든 관을 쓰고, 등에는 화살통을 맨 채 왼손에 접시를 들고 오른손으로는 백조의 부리를 만지고 있다. 주름이 풍성한 화려한 겉옷 위에 새끼 사슴 가죽 망토를 걸친 그녀의 옷차림이 여신의 직분을 잘 드러내고 있다.
(기원전 490년쯤, 상트페테르부르크 에르미타주 박물관 소장)

르테미스가 기지와 날렵함으로 처치한 설화는 여신의 신격과 특별한 관련은 없다. 또 레토를 겁탈하려는 티티오스를 아폴론과 아르테미스가 죽인 이야기도 특별한 신화적 의미는 없다. 예로부터 내려오는 설화를 아르테미스와 연관시켜 새로 짜맞춘 이야기다.

히폴리토스 설화에서 아르테미스의 신격은 사랑의 여신 아프로디테의 신격과 정면으로 충돌한다. 일설에는 아프로디테의 연인 아도니스를 죽인 멧돼지는 아르테미스가 보낸 것이라고 한다. 순결의 여신 아르테미스로서는 아무리 사랑의 여신이라지만 여신 신분으로 한낱 인간과 놀아나는 아프로디테의 행동이 비위에 거슬렸기 때문이다. 이에 대한 복수로 아프로디테는 페드라로 하여금 전처소생인 히폴리토스를 사랑하게 만들어 자신을 무시하고 거들떠보지도 않는 거만한 젊은이 히폴리토스와 아도니스를 죽게 만든 아르테미스에 대한 복수를 계획한다. 이루지 못할 금기의 사랑에 괴로워하다가 자살하고 마는 페드라 역시, 순결을 지키지 못해 아르테미스에게 죽임을 당한 칼리스토와 마찬가지로 신들의 장난에 희생되는 가련한 존재이다.

아르테미스가 아폴론의 아들인 의술의 신 아스클레피오스에게 히폴리토스를 소생시켜 달라고 부탁했지만 뜻을 이루지 못하고 오히려 아스클레피오스만 제우스의 노여움을 사 죽게 된다. 아프로디테가 아스클레피오스에게 부탁하여 아도니스를 되살려놓은 것에 비하면 제우스에 대한 아르테미스의 영향력은 아프로디테에 훨씬 못 미친다.

호메로스의 〈일리아스〉에서 아르테미스는 헤라에게 양 손목을 잡힌 채 빼앗긴 활로 뺨을 얻어맞는다. 제우스 신앙이 확고하게 자리 잡기 시작하는 서사시의 시대에 들어오면서 풍요와 다산의 신이며 어두운 세계의 무서운 여신이었던 아르테미스의 위력은 엄청나게 손상을 입고 만다. 농사와 가축이 일반화되고 인간 생활의 모든 것이 문명과 기술에 의존하게 되면서 숲과 들판의 여신인 아르테미스에 대한 두려움도 점차 약화되어 갔다. 도시를 이루고 나그네들이 안전하게 다닐 수 있는 도로가 건설되면서 아르테미스가 설 자리는 점점 좁아져 갔다. 다만 해산을 비롯해 원인 모를 죽음을 내리는 신으로서의 직분은 계속 유지되었다.

숲의 수호신이 약해지자 인간은 자연에 대한 두려움을 잊었다. 그러나 아르테미스는 아직도 깊은 숲속에서 잔혹한 복수를 준비하고 있다. 인류가 계속 원시림을 파괴하고 자연을 훼손한다면 언젠가는 영문도 모른 채 여신의 무서운 화살을 맞게 될 것이다. 에볼라 병원균도 에이즈도 아르테미스의 화살처럼 생각되어 섬뜩하다. 아프리카의 원시림 깊은 곳에 숨어 있던 이 병원체들이 문명 세계에 어느 날 갑자기 모습을 드러내어 사람을 속수무책으로 죽게 하는 것을 보면, 전염병을 화살에 실어 퍼뜨린다는 아폴론의 화살처럼 느껴진다. 인간의 자연 파괴에 화가 난 아르테미스가 자신의 남동생을 흉내 내어 우리를 벌하는 것 같다. 하긴 옛날 같으면 우리는 죽음의 원인이 에이즈인지 에볼라인지도 모르고 죽어갔을 것이다. 아르테미스는 비록 기억에서 사라졌지만 아직 살아있다. 다만 우리가 그 사실을 모를 뿐이다.

8장

학문과 문명을 돌보는
지혜의 여신

아테나

비에 젖은 아크로폴리스

  1975년 12월 중순, 아테네 하늘에는 짙은 회색 구름이 낮게 깔려 있었다. 간간이 안개비도 내렸다. 고색창연한 고도古都의 모습을 상상했던 기대가 여지없이 빗나갔다. 온통 콘크리트 건물로 채워진 아테네는 보기 흉했다. 나를 태운 택시가 키 큰 물푸레나무가 우거진 국립묘지를 오른쪽으로 끼고 좁은 길을 돌자 정면으로 하얀 대리석 건물들이 웅장한 모습을 드러냈다. 아크로폴리스였다.
  허름한 호텔에 여장을 풀고 빤히 보이는 아크로폴리스를 향해 걸어갔다. 시장기가 느껴졌지만 꿈에 그리던 파르테논 신전을 눈앞에 두고 더 이상 지체하고 싶지 않았다. 비 내리는 겨울 오후여서인지 아크로폴리스로 오르는 길에는 사람이 별로 없었다. 가끔 비바람에 흔들리는 올리브나무 이파리들이 파도치듯 하얀 빛을 드러냈다. 이름 모를 새들의 지저귐이 을씨년스러웠던 날, 우아한 아름다움을 지닌 이오니아식 기둥 사이로 난 대리석 계단을 조심스레 올라갔다. 바닥

동쪽에서 바라본 아크로폴리스의 파르테논 신전

은 비에 젖어 미끄러웠다. 마지막 계단에 발을 올려놓는 순간, 파르테논 신전이 아름다운 모습을 드러냈다. 인류가 만든 가장 아름다운 건축물이라는 말은 조금도 과장이 아니다. 비 오는 쓸쓸한 겨울날 오후, 어린 시절부터 그토록 꿈꾸어 온 파르테논 신전은 이렇게 갑자기 내 앞에 나타났다.

파르테논 신전에는 직선이 없다. 인간 시각의 착각을 수학적으로 계산하여 지었다는 이 신전은 온갖 비밀로 가득하다. 신전을 둘러싼 기둥은 모두 42개로 세로에는 8개의 기둥이, 가로에는 17개의 기둥이 있다. 고대 그리스인들은 세로와 가로가 $n : 2n+1$의 비율을 가질 때 황금분할을 얻을 수 있음을 알았다. 또 이 기둥들은 안쪽으로 약간 기울어져 있어 17.6킬로미터 상공에서 한 점으로 모인다. 이런 기울기를 가져야 먼 곳에서 건물을 볼 때 안정감을 느낀다고 한다. 기둥은 인간의 팔뚝 모양으로 아래에서 3분의 1부분이 볼록하게 다듬어져 가장 굵고 양 끝은 자연스럽게 가늘어진다. 각 기둥의 굵기도 일정하지 않다. 모퉁이에 놓인 기둥들이 더 굵고 가운데로 갈수록 가늘다. 기둥과 기둥 사이도 일정하지 않고, 모퉁이 쪽은 가깝게 가운데 쪽은 넓게 늘어놓았다. 신전 주위를 걸을 때 기둥 사이가 일정하게 보이도록 세심하게 계산하여 지은 까닭이다. 신전의 바닥도 수평선 모양으로 볼록하다. 역시 안정감을 느끼도록 배려한 것이다. 알면 알수록 경탄을 자아내게 지은 불가사의한 건축물이다.

이 아름다운 건물의 지붕은 인간의 무지함 때문에 날아가 버렸다. 터키군은 파르테논 신전을 폭약 저장고로 썼는데, 한 독일 장교가 이 폭약을 폭파해 버렸다. 이 폭발로 지붕과 남쪽 기둥 여섯 개, 북쪽 기둥 여덟 개가 날아갔다. 1687년 9월 26일의 일이다.

1980년 진도 6.7의 지진이 파르테논 신전을 강타했다. 몇 개의 기둥이 어긋났을 뿐 2,500년 된 건물은 위용과 아름다움을 그대로 자랑하며 서 있다. 그러나 파르테논도 자동차가 내뿜는 매연가스 앞에서는 속수무책이다. 대리석은 부식되고 있다. 인류의 영원한 명작 파르테논은 이제 현대문명의 이기 앞에서 위기를 맞고 있다.

파르테논Parthenon이란 말은 순결한 처녀의 것이라는 뜻이다. 페르시아 전쟁에서 승리한 아테네인들은 신전을 자신들의 수호신인 처녀신 아테나에게 바쳤다. 순결의 여신이며 지혜의 여신인 아테나는 현대인들의 무지하고 무례한 짓거리가 역겨워 이제 이 도시를 버릴 것인가?

제우스의 분신, 아테나

크로노스로부터 패권을 빼앗은 제우스는 우라노스의 딸

메티스를 탐냈다. 그러나 메티스가 여러 모습으로 둔갑하는 바람에 애를 먹다가 결국 뜻을 이루어 사랑을 나누게 되었다. 그러나 제우스는 메티스가 이번에는 딸을 낳을 것이지만 다음에는 장차 자신을 내쫓고 권좌를 차지할 아들을 낳을 운명임을 알게 되었다. 겁이 난 제우스는 메티스를 삼켜버렸다. 사려思慮의 여신 메티스를 삼킴으로써 제우스는 자식에게 권좌를 빼앗기지 않게 되었을 뿐만 아니라 신들 중에서 가장 사려 깊은 존재가 되어 안심하고 권력을 휘두를 수 있게 되었다. 아홉 달이 지나자 제우스는 두개골이 깨어질 것 같은 고통을 느꼈다. 분만의 진통이었다. 제우스는 프로메테우스 또는 헤파이스토스에게 자신의 머리를 도끼로 깨어달라고 부탁했다. 프로메테우스가 머리를 내려치자 완전무장한 아테나가 튀어나왔다.

제우스는 어미 없이 혼자의 힘으로 낳은 아테나를 자식들 중에서 가장 아끼고 사랑했다. 아테나 역시 모든 일에서 제우스의 분신처럼 행동하여 아버지를 도왔다. 모든 전쟁에서 아테나는 제우스의 오른쪽에 서서 용감하게 적들을 물리쳤다. 아테나의 용맹과 무술은 타의 추종을 불허했다. 거인들과의 전쟁에서 아테나는 무시무시한 엥겔라도스를 시칠리아 섬으로 내리쳐 죽였다. 엥겔라도스는 지금도 시칠리아 섬 밑에서 요동치고 있다. 그래서 이 섬에는 지진과 화산 활

아테나의 탄생

제우스의 머리에서 완전무장을 한 아테나가 튀어나오고 있다. 제우스는 번개와 왕 홀을 들고 평정과 위엄을 잃지 않은 채 아테나를 상징하는 부엉이 장식이 있는 의자에 앉아 있다. 그의 뒤에 포세이돈 신이 서 있다. 그 뒤에 있는 여신은 헤라인 듯하다. 제우스 앞에는 '해산의 여신' 에일레이티이아가 서 있고, 그 뒤에는 아레스가 서 있다. 승리의 여신 니케는 제우스 의자 밑에서 아테나 여신의 탄생을 찬양하고 있다.
(기원전 550-540년, 파리 루브르 박물관 소장)

동이 멈추지 않고 있다. 또 거인 팔라스를 돌로 쳐서 죽인 후 그의 가죽을 벗겨 자신의 방패에 씌웠다. 거인들 편을 들어 싸우던 고르곤 Gorgon도 아테나의 손을 벗어나지 못했다. 여신은 죽은 고르곤의 피를 두 개의 그릇에 담아 자신이 키운 아테네의 왕 에리크토니오스 Erichthonios에게 주었다. 오른쪽 그릇의 피는 마시는 사람에게 생명을, 왼쪽 그릇의 피는 죽음을 가져다 주었다.

제우스의 총애를 독차지한 아테나는 제우스의 방패인 아기스 Agis를 쓸 수 있는 권한을 허락 받았다. 또 아테나는 제우스의 무기창고 열쇠를 관리하고, 때로는 제우스의 무기인 번개를 사용하기도 한다. 그러나 아테나는 두 번에 걸쳐 제우스의 뜻을 거슬렀다. 아테나는 헤라와 포세이돈과 함께 제우스를 권좌에서 몰아내려는 음모에 가담했다. 또 한 번은 트로이아 전쟁에서 그리스군의 편에 서서 역시 헤라와 포세이돈과 공모하여 제우스의 트로이아 전쟁에 대한 계획을 뒤엎으려 했다. 이에 격분한 제우스는 무지개의 여신 이리스를 보내 그들의 계획을 즉시 중단하지 않으면 제우스 자신이 직접 그들과 상대해 주겠다고 으름장을 놓았다. 제우스의 기세에 눌린 아테나와 헤라, 포세이돈은 미련이 남았지만 어쩔 수 없이 전장을 떠

창을 던지는 아테나

지혜와 철학의 여신 아테나는 전쟁을 관장하는 여신이기도 하다. 적을 향해 창을 던지는 모습을 생동감 있게 그려낸 이 청동상에서 눈여겨볼 것은 아테나의 표정이다. 적을 공격하는 순간에도 분노나 증오와 같은 감정이 드러나지 않는다. 평정을 잃지 않는 아테나의 모습에서 신다운 신성함이 느껴진다.
(기원전 480-470년, 아테네 국립 고고학 박물관 소장)

아테나

전사의 수호신인 아테나가 뭔가를 적기 위해 방패를 잠깐 내려 놓고 생각에 잠겨 깃털 펜과 3단으로 접히는 필기도구를 꺼내 들고 있다.

(기원전 480년쯤, 뮌헨 Staatliche Antikensammlungen 소장)

생각에 잠긴 아테나

창에 기대어 이름 모를 비석 앞에 비스듬히 서 있는 아테나의 모습은 아직 소녀티를 벗어나지 못했다. 고대 그리스 미술의 대칭성과 단순함이 동시에 엿보이는 걸작이다.

(기원전 460년쯤, 아테네 아크로폴리스 박물관 소장)

페르세우스가 메두사의 머리를 자르도록 도와 주는 아테나 여신

아테나는 수많은 영웅들의 모험에 결정적인 도움을 준 여신이었다. 페르세우스는 아테나의 도움에 보답하기 위해 메두사의 머리를 아테나 여신에게 바쳤다. 아테나 여신은 이 메두사의 머리를 자신의 방패 한가운데에 걸어 그 방패를 바라보는 적들을 돌로 만들었다.
(기원전 450-440년, 뉴욕 메트로폴리탄 박물관 소장)

났다.

　제우스의 분신으로서 아테나는 수많은 영웅들을 도와준다. 아테나는 페르세우스에게 청동방패를 빌려주어 뱀의 머리를 가진 괴물 메두사Medousa를 죽이도록 도와준다. 메두사에게는 마력이 있어서 누구든 그녀를 직접 보면 돌이 된다. 페르세우스는 잘 닦은 청동방패를 통해 메두사를 보면서 공격하여 어려운 모험을 통과할 수 있었다. 메두사의 목에서 솟아나는 피에서 천마天馬 페가소스Pegasos가 날아올랐을 때 벨레로폰Bellerophon으로 하여금 재갈을 물릴 수 있게 도와준 것도 아테나였다. 아테나는 또 테바이의 건설자 카드모스가 샘을 지키는 영험한 용을 죽인 후 어쩔 줄 모르고 있을 때, 용의 이빨을 대지에 뿌려 새로운 인류가 탄생하게 도와주었다.

　또 아테나는 다나오스Danaos가 그의 쌍둥이 형 에깁토스Egyptos

에게 쫓기게 되자 노가 50개 달린 배를 만들어 주어 50명의 딸들과 함께 이집트에서 아르고스로 피신하도록 도와준다. 나중에 다나오스는 자신의 어머니 이오가 아르고스의 왕녀 출신임을 내세워 아르고스의 왕이 된다.

여러 영웅들 가운데 헤라클레스는 특히 아테나의 도움을 많이 받았다. 아테나는 헤라클레스가 거인 알키오네우스와의 싸움에서 고전하자, 이 거인은 자신의 영역에서는 땅에 발을 붙이고 있는 한 절대로 죽지 않는 운명이니 그를 어깨에 둘러메고 그의 영역 밖으로 나가 죽이라고 충고했다. 또 헤라클레스가 조국 테바이를 구하기 위해 미니에스 족과 싸울 때 아테나는 그의 옆에서 같이 싸워 주었고, 변신술이 능한 포세이돈의 아들 페리클리메노스 Periklymenos 가 꿀벌로 둔갑하여 헤라클레스를 기습하려 할 때 위험을 알려주어 물리치게 해 주었다. 지나가는 나그네에게 강제로 씨름을 하자고 하여 잔인하게 죽이던 아레스의 아들 키크노스 Kyknos 를 헤라클레스가 똑같은 방법으로 죽였을 때, 아들의 죽음에 복수하려고 덤벼드는 아레스에 맞서 싸움에서 이기게 도와준 것도 아테나였다. 또 아테나 여신은 헤라클레스가 조국의 안위가 걱정되어 원정을 망설일 때, 보기만 하면 적이 공포에 빠져 도망가게 된다는 메두사의 머리카락을 빌려주어 마음 놓고 원정을 떠날 수 있게 해 주었고, 헤라클레스가 스팀팔로스 Stymphalos 숲의 새떼를 쫓을 때는 청동으로 된 쟁과리를 빌려주었다.

또한 아테나는 아르고나우타이를 위해 손수 도도네의 성스러운 숲의 떡갈나무로 배의 앞부분을 만들어 주었다. 이 나무는 영험하여 인간의 말로 예언을 할 수 있었다. 원정대의 배가 떠돌아다니는 두 개의 바위 심플레가데스 Symplegades 사이를 무사히 빠져나가도록 구름

속에 숨어 배를 밀어준 것도 바로 아테나 여신이었다.

아테나는 칼리돈Kalydon의 영웅 티데우스Tydeus를 도와 테바이 원정에서 혁혁한 공을 세우게 했다. 또 자신의 신전에서 페리클리메노스Periklymenos와 정사를 벌이는 불경을 저지른 이즈메네Izmene에게 티데우스를 인도하여 그녀를 죽이게 했다. 티데우스가 적의 칼을 맞아 심한 상처를 입었을 때 아테나는 올림포스로 달려가 약을 가져온다. 그러나 그 사이에 적을 죽인 티데우스가 적의 해골을 부수어서 골수를 빨아먹는 것을 보고는 역겨워서 그를 죽게 내버려 두고 떠나 버렸다.

트로이아 전쟁에서 여신의 사랑은 티데우스의 아들 디오메데스에게로 향한다. 여신은 디오메데스가 전차를 타고 적진으로 뛰어들어 적장이었던 명궁 판다로스Pandaros를 죽이고 아이네이아스에게 상처를 입힐 때 그의 옆에 있었다.

트로이아 전쟁의 최고 영웅 아킬레우스 역시 아테나 여신의 수호를 받았다. 아킬레우스가 아가멤논과 브리세이스Briseis를 놓고 다툴 때, 아테나 여신은 그가 흥분하여 실수하지 않도록 그의 손을 꼭 잡아주었다. 아테나는 아킬레우스가 친구 파트로클로스Patroklos를 잃은 슬픔에 잠겨 자지도 먹지도 않으며 슬퍼하고 있을 때, 신들의 음료수인 넥타르nectar와 불사의 음식인 암브로시아ambrosia를 가져와 돌보아 주었고, 헥토르Hektor의 판단을 흐리게 하여 아킬레우스와 결투를 벌이게 하여 죽게 만든 것도 아테나의 농간이었다.

지루하게 계속되는 트로이아 전쟁에서 그리스인들에게 가짜 목마를 만들어 성안으로 몰래 들어가 최후의 승리를 거머쥐도록 유도한 것도 아테나 여신의 책략이었다.

아테나 여신의 사랑을 특히 많이 받은 영웅은 꾀 많은 오디세우스Odysseus이다. 아테나는 오디세우스가 적장 레소스Resos를 밤에 기습하여 죽이도록 도와주었다. 또 오디세우스가 포세이돈의 미움을 받아 바다에서 방황할 때, 여신은 항상 그의 옆에 머물면서 도움을 아끼지 않았다. 아테나는 제우스에게 부탁하여 요정 칼립소Kalypso에게 잡혀 있던 오디세우스를 풀려나게 하였고, 오디세우스의 아들 텔레마코스Telemachos에게 접근하여 아버지를 찾아 나서라고 부추겼고, 오디세우스가 돌아왔을 때 아버지와 함께 페넬로페Penelope의 구혼자들을 물리칠 수 있도록 준비시켰다. 페넬로페에게 오디세우스만이 성공할 수 있는 과녁인 일곱 개의 도끼 구멍을 꿰뚫어야만 결혼하겠다는 조건을 내세우게 한 것도 여신이 꾸민 일이었다. 구혼자들을 죽였기에 일어난 이웃 도시들과의 분쟁을 조정하여 원만하게 일을 마무리 지은 것도 여신의 솜씨였다.

아가멤논의 아들 오레스테스는 아버지의 복수를 위해 어머니 클리타임네스트라를 죽였다. 자신의 피붙이를 죽여 천륜을 어긴 죄인들을 쫓는 복수의 여신들인 에리니에스는 오레스테스에게 피값을 요구했다. 아테나는 아테네의 아레이오스 파고스Areios Pagos 언덕에서 재판을 열어 오레스테스와 에리니에스를 중재한다. 배심원의 표가 동수를 이루자 재판장인 아테나는 오레스테스가 아버지의 복수를 하기 위해 한 살인이므로 무죄라고 선언한다. 근친살해에 대한 피의 복수를 직분으로 갖고 있는 에리니에스들이 이 판결에 거세게 항의하자 여신은 이들에게 앞으로 자신과 함께 영원히 아테네에 머물면서 식물의 성장과 수확을 책임지는 여신으로서의 새로운 직분을 약속하여 사태를 무마한다. 또 오레스테스가 타우로스Tauros의 왕 토아스Thoas에게 쫓길 때에도 아테나가 그의 목숨을 구해준다.

아테나 여신은 많은 영웅들을 도와주었지만 약자에게 잔인하게 굴거나 야만스러운 짓을 하거나 정의롭지 않은 일을 한 자들은 결코 용서하지 않았다. 자신이 사랑하던 영웅 티데우스가 적의 해골에서 골수를 빨아먹는 것을 보고는 역겨움에 그를 죽도록 내버려두고 떠났다. 또 티데우스를 시켜 자신의 신전에서 정사를 벌인 이즈메네를 죽였다. 트로이아가 함락된 뒤, 여신의 신전에서 카산드라Kassandra를 겁탈하려 한 로르코스Lorkos 출신 아이아스Aias는 성난 자신의 동료 전사들에게 돌로 맞아 죽을 뻔했다. 그의 불경으로 말미암아 아이아스의 후손들은 아테나에게 많은 고통을 당하게 된다.

미의 여신을 뽑는 경연대회에서 아프로디테를 선택하여 자신에게 패배의 쓰라림을 안겨준 파리스를 아테나는 용서할 수 없었다. 이 패배가 무적인 아테나 여신의 유일한 패배였다. 미의 경연대회에서 자신처럼 실패를 맛본 헤라와 함께 아테나는 파리스의 조국 트로이아를 함락시키기 위해 밤낮을 가리지 않고 동분서주한다. 파리스가 국빈으로 맞아 준 메넬라오스의 아름다운 아내 헬레네를 유혹하여 사랑의 도피행각을 벌인 죄를 묻기 위해서라는 명분을 앞세우기는 했지만, 아테나는 동시에 개인적 원한도 풀고 있는 것이다.

아테나는 헤스티아, 아르테미스와 함께 영원히 순결을 지키며 처녀로 살 것을 허락받은 처녀신이다. 그러나 아테나는 본의 아니게 아이를 얻게 되었다. 어느 날 헤파이스토스는 아테나가 대장간에 온 것을 보고 자신의 사랑을 받고 싶어 온 것이라고 생각해 아테나에게 덤벼들었다. 여신은 놀라 얼른 몸을 피했다. 그러나 욕정을 누를 수 없던 헤파이스토스는 여신의 넓적다리에 사정을 하고 말았다. 불쾌해진 아테나는 양털 한줌을 주워 이를 닦아냈다. 이때 대지에 떨어진 정액에서 상반신은 인간이고 하반신은 뱀인 아이가 태어났다. 아테나는 이 아이에게 에리크토니오스Erichthonios, 즉 양털-대지라는 이름

델피의 아테나 프로나이아 여신 신전
(기원전 500년쯤)

아크로폴리스의 에레크테이온 신전
이 건물은 아테네와 포세이돈, 에레크테우스를 함께 모신 복합적인 신전이다.

델피의 아테나 프로나이아 여신 신전
(기원전 500년쯤)

을 지어 주고 자신이 직접 길렀다. 아이를 바구니에 넣어 아테네의 왕 케크롭스의 큰딸에게 맡기면서 절대로 안을 들여다보지 말라고 일렀다. 그러나 호기심을 이기지 못한 케크롭스의 아내 아그라울로스Agraulos와 다른 딸들은 바구니 안을 들여다보고 아이의 흉측한 모습에 질겁해서는 아크로폴리스 언덕 아래로 몸을 던져 모두 죽었다. 여신은 이를 보고 아크로폴리스를 더 높이려고 가져오던 바위를 그 자리에 떨어뜨리고 말았다. 이 바위가 아테네 시내 한복판에 위치한 리카베토스Lykabettos 언덕이다.

언어학적으로 아테나의 어원은 알 길이 없다. 다만 "Athena"의 어미 "-na"가 여신의 기원이 그리스 시대 이전으로 거슬러 올라간다는 사실을 암시할 뿐이다. 제우스와 마찬가지로 이 여신은 원래 기후현상, 특히 폭풍우와 관련이 있는 신격이었던 것 같다. 우선 여신의 탄생부터가 번개를 암시하고 있다. 제우스의 머리에서 완전무장을 한 채 튀어나오는 모습은 먹구름 속에서 튀어나오는 번개를 연상시킨다. 번개와 천둥을 머금은 시커먼 먹구름의 잠재적 파괴력은 가공할 만하다. 고대인들이 이런 아테나 여신에게 무적의 영예를 바치고 공포에 떨었던 것은 쉽게 이해가 된다. 거인들과의 전쟁에서 아테나의 주특기는 상대방을 거대한 돌이나 섬으로 내리치는 것이다. 이는 먹구름 속에서 엄청난 에너지를 가진 번개가 내리치는 것과 흡사하다. 또 아테나 여신 숭배는 흔히 검은 운석과 연결되어 있다. 제우스가 하늘에서 트로이아 쪽으로 집어 던졌다는 팔라디온Palladion 상도 운석을 연상시킨다. 이 조각彫刻은 실수로 친구 팔라스Pallas를 죽인 아테나가 만든 것으로 이 조각이 있는 한 트로이아 성은 절대로 망하지 않는 신비한 힘을 가지고 있다.

폭풍우의 여신으로서 아테나 신앙의 태고 적 모습은 여러 신화의 단편에서 볼 수 있다. 거인 팔라스를 죽인 후 가죽을 벗겨 방패에 씌우는 행위나 괴녀怪女 고르곤의 피를 두 개의 그릇에 담아 두는 행위는 오래된 마술 의식을 반영하고 있다. 고르곤의 머리카락을 높이 쳐들면 적이 공포에 휩싸여 도망가게 된다든지 메두사의 머리를 보는 사람은 모두 돌이 된다든지 하는 이야기도 먼 옛날의 마술적 제의에서 온 것이다.

새를 쫓으라고 헤라클레스에게 빌려준 청동 꽹과리와 메두사를 죽일 때 거울처럼 쓰라고 페르세우스에게 빌려준 청동 방패 등은 지금도 무속의 무당이나 샤먼들이 쓰는 제구祭具들이다. 특히 우레와 같은 소란스러운 쇳소리를 내는 청동 꽹과리는 폭풍우를 달래 온화한 기후를 바라던 원시인들의 제사와 관련이 있다.

또 신전에서 정사를 벌이는 이즈메네나 카산드라 이야기는 아득한 옛날 풍요와 다산을 위해 신들에게 광란의 축제를 바치는 풍습을 희미하게 비춰주고 있다. 특히 이즈메네의 살해는 신전에서 이루어졌던 인신공희人身供犧에 대한 아련한 기억을 되살려준다. 사냥과 농사가 모두 하늘의 기후에 달려 있던 시대에 원시인들이 좋은 날씨를 바라며 바쳤던 제사와 마술이 아테나 신앙 곳곳에 흔적으로 남아 있다.

아테나 여신이 순결한 처녀신이라는 점도 고대 신앙과 관련이 있다. 좋은 기후를 하늘에 빌고 마술을 걸어 풍요를 가져오기 위해서는 타락하거나 더럽혀지지 않은 순결함이 필요하다. 하늘을 감동시키는 힘은 순결함에서 나오기 때문이다.

폭풍우에 감춰져 있는 무서운 힘을 상징하는 아테나 여신은 자연히 천둥 번개의 신인 제우스의 분신으로 발전했다. 제우스의 머리에

디오메데스와 아레스

트로이아 전쟁에서 그리스 편의 영웅 디오메데스가 아테나의 도움을 받아 전쟁의 신 아레스의 가슴에 부상을 입히는 장면이다.
(기원전 490년쯤, 뮌헨 Staatliche Antikensammlungen 소장)

서 튀어나왔다는 아테나의 탄생신화부터가 이 점을 분명히 한다. 아테나는 제우스의 총애를 독차지하고, 제우스의 무기창고를 자유로이 드나들 뿐 아니라 제우스의 무기인 번개와 방패 아기스를 빌려 쓴다. 실제로 제우스를 대신하여 모든 그리스 영웅들을 보호해 준 것은 아테나였다. 영웅들 가운데 제우스를 직접 본 것은 헤라클레스뿐이었다. 그것도 죽은 후, 신의 반열에 올라 올림포스로 간 다음의 일이다. 그러나 모든 영웅의 모험에는 항상 아테나가 개입한다. 신화의 세계에서 흔히 우주를 주재하는 주신主神은 천지창조를 주관한 후에는 뒤로 물러서서 인간사에는 개입하지 않는다. 제우스도 올림포스의 패권을 차지한 후에는 인간 세계의 일은 아테나에게 맡기고 멀찍이 물러서 있다. 그에게는 신들과 올림포스를 다스리는 일이 더 중요하다.

싸움에 있어서도 그녀의 무공은 제우스에 못지않다. 번개와 천둥을 동반한 폭풍의 신격에서부터 전쟁과 무예의 신격으로 발전한 것은 비교적 쉬운 변화이다. 자신의 몸을 먹구름 속에 감추고 결정적 순간에 적에게 치명타를 날리는 기술이야말로 전투에서 가장 훌륭한 기술이다. 아테나는 적의 약점을 정확하게 파악하여 번개처럼 죽여 버린다. 비록 적이지만 쓸데없는 고통은 주지 않는다. 이런 점에서 아테나는 맹목적이고 무지한 폭력에 의지하여 천방지축으로 싸워대는 아레스와 확연히 구분된다. 아테나는 아레스와 맞서 싸운 두 번의 대결에서 모두 이긴다. 아레스가 자신의 아들 키크노스를 죽인 헤라클레스에게 복수하기 위해 덤볐을 때, 아테나는 헤라클레스에게 아레스의 방비에 빈틈이 있는 곳을 일러주어 찌르게 한다. 상처를 입은 아레스는 엉엉 울며 제우스에게 쫓아가 아테나에 대한 불평을 하지만 제우스는 힘만 믿고 싸움을 일삼는 아레스에게 핀잔만 준다.

아테나는 트로이아 전쟁에서 아레스에게 또 한 번 상처를 입힌다. 지하의 신 하데스한테 빌린 황금 투구를 쓰고 자신의 모습을 아무도 볼 수 없게 한 아테나는 디오메데스 뒤에 숨어 아무것도 모르고 겁없이 덤벼드는 아레스의 아랫배를 찌른다. 살육하는 재미에 기세가 등등하던 아레스는 고통의 비명을 지르며 이번에도 올림포스로 도망친다. 정확한 정보와 치밀한 작전에 의해 최소한의 피해로 상대방을 고통 없이 제압하는 아테나의 전쟁기술은 힘만 믿고 맹목적으로 폭력을 휘두르는 아레스의 호전성과는 비교할 수 없을 만큼 뛰어나다. 정보의 중요성을 깨닫고 또 효과적인 전쟁기술과 전술개념을 개발했다는 점에서 아테나에게 장군학將軍學을 최초로 세운 공을 돌려야 한다. 변덕스러운 날씨를 다스리는 신격에서 전쟁을 기술적으로 수행하는 신격으로의 변화는 자연스러운 것이다.

아테나 여신의 신화에는 모계사회의 특성과 가부장 사회의 특성이 섞여 있다. 아테나의 도움을 받아 이집트에서 아르고스로 온 다나오스는 어머니 이오의 혈통을 앞세워 아르고스의 왕위에 오른다. 아테나의 사랑을 받은 또 다른 아르고스의 영웅 페르세우스도 메두사를 처치하고 난 후 고향에 돌아가 어머니 다나에Danae의 혈통을 이어받아 왕이 된다. 전형적인 모계사회의 전통이다.

이들 영웅보다 아래 세대에 속하는 영웅 오레스테스의 신화에는 모계사회에서 가부장제 사회로 넘어가는 시대의 흔적이 나타난다. 오레스테스는 미케네의 왕비인 어머니를 죽임으로써 왕족의 혈통을 끊어놓았다. 모계사회의 관점에서 보면 왕을 죽이는 것보다 더 큰 죄를 저지른 것이다. 따라서 모계사회의 전통을 수호하는 복수의 여신들인 에리니에스의 추격을 당하게 된다. 가부장제 사회의 상징인 제우스의 분신으로서 아테나는 오레스테스와 에리니에스 사이에서 중재에 나선다. 아테나는 에리니에스에게 오레스테스를 용서하고 모계사회의 전통을 포기하는 대신 식물의 성장과 수확을 책임지는 여신으로서 아테네인들의 공경을 받으면서 자신과 함께 영원히 아테네에 살자고 제의한다. 아테나의 이 제안이 주신 제우스의 뜻이기에 거역할 수 없음을 안 에리니에스는 이를 수락한다. 모계사회에서 부계사회로의 전환은 이렇게 어렵사리 이루어졌다.

문명의 창시자, 다양한 신격의 아테나

아테나는 도시국가 아테네의 수호신으로 알려져 있다. 그러나 아테나 여신은 아테네를 손쉽게 얻은 게 아니다. 포세이돈이라는 강력한 경쟁자가 있었다. 아테나와 포세이돈이 아테네를 두고 경합하자, 제우스는 평화적인 방법으로 문제를 해결하자고 제안했다. 둘 중에서 아테네 주민들에게 더 좋은 선물을 하는 쪽이 소유권을 인정받도록 하자는 제안이었다. 포세이돈은 자신의 무기 삼지창으로 땅을 찔러 샘이 솟게 하였다. 아테나는 그 샘 옆에 올리브나무를 하나 심었다. 최초의 올리브였다. 신들과 주민들은 올리브 열매가 샘물보다 더 유용하다고 판정했다. 화가 난 포세이돈은 그때까지 아테나가 살던 아르카디아 지방에 홍수를 보내 심술을 부렸지만 결과에는 승복했다. 아테나는 홍수로 피폐해진 아르카디아를 떠나 아테네로 거주지를 옮겼다.

소아시아 리디아의 왕 이드몬Idmon에게는 아라크네Arachne라는 아름다운 딸이 있었다. 그녀는 길쌈과 자수에 빼어난 솜씨를 보였다. 세상 사람들은 아라크네의 수예 솜씨가 아테나보다 낫다는 말까지 했다. 이에 우쭐해진 처녀는 정말로 아테나 여신과 솜씨를 겨루어도 자신이 나을 것이라는 오만한 생각에 빠졌다. 아테나는 이 건방진 처녀를 그냥 놓아둘 수가 없었다. 둘은 신들과 인간들이 지켜보는 가운데 양탄자를 짜는 경기를 벌였다. 아테나의 솜씨도 뛰어났지만 아라크네 역시 만만하지 않았다. 우열을 가리기 힘들었다. 그러나 인간이 여신을 이길 수는 없었다. 너무 뛰어난 아라크네의 솜씨 때문인지 아니면 아라크네의 오만이 정도를 지나쳐 하필이면 양탄자에 올림포스 신들의 정사 장면을 담아서인지, 여신은 더 이상 화를 참을 수 없게 되었다. 여신은 아라크네를 거미로 만들어 평생 실을 잣고 옷감을 짜며 살게 만들었다.

아테나는 어린 시절 바다의 신 트리톤Triton의 손에 양육되었다. 트리톤에게는 팔라스라는 딸이 있었다. 둘은 항상 무술놀이를 하며 놀았다. 동갑내기인 이들은 결코 서로 지지 않으려 했다. 이들이 어느 정도 자랐을 때 둘은 심하게 다투었다. 서로가 상대방을 죽일 듯이 싸움판을 벌였다. 한 순간 아테나가 위험에 빠졌다. 팔라스가 아테나에게 치명적인 공격을 할 찰나에 올림포스에서 이를 보고 있던 제우스는 방패를 들어 아테나를 막아 주었다. 이를 기회로 아테나가 팔라스를 내리쳤다. 이것이 치명타가 되어 팔라스는 죽고 말았다. 어처구니 없이 친구를 죽인 아테나는 슬픔에 빠졌다. 자신의 순간적인 실수로 죽은 친구를 영원히 기리기 위해 아테나는 손수 팔라스의 모습을 조각해 제우스의 방패인 아기스 복판에 매달았다. 언젠가 제우스는 이 상像을 땅으로 던졌다. 이 조각이 트로이아 성을 적으로부터 지켰다는 그 유명한 팔라디온이다. 전설에 의하면 팔라디온 상像 스스로가 트로이아 성 안에 있는 아테나 신전으로 들어가 자리 잡았다고 한다.

고대 여신은 모두 다산과 관계가 있다. 아테나도 예외는 아니다. 포세이돈과 아테네를 두고 다투는 신화에서 우리는 아테나가 올리브 농사를 주관하는 다산과 풍요의 신격을 가지고 있음을 알 수 있다. 이 신격은 매우 오래된 것이다. 아울러 이 신화는 아테나가 물에 대한 신앙과도 관련이 있음을 보여 준다. 삼지창으로 아크로폴리스에 샘물을 만든 포세이돈은 바다의 신이다. 아테나가 어린 시절 트리톤의 손에서 자랐다는 설화도 이를 뒷받침한다. 트리톤은 포세이돈의 분신이다. 포세이돈의 아내 이름은 암피트리톤Amphitriton이다. "triton-"이라는 어간은 물이라는 의미를 가지고 있다. 매우 암시적이다. 올림포스 신앙이 그리스 땅에 자리 잡기 훨씬 이전의 먼 옛날 아테나와 포세이돈은 공동의 신으로 함께 숭배 받았던 것 같다.

아테나는 모든 기술을 주관하는 신이다. 여신은 이미 아르고나우타이를 위하여 말을 할 수 있고 예언능력을 가진 도도네 숲의 떡갈나무로 배를 만들어 주었다. 또 벨레로폰Bellerophon에게는 천마 페가소스에게 재갈을 물리는 법을 가르쳐 준다. 이로써 아테나는 인류에게 가축을 길들이는 법을 전수하게 된다. 또 전차를 만들어 이용하는 법도 아테나의 발명으로 알려져 있다. 난공불락의 트로이아 성을 공략하기 위해 목마를 만들어 적을 속이는 작전도 아테나의 책략이었다. 전투하기 전에 공포를 쫓고 용기를 북돋우기 위해 전사戰士들이 추는 춤도 아테나가 처음 고안하여 쿠레테스 족에게 가르쳐 주었다. 아테나 여신은 전쟁에 전술이라는 개념을 만들었을 뿐만 아니라 전쟁을 보다 효과적으로 수행하기 위한 여러 전쟁무기와 방법도 발명했다.

그러나 아테나의 발명은 전쟁을 위한 무기에만 머물지 않는다. 전쟁터에서 영웅들을 도와주는 전쟁의 신 아테나는 전쟁이 없는 시기에는 가정과 도시의 안녕을 지키는 평화의 수호신이다. 민족 이동의 어수선한 암흑기가 끝나고 세상에 질서가 잡히면서 전쟁은 잦아들었다. 무기보다는 길쌈과 토기가 더 중요해 졌다. 지혜의 여신인 아테나는 평화 시에도 자신의 재주를 마음껏 발휘하여 인간에게 유용한 생활필수품들을 발명한다. 길쌈과 방적은 여신의 발명품 중에서도 가장 요긴한 것이다. 아테나는 손수 짠 옷감으로 판도라의 옷을 만들어 선물하였다. 헤라가 제우스와 결혼할 때 입은 결혼 드레스도 아테나의 작품이다. 헤라클레스와 이아손에게도 손수 지은 옷을 선사하였다. 판다레오스의 딸들에게는 길쌈과 방적 기술을 직접 가르쳤다. 오만했기에 신의 형벌을 받아 거미가 된 가련한 여인 아라크네의 설화는 길쌈과 방적을 주관하는 아테나 여신의 직분을 잘 나타내준다.

아테나가 양털-대지라는 의미의 이름을 가진 에레크토니오스라는 아이를 우연치 않게 얻어 기르게 되었다는 설화도 길쌈과 관련된 여신의 직분과 관련이 있다. 폭풍우의 여신 아테나와 뭉게구름을 연상시키는 양털 뭉치에서 실을 잣는 기능을 연관시키는 것은 아주 자연스러운 일이다.

팔라스는 아테나를 지칭하는 또 다른 이름이다. 팔라스 설화에서 아테나의 최종적인 신격이 발전해 나온다. 손수 팔라디온상을 제작했다는 일화에서 아테나는 손으로 무엇인가를 제작하는 모든 기술자들의 수호신이 되었다. 처음에는 목공예를 하는 기술자와 돌을 다듬어 조각하는 석수들의 수호신이었으나, 문명이 발달함에 따라 청동공예 기술자를 비롯한 금속공예 기술자들의 수호신으로 발전해 갔다. 뿐만 아니라 아테나는 흙으로 토기와 도자기를 빚는 도공들의 수호신이기도 하다. 이 신격에서 시인, 웅변가, 화가를 비롯한 모든 예술가의 수호신으로 발전해 갔다.

그리스어의 테크네 techne 란 낱말은 예술, 기술, 기능, 기예, 학문 모두를 포괄하는 의미를 가지고 있다. 따라서 아테나는 철학의 수호신이기도 하다. 한마디로 아테나는 모든 지적 활동을 주관하는 신이다. 지금도 아테나의 라틴어 이름인 미네르바 Minerva 는 영어에서 지혜로움을 총체적으로 일컫는 말로 쓰이고 있다. 우주를 주관하는 전지전능한 주신 제우스가 사려와 지혜의 여신 메티스를 집어삼켜 얻은 딸이 아테나이니 그녀가 지혜의 여신으로 추앙받는 것은 당연하다.

수공업에 종사하는 사람들의 수호신이란 직분에서 아테나는 대장장이 신 헤파이스토스

아테나 여신
파르테논 신전에 모셨던 페이디아스의 아테나 여신상을 축소한 로마시대의 복제품. 완전무장을 한 여신의 오른쪽에는 승리의 여신 니케가 서 있다.
(기원후 2~3세기, 아테네 국립 고고학박물관 소장)

와 직분이 겹친다. 그러나 아테나 역시 구름 속에 감춰진 불꽃, 즉 번개의 여신임을 떠올린다면 이렇게 직분이 겹치는 것을 자연스레 이해할 수 있다. 프로메테우스, 헤파이스토스, 아테나와 같이 불과 관계 있는 신들은 모두 인류 문명의 발전과 관련이 있다. 인간의 문명이란 결국 불을 사용하면서 시작된 것이기 때문이다.

아테네의 은화
아테나 여신의 상징인 부엉이와 올리브 가지가 조각되어 있다. (기원후 2-3세기, 아테네 국립 고고학 박물관 소장)

인류의 생활을 편하게 해주기 위한 아테나의 발명은 계속된다. 피리도 아테나의 발명품이다. 그러나 여신은 피리 부는 자신의 모습이 우스꽝스럽게 보인다는 사실을 알고 길가에 버렸다.

여신은 또한 인간에게 필요한 여러 제도를 만들어 주었다. 가장 중요한 것은 재판제도의 발명이다. 아테나와 포세이돈이 아테네의 소유권을 놓고 다툴 때, 제우스는 폭력이 아니라 경연競演을 통해 불화를 평화적으로 조정하는 방법을 고안했다. 이는 매우 중요한 변화이다. 인류는 이제 자신들의 이해利害 관계를 분쟁이 아닌 조정을 통해 평화적으로 해결하는 법을 알게 되었다. 또 아레스가 자신의 딸을 겁탈하려던 포세이돈의 아들을 죽여서 아레스와 포세이돈 사이에 큰 싸움이 벌어졌을 때, 아테나는 아레이오스 파고스 Areios Pagos 바위, 즉 아레스의 바위에서 세계 최초의 재판을 주관한다. 이 재판에서 아레스는 정당방위를 인정받아 무죄를 선고 받는다. 이 재판은 매우 공정하다고 알려져 그 후 신과 인간들은 자신들의 분쟁을 이 아레이오스 파고스 법정에서 재판 받기를 원했다. 에리니에스에게 쫓기는 오레스테스에 대한 재판을 주관한 곳도 바로 아레이오스 파고스였다. 오늘날까지도 그리스에서는 대법원을 아레이오스 파고스라 부른다.

공정한 재판과 법의 준수는 바로 국가의 확립과 직결된다. 공정한 재판의 주관자로서 아테나의 직분은 도시국가의 수호신으로 발전했다. 이를 증명하듯 아테나는 다나오스와 페르세우스, 에레크토니오스와 같은 많은 영웅들을 여러 도시국가의 왕으로 만들어 주었다. 모든 도시는 성곽을 가지고 있었기에 아테나는 성곽을 보호하는 직분도 갖게 되었다. 국가의 안정은 가정의 안정을 전제로 하기에 아테나는 가정의 기반을 지켜 주는 직분도 갖게 되었다.

아테나는 또한 전쟁터의 부상병들을 치료해 준 최초의 의사이기도 하다. 의술과 관련된 아테나의 행적은 무척 많다. 그녀는 상처를 입은 티데우스에게 약을 가져다 주려고 하였다. 트로이아 전쟁에서 친구 파트로클로스를 잃은 슬픔에 식음을 전폐한 아킬레우스에게 신들의 음식을 가져다 주어 건강을 유지하게 해 주었고, 또 헥토르가 아카이아군의 진영을 종횡무진 휩쓸 때, 디오메데스와 다른 영웅들의 눈을 쓰다듬어 주어 사물을 보다 잘 볼 수 있도록 도와주었다. 고르곤의 피를 에레크토니오스에게 준 것도 마술적 의술행위를 상징한다. 실제로 고대 그리스인들은 아테나의 치유능력을 믿었다. 특히 눈병에는 여신의 치료가 가장 좋다고 믿었다.

이와 같이 아테나 여신은 문명과 관련된 모든 분야에서 눈부신 활약을 한다. 우리가 현대를 살아가기 위해 필요한 모든 기술의 뿌리에는 아테나 여신이 버티고 서 있다. 아테나 여신이야말로 인류 문명의 수호신이다. 그녀는 발전과 진보의 수호신으로서 옛 기술에 집착하지도 만족하지도 않는다. 항상 시대 변화에 적응하며 새로운 것을 두려워하지 않으며 오히려 새로운 것을 추구한다. 그녀가 지금 우리 곁에 있다면 컴퓨터와 모든 소프트웨어의 수호신이 되었을 것이다.

또한 그녀는 결코 경색되지 않은 자유로운 생각의 소유자이다.

이것은 또한 고대 그리스의 정신이다. 전통과 금기에 얽매이지 않고 끊임없는 지적 도전에 응하는 자세야말로 현대 문명의 특징이요 과학 정신이다. 아테나는 진리가 있는 곳으로 나아감에 있어서, 그리고 지적 탐구를 함에 있어서 두려움을 떨치고 용감하게 맞서는 자들의 수호신이다. 결코 현실에 안주하지 않고 새로운 것을 찾아 나서는 선구자적 탐험정신이 아테나의 특성이다.

아테나는 금기를 모르는 지적 개척자이자 호기심의 수호자이다. 그러기에 아테나 신화는 원시 신앙의 흔적에서부터 그리스의 황금기인 기원전 5세기까지 알려진 신앙의 요소를 모두 보여 주고 있다. 아테나 신앙은 고대의 특성을 그대로 간직한 채, 시대의 변천과 함께 발전해 왔다. 그래서 그녀의 신격은 매우 복잡하다. 인신공희와 같은 원시 신앙의 어두운 면부터 철학자의 수호신에 이르기까지 다양한 신격은 세월의 흐름과 함께 발전해 온 아테나 신앙의 깊이를 보여 준다. 이 다양한 신격을 이어주는 단 하나의 특성은 끊임없는 지적 탐구와 새로운 시대에 대한 적극적인 적응이다. 아테나 여신의 특성을 한 마디로 요약한다면 진보적 자세이다. 아테나는 인간 탐구 정신의 승리를 상징한다. 이 여신은 결코 죽지 않는다. 죽은 적이 없다. 아직도 우리 옆에 서서 현대 영웅들의 외로운 지적 투쟁을 도와주고 있다. 아테나는 인간 한계에 도전하는 자들의 수호자이다. 인간 복제도, 게놈 연구도, 우주 탐사도, 컴퓨터와 통신의 놀라운 발전도 아테나에게는 두렵지 않다. 종교가 경계하는 인간의 한없는 호기심에 대한 도전을 아테나는 조용히 미소 지으며 바라보고 있다. 다만 정말 신이 있어 인간의 호기심에 대한 한없는 도전을 응징한다면 아테나는 인류를 위하여 무엇을 할까? 궁금할 뿐이다.

9장

질서와 안정을 지키는 빛의 신
아폴론

지구의 배꼽 : 델포이 신전

아테네를 벗어나 북쪽으로 한 시간쯤 가면 카드모스가 세운 도시 테바이를 지나게 된다. 이 도시에서 헤라클레스와 디오니소스가 태어났다. 오이디푸스의 비극으로 유명한 도시다. 아버지를 살해하고 어머니와 결혼한 영웅의 비극은 자신으로 끝나지 않는다. 그의 두 아들은 왕위를 다투다가 서로 찔러 죽인다. 딸인 안티고네 Antigone 는 외삼촌 크레온 Kreon 의 부당한 법령에 맞서 오빠의 장례를 치른 죄로 동굴에 갇혀 죽는다. 존속살해와 근친상간, 오만으로 가득한 비극의 현장이다. 그러나 아무도 이 유서 깊은 도시를 찾는 사람은 많지 않다. 옛 유적지를 온통 아파트와 상점이 차지해 버려 역사의 흔적이 조금도 남아 있지 않기 때문이다. 인간의 오만에 대한 올림포스 신들의 처벌은 아직도 끝나지 않은 모양이다.

테바이에서 왼쪽으로 꺾어 또 한 시간쯤 달리면 웅장한 파르나소스 산이 앞을 가로막는다. 파란 하늘에 녹색의 덩어리처럼 우뚝 솟

파르나소스 산의 로디니와 플레우코스 절벽 사이에 위치한 아폴론 신전

은 이 산의 정상은 대홍수 뒤에 데우칼리온과 피라의 배가 닿은 곳이다. 길이 가파른 오르막으로 이어지면 멀리 하얀 집들이 보인다. 해발 942미터에 위치한 아라호바Arahova라는 마을이다. 성경 구절대로, 산 위의 마을은 드러나게 마련이다. 이 마을은 여름에는 델포이를 찾는 관광객으로 넘치고, 겨울에는 파르나소스 산으로 스키를 타러 가는 사람들로 붐빈다.

델포이에서 이테아Itea 항까지 이어지는 가파른 골짜기는 온통 올리브로 바다를 이루고 있다. 바람이 불어 올리브나무 이파리가 은빛으로 물결친다. 바람은 싱그럽다. 공해에 찌든 허파가 모처럼 신선한 공기에 생기를 되찾는다. 아래쪽 아주 먼 곳에서 바다가 햇빛에 반짝인다. 하늘을 찌를 듯한 산, 지하의 세계로 이어지는 듯한 가파른 계곡, 멀리 평화롭게 빛나는 바다가 한눈에 들어온다. 정말 지구의 중심에 서 있는 기분이다.

9장 질서와 안정을 지키는 빛의 신, 아폴론 231

델포이는 하늘과 땅, 지하 세계가 하나의 축을 이루며 만나는 우주의 배꼽이다. 델피 박물관에는 지금도 우주의 배꼽을 조각한 유물이 남아 있다. 모든 종교적 중심지는 우주의 중심이다. 우주의 기가 이곳에서 하나가 된다. 올림포스 신앙의 중심지인 델포이는 하늘로 향하는 높은 산과 지하로 통하는 깊은 계곡을 갖추고 있다. 또 발아래로는 푸른 바다가 펼쳐져 있다. 우주의 배꼽에 걸맞은 형상이다. 우리의 풍수지리설과는 전혀 다른 의미에서 명당자리다.

지정학적으로도 델포이는 고대 그리스 세계의 한복판에 위치한다. 그리스인들만의 종교 제전이었던 고대 올림픽의 개최지 올림피아Olympia와 달리, 델포이는 국제적인 종교 중심지였다. 이집트인들도 리디아인들도 신탁을 받기 위해 델포이를 찾았다. 그리스인뿐만 아니라 외국인에게도 델포이는 우주의 중심이었다.

이곳에서 시간의 흐름은 멈춘다. 속세의 욕정과 고뇌를 버려야 하는 곳이다. 신전으로 향하는 길목에 "너 자신을 알라Gnothi seauton", "지나침이 없어야 한다Meden Agan"라는 경구가 새겨져 있어 인간의 오만과 욕심을 경계한다. 아래로 이테아 항구에 정박한 배들이 점으로 보이고 산으로 올라가는 양치기와 양의 무리가 개미보다 작게 보이는 델포이에서 인간의 왜소함이 저절로 느껴진다.

지구의 배꼽, 옴팔로스

옴팔로스 위에 새겨진 매듭이 무엇을 의미하는지는 알 수 없다. 아래쪽 구멍에는 비둘기상이 끼워져 있었을 것으로 추정된다. 반대편에 또 하나의 구멍이 있는데, 비둘기 두 마리를 옴팔로스에 조각해 놓은 것은 대지의 양쪽 끝에서 날려 보낸 두 마리의 비둘기가 델포이에서 만났다는 전설을 암시하는지도 모른다.
(기원전 4세기, 델피 고고학 박물관 소장)

아폴론의 탄생

티타네스 족 아버지 코이오스Koios와 포이베Phoibe의 딸인 레토는 제우스의 사랑을 받고 임신한다. 그러나 레토가 자신의 아들 아레스보다 위대한 아들 아폴론을 낳을 것을 안 헤라는 질투심에 불타 레토의 해산을 집요하게 방해한다. 레토에게 해산을 허락하는 곳은 영원한 불모지로 만들어 버리겠다는 헤라의 협박 때문에 레토는 해산할 장소를 찾을 수 없었다. 크레타 섬을 한 바퀴 돌았지만 허사였다. 그녀는 하는 수 없이 바다를 건넜다. 아테네를 거쳐 다시 해안을 따라 북상했다. 부질없는 짓이었다. 헤라가 두려운 나머지 어느 땅도 감히 레토를 받아들이지 않았다. 이 때문에 레토는 다시 섬들을 거쳐 소아시아 지방의 해안을 따라 내려갔다. 하지만 에게해 전역을 돌아다녀도 자신을 받아주는 곳은 아무데도 없었다.

델포이로 돌아가는 아폴론
아폴론이 화살통을 메고 손에는 리라를 쥔 채 세발 솥 위에 앉아 날개가 달린 배를 타고 델포이로 돌아가고 있다. 배 주변에는 돌고래들이 놀고 있다. 그리스어로 돌고래는 '델피스'라고 하는데 이 이름은 신탁으로 유명한 아폴론의 성소인 델포이와 음이 비슷하여 고대 그리스 도자기 그림에 아폴론을 상징하는 동물로 자주 나타난다.
(기원전 480-470년, 로마 바티칸 박물관 소장)

마침내 델로스Delos섬에 도착했다. (242쪽 '레토의 방황'지도 참고) 이 섬은 너무 척박하여 아무것도 손해 볼 게 없었다. 아폴론을 낳으면 가장 먼저 이 섬에 그의 신전을 지어 줄 것을 약속한 후 레토는 겨우 델로스로부터 몸을 풀어도 좋다는 허락을 받았다. 올림포스의 모든 여신들이 위대한 신의 탄생을 보기 위해 델로스로 모여들었다. 그러나 이번에는 헤라가 해산을 주관하는 여신 에일레이티이아를 놓아 주지 않았다. 아흐레 밤낮 동안 진통이 왔으나 좀처럼 아이를 낳을 수 없었다. 보다 못한 신들이 무지개의 신 이리스를 보내 에일레이티이아를 불러오게 했다. 헤라가 눈치 못 채게 에일레이티이아에게 다가간 이리스는 황금 목걸이로 매수하여 그녀를 델로스로 데려왔다. 그때서야 레토는 종려나무를 붙잡고 무릎을 꿇은 자세로 아이를 낳았다. 에일레이티이아는 능숙하게 아폴론을 받아 정성스럽게 씻어 주고는 긴 포대기로 감쌌다. 아폴론이 태어나는 순간 포세이돈은 바다 밑 깊숙한 곳에서부터 거대한 기둥을 세워 떠돌이 섬인 델로스를 고정시켰다.

레토는 아이에게 젖을 먹일 필요가 없었다. 테미스 여신이 아이에게 신들의 음식인 넥타르와 암브로시아를 손수 떠먹였기 때문이다. 신의 성장은 빠르다. 포대기는 저절로 풀어지고 아폴론은 순식간에 젊은이로 자라났다. 놀라는 신들에게 아폴론은 자신은 앞으로 리라를 켜고, 활을 쏘고, 신탁을 내리며 살겠노라고 선언했다.

모든 여신들이 그의 매력에 감탄할 때, 델로스 섬은 자신의 대지에서 위대한 신을 받았다는 기쁨에 황금빛으로 빛났다. 아폴론은 약속대로 자신의 첫 신전을 이 섬에 세웠다. 아폴론은 적어도 1년에 한 번 이 섬으로 돌아와서 자신의 탄생을 기념하는 축제에 참가할 것이고, 그때마다 델로스는 그리스 세계에서 온 참배객들로 가득 채워질

리라를 연주하는 아폴론
아폴론이 레토(왼쪽)와 아르테미스 사이에서 리라를 연주하고 있다. 아르테미스 여신의 신성한 동물들인 표범과 사슴도 아름다운 음악소리에 빠져 있다.
(기원전 6세기 말, 런던 영국 박물관 소장)

것이었다. 이로써 불모의 섬은 모든 그리스인의 숭배를 받는 가장 영광스러운 성지로 바뀌었다.

    태어난 지 하루도 안 되어 아폴론은 올림포스로 향하였다. 아버지 제우스는 자랑스러운 아들 아폴론을 반가이 맞았다. 올림포스로 들어서는 아폴론의 손에는 시위가 당겨져 있는 활이 들려 있었다. 이렇게 무력시위를 하는 그의 살벌한 모습에 제우스와 레토를 제외한 다른 신들은 겁을 먹었다. 모두 일어서서 그의 눈치를 살피며 그를 마중하였다. 레토가 다정히 그에게 다가가 달래듯 부드럽게 시위를 늦추고 활과 화살통을 받아 제우스의 옥좌 옆에 있는 황금못에 걸어 주었다. 아폴론은 제우스의 오른편 의자에 거만하게 앉았다. 그러자 제우스는 이렇게 모두가 두려워하는 아들이 대견해서 자신의 황금잔에 손수 넥타르를 따라 주었다. 아폴론이 이 잔을 받아 마시고 나서야 다른 신들도 비로소 평화로운 분위기를 되찾고 제자리로 돌아가 앉았

올림피아의 아폴론

라피타이 족과 초대 받은 결혼식 피로연에서 무례하게 군 켄타우로스 족 사이의 전쟁에서 라피타이 족을 편들어 싸우는 장면을 형상화한 아폴론 상이다. 올림피아의 제우스 신전 서쪽 박공(지붕과 천장 사이의 삼각형 부분) 조각의 한가운데에 있었다. 단정하게 빗은 아폴론의 고수머리가 인상적인데, 근엄한 표정으로 먼 곳을 바라보는 그의 시선은 영원한 세계를 응시하는 듯하다. 기원전 5세기의 엄숙한 그리스 정신이 잘 표현된 작품이다.
(기원전 457년, 올림피아 박물관 소장)

다. 이런 장면은 1년에 한 번 아폴론이 올림포스에 올 때마다 반복되었다. 다른 신들에게는 다행스럽게도 아폴론은 올림포스에 상주하지 않았다. 그는 주로 델포이나 델로스, 아니면 최북단의 땅 히페르보레이오이Hyperboreioi의 나라에서 지낸다.

그가 올림포스로 올라오는 날에는 커다란 축제가 벌어진다. 아폴론이 리라를 켜면 아홉 명의 무사이들도 제각기 신의 악기로 반주를 한다. 우아함의 여신들인 하리테스와 계절의 여신 호라이는 합창을 하고 아프로디테와 아르테미스를 비롯한 여신들은 춤을 춘다. 아레스와 헤르메스도 흥에 겨워 축제에 뛰어든다. 축제는 흥이 오른 아폴론의 춤으로 막을 내린다. 그가 빠른 걸음걸이로 춤을 추면 주위는 온통 빛으로 덮여 눈부신 섬광이 사방으로 뻗어 나간다. 레이저 쇼보다 더 휘황찬란한 빛의 축제다. 그의 음악과 춤은 신과 인간 모두에게 큰 기쁨이었다.

레토가 해산할 곳을 찾아 여러 지방을 헤매는 이야기는 제우스의 사랑을 받아 이집트의 왕 에파포스를 낳은 이오의 방황과 흡사하다. 고대 지명이 길게 열거되는 이런 이야기를 고대 음유시인들은 좋아했다. 서사시를 듣는 것이 모든 교육의 원천이었으므로 이런 방법을 통해 고대인들은 자신들의 세계에 대한 지리학적 지식을 전수했다.

영웅의 탄생이 기이하고 고난에 찬 것은 영웅의 비범함을 나타내는 증거이다. 위대할수록 영웅의 탄생은 장애물로 가득하다. 아흐레 동안의 진통 후에 태어난 것도, 척박한 땅 델로스에서 태어난 것도 아폴론 신의 위대함을 나타낸다. 예수도 마구간에서 태어났다. 그러나 레토가 종려나무를 끌어안고 아기를 낳는 이야기와 갓 태어난 아기를 긴 천으로 감싸는 것은 당시의 해산 풍습을 그대로 반영하고 있다. 그리스인들은 지금도 갓난아기를 포대기로 꼭꼭 묶어놓는다.

아폴론의 탄생과 함께 떠돌이 섬이었던 델로스가 지구 중심에 묶여 고정되었다는 것은 종교 중심지가 우주의 중심이라는 개념을 나타낸다. 아폴론 신의 성지는 모두 하늘과 지하로 통하는 우주의 중심을 이룬다.

태어난 첫날 아폴론은 자신의 직분을 분명히 밝힌다. 그는 신들의 향연을 위해 리라를 연주하지만, 적에게는 가차 없이 화살을 쏘아 처벌한다. 그리고 신앙심 깊은 인간을 위해서는 제우스의 뜻을 전하는 신탁을 내린다. 무용과 예능, 지혜를 겸한 신이다. 권력의 세 기둥인 물리적 힘과 우수한 기술력, 그리고 정보를 한 손에 쥔 신이다. 제우스 이외에는 지배자의 미덕을 모두 갖춘 아폴론과 대적할 자가 없다. 그가 신들과의 첫 대면부터 활시위를 당긴 채 살기등등한 모습으로 올림포스에 나타나 다른 신들을 공포 분위기로 몰아넣은 것은 자신이 명실공히 올림포스 제2인자임을 확실히 해두기 위해서였다. 제우스는 그의 방자함과 무례함을 꾸짖기는커녕 오히려 은근히 부추긴다. 그는 다른 신들을 겁주는 서슬 퍼런 아폴론이 자랑스럽기만 했다. 모든 면에서 뛰어난 아폴론을 자신의 확실한 심복으로 확보함으로써 제우스는 권좌를 더욱 공고히 했다. 그는 만족하여 자신의 황금 잔에 넥타르를 따라주며 부자父子의 힘을 과시한다. 공포정치다.

신탁을 통해 제우스의 뜻을 세상에 알려주는 아폴론의 직분도 그가 올림포스의 확고한 2인자임을 보여 준다. 최고 통치자의 의중을 분명하게 알고 있는 자는 항상 권력의 핵심에 있게 마련이다. 아폴론은 델포이를 비롯한 지상 곳곳에 종교 중심지를 운영하며 신탁을 내렸을 뿐 아니라 세상 정보를 수집하여 제우스에게 보고했다. 권력의 세계에서는 통치자와 비밀을 공유하는 게 자신의 위치를 공고히 하는 가장 좋은 방법이다. 제우스를 대신하여 직접 세상을 다스리는 아폴론은 1년의 대부분을 올림포스에서 멀리 떠나 있다. 그가 온갖 정보를 갖고 올림포스로 돌아오는 날은 자연히 광란으로 끝나는 향연이 벌어진다. 권력은 놀 때까지도 특권의식을 즐긴다.

아폴론, 델포이에 신탁소를 세우다

제2인자로서 자신의 위치를 다른 신들에게 인정받은 아폴론은 권력을 더욱 확실하게 다지기 위해 제우스의 뜻을 전하는 신탁소를 세우기로 마음먹었다. 올림포스를 떠나 에우보이아 섬을 지나며 신탁에 적당한 장소를 물색했다. 마땅한 곳이 나타나지 않았다. 보이오티아 지방에 들어서자 아주 마음에 드는 장소가 눈에 띄었다. 샘이 깊어 물이 풍부했고 주변은 온통 깊은 숲으로 둘러싸인 곳이었다. 그러나 이곳은 이미 텔푸사Telphousa라는 요정이 관리하

아폴론이 피톤을 죽인 죄를 정죄하기 위해 몸을 씻었다는 페네이오스 강의 템페 계곡

이곳에서 아폴론은 페네이오스 강의 딸 다프네의 미모에 반해 구애하지만, 다프네는 아폴론의 손아귀에서 벗어나게 해 달라고 아버지 페네이오스에게 빌었다. 페네이오스는 그녀를 월계수로 변신시켰다. 그 이후 아폴론은 다프네를 잊지 못해 항상 머리에 월계관을 쓰고 다녔다.

고 있었다. 아폴론은 이 요정에게 자신의 뜻을 전했다. 텔푸사는 자신의 샘터에 아폴론의 신전이 선다면 자신은 더 이상 공물도 받지 못하고 잊힐 것이라는 사실을 알았다. 그러나 감히 맞설 수 없었다. 그녀는 꾀를 내어 이곳은 온종일 나그네들과 그들의 노새가 와서 물을 마시기 때문에 시끄러워 신탁을 내리기에는 적당하지 않다고 하면서 더 좋은 장소를 찾아보는 게 좋겠다고 말했다. 이 말을 그럴듯하게 여긴 아폴론은 좀 더 동쪽으로 나아가다가 파르나소스 산 밑에서 신탁을 내리기에 좋은 장소를 발견했다. 하늘을 찌르는 듯한 준봉과 깊은 골짜기가 어우러진 곳이었는데, 바로 옆에 물이 풍부한 샘이 있었다. 그 샘은 대지의 여신 가이아의 아들인 피톤Phython이라는 큰 뱀이 지키고 있었다. 이 뱀은 성질이 포악하여 샘물을 마시러 오는 짐승과 인간을 가리지 않고 닥치는 대로 마구 잡아먹었다. 아폴론은 이 뱀을 향해 화살 한 대를 쏘았다. 그의 화살은 빗나가는 일이 없었기에 난데없이 날아든 화살을 맞은 피톤은 고통에 울부짖으며 죽어갔다. 그 순간 산이 진동하고 나무들이 뿌리째 뽑혔다. 피

헤라클레스와 '세발 솥'을 두고 다투는 아폴론
델포이의 시프노스 보물창고 페디먼트를 장식한 조각
(델피 고고학 박물관 소장)

톤이 최후의 숨을 몰아쉬고 죽자 사람들은 안전하게 신탁을 받을 수 있었다. 피톤을 죽인 일은 대지의 여신 가이아에 대한 불경이므로, 제우스는 아폴론에게 테살리아 지방의 템페 계곡에 가서 몸을 씻고 죄를 씻으라고 명했다.

이 의식을 기념하여 델포이에서는 8년마다 피톤에 대한 제사를 치렀다. 피톤 제사에서 한 젊은이가 아폴론 역을 맡아 뱀의 집에 불을 지르고는 템페 강에 가서 몸을 씻고 돌아온다. 이때 운동경기와 음악, 연극 경연이 열리는 큰 축제가 벌어졌다. 아폴론은 피톤을 섬기던 여사제들을 그대로 자신의 신전에서 일하게 했다. 이 일을 모두 끝낸 뒤 비로소 요정 텔푸사에게 속은 것을 깨달은 아폴론은 그녀의 샘에 맹수를 보냈다. 그래도 화가 안 풀려 바위로 샘을 메워 버리고 그 위에 자신의 신전을 세웠다. 후대에 카드모스가 테바이를 세울 자리에는 아직 숲만이 깊게 우거져 있을 때의 일이다.

신전을 지은 후, 아폴론은 신전을 돌볼 남자 성직자들이 필요했다. 마침 크레타에서 출발한 상선 하나를 눈여겨본 아폴론은 돌고래로 변신해 그 배에 올라타 배를 펠로폰네소스 반도의 서쪽 해안을 따라 델포이 앞바다까지 끌고 왔다. 크리사Krisa 해변으로 배를 끌어올린 아폴론이 뭍으로 뛰어내리자 눈부신 빛이 온 도시를 덮었다. 도시의 모든 사람들이 이 기적에 놀라 거리로 나왔다. 이번에는 젊은이로 변신한 아폴론이 도시의 모든 주민들과 크레타 출신 선원들을 이끌고 앞장서서 델포이로 오르기 시작했다. 신비한 빛이 그 행렬을 온통 에워쌌다. 그 빛줄기 속으로 세 발을 가진 성스러운 솥이 쏜살같이 날아가더니 신전 한가운데에 자리 잡았다. 델포이 언덕에 도착한 후, 아폴론은 크레타인들에게 앞으로는 고향으로 돌아갈 생각을 하지 말고 이곳에서 자신을 충실히 섬기며 살아가라고 일렀다. 고향에서보다 훨씬 더 잘살게 될 것이라는 것도 잊지 않고 말해 주었다. 그러나 크레타인들은 숲만 울창한 이곳에서 어떻게 풍족한 삶을 살겠느냐고 볼멘소리를 했다. 아폴론은 인간의 어리석음을 비웃으며 곧 수많은 사람들이 신탁을 받으러 와서 넘칠 정도의 봉헌물을 바칠 테니 신이 그렇다고 말하면 그대로 믿는 것이 좋다고 대답했다. 그리고 만약 그들이 신을 위해서가 아니고 자신들의 이익을 위해 행동한다면 곧바로 다른 자들이 와서 그들의 자리를 빼앗을 것이라고 경고했다.

델포이에 신전을 세우는 이야기에는 민간설화적 요소가 많이 나타난다. 특히 영웅이 샘을 지키는 괴물인 뱀을 죽이는 이야기는 빠지지 않는 모티브다. 샘의 주변은 항상 물기로 축축하여 뱀의 이상적인 서식처다. 샘물을 길어가는 아낙네들이 뱀을 무척이나 위험하고 두려운 괴물처럼 느꼈으리라는 것을 짐작하면, 이 모티브가 세계에 널

레토의 방황

아폴론의 여행

델포이의 원형 극장에서 내려다 본 아폴론 신전과 아테네 보물 창고
멀리 델포이의 계곡이 보인다. 이 계곡에는 올리브나무가 바다처럼 넓게 펼쳐져 있다.

델포이의 원형 극장
델포이에서는 4년마다 피티아 제전이 열렸다. 이 제전에서는 운동경기뿐만 아니라 시 낭송과 음악 연주 분야의 경연도 열렸다. 이 대회에서 우승한 사람에게는 올림피아와는 달리 올리브 가지로 만든 관이 아니라 월계수로 만든 관을 씌워주었다. 특히 시 부문에서 우승한 시인에게는 계관시인이란 명칭이 주어졌다.

리 퍼진 이유를 쉽게 이해할 수 있다. 여자와 뱀은 샘을 사이에 두고 대립하고 있다. 이 때문에 뱀을 퇴치하여 위험을 제거해주는 남자들은 항상 영원한 영웅이다.

피톤 축제는 아폴론이 죄를 씻는 의식도 관장하고 있음을 알려준다. 앞에서 살펴보았듯이 아폴론은 피톤을 죽인 죄를 씻기 위해 제우스의 명에 따라 템페 강에 가서 몸을 씻었다. 그 뒤에 그는 두 번 더 정죄의식을 치른다. 한 번은 키클롭스를 죽였기 때문이고 또 한 번은 헤라, 포세이돈과 함께 제우스를 권좌에서 내쫓으려고 했기 때문이다.

아폴론을 속이는 요정 텔푸사의 일화도 민간설화적 성격을 띤다. 크레타인들이 최초의 성직자였다는 이야기는 아폴론 신앙이 크레타에서 들어왔음을 암시한다. 이야기의 마지막에 사제들이 신을 위해서가 아니라 자신들의 이익을 위해 행동하면 그 자리를 잃을 것이라고 경고하는 부분은, 역사 시대에 델포이의 신관들이 크레타 출신이 아닌 것을 설명하기 위해 후대에 덧붙여진 것이다. 아폴론이 돌고래로 변신했다는 설화는 델포이라는 지명을 설명해보려는 민간어원론적 시도이다. 돌고래를 그리스어로 델피스delphis라 한다.

아폴론이 델포이에 신탁을 위한 신전을 세울 때 테바이 시의 터는 아직 깊은 숲이었다는 이야기는, 델포이 신앙이 올림포스 신앙보다 훨씬 오래되었음을 보여 준다. 실제로 델포이에서는 선사시대의 유물이 많이 발굴되었다.

아폴론의 보답 받지 못한 사랑

운동과 음악에 능하고 올림포스에서 제우스 다음 가는 권력을 누리고 있는 아폴론은 생김새도 빼어나서 신들 가운데 가장 미남이다. 키가 크고 부드럽게 굽이치는 고수머리를 한 아폴론의 이목구비는 아름답게 조화를 이루고 있다. 뭇 여성들의 선망의 대상이 되는 것은 지극히 자연스러운 일이다. 그러나 모든 조건이 완벽함에도 불구하고 그의 사랑은 보답 받지 못할 때가 많았다.

강의 신 페네이오스Peneios의 딸인 다프네Daphne는 눈부시게 아름다웠다. 그녀의 아버지는 딸에게 여러 번 적당한 사람을 골라 결혼할 것을 권했다. 그러나 다프네는 아르테미스처럼 순결을 지킨 채 숲 속에서 사냥을 하며 뛰어놀기를 즐길 뿐, 남자에 대해서는 관심이 없었다. 어느 날 우연히 숲을 지나던 아폴론은 다프네를 보자 한눈에 사랑에 빠졌다. 아폴론은 자신이 제우스의 아들 아폴론임을 밝히며 즉시 청혼했다. 그러나 순결을 지키는 것 외에 다른 관심이 없던 다프네는 도망칠 뿐이었다. 그녀의 걸음은 빨랐다. 그러나 달음박질로 아폴론을 따돌릴 수는 없었다. 시간이 감에 따라 둘의 거리는 점점 가까워졌다. 아폴론의 손이 다프네의 어깨에 닿을 때에 다프네는 아버지에게 자신을 구원해 달라고 빌었다. 그녀의 아버지는 겁먹은 딸의 애처로운 모습을 보다 못해 그녀를 월계수로 변신시켜 주었다. 아폴론이 다프네를 따라잡아 품에 안았을 때에 그녀의 다리는 이미 뿌리로, 몸뚱이는 줄기로, 팔과 다리는 가지로, 머리카락은 잎이 되고 말았다. 슬픔을 이기지 못한 아폴론은 자신의 사랑을 거부하고 월계수로 변신한 다프네를 잊지 못해 머리에 항상 월계수 잎으로 만든 관을 쓰고 다녔다.

에우에노스Euenos 강의 딸 마르페사Marpessa와의 사랑도 아폴론에게 깊은 상처만 남겼다. 아폴론이 마르페사를 좋아하는 것을 알게 된 애인 이다스Idas는 그녀를 납치해 도망갔다. 아폴론이 뒤쫓아가 이다스와 한판 싸움이 벌어졌다. 이때 제우스가 끼어들어 싸우지 말고 마르페사 자신의 선택에 맡기라고 조언했다. 두 사나이는 여자의 선택을 존중하겠다고 엄숙히 맹세했다. 아폴론은 모든 점에서 유리한 자신이 선택 받을 것이라고 굳게 믿었다. 사실 마르페사도 아폴론이 더 좋았다. 그러나 세월이 지나 자신의 젊음이 사라지면 아폴론은 결국 자기를 버릴 것임을 알고 그녀는 인간인 이다스를 선택했다.

트로이아의 프리아모스Priamos 왕의 딸 카산드라Kassandra 와의 사랑은 더 비극적이다. 아폴론은 그녀의 사랑을 얻기 위해 어떤 소원이든 들어주겠다고 약속했다. 카산드라는 예언하는 능력을 달라고 했고 아폴론은 약속을 지켰다. 그러고 나서 그녀에게 사랑을 요구했지만 영악한 카산드라는 이를 단숨에 거절했다. 아폴론이 약속이 틀리지 않느냐고 추궁하자, 신이고 남자인 아폴론은 약속을 지켜야 하지만 인간이고 여자인 자신이 왜 약속을 지켜야 하냐고 반문했다. 할 말을 잃은 아폴론은 사랑을 포기할 테니 마지막으로 입맞춤이나 허락해 달라고 부탁했다. 입을 맞추는 동안 아폴론은 그녀의 혀에서 모든 설득력을 빼앗았다.

플레기아스Phlegyas 왕의 딸 코로니스Koronis 와의 사랑은 시작은 좋았으나 끝내 비극으로 끝난다. 아폴론의 사랑을 받기 전 코로니스는 이미 아르카디아의 왕자인 이스키스Ischys 라는 남자와 약혼한 사이였다. 그러나 아폴론에게 반한 코로니스는 신의 사랑을 받아들여 임신하게 된다. 부끄러움 때문에 그녀는 약혼자가 아닌 다른 남자와 몸을 섞어 임신한 사실을 알릴 수 없었다. 결혼 준비는 착착 진행되었고, 예정된 날에 드디어 결혼식이 열리게 되었다. 까마귀 한 마리가 이 사실을 급히 아폴론에게 알렸다. 아폴론은 자신이 사랑하는 여인이 천박하게도 인간과 결혼한다는 데 참을 수 없는 모욕감을 느꼈

아폴론과 까마귀
소매 없는 옷에 자줏빛 겉옷을 걸친 금발의 아폴론이 머리에 도금양나무 가지로 만든 관을 쓰고 땅에 헌주를 하고 있다. 왼손에 거북이 등껍질과 일곱 줄의 현으로 된 리라를 들고 있는 아폴론 앞에는 '신의 새'로 알려진 까마귀가 앉아 있다. 이 까마귀는 혹시 아폴론 대신 인간을 선택한 까닭에 벌을 받은 플레기아스 왕의 딸인 코로니스일지도 모른다. (기원전 480-470년, 델피 고고학 박물관 소장)

다. 이에 누이동생 아르테미스를 시켜 화살 한 대로 코로니스의 목숨을 빼앗게 했다. 차마 자신의 손으로 사랑하는 여인을 죽일 수는 없었던 모양이다. 코로니스의 시신을 화장하기 위한 장작더미가 타오르기 시작할 때 아폴론은 그녀의 뱃속에서 아이를 꺼냈는데, 그 아이가 바로 의술의 신 아스클레피오스이다.

아스클레피오스는 반신반마半神半馬인 켄타우로스 족이었던 케이론Cheiron에게 의술을 배웠다. 그의 솜씨가 너무 좋아 죽은 자들을 살려내기 시작하면서 지하 세계의 인구가 눈에 띄게 줄었다. 이에 위협을 느낀 지하 세계의 신 하데스가 제우스에게 항의하자 제우스는 벼락을 내려 자연의 섭리를 어지럽히는 아스클레피오스를 죽였다. 사랑하는 아들을 잃은 아폴론은 화가 났지만 상대가 제우스인지라 어쩔 수 없었다. 대신 벼락을 만들어 제우스에게 바친 키클롭스를 활로 쏴 죽였다. 이에 화가 끝까지 난 제우스는 아폴론을 영원한 어둠의 세계 타르타로스에 가두려 했다. 레토가 제우스의 무릎에 매달려 자신들의 아들인 아폴론을 용서해 달라고 빌지 않았다면, 아마 제우스는 일을 저지르고 말았을 것이다. 겨우 냉정을 되찾은 제우스는 죄를 씻으라는 의미에서 아폴론을 인간인 아드메토스 왕에게 보내 1년 동안 봉사하게 했다. 아드메토스는 아폴론을 친절하게 대했다. 그래서 아폴론은 그가 아름다운 처녀 알케스테Alkeste와 결혼할 수 있게 도와주었다. 나중에 아드메토스 왕이 죽게 되었을 때 누군가 대신 죽어 준다면 왕의 목숨을 구할 수 있다고 운명의 신들이 결정하자 아내 알케스테가 자청하여 왕을 살렸다. 마음씨 착한 알케스테도 때마침 그곳에 온 헤라클레스의 도움으로 구원을 받는다.

아폴론의 사랑은 여인들뿐만 아니라 미소년들에게까지 이어졌다. 그러나 동성애는 항상 비극으로 끝났다. 아폴론의 사랑을 받은 히아킨토스는 아폴론이 던진 원반에 맞아 죽었다. 그의 피에서 히아신스 꽃이 피어났다. 보이오티아의 미소년 키파리소스도 아폴론의 사랑을 받았다. 이 소년은 꽃사슴 한 마리를 키웠는데, 어느 날 자신이 실수로 던진 창에 꽃사슴이 맞아 죽자 슬픔에 못 이겨 끝내 나무로 변했다. 이 나무가 바로 키가 큰 삼나무이다. 키파리소스의 눈물이 아직도 그치지 않았는지 이 나무는 물을 많이 간직하는 것으로 유명하다.

다프네는 성장을 거부하고 영원히 소녀로 남으려는 여인을 상징한다. 사춘기가 되어 사랑에 눈떠야 할 때의 불안을 이기지 못하고 처녀로 남는 여인의 모습이다. 월계수처럼 깔끔하고 순결하다. 그러나 그것은 식물의 아름다움이다. 살아 움직이는 동물의 생기는 찾아볼 수 없다. 실수로 사슴을 죽였다고 슬퍼하다가 삼나무로 변한 키파리소스도 사춘기의 예민한 감수성을 극복하지 못한 젊은이의 연약한 모습을 보여 준다. 반면 마르페사는 부귀와 영화를 위해 결혼하는 사람들의 불행을 예감하고 황금 조롱에 갇힌 아름다운 새가 되기를 거부한 용기 있는 여인이다. 모든 것이 충족되어 해줄 것이 없는 사람과 사는 것은 견디기 힘든 일이다.

카산드라의 설화는 많은 것을 생각하게 한다. 미래에 일어날 불행을 정확히 알지만 그것을 막기 위해 아무것도 할 수 없다면 얼마나 고통스러울까? 생각만으로도 불행해진다. 카산드라는 미래의 불행을 정확히 예언하지만 아무도 그녀의 말을 믿어 주지 않는다. 트로이아가 함락된 후, 아가멤논의 전리품이 되어 미케네로 잡혀간 카산드라는 아가멤논의 아내 클리타임네스트라가 정부 아이기스토스와 음모를 꾸며 그들을 살해할 것을 알고 아가멤논에게 이 사실을 몇 번이고 말하고 대처할 것을 애원하지만 설득력을 빼앗긴지라 결국 아가멤논과 함께 음모자들의 손에 무참하게 살해되고 만다. 자신이 살해될 것을 뻔히 알면서도 이를 막지 못하고 죽어야 한다는 것은 끔찍한 일이다. 차라리 예언의 능력이 없었다면 괴로움은 훨씬 덜했을 것이다. 어쩌면 현대 지식인들은 누구나 조금씩 카산드라의 비극적인 삶을 살고 있는지도 모른다. 자신의 전공 분야에서 앞으로 세상일이 어떻게 발전할지를 예측할 수 있는 전문가가 미래의 불행을 막아 보려고 팔방으로 애써 보지만 끝내 힘이 없어 그 불행이 한발 한발 다가오는 것을 무기력하게 바라만 봐야 할 때 우리는 자신이 카산드라임을 절망적 심정으로 인정하게 된다.

코로니스와의 사랑 이야기는 다분히 설화적 구조를 가지고 있다. 죽은 여인의 몸이

아폴론과 요정

월계관을 쓴 아폴론이 자줏빛 의상을 벗어 바위 위에 앉아 있는 요정에게 자신의 몸매를 자랑하고 있다. 요정은 오른손에 리라를 잡고 왼손은 허벅다리 위에 괸 채 호기심 어린 눈초리로 아폴론을 바라 보고 있다. 사랑하는 두 남녀의 표정이 천진난만하다. 현대인들과 달리 고대 그리스인들은 사랑 행위를 부끄럽게 여기지 않았다.

9장 질서와 안정을 지키는 빛의 신, 아폴론 249

화장되기 직전에 뱃속의 아이를 꺼내는 이야기는 디오니소스의 탄생설화와 흡사하다. 이는 작열하는 태양 아래 말라 죽어가는 곡식에서 낟알을 거두는 농사행위를 상징화한 것이다. 원반에 맞아 죽는 히아킨토스의 이야기도 초여름에 날로 뜨거워지는 태양열 때문에 말라 죽는 풀꽃을 상징한다. 아폴론이 던진 원반은 다름 아닌 태양이다. 이런 일화들은 태양이 자연에 끼치는 영향을 신격화한 아폴론 신앙의 특성이 잘 나타나는 일화들이다. 아폴론은 원래 목축과 식물의 성장을 돌보는 소아시아 지방의 신이었다. 다프네, 키파리소스, 히아킨토스도 아폴론 신앙에 흡수된 선주민의 지방신들이다. 어원학적으로 그들의 이름은 그리스인 이전의 선주민 언어에서 유래했다.

아폴론이 의약과 질병의 신으로 숭배되는 것은 태양의 치유력과 파괴력에서 기인한다. 햇빛은 생명의 근원이다. 동시에 강렬한 태양광선은 파괴적이다. 특히 자외선은 생명체를 늙게 만든다. 강렬한 햇볕은 살균작용을 하고 치유력이 있지만, 지중해의 강렬한 태양은 여름에 풀들을 누렇게 말라 죽게 한다. 땅 밑에서 곡식을 갉아 먹는 해충들은 햇빛을 보면 죽는다. 질병은 햇살처럼 모든 방향으로 순식간에 퍼져 나간다. 아폴론의 화살이다. 모든 생명을 성장하게 하고 또 늙게 하는 태양의 이중성은 태양의 신 아폴론을 의약과 질병의 신으로 만들었다.

아스클레피오스의 이야기는 죽음을 극복하고픈 인간의 꿈을 이야기한다. 해마다 죽었다가 살아나는 식물처럼 되살아나고픈 인간의 소망을 그리고 있다. 키클롭스를 죽인 죄로 신들에게 죽음을 의미하는 타르타로스에 갇힐 뻔했던 아폴론이 죄를 씻기 위해 봉사한 아드메토스 왕과 그의 처 알케스테의 설화 역시 죽음을 피해 보려는 인간의 헛된 꿈을 바탕으로 하고 있다. 성장을 거부하는 것이나 죽음을 거부하는 것 모두가 자연을 거스르는 것이다. 불사의 신이 아닌 이상 피할 수 없는 운명을 벗어나려는 인간의 행위는 신이 보기에 모두 오만과 불경으로 다가올 뿐이다.

아폴론의 연인과 후손들

아폴론의 사랑이 항상 비극으로 끝난 것은 아니다. 많은 요정들과 인간 여인들이 그의 사랑을 받아들였다. 아폴론은 정식으로 결혼한 적이 없다. 다프네에게 한 청혼이 비극으로 끝난 후, 다른 여인에게 다시 청혼한 적도 없다.

아폴론의 연인 가운데 가장 유명한 것은 음악의 여신 무사이 중에 하나인 칼리오페다. 그녀는 아폴론에게 오르페우스Orpheus를 낳아 주었다. 부모의 핏줄을 증명하듯 그는 그리스 최고의 음악가이다. 아폴론에게서 받은 리라를 켜면 사람은 물론 신들과 짐승들까지도 황홀경에 빠져들어 그의 음악을 즐겼다. 요괴 세이레네스Sirenes가 아름다운 노래로 암초투성이인 섬으로 아르고나우타이를 유혹하여 난파시키려 했을 때 오르페우스는 리라를 연주하여 이겼다. 이 경연에서 진 세이레네스들은 창피해서 그 후로 다시는 노래를 하지 않았다.

오르페우스는 뱀에 물려 죽은 아내 에우리디케Eurydike를 찾기 위해 리라 하나만 들고 무시무시한 지하 세계로 내려갔다. 지하의 온갖 괴물도 그의 리라 소리 앞에서는 양처럼 순하기만 했다. 그의 음악에 감동한 하데스와 페르세포네도 에우리디케를 지상으로 돌려보낼 것을 허락했다. 그러나 마지막 순간에 아직 지하 세계에 있는 아내를 성급하게 뒤돌아보는 바람에 모든 것은 수포로 돌아갔다.

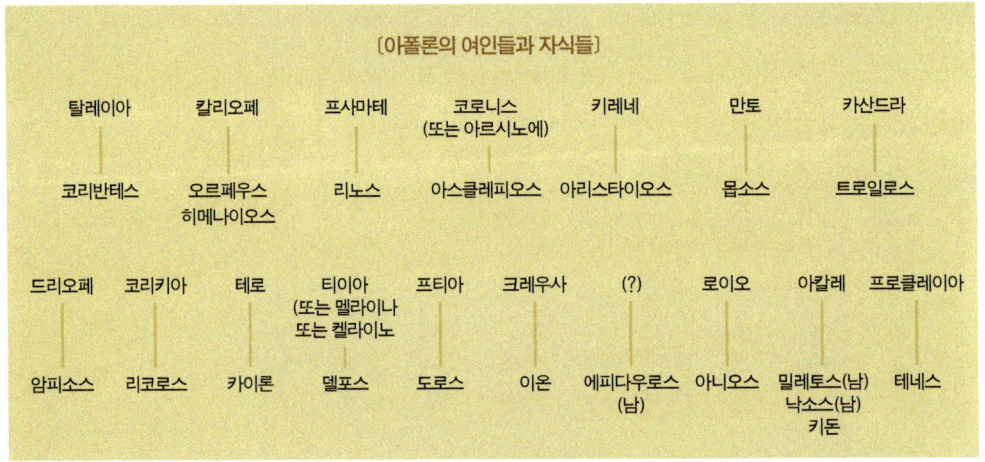

아폴론의 연인들과 자식들

이 도표에서 보듯 아폴론의 연인과 자손들 가운데에는 아폴론의 직분인 음악과 관련된 탈레이아, 칼리오페, 코리반테스족, 오르페우스, 리노스 등과 인물들과 아스클레피오스나 아리스타이오스와 같이 의술에 관련된 인물들이 많다. 또 델포스나 카이론, 암피사-암피소스, 도로스, 밀레토스, 트로일로스, 트로이아, 테네스, 테네도스와 같은 이름은 그의 신앙 중심지인 지명과 관련되어 있다.

아폴론은 또 다른 무사이 여신 가운데 하나인 탈레이아와 어울려 올림포스의 춤꾼들인 코리반테스 형제를 낳았다. 또 프티아Phthia와의 사이에서 도로스Doros, 라오도코스Laodokos, 폴리포이테스Polypoites 삼형제를 얻었다. 이들은 아이톨리아 지방을 다스리다가 영웅 아이톨로스Aitolos에게 살해되어 왕조를 빼앗긴다. 티이아Thyia로부터 얻은 아들들인 델포이Delphoi들은 그의 신탁소가 있는 땅에 델포이라는 지명을 주었다. 테로Thero에게서는 카이로네이아Chaironeia라는 도시를 세운 영웅 카이론Chairon을, 드리오페Dryope로부터는 도시 암피사Amphissa를 건설한 암피소스Amphissos를, 코리키아Korykia와는 리코레이아Lykoreia를 세운 리코로스Lykoros를 얻었다.

유부녀라고 해도 아폴론의 유혹으로부터 안전하지 않았다. 아폴론은 포세이돈의 아들 키크노스의 아내 프로클레이아Prokleia를 건드려 테네도스Tenedos의 왕 테네스Tenes를 낳았다. 테네스는 트로이아 전쟁에 참가하기 위해 나아가던 아킬레우스의 길을 막는다. 아들의 운명을 아는 테티스 여신은 아킬레우스에게 테네스를 죽이면 그도 나중에 아폴론의 화살에 맞아 죽게 될 것이니 죽이지 말라고 타이르지만 혈기왕성한 젊은이를 막지 못했다. 결국 아킬레우스는 발뒤꿈치를 향해 날아온 아폴론의 화살에 맞아 죽는다. 예언은 실현되었다.

아폴론은 또 아테네의 왕 에레크테우스의 딸 크레우사를 강제로 범해 임신시켰다. 크레우사는 이 사실을 비밀로 하고 아이를 낳은 뒤 숲 속에 버렸다. 아폴론이 아이를 거두어 델포이에서 키웠다. 이 아이가 바로 이오니아족의 시조가 되는 이온Ion이다. 크레우사와 그녀의 남편 사이에 후손이 없어 아테네의 왕위가 비게 되자 아폴론은 이온의 출생 비밀을 밝히고 그를 아테네 왕으로 추대한다.

그리스의 최대 예언자인 테이레시아스Teiresias의 딸 만토Manto는 아폴론의 사랑을 받아 역시 위대한 예언가가 되는 몹소스Mopsos를 낳았다. 몹소스는 트로이아 전쟁 때 그리스군의 예언자로 명성을 획득한 칼카스Kalchas와 경연을 벌여 이긴다. 경연에서 진 칼카스는 비관하여 죽고 만다.

아레이아Areia는 크레타의 왕 미노아의 딸이었다. 그녀의 아름다움에 반한 아폴론은 그녀를 사랑하여 세 아들 밀레토스Miletos와 낙소스Naxos, 키돈Kydon을 얻었다. 첫 아들인 밀레토스는 이온과 마찬가지로 숲 속에 버려진다. 그러나 아폴론이 보낸 늑대의 젖을 먹고 자란다. 밀레토스는 성장하여 그의 이름과 동일한 도시 밀레토스를 소아시아에 건설하고, 낙소스와 키돈도 같은 이름의 섬을 통치하게 된다.

테살리아 지방의 왕녀 키레네Kyrene에게 반한 아폴론은 그녀와 멀리 리비아까지 사랑의 도피행각을 벌였다. 이들 사이에서 태어난 아리스타이오스Aristaios는 주민들을 전염병으로부터 구해 주었다.

아르고스 지방의 프사마테Psamathe는 아폴론의 사랑을 받아 리노스Linos를 낳았다. 딸이 자신의 허락 없이 외간 남자와 정을 통하여 아이를 낳은 것을 안 프사마테의 아버지는 아이엄마와 아이를 죽여 개들에게 주었다. 이를 알게 된 아폴론은 이 지방에 전염병을 보내 왕이 민중에 의해 살해되게 만들었다. 그리고 주민들이 억울하게 죽은 프사마테와 리노스에게 사당을 지어 해마다 제사를 지내기로 약속한 후에야 아폴론은 질병을 거두었다.

오르페우스 설화는 음악이 갖는 신비한 힘을 설명한다. 아폴론의 음악은 질서이다. 태양의 주기에 의해 1년의 활동이 결정되는 농경사회에서 질서는 삶의 근본원리이다. 태양의 힘을 상징하는 아폴론이 음악의 신으로 숭배되는 것은 당연하다. 질서를 바탕으로 하는 오르페우스의 음악은 광란과 같은 음악의 어두운 면을 상징하는 세이레네스의 음악을 이겼다. 그러나 밝은 세상의 질서를 어두운 지하 세계에까지 미치게 하려는 오르페우스의 시도는 자신의 부주의로 말미암아 실패했다. 식물처럼 죽었다 다시 살아나 죽음을 이기고 부활하고자 하는 인간의 꿈은 또 한 번 좌절하고 만다.

태양의 영향력을 신격화한 아폴론이 신탁의 직분을 맡은 이유도 분명하다. 밝은 태양 아래에서는 모든 일이 분명하다. 모든 것을 굽어보는 태양의 눈을 속일 수 없다. 태양 아래 몸을 숨긴다는 것은 있을 수 없는 일이다. 태양은 모든 것을 드러나게 한다. 그가 태어난 섬의 이름 델로스도 "드러내다"라는 뜻의 어근 "del-"에서 파생된 낱말이다. 세상에서 일어나는 모든 일을 알고 있고 드러내는 아폴론은 제우스의 뜻을 미리 알아 신탁을 내리는 예언의 신으로 숭배되기에 이르렀다. 고대 그리스의 유명한 예언자들이 모두 아폴론과 혈연관계를 맺고 있는 것은 지극히 자연스러운 일이다.

테네도스와 아킬레우스에 얽힌 설화는 왜 아킬레우스가 아폴론의 손에 죽어야 했는가에 대한 합리적 설명을 제공하기 위해 만들어졌다. 프사마테와 리노스의 이야기도 아르고스 지방의 종교 축제의 기원을 설명하고 있다.

아폴론의 다른 연애사건들은 자신들의 선조를 위대한 신과 결부시켜 왕권을 강화하려는 여러 민족의 시도를 반영한다. 특히 원하지 않았던 관계로 태어나 숲이나 강에 버려진 아이의 이야기는 여러 영웅설화에 자주 나타나는 모티브이다. 아폴론이 수많은 자식을 갖게 된 또 다른 이유는 아폴론 신앙의 중심지가 그리스 전역에 퍼져 있었기 때문이다. 합리적인 정신을 가진 그리스인들은 각 신앙 중심지의 기원을 설명하기 위해 설화가 필요했고 그것을 풍부한 상상력으로 만들어냈다.

아폴론의 무용담

활을 잘 쏘는 아폴론은 적들과의 싸움에서도 결코 남들에게 뒤지지 않는다. 그는 화살 한 발로 델포이의 샘을 지키던 뱀을 죽였다. 또 아르테미스와 함께 델포이의 샘 근처에서 어머니 레토를 겁탈하려던 거인 티티오스를 죽였다.

거인족인 오토스와 에피알테스 형제가 불사의 몸은 아니지만 신의 손이나 인간의 손에 죽지 않을 운명이라는 수수께끼를 푼 것도 아폴론이었다. 그들은 서로의 손에 죽을 운명이었던 것이다. 아폴론은 이 사실을 누이동생 아르테미스에게 알려주었다. 아르테미스는 그들을 유혹하여 서로가 서로에게 창을 던지도록 함으로써 죽음으로 몰아넣었다.

아레스의 아들 플레기아스는 힘이 세고 성질이 포악해서 지나가는 나그네에게 싸움을 걸어 때려죽이곤 했다. 그의 오만은 정도를 지나쳐 아폴론에게 속한 땅 테바이로 쳐들어오기에 이르렀다. 화가 난 아폴론은 그를 영원한 어둠이 깃든 지하 세계의 타르타로스로 던져 버렸다.

헤라클레스가 델포이에 와서 신탁을 물었으나 여사제 피티아들은 신탁에 응하지 않았다. 이에 화가 난 헤라클레스가 세 발을 가진 성스러운 솥을 빼앗아갔다. 아폴론이 뒤쫓아가 싸움이 벌어졌다. 둘 다 만만치 않은 장사라서 싸움은 쉽게 끝나지 않았다. 사랑하는 두 아들의 싸움을 보다 못한 제우스가 중간에 끼어들어 중재를 했다. 헤라클레스가 솥을 돌려주는 대신 아폴론은 신탁을 내려주기로 합의하고 싸움은 끝났다.

자신을 무시하는 인간의 오만에 대해 아폴론은 절대 용서하지 않는다. 에우리토스Eurytos는 헤라클레스에게 활쏘기를 가르쳤다고 전해질 정도로 인간 중에서는 활을 잘 쏘았다. 에우리토스는 분수를 모르고 아폴론에게 활쏘기를 겨루자고 덤볐다. 경기에 진 에우리토스는 아폴론에게 맞아 죽었다. 니오베는 자신은 아들딸을 각각 일곱씩 두었지만 레토는 겨우 하나씩 가졌을 뿐이라고 방정맞은 말을 한 죄로 아폴론과 아르테미스의 화살에 모든 자식을 잃었다. 또 지금 터키의 동북부 지방인 프리기아에 피리를 잘 부는 마르시아스Marsyas라는 강의 신이 있었다. 원래 이 피리는 아테나 여신이 만든 것이다. 피리를 불 때 부풀어 오르는 두 볼의 모양이 우스꽝스러운 것을 발견한 아테나는 이 피리를 버렸다. 입에 대기만 하면 아름다운 음악이 연주되는 신기한 피리를 얻은 마르시아스는 아폴론보다 더 아름다운 음악을 연주한다는 주변의 말을 믿고 아폴론에게 도전했다. 그러나 신을 당할 수는 없었다. 결국 경연에 패한 마르시아스를 아폴론은 나무에 묶어 산 채로 가죽을 벗겨 죽였다. 이 경연의 심사위원 가운데 프리기아의 왕 미다스Midas만이 마르시아스가 아폴론보다 음악을 더 훌륭하게 연주했다고 판정했다. 화가 난 아폴론은 음악을 똑똑히 들으라고 그에게 당나귀 귀를 달아주었다.

아폴론 신전의 사제인 크리세스Chryses의 딸 크리세이스Chryseis를 납치해 간 아가멤논을 벌하기 위하여 아폴론은 그리스군의 진영으로 질병의 화살을 쏘아댔다. 견디지 못한 그리스군이 아가멤논에게 크리세이스를 돌려주라고 하자 심술이 난 아가멤논은 대신 아킬레우스가 차지한 여인 브리세이스를 달라고 우겼다. 이에 자존심이 상한 아킬레우스는 전장에 참가하지 않을 것을 맹세한다. 이것이 호메로스의 서사시 〈일리아스〉의 제1장에 나오는 고귀한 "아킬레우스의 분노"의 전말顚末이다.

제우스의 신임과 사랑을 독차지한 아폴론이지만 제우스에게 대든 죄로 인간에게 두 번이나 봉사해야 했다. 한 번은 키클롭스를 죽인 죄를 씻기 위해 아드메토스 왕에게 1년간 봉사해야 했다. 두 번째는 헤라, 포세이돈과 공모하여 제우스를 권좌에서 몰아내려고 한 죄 때문에, 포세이돈과 함께 트로이아의 왕 라오메돈Laomedon 왕에게 봉사하게 된다. 이때 두 신은 트로이아 성벽을 쌓았다. 1년이 지나 두 신이 왕에게 품삯을 달라고 하자 왕은 오히려 화를 내며 신들의 귀를 잘라버리겠다고 위협하고 나라 밖으로 내쫓았다. 약속을 어긴 라오메돈을 벌하기 위해 아폴론은 그의 나라에 전염병의 화살을 계속 쏘았고, 포세이돈은 큰 물난리를 일으켜 농사를 망쳐놓았다.

아폴론은 어려움에 처한 영웅들을 도와주기도 한다. 그는 헤라클레스가 오르코메노스Orchomenos 왕의 공격으로부터 조국 테바이를

아킬레우스의 발뒤꿈치를 명중시키는 파리스

아폴론은 아킬레우스를 보호하 겠다고 맹세했지만 정작 트로이아 전쟁에서는 그를 죽이는 장본인이 된다. 이 그림은 파리스가 아폴론의 도움을 받아 아킬레우스의 유일한 약점인 발뒤꿈치에 화살을 명중시키는 장면을 보여 주고 있다.
(기원전 460년쯤, 보쿰 Ruhr Universität Antikennmuseum 소장)

지킬 수 있도록 도와주었다. 헤라클레스에게 활을 준 것도 아폴론이었다. 아르고나우타이가 칠흑 같은 한밤중에 폭풍우를 만나 침몰 직전의 위기에 몰렸을 때, 아폴론은 이아손Iason의 기도를 들어 주어 황금 화살을 쏘아 어둠을 밝혀 주었다. 황금 화살의 빛을 이용하여 아르고나우타이는 배를 안전하게 섬에 댈 수 있었다.

트로이아 전쟁 중에 아폴론은 트로이아의 영웅들을 도왔다. 디오메데스가 아이네이아스에게 상처를 입혔을 때, 아폴론은 아이네이아스의 환상을 만들어 적을 속인 후에 진짜 아이네이아스를 전쟁터 밖으로 옮겼다. 또 아이아스가 던진 바위에 맞아 정신을 잃고 쓰러진 헥토르를 일으켜 세운 것도 아폴론이었다. 그는 데우크로스Deukros가 아홉 번이나 헥토르를 향해 활을 쏘았을 때에도 화살을 빗나가게 했다. 파트로클로스의 창에 맞아 죽은 스페리돈Speridon의 시신을 놓고 양측 군대가 치열한 공방전을 벌일 때, 아폴론은 트로이아 측의 영웅 글라우코스Glaukos를 도와 심한 부상에도 불구하고 꿋꿋하게 적과 맞서 싸울 수 있게 도와주었다. 헥토르가 파트로클로스와 결투를 벌일 때 파트로클로스의 머리를 내리쳐 치명상을 입힌 것도 실은 아폴론이었다. 파트로클로스가 정신을 잃고 쓰러진 다음에야 아폴론은 헥토르에게 나머지 처리를 맡겼다. 또 파리스Paris의 화살이 아킬레우스의 유일한 약점인 발뒤꿈치에 정확하게 들어맞게 도와준 것도 아폴론이었다.

오레스테스가 자신을 낳아 준 어머니 클리타임네스트라를 살해한 죄로 신들로 구성된 재판정에 섰을 때, 아폴론은 아테나 여신의 도움을 받아 오레스테스의 범죄가 아버지 아가멤논의 억울한 죽음을 복수하기 위한 것이므로 무죄라고 변호해 주어 죄를 씻어 주었다.

아르고스의 영웅 알크마이온Alkmaion에게 그의 어머니 에리필레Eriphyle를 죽이라고 명령한 것도 아폴론이었다. 에리필레는 뇌물에 매수되어 남편 암피아라오스Amphiaraos를 전쟁터로 보내 죽게 만들었고, 아들인 알크마이온의 목숨도 위험에 빠뜨렸기 때문이다. 어머니를 살해한 알크마이온 역시 오레스테스와 마찬가지로 에리니에스의 추격을 받았다. 아폴론의 도움으로 정죄하는 데에는 성공하지만 끝내 어머니의 저주를 벗어나지 못해 불행하게 죽게 된다.

아폴론의 무용담은 민간설화적인 성격이 강하게 나타난다. 특히 라오메돈 왕이 약속한 품삯을 거절하고 오히려 하인들을 겁주어 내쫓는 이야기는 그 당시 흔히 있었던 악덕 고용주들의 횡포를 그리고 있다.

아폴론은 신에 대한 인간의 오만, 즉 휴브리스hubris에 대해 유난히 가혹한 태도를 보인다. 테바이를 공격한 플레기우스를 타르타로스에 처넣었고 활쏘기에 도전한 에우리토스는 때려 죽였다. 음악 연주에 도전한 마르시아스는 아예 산 채로 가죽을 벗겨 잔인하게 죽였다. 또 자신에게 불리한 판정을 한 미다스의 귀를 당나귀 귀로 만들어 버렸다. 다산을 자랑하며 레토를 비웃은 니오베의 모든 자식을 죽였고, 자기 신관의 딸을 돌려보내려 하지 않는 그리스군과 약속을 지키

코린토스의 아폴론 신전
기원전 6세기에 세워진 것으로 배흘림 기법이 만들어지기 전에 만들어진 건물이다.

지 않은 라오메돈의 왕국에 질병의 화살을 보냈다.

트로이아 전쟁에서 아폴론이 트로이아 편을 든 것은 그가 소아시아 출신인 것과 관련이 깊다. 밀레토스를 비롯한 적잖은 아폴론의 후손이 소아시아 지방의 도시국가를 세웠다. 제우스의 권좌를 뒤엎으려 한 죄를 씻기 위해 봉사하게 된 지방도 트로이아였다.

아폴론은 철저한 남성 우월주의자이다. 그는 아버지의 죽음을 복수하기 위해 어머니를 죽인 오레스테스나 알크마이온의 범죄를 정당방위라고 적극적으로 변호하고 나선다. 아폴론이 활시위를 당긴 채 올림포스에 나타났을 때 여신들의 시대는 끝났다. 위대한 남성들의 시대가 온 것이다.

아폴론과 아테나는 제우스를 중심으로 한 가부장제 사회를 이끄는 두 기둥이다. 이 둘은 올림포스 체제의 쌍두마차이다. 제우스의 권력은 전적으로 이 두 신에게 의존한다. 아폴론과 아테나는 닮은 점이 많다. 흔히 아폴론과 그의 쌍둥이 누이인 아르테미스가 닮은 점이 많다고 하지만 그들의 유사성은 해와 달, 낮과 밤처럼 대칭을 이룬다. 반면 아폴론과 아테나는 동일한 성질을 가지고 있다. 두 신은 모두 합리적 사고의 소유자이다. 자신의 감정에 휩싸이지 않고 냉철한 판단을 하는 이성적인 신들이다. 이런 점에서 아폴론과 아테나는 고대 그리스의 정신세계를 대표하는 가장 그리스적인 신들이다.

이들은 전투에 있어서도 무적이다. 활을 잘 쏘는 아폴론은 원거리 전투에서 무적이고 창과 방패의 달인인 아테나는 접근전의 명수다. 아폴론은 먼 앞날의 일을 알아맞히는 예언력을 가지고 있고 아테나는 임기응변과 기지에 능하다. 또 두 신은 모두 빼어난 기예를 가지고 있다. 아폴론은 음악과 웅변을 관장하고 아테나는 손으로 제작하는 온갖 기술을 관장한다. 아폴론은 시와 비극의 수호신이고 아테나는 철학의 수호신이다. 이 두 신이 힘을 합치면 올림포스의 나머지 신들이 모두 덤벼도 이기기 힘들다. 이처럼 강력한 아들과 딸을 심복으로 거느리게 된 제우스는 절대 권력을 휘두르게 되었다. 올림포스의 독재체제가 마침내 완성되었다.

10장

나그네와 길을 지켜주는 전령의 신
헤르메스

태어난 첫날 아폴론의 소를 훔친 헤르메스

　코린토스를 지나 서쪽으로 조금 가면 고대 그리스 시대부터 오래된 도시로 알려진 시키온Sikyon 을 지난다. 교통량이 많지 않은 이 고속도로는 절경으로 유명하다. 오른편에는 쪽빛 바다가 그림같이 펼쳐지고 왼편에는 해발 2,300미터가 넘는 거대한 산이 병풍처럼 둘러싸고 있다. 킬레네Kyllene 산이다. 양쪽으로 수백 미터에 이르는 절벽으로 이루어진 계곡은 붉은색을 띠고 있어 마치 방금 생성된 것 같다. 그 모습이 너무도 자극적이고 생경하여 가슴이 울렁거린다. 숨을 가다듬고 계곡을 바라보고 있노라면 태고의 고요가 흐른다. 인간이 이런 경이로운 세계에 발을 들여놓은 것부터 잘못이라는 느낌이 들어 공연히 불안해진다.

　옛날, 아주 먼 옛날 이 킬레네 산의 한 동굴에 마이아라는 요정이 살고 있었다. 마이아는 거인 아틀라스의 딸이었는데 매우 아름다웠다. 그러나 수줍은 성격이어서 다른 신들이나 요정들과 어울리지 않고 홀로 지내기를 좋아했다. 그녀의 아름다움에 반한 제우스는 어느 날 밤에 헤라 몰래 마이아의 동굴로 숨어들어 사랑을 나누었다. 열 달이 지나자 이들의 사랑이 결실을 맺어 헤르메스가 태어났다.

그리스 풍습대로 마이아는 갓난아기를 천으로 칭칭 감아 놓았다. 어머니가 일을 하러 사라지자마자 헤르메스는 천을 풀고 동굴 밖으로 나왔다. 문지방을 막 넘으려는 순간 무엇엔가 걸려 넘어질 뻔했다. 산에 사는 큰 거

디오니소스 축제에 참가한 헤르메스

헤르메스가 자신의 신성한 동물인 사슴을 데리고 사티로스 한 명과 함께 디오니소스 축제 행렬에 참가하고 잇다. 그는 술 주전자와 술잔을 들고 있다.
(기원전 500-490년, 베를린 Staatiliche Museen 소장)

북이었다. 헤르메스는 어린아이다운 천진스러움으로 거북을 가지고 놀았다. 그러나 거북이 아무 소리를 내지 않는 것을 알고는 "흠, 너는 참으로 아름다운 짐승이지만 목소리가 없구나! 내가 너를 죽여 아름다운 소리를 내도록 해줄게."라고 한 뒤 거북의 살을 도려내고는 두 개의 나무 막대기를 박았다. 그리고 나서 소 힘줄로 줄을 만들어 팽팽하게 당겼다. 그 줄을 통기자 아름다운 소리가 울려 퍼졌다. 헤르메스는 이렇게 하여 세계 최초의 리라를 만들었다. 이 새로운 장난감에 맞춰 헤르메스는 아버지 제우스와 어머니 마이아의 연애를 외설에 가까운 가사의 노래로 꾸며 불렀다. 또 자신의 가문을 자랑하는 내용과 어머니 마이아의 미덕 등을 멋대로 작사하여 되는 대로 불러 젖혔다.

이 장난도 싫증이 나자 갑자기 고기가 먹고 싶어졌다. 리라를 침대 구석에 깊숙이 감춰 놓고 아폴론이 소를 치고 있는 마케도니아의 피에리아Pieria 산으로 갔다. 해는 벌써 뉘엿뉘엿 넘어가고 있었다. 도착하자마자 재빠른 솜씨로 소 50마리를 훔쳤다. 이때 헤르메스는 소들의 꼬리를 잡아끌어 뒤로 걷게 하고 자신의 발에는 덤불을 묶어 발자국을 남기지 않았다. 마치 반대 방향으로 소가 떼를 지어 간 것처럼 꾸민 것이다. 보이오티아 지방을 지날 때 포도밭에서 일하는 늙은 농부를 발견하자 이렇게 소리친다.

"할아버지, 항상 술이 가득한 술통을 내가 드릴 테니 지금 본 것을 못 본 체하고 아무에게도 말하지 마세요."

코린토스 지협을 지나 펠로폰네소스로 들어서자 헤르메스는 다시 서남쪽으로 방향을 잡았다. 어느 틈에 해는 완전히 져서 칠흑같이 캄캄한 밤이 되었다. 그러나 어린 소도둑은 쉬지 않고 길을 재촉하여 먼동이 틀 무렵에 필로스Pylos 지방에 도착했다. 호젓한 산속의 조그만 벌판에 소떼를 숨겼다.

밤새 걸은지라 춥고 배가 고팠다. 추위를 쫓고 고기를 굽기 위해 불이 필요했다. 하지만 인적 없는 산속에서 불씨를 구할 길이 없었다. 마침 마른 월계수 가지가 보였다. 가지 두 개를 꺾어서 한쪽 가지 가운데에 구멍을 뚫고 마른 나뭇가지를 쑤셔 넣었다. 그리고 나서 다른 가지 끝을 뾰족하게 만들어 구멍에 넣고 힘차게 비볐다. 이윽고 나뭇가지에 불이 붙으면서 연기가 피어올랐다. 이런 방법으로 헤르메스는 최초로 불을 일으키는 방법을 발견했다.

불이 준비되자 헤르메스는 소 두 마리를 잡았다. 가죽은 벗겨 바위에 펼쳐놓고 고기는 자신을 포함한 올림포스 신들에게 바치기 위해 열두 조각을 내어 나무 꼬챙이에 꿰어 구웠다. 그러나 정작 음식이 준비되자 헤르메스는 마음을 바꿔 음식을 싸서는 소떼를 감춰놓은 곳으로 갔다. 그곳에 고기를 높이 매달아 자신의 첫 번째 도둑질을 기념하는 징표로 삼았다. 그러고 나서 도살한 소의 뼈와 내장, 그리고 자신이 도둑질할 때 신었던 덤불 짚신을 알페이오스Alpheios 강에 던져버리고 모닥불은 흙으로 덮어 모든 증거를 없앴다. 아직 서녘에는 별과 달이 남아 있었다. 헤르메스는 서둘러 북동쪽에 있는 집으로 달려갔다.

동이 막 트려는 시간에 헤르메스는 킬레네 산에 있는 동굴로 돌아왔다. 이른 새벽이라 아무도 나와 있지 않았다. 밤을 새우느라 지쳤는지 개들도 짖지 않았다. 그러나 대문이 잠겨 있었다. 몸을 움츠려 열쇠 구멍으로 간신히 비집고 들어간 헤르메스는 발을 곧추 세우고 고양이처럼 조용히 움직여 곧바로 요람으로 기어들어갔다. 그리고 갓난아이답게 옹알이를 해대며 사지를 허우적거리며 놀았다. 왼쪽 겨드랑이에는 자신이 만든 장난감인 리라를 꼭 끼고 있었다.

하지만 아무리 시치미를 떼어도 어머니만큼은 속일 수 없었다. 마이아는 헤르메스가 밤새 밖으로 나돌아다닌 것을 알고 있었기에 이렇게 나무랐다.

"이 뻔뻔스러운 놈아, 밤새 어디를 쏘다닌 거냐? 조금 있다가 아폴론이 와서 너를 동굴 밖으로 집어던질 게 뻔하다. 넌 평생 계곡에 숨어서 남의 물건이나 훔치며 돌아다닐 놈이구나! 아예 내 눈앞에서 사라져 버려라. 네 아버지가 너를 만들었으니 인간이고 신이고 조용히 살긴 글렀구나!"

그러자 헤르메스는 이렇게 대꾸한다.

"어머니는 왜 그렇게 저를 심하게 꾸짖으세요? 저는 아직 어머니의 꾸지람을 겁내는 갓난아기에 불과한데요. 하지만 염려하지 마세요. 제가 어머니를 잘 모셔서 부자로 살며 뭇사람들의 부러움을 사게 만들어 드릴 테니까요. 어머니는 이렇게 어둡고 초라한 동굴에서 인간들의 제사도 받지 못하면서 우리 모자만 덩그러니 외롭게 살기를 원하세요, 아니면 올림포스에서 다른 신들과 함께 어울리며 호화롭게 살기를 원하세요? 저는 아폴론처럼 위대한 신이 될 거예요. 만약 아버지 제우스께서 저에게 어울리는 영광을 허락하지 않으면, 저는 큰 도둑떼의 두목이 되어 신과 인간의 모든 재물을 사정없이 훔쳐 댈 거예요. 그리고 만약 아폴론이 자신의 소떼 때문에 저를 못살게 굴면 더 심한 도둑질과 협잡질로 그를 끊임없이 괴롭혀 줄 거예요. 델포이로 달려가 신탁소 문을 부수고 그 안에 있는 모든 보물을 훔쳐 버릴 거예요. 두고 보세요. 저는 그럴 능력도 있고, 그럴 용기도 있다고요. 저는 남들과 다르다고요."

사뭇 기세가 당당한 헤르메스의 큰소리에 마이아는 기가 막혀 대꾸할 말을 잊었다.

한편 아폴론은 자신의 소 가운데 50마리가 없어진 것을 눈치 챘다. 어느 겁 없는 놈이 감히 이 아폴론의 소를 훔친단 말인가? 솜씨가 제법 교묘하여 범상치 않은 도둑임을 알 수 있었다. 그러나 아폴론이 누구인가? 그따위 눈속임에 속아 넘어갈 아폴론이라 생각했다면 그 도둑은 크게 실수한 것이다. 아폴론은 그가 누구건 간에 찾아내서 혼쭐을 내주리라 다짐했다. 감히 아폴론에게 도전하다니 그냥 내버려둘 수 없는 일 아닌가? 아폴론은 곧바로 길을 나섰다. 보이오티아 지방을 지날 때 새벽 일찍 포도밭을 쓸고 있는 노인을 만났다. 그에게서 엊저녁 느지막이 어떤 갓난아기가 소를 꼬리부터 뒤로 끌고 가는 것을 보았다는 말을 듣고 아폴론은 범인이 어제 갓 태어난 자신의 이복동생 헤르메스임을 알아차렸다. 새 한 마

제우스와 마이아와 함께 누워 있는 헤르메스

헤르메스는 태어난 지 하루도 되지 않아 아폴론의 소 50마리를 훔친다. 아기 헤르메스가 제우스와 마이아와 함께 요람에 누워 있는 곳으로 아폴론이 도둑을 잡으러 달려 들어오고 있다. 헤르메스는 훔친 황소들을 왼쪽 동굴 안에 숨겨 놓았다. (기원전 520년쯤, 파리 루브르박물관 소장)

리가 필로스 방향으로 날아갔다. 곧바로 필로스에 도착한 아폴론은 도둑맞은 소떼의 발자국을 발견했다. 그러나 이상하게도 소도둑의 발자국은 어디에서도 찾을 수 없었다. 소떼도 찾지 못했다. 아폴론은 더 이상 지체하지 않고 범인을 족치러 킬레네의 동굴로 달려갔다.

아폴론이 화가 나서 씩씩거리며 달려오는 것을 본 헤르메스는 포대기에 머리를 폭 박고 색색거리며 잠이 든 척했다. 겨드랑이에는 리라를 꼭 끼고 있었다. 아폴론은 교활한 자기 동생이 훔친 소떼와 함께 킬레네의 동굴 깊숙한 곳에 숨어 있을 것으로 생각하고 동굴 안 구석구석을 샅샅이 뒤졌다. 그러나 방 한가운데 요람 안에서 색색거리며 자는 척하는 헤르메스를 발견하고 화가 머리끝까지 나서 호통을 쳤다.

"야, 이 도둑놈아. 당장 내 소떼가 있는 곳을 대지 않으면 몹시 후회할 일을 당하고야 말 거다. 너를 저 어두움의 끝에 있는 타르타로스에서 평생을 지내도록 던져버릴 테니까! 그렇게 되면 네 어머니도, 아버지 제우스도 너를 다시는 이 밝은 세상에서 볼 수 없을 걸."

헤르메스는 억울하다는 듯 겁먹은 목소리로 울먹였다.

"무슨 심한 말을 그리 하세요? 저는 소떼라곤 본 적도 들은 적도 없어요. 저는 어제 갓 태어난 아기여서 어머니 젖이나 빨고 어머니가 씻어주는 대로 제 몸을 맡길 뿐이에요. 갓 태어난 아이가 소를 도둑질하다니 세상에 그런 억지가 어디 있어요? 아직 머리에 피도 안 마르고 발에 굳은살도 생기지 않아 맨땅을 밟을 수도 없는 갓난아기인 제가 어떻게 그런 끔찍한 일을 할 수 있겠어요? 말도 안 되는 억지는 부리지 마세요. 제 아버지인 제우스 신의 머리에 두고 맹세하지만 저는 소를 훔친 일도, 또 누가 훔치는 것도 보지 못했어요. 만약 정말로 당신이 주장하는 대로 소를 가지고 있다고 해도 말이에요. 하지만 당신 주장대로 당신이 꼭 소를 가지고 있다는 것도 믿을 수 없잖아요? 저는 오직 당신한테서만 그런 소리를 들은 거니까요."

어린 동생의 너무도 당돌한 말에 아폴론도 웃을 수밖에 없었다.

"야, 이 사기꾼 놈아! 한밤중에 벽을 타고 넘어 온갖 재물을 훔칠 놈아! 세상의 계곡마다 찾아다니면서 모든 소와 양떼를 훔쳐 갈 놈아! 여기서 이렇게 왈가왈부 따질 것 없다. 더 자겠다는 생각일랑 아예 말아라. 나와 함께 올림포스로 가자꾸나. 거기 가서 아버지 앞에서 네 죄를 묻겠다."

말을 마치자 아폴론은 헤르메스를 요람에서 번쩍 들어올렸다. 그러자 헤르메스는 방귀를 뽕 뀌고 곧이어 재채기를 힘껏 했다. 고약한 냄새 때문에 아폴론은 헤르메스를 내려놓을 수밖에 없었다. 아폴론은 헤르메스의 눈앞에 자신이 지금까지 조사를 통해 찾은 증거들을 보여 주며 윽박질렀다.

"이 악당 놈아! 이 증거들을 내가 가지고 있으니 나는 곧 네가 훔친 소떼를 찾게 될 거다. 그리고 소떼를 숨긴 곳을 가르쳐줄 놈은 바로 네가 될 테니 두고 봐라."

잔꾀를 부려 아폴론의 추궁을 피해보려고 애를 쓰면 쓸수록 헤르메스는 자신보다 모든 점에서 강한 형을 이길 수 없음을 깨달을 뿐이었다. 헤르메스는 별 수 없이 아폴론이 강요하는 대로 제우스의 재판을 받기 위해 올림포스로 잡혀가게 되었다. 아침 햇살을 받으며 헤르메스가 갓난아기용 포대기를 땅에 질질 끌며 처량한 모습으로 아장아장 앞에서 걸어가고, 뒤에서는 아폴론이 행여 도망칠세라 헤르메스를 감시하며 쫓아가는 형국이었다.

이제 날은 완전히 밝았다. 올림포스에는 이미 모든 신들이 모여 있었다. 올림포스로 들어설 때 헤르메스는 당혹함과 피곤함으로 지친 표정을 지어 그곳에 모인 신들의 동정심을 불러일으키려 했다. 제우스는 아폴론에게 웬 아기를 아침부터 데리고 오느냐고 물었다. 제우스는 아직 새로 태어난 자신의 아들을 보지 못했던 것이다. 아폴론은 이 아기가 제우스의 아들 헤르메스이며 태어난 지 하루도 안 된 엊저녁에 자신의 소를 훔쳤음을 제우스에게 일러바쳤다. 보이오티아 지방의 늙은 농부에게서 들은 이야기와 필로스 지방에서 찾은 소떼의 흔적 등을 증거로 내보이며 공정한 재판을 통해 엄한 처벌을 내릴 것을 요구했다. 아울러 킬레네의 마이아 동굴에서 헤르메스가 했던 뻔뻔스러운 거짓말과 파렴치한 행동들에 대해서도 다 말했다.

피고의 변호 차례가 되자 헤르메스는 입을 열었다. 그가 입을 열자마자 수없는 거짓말과 거짓 맹세가 쏟아져 나왔다. 포대기를 감싸고 가끔 훌쩍이면서 눈알을 교활하게 굴리며 헤르메스는 항변했다.

"아버지, 보시다시피 저는 아직 거짓말이 무언지도 모르는 갓난

아기일 뿐이에요. 오늘 새벽 아직 해도 제대로 솟지 않은 이른 시각에 이 아폴론이 우리 집에 들이닥쳐서는 요람에서 곤히 자고 있던 저의 단잠을 깨운 뒤, 저에게 본 적도 들은 적도 없는 소떼를 내놓으라고 무작정 다그치는 거예요. 증인도 없이 말이에요. 제가 소를 훔치는 것을 본 신이 이 중에 있나요? 아폴론은 지금 한창인 젊은이로 어제 갓 태어난 저 같은 아기에게는 무엇이든 마음대로 할 수 있겠죠. 그래서 힘만 믿고 저를 중상하고 괴롭히는 거예요. 하지만 제우스 신이여, 당신께선 저의 아버지시니 저를 보호해 주세요. 저는 아버지를 태양과 같이 숭배하고 또 사랑하고 있어요. 또 저는 이곳 올림포스에 있는 모든 신들을 존경하고 있어요. 심지어 저를 이토록 심하게 몰아붙이는 아폴론도 존경하고요. 저는 맹세코 소를 훔친 적도 없고, 우리 집 문지방을 넘은 적도 없어요. 이 올림포스 궁전의 문들에 대고 맹세할 수 있어요. 아폴론은 저를 무고하게 고소한 것에 대해 언젠가는 대가를 치르게 될 거예요. 그가 나보다 아무리 강하다 해도 말이죠."

거침없이 내뱉는 헤르메스의 거짓말에 제우스도 웃음을 터뜨릴 수밖에 없었다. 하지만 곧 위엄을 되찾은 제우스는 판결을 내렸다.

"너희는 형제간이니 이제 화해를 해라. 아폴론은 화를 풀고, 헤르메스는 형 아폴론에게 거짓말과 속이는 짓을 더 이상 하지 말아라. 그리고 헤르메스는 훔친 소를 아폴론에게 당장 돌려줘야 한다."

아버지 제우스의 엄명인지라 헤르메스는 앞장서서 아폴론을 소떼가 있는 곳으로 안내했다. 소의 수를 헤아려보던 아폴론은 두 마리가 빈다는 것을 알아챘고, 곧이어 바위에 소가죽이 널려 있는 것을 발견한다.

"아직 갓난아기에 불과한 네가 소를 어떻게 잡았느냐? 네가 다

자란 뒤에는 어떤 일을 할지 두렵구나. 하지만 내가 너를 더 이상 크도록 내버려두지 않겠다."

단단히 결심한 아폴론은 헤르메스의 손을 버드나무 가지로 묶었다. 그러나 포박한 버드나무 가지가 스스로 풀리는 게 아닌가? 아폴론이 더 튼튼한 끈을 만들려고 버드나무 가지를 꼬고 있을 때, 헤르메스는 이미 꺼진 모닥불을 헤쳐 아폴론의 눈앞에서 다시 불씨를 살려내었다. 아폴론의 놀라움은 더욱 커졌다. 헤르메스는 이 순간을 놓치지 않고 아폴론이 생각하는 것보다 자신이 더 쓸모가 있음을 보여줄 기회라고 생각하고는 아폴론의 화도 풀어 줄 겸, 숨겨놓았던 리라를 꺼내 들고는 흥겹게 연주하며 노래를 불렀다. 리라를 켜며 온갖 외설스런 가사의 노래를 불러대는 갓난아기의 천진난만한 모습을 보고 아폴론은 웃음이 터졌다. 이에 용기를 얻은 헤르메스는 아폴론에게 다가가 더 큰 소리로 각 신들의 탄생과 직분에 대해 노래하기 시작했다. 헤르메스의 노래를 듣자 아폴론은 마음이 부드러워지고 화가 풀렸다. 그러나 아폴론은 헤르메스의 우스꽝스러운 노래보다 이 새로운 악기에 더 관심이 있었다. 사실 올림포스의 잔치에서 신들을 즐겁게 해주기 위해 음악 연주를 직분으로 하고 있는 아폴론으로서는 아름다운 소리를 내는 리라가 탐났다.

"너는 소 50마리쯤 가질 만한 자격이 충분히 있는 놈이구나. 우리 한번 흥정을 해보자. 이 악기를 만든 솜씨를 보니 넌 선천적으로 재주를 많이 갖고 태어난 모양이다. 네 노랫말을 들으면 웃지 않고는 못 배기겠구나. 네 노래는 화를 풀어 주고 마음을 노곤하게 하는 마력이 있다. 내가 올림포스 신들에게 불러 주는 노래와는 사뭇 다른 음악이다. 이제 너와 네 어머니를 다른 위대한 신들과 함께 자리할 수 있도록 영예를 선사할 것을 내가 짚고 있는 이 지팡이에 걸고 맹세하마."

헤르메스는 자기가 요구하지도 않은 여러 가지 호혜를 약속하는 아폴론의 태도를 보며, 그가 얼마나 리라를 갖고 싶어 하는지를 눈치챘다. 약삭빠른 헤르메스는 기회를 놓치지 않고 얼른 타협안을 내놓았다.

"이 리라를 형에게 줄게. 형은 신들 중에서도 위대한 신이니까. 아버지 제우스 신은 형에게 모든 권한과 명예를 허락하셨지. 아버지는 형을 누구보다도 사랑하셔서 인간에게 신탁을 내리는 직분까지도 주셨잖아. 형은 필요한 모든 것을 가지고 있어. 아니 필요한 것이 뭔지 모를 정도로 모든 것을 넘치도록 가지고 있지. 노래만 해도 형의 노래에 비하면 내 노래는 엉터리야. 형이 부르는 노래는 멜로디뿐 아니라 운율까지 척척 들어맞지. 내 노래는 그렇지 못해. 그러니까 이 리라는 나보다 형에게 더 잘 어울릴 거야. 형이 갖는 것이 훨씬 옳은 일이라 생각해. 하지만 모든 것을 혼자 다 차지하려고 하지는 마. 무언가 내게도 조금은 나눠 주어야 하잖아? 이제부터 들판에서 양과 소를 돌보는 목동들의 수호신 직분을 내게 양보해줘. 그 정도는 양보할 수 있잖아."

탐내던 리라를 얻은 아폴론은 기분이 좋았다. 헤르메스에게 목동의 수호신 직분을 상징하는 지팡이를 건네 준다. 이 거래에서 분명히 이득을 본 쪽은 아폴론이었으니까 아까워할 게 조금도 없었다. 리라를 아폴론에게 넘겨 준 헤르메스는 피리 대롱을 여러 개 가지런히 붙여 만든 목동들의 피리를 만들었다. 이 피리는 나중에 헤르메스의 아들인 판Pan 신이 연주하게 된다.

이렇게 형제가 마음을 열어 화해했지만, 아폴론은 헤르메스가 마음이 변해 리라를 훔쳐 갈지 몰라 불안해졌다. 제우스에게서 받은 헤르메스의 직분은 남의 물건을 도둑질하고 남을 속이는 게 아닌가? 리라뿐 아니라 활이며 델포이의 보물까지 훔쳐 가면 골치 아픈 일이다. 그래서 헤르메스에게 다시는 아폴론을 속이거나 물건을 훔치지 않겠다는 맹세를 시켰다. 그에 대한 대가로 아폴론은 헤르메스를 다른 형제들보다 더욱 사랑하고 아버지 제우스보다도 더 잘 보살펴 주겠다고 맹세했다. 그뿐 아니라 헤르메스에게 황금 지팡이를 주어 제우스의 전령의 직분을 맡게 해주었다. 다만 헤르메스가 배우기를 원하는 신탁만큼은 제우스가 허락하지 않았기 때문에 가르쳐주지 않았다. 대신 파르나소스 산의 계곡에 사는 세 명의 날개 달린 처녀들에게 신탁을 물어 미래의 일을 아는 방법을 가르쳐 주었다. 이 날개 달린 처녀들은 머리에 하얀 밀가루를 뒤집어쓰고 다니면서 야생벌들의 꿀을 먹고 산다. 꿀을 먹어 배가 부를 때에는 미래에 대해 물으면 진실을 말해 준다. 아폴론은 헤르메스에게 이 말을 잘 들어 두었다가 사람들이 그에게 신탁을 물으면 가르쳐 주라고 충고했다. 그래도 못 미더운 아폴론은 헤르메스에게 사자를 비롯한 모든 야생동물을 돌보는 직분과 죽은 자들의 영혼을 저승으로 인도해 주는 직분도 양보해 주었다. 아폴론의 이런 호의와 제우스의 묵인으로 헤르메스는 하루 종일 올림포스에 머물며 제우스의 뜻을 신들과 인간들에게 전해 주며 지내게 되었다. 하지만 헤르메스는 신들과 인간에게 좋은 일을 하기보다는 훔치고 속이는 일 등으로 골칫거리를 더 많이 만들었다. 특히 어두운 밤에는 그의 도둑질 때문에 사람들은 편히 잠들 수 없었다.

헤르메스가 태어난 동굴이 있다는 킬레네 산은 험하기로 유명하여 예부터 도둑과 산적의 소굴이었다. 도둑과 사기꾼의 수호신인 헤르메스가 태어나기에는 안성맞춤인 장소였던 셈이다. 헤르메스의 어머니인 마이아의 집안은 아폴론에 비해 훨씬 격이 떨어진다. 아폴론을 낳은 레토는 티타네스 족의 하나인 코이오스Koios와 포이베Phoibe 사이에서 태어났다. 한마디로 티타네스 족의 명문 집안 출신이었던 그녀는 호메로스의 서사시 〈일리아스〉에서 헤라와 함께 제우스의 부인으로 호칭되고 있다.

반면 마이아는 제우스를 거역한 티타네스 족의 우두머리였기 때문에 제우스의 벌을 받아 평생 무거운 하늘을 떠받치고 있어야 하는 아틀라스의 딸이다. 몰락한 왕족의 딸인 셈이다. 그래서 신들의 축복 속에서 태어난 아폴론과 달리 헤르메스는 인적 없는 산속 깊은 곳의 어둡고 초라한 동굴에서 태어난다. 비록 제우스의 아들이라고는 하나 자신의 재주 하나만 믿고 인생을 개척해 나가지 않으면 평생 산속 동굴에서 어머니와 단둘이 쓸쓸하게 살아야 할 팔자이다. 그러나 외갓집의 배경도 변변하지 못하고 출생도 다른 신들보다 훨씬 늦은 헤르메스가 이미 체제가 꽉 잡힌 올림포스의 중앙 무대로 뚫고 들어가는 일은 거의 불가능했다. 제우스를 정점으로 하여 아폴론과 아테나가 좌우로 포진한 권력 구조에 신참 헤르메스가 정상적인 방법으로 끼어

헤르메스

헤르메스가 올림포스의 향연에서 아테나와 청춘의 여신 헤베 사이에서 왼손에 꽃을 들고 앉아 있다.
(기원전 520년쯤, 타르키니아 Museo Nationale Archelogico 소장)

들 자리는 없었다. 아폴론이나 아테나를 상대로 경쟁한다는 것은 아예 가망성조차 없는 일이었다.

그러나 헤르메스는 선천적인 재주꾼이다. 머리가 비상하게 잘 돌아가서 참신한 아이디어가 끊임없이 솟아나고 타고난 언변과 급하면 적당히 둘러치는 솜씨가 타의 추종을 불허한다. 어차피 정공법으로는 수직적 신분 상승을 바랄 수 없는 처지이니 아폴론이 할 수 없는 일로 승부를 걸어야 한다. 이것이 헤르메스의 생각이었다. 그러나 어느 신을 상대로 도전해야 할까? 머리 좋은 헤르메스의 생각은 거침없이 빠른 속도로 발나아갔다. 이미 올림포스의 권한은 대부분 아폴론에게 위임되었다. 구태여 위험하게 아버지 제우스를 상대할 필요는 없다. 하지만 모든 면에서 자기보다 우위에 있는 아폴론에게 섣불리 도전하다가는 낭패만 당하고 만다. 어떤 방법을 써야 아폴론을 이길 수 있을까? 아니 이기지는 못해도 아폴론의 양보를 받아낼 수 있을까? 생각 끝에 헤르메스는 아폴론의 소를 훔치기로 마음먹었다. 밝은 세상을 대표하는 아폴론에 맞서는 유일한 길은 아폴론의 손이 미치지 못하는 암흑가를 제패하는 것이다. 이 방면이라면 헤르메스도 아폴론과 대적해 볼 만하다.

헤르메스의 작전은 보기 좋게 맞아떨어졌다. 과연 도둑질과 협잡에 천재인 헤르메스 앞에서 아폴론은 체제 안에서의 논리만 펼친다. 그러나 헤르메스의 무기는 논리나 도덕성에 있지 않다. 상대방이 기가 막힐 정도로 뻔뻔스러운 것이 그의 최대 무기이다. 부끄러움이나 기존의 가치관에 대한 조금의 경의도 표하지 않는 헤르메스 앞에서 아폴론의 정당한 논리는 힘을 쓰지 못한다. 헤르메스는 두려움마저 없다. 모두가 두려워하는 존재인 아폴론 앞에서 당돌하기만 하다. 아폴론이 완력으로 자기를 들어 올리자 헤르메스는 거침없이 방귀를 뛰어 맞대응한다. 지독한 실례이다. 거짓말을 밥 먹듯 하고 거짓 맹세를 거침없이 해대는 헤르메스에게 아폴론은 속수무책이다. 심지어 아폴론이 소를 소유하고 있다는 것마저 의심한다는 말에는 기가 막힐 뿐이다.

헤르메스의 뻔뻔스러움은 아버지 제우스 앞에서 더 기승을 부린다. 한술 더 떠 어린아이의 연약함을 무기삼아 형인 아폴론이 약한 자신을 괴롭힌다고 하소연하며 보호를 요청한다. 소도둑에 대한 재판에서 논리적으로는 조목조목 증거를 들이대는 아폴론의 말이 맞지만, 상식적으로는 태어난 지 하루밖에 안 된 갓난아기가 어떻게 소를 도둑질할 수 있느냐는 감성에 호소하는 헤르메스의 변론이 더 설득력이 있다. 도무지 헷갈려서 판단하기가 만만치 않다. 파렴치한 잔꾀를 끊임없이 쏟아내는 갓난아이 헤르메스의 뻔뻔함은 오히려 귀엽기까지 하다. 제우스마저 거짓말 덩어리인 헤르메스에게서 미워할 수 없는 어린아이의 천진난만함을 느낀다.

결국 제우스의 판결로 헤르메스는 훔친 소를 아폴론에게 돌려주게 된다. 그러나 이 결과는 헤르메스가 바라던 것이 아니다. 어차피 소가 탐났던 것이 아니었다. 아폴론에게 자신의 재주를 모두 보여 주어 그에게 자신이 아주 쓸 만한 재목이라는 것을 인정받는 게 궁극적인 목표였다. 그래서 일부러 소가죽을 눈에 잘 띄는 바위에 펼쳐놓았다. 또 적당한 장소에 불씨를 일으키는 데 쓰는 월계수도 준비해 두었다. 그의 재주에 아폴론이 위협을 느끼자 헤르메스는 숨기고 있던 비장의 무기인 리라를 재빨리 꺼내 우스꽝스러운 노래로 아폴론을 달랜다. 또 리라를 아폴론에게 선사함으로써 자신은 아폴론의 적수가 아니며 그럴 의사도 없음을 분명히 한다. 이에 아폴론도 재주 많은 아우와 대결하기보다는 그의 보호자가 되기로 마음먹는다. 그 증표로 목동들의 수호신 직분과 제우스의 전령 직분을 헤르메스에게 양보한다. 이제 헤르메스는 당당한 올림포스 신으로 인정받기에 이른 것이다. 도둑들의 우두머리가 되어서라도 자신의 존재를 인정받으려 했던 헤르메스는 아폴론의 소를 훔침으로써 소기의 목적을 달성했다. 이 타협에 아폴론도 불만이 있을 수 없다. 우선 그가 탐내던 리라를 얻었고 또 자신과는 판이하게 다른 재주를 가지고 있는 헤르메스를 자신의 영향권 아래 두게 됨으로써 올림포스의 권력 체계 안에서 자신의 위치를 더욱 공고히 했다.

이런 흥정 뒤에는 물론 제우스의 깊은 수읽기가 숨어 있다. 권력은 눈에 보이는 체제뿐 아니라 눈에 보이지 않는 암흑가에도 영향력을 발휘할 수 있어야 한다. 도둑과 협잡꾼의 수호신인 헤르메스는 암흑가와의 연결고리로 안성맞춤이다. 최고 권력자인 제우스에게는 아폴론이나 아테나 못지않게 헤르메스도 필요한 존재이다.

헤르메스의 직분 : 도둑과 협잡꾼, 상업, 목동, 나그네의 수호신

그리스 세계에서는 호메로스 이전 시대부터 도둑과 협잡꾼도 수호신을 가지고 있었다. 당시에 도둑이 지닌 의미는 현대와 달랐다. 가진 재산도 없고 고귀한 신분도 타고나지 못한 평민에게 출세의 길은 완전히 막혀 있었다. 산업도 발전하지 못해 취업이란 개념조차 없었고 기껏해야 소작인이나 목동으로 생계를 꾸려 나갈 수 있을 뿐이었다. 그런 자리마저 얻지 못하면 생계가 막연했으니 남는 것은 도둑질뿐이었다. 도둑이 먹고 살기 위한 직업으로 자리 잡고 있던 시대였으니 이들에게도 수호신이 있어야 마땅했다. 생계를 위해 마지못해 하는 도둑질은 현대인이 생각하는 것처럼 윤리적으로 비난할 수 있는

게 아니다. 당시 큰 도둑들은 흔히 의적으로 민중들 사이에 인기가 높았다. 특히 솜씨가 좋거나 힘이 장사이거나 하면 영웅이 되었다. 우리나라의《일지매》나《홍길동》, 웨일즈의《로빈 후드》,《아라비안나이트》에 나오는 카이로의 대도적 알리가 민중의 사랑을 받을 수 있었던 것도 이런 사회적 환경 때문이었다. 포악하기 그지없는 임꺽정마저도 서민들의 눈에는 영웅으로 비쳐진다. 귀족들의 횡포에 기죽어 살던 평민들에게 압제자를 통쾌하게 혼내 주는 큰 도둑들은 영웅일 수밖에 없다. 뻔뻔하고 협잡성이 농후한 헤르메스가 올림포스 신의 반열에 든 것은 이런 까닭이다.

도둑질과 상업은 상대방의 어리석음이나 약점을 이용하여 자신의 이득을 취한다는 점에서 일맥상통한다. 따라서 도둑의 신인 헤르메스는 상거래의 수호신이기도 하다. 냉철한 계산을 바탕으로 하여 감언이설과 기지로 상대방을 설득하여 거래를 성사시키고 이익을 내기 위해서는 헤르메스와 같은 뻔뻔함과 속임수가 필요하다. 그러나 도둑질과 상업 사이에는 차이가 있다. 상업에는 도둑질이나 협잡질에는 없는 윤리가 있다. 상행위는 남의 것을 훔치거나 속여 자기 것으로 만드는 게 아니라 스스로 부가가치를 생산하여 그만큼의 이득을 취하는 것이다. 만약 상행위에 윤리성이 결여된다면 사기나 협잡질과 다를 바 없다. 가장 적은 비용으로 가장 큰 이윤을 남기는 것이 기업 행위의 목표다. 그러나 그것만이 유일한 목적이라면 공짜로 물건을 훔쳐서 비싼 값에 파는 도둑질이 가장 훌륭한 기업 행위가 될 것이다. 기업 윤리가 사라진 상행위의 위험성이 여기에 있다.

아폴론의 소를 훔칠 때 헤르메스가 쓴 수법은 소도둑들이 흔히 쓰는 속임수이다. 소를 꼬리로부터 끌고 가 발자국을 반대 방향으로 나게 하고 자신의 발을 부드러운 풀로 감싸 발자국을 남기지 않는 수

에페소스의 길거리에 있는 헤르메스의 부조
헤르메스는 길거리의 수호신이기도 하다.

법은 예부터 잘 알려진 수법이었다. 해질 무렵에 범행을 하여 밤새 멀리 소떼를 끌고 가서 자신만이 아는 장소에 숨겨 놓는 것도 전형적인 소도둑들의 수법이다.

도둑이나 장사꾼은 집을 떠나 길에서 보내는 시간이 많다. 들판에서 양이나 소를 지키는 목동과 나그네 역시 마찬가지다. 그래서 헤르메스는 자연스레 목동과 나그네의 수호신이 된다. 그는 길을 떠난 모든 사람들을 보호한다. 헤르메스 자신이 제우스의 전령으로 길에서 보내는 시간이 많다. 헤르메스에게는 특별한 신앙의 중심지나 신전이 없다. 그의 상像은 길이 교차되는 곳이나 시장의 입구에 세워져 있다. 길의 신이기 때문이다. 여행자들은 헤르메스 상 앞에서 자신들의 여행이 그의 보호 아래 안전하게 이루어지길 빌었다.

헤르메스는 또한 행운을 가져다주는 신이기도 하다. 길에서 우연히 주운 물건이나 인생에서 우연히 얻게 되는 행운은 모두 헤르메스의 선물이다. 헤르메스가 태어난 첫날 문지방에서 발견한 거북도 이런 행운의 한 본보기이다. 이런 행운을 어떻게 잘 운영하는가는 각자의 몫이다. 헤르메스는 우연히 주운 거북으로 리라를 만들어 자신의 행운을 확실한 것으로 만들었다. 그러나 많은 사람들은 행운으로 말미암아 인생을 망치고 만다.

아폴론이 신탁의 신이라면 헤르메스는 점괘의 신이다. 제비를 뽑거나 자갈을 굴려 보는 점은 헤르메스가 주관한다. 고대 그리스인들은 인간의 운명과 같은 큰일은 신탁에 의해 좌우되지만 재수나 운수 같은 작은 미래의 일은 헤르메스의 점으로 알아낼 수 있다고 믿었다.

헤르메스는 또한 제우스의 뜻을 전하는 전령의 직분을 가지고 있다. 그 징표로 그는 황금 지팡이를 가지고 있다. 이 지팡이는 신과 인간을 잠들게 하기도 하고 또 잠에서 깨우기도 하는 힘을 가지고 있다. 그의 어깨에는 날개가 달려 있고 그가 신고 있는 신발에도 날개가 있어 하늘을 날아다닐 수 있다. 또 쓰면 자신의 모습이 남에게 보이지 않게 하는 하데스의 황금 투구키네에를 쓰고 다닌다. 모든 것을 주관하는 제우스의 전령이기에 그의 행선지 자체가 중요한 정보이다. 비밀이 보장되지 않으면 제우스도 세상을 다스리기가 어렵다. 전령의 신의 직분은 아무의 눈에도 띄지 않고 죽은 자들의 영혼을 지하 세계로 인도하는 직분으로 자연스레 연결된다.

머리가 좋고 재주가 많은 헤르메스는 여러 가지 기발한 생각과 유용한 기술이나 물건의 고안자이기도 하다. 리라와 목동의 피리를 만들었고 마른 나뭇가지를 이용하여 불씨를 일으키는 방법을 고안해 냈다. 별자리와 천체의 움직임을 관찰해 절기를 알아내는 방법을 고안한 것도 헤르메스였다. 그는 또 인류 최초의 여자에게 판도라라는 이름을 주었고, 제우스의 명령을 받고 판도라의 머리에는 개의 영혼과 교활함을, 가슴에는 거짓과 헛된 꿈을, 목에는 남자를 유혹하는 감미로운 목소리를 넣어주었다. 판도라를 에피메테우스에게 데려가 듣기 좋은 말로 속여 받아들이게 한 것도 헤르메스의 간계였다.

헤르메스의 업적들

거인들과의 전쟁에서 헤르메스는 눈에 보이지 않게 하는 투구를 쓰고 거인 히폴리토스Hippolotos를 쓰러뜨린다. 헤르메스는 도둑질에 천부적인 자신의 재주를 이용하여 혁혁한 공을 세운다. 제우스가 무시무시한 괴물 티폰과의 싸움에서 져서 힘줄을 빼앗겼을 때 헤르메스는 티폰에게서 이를 훔쳐 제우스에게 다시 가져다주었다. 아레스가 거인 오토스와 에피알테스 형제에게 열세 달 동안 붙잡혀 있었을 때도, 헤르메스가 거인들의 눈을 속이고 아레스를 구해주었다.

헤르메스는 제우스에게 반기를 들어 지구의 서쪽 끝인 코카서스산에 묶여 있던 프로메테우스에게 제우스의 전령으로 찾아가 제우스 운명의 비밀을 물었지만 끝내 비밀을 캐내지는 못했다. 현명한 프로메테우스에게는 헤르메스의 감언이설과 교활함도 통하지 않았기 때문이다. 또 헤르메스는 지하의 신 하데스가 페르세포네를 납치했을 때, 그녀를 다시 데메테르에게 돌려주라는 제우스의 명령을 전했다. 제우스가 미소년 가니메데스를 납치했을 때, 제우스의 명령을 받고 소년의 아버지에게 천상의 말馬을 위로품으로 전하고 아들이 신들 곁에서 영원한 삶을 누리게 될 테니 걱정하지 말라고 전했다. 제우스가 헤라의 눈을 피해 이오와 사랑을 나누는 동안, 헤르메스는 재미있는 이야기로 아르고스 시민들의 관심을 딴 데로 돌려놓았다. 헤라의 질투 때문에 암소로 변한 이오를 잠들지 못하게 하여 고통을 주던 괴물 아르고스Argos를 죽인 것도 헤르메스였다. 이 괴물은 눈이 100개나 되어 모든 눈이 한꺼번에 잠드는 일이 없었다. 그러나 헤르메스는 자신의 황금 지팡이로 이 괴물의 눈이 모두 잠들게 한 뒤에 죽여 버렸다. 헤라클레스의 어머니 알크메네가 죽었을 때, 그녀를 빼돌려 라다만티스Rhadamanthys에게 시집을 보내고, 그녀의 관에는 대신 무거운 돌을 채워 넣은 것도 제우스의 명령을 받은 헤르메스의 짓이다. 그는 아테나와 함께 첫날밤에 남편들을 살해한 다나오스Danaos의 딸들을 지옥으로 보내기도 했다. 또 헤르메스는 아테나의 부탁을 받고 페르세우스에게 황금 투구와 날개 달린 신발을 빌려주어 메두사를 처치하는 데 결정적인 역할을 했다.

헤르메스는 버려진 아이들의 보호자이기도 하다. 그는 세멜레가 제우스의 본 모습을 보고 죽어 어미 없는 자식이 된 디오니소스를 니사Nysa의 요정들에게 데려다주어 기르게 했고, 아르테미스의 화살에 맞아 죽은 칼리스토의 뱃속에서 아르코스를 꺼내 구해 주었다. 또 아테네의 왕녀 크레우사가 아폴론의 사랑을 받고 낳은 아들 이온을 길에 내버리자 아폴론의 명령을 받은 헤르메스는 이 아이를 델포이로 데려와 여사제들에게 맡겼다.

속임수의 달인인 헤르메스가 가장 어려움을 겪었던 모험은 헤라를 속여 그녀가 그토록 미워하는 헤라클레스에게 젖을 주게 하는 일이었다. 제우스의 아들은 누구나 헤라의 젖을 먹어야만 진정으로 신이 될 수 있기 때문에 이 일은 헤라클레스를 끔찍이 사랑한 제우스에게는 중요한 일이었다. 그 임무가 헤르메스에게 주어졌다. 헤라의 질투가 두려웠던 알크메네는 헤라클레스를 길에 버렸다. 헤르메스는

프락시텔레스의 헤르메스상
(기원전 330년쯤, 올림피아 박물관 소장)

때마침 이곳을 지나던 헤라에게 아이에 대한 동정심을 불러일으켜 젖을 먹이게 하는 데 성공했다. 그러나 이 아이가 자신이 그렇게 미워하는 헤라클레스임을 알아차린 헤라는 순각적으로 젖을 빼냈다. 이때 하늘로 튀긴 젖이 바로 은하수이다. 헤라클레스에게 위험이 닥칠 때마다 헤르메스는 제우스의 명령에 따라 자신의 이복동생을 도와준다. 헤라클레스에게 칼을 주었고, 지하의 맹견 케르베로스를 데려올 때 헤라클레스에게 환상을 보고 있음을 일깨워 주었다. 또 다른 사람의 노예로 일해야만 죄를 씻을 수 있다는 신탁을 받은 헤라클레스를 노예로 파는 일도 헤르메스가 맡았다.

헤르메스는 보이오티아의 왕녀 네펠레Nephele에게 황금의 털을 가진 양 크리아리Kriari를 보내 그녀의 자식 프릭소스Prixos와 헬레Helle를 구해 주었다. 이 양은 두 아이를 태우고 바다를 건넌다. 이때 조심하지 않은 헬레가 바다에 떨어져 죽었다. 이 바다가 유럽과 아시아 대륙 사이에 있는 해협 헬레스폰토스Hellespontos이다. 나중에 이 양의 황금 털가죽은 아르고나우타이의 목표물이 된다.

펠롭스의 두 아들인 아트레우스와 티에스테스가 아르고스의 왕위를 놓고 다툴 때였다. 동생인 티에스테스는 형수와 잠자리를 같이 하여 부당하게 얻은 황금 털가죽을 근거로 왕이 되려고 했다. 티에스테스의 행위가 마음에 들지 않았던 제우스는 해의 진로를 하루 동안 바꾸어 놓아 그의 음모를 막는다.

티에스테스의 아들 아이기스토스Aigistos가 아트레우스의 아들 아가멤논을 암살하려는 음모를 꾸몄을 때, 제우스는 헤르메스를 보내 이 음모는 파멸을 가져올 것이라고 경고하였다. 그러나 아이기스토스는 이 경고를 무시하고 살인을 저지른다. 그 결과 그는 제우스의 경고대로 아가멤논의 아들 오레스테스에게 죽임을 당한다. 헤르메스는 아폴론의 명령을 받고 복수의 여신 에리니에스에게서 오레스테스를 보호한다.

일설에는 파리스가 헬레네를 유혹하여 트로이아로 도망칠 때 제우스의 명령을 받은 헤르메스가 이집트에서 헬레네를 빼돌렸다고 한다. 실제 파리스를 따라간 것은 헤르메스가 남긴 가짜 헬레네였다는 것이다. 또한 트로이아 전쟁이 끝나갈 무렵에 아들 헥토르의 시신을 찾기 위해 노왕老王 프리아모스가 적진을 뚫고 아킬레우스에게 찾아갈 때, 헤르메스는 황금 지팡이를 이용해 그리스 보초병들을 잠들게 하고 프리아모스를 자신의 황금 투구로 보호하여 남들의 눈에 띄지 않게 해주었다.

헤르메스는 오디세우스를 붙잡고 있는 요정 칼립소Kalypso에게 찾아가 그를 놓아 주라는 제우스의 명령을 전달했고, 요정 키르케 Kirke의 마법의 약에 대한 해독제를 오디세우스에게 전해 주기도 했다. 이후에 헤르메스는 오디세우스가 그의 아내인 페넬로페에게 구혼한 자들을 죽였을 때, 죽은 영혼들을 하데스에게로 인도한다.

이와 같이 헤르메스가 이룬 업적의 대부분은 독자적인 판단에 의해 이루어진 것이 아니라 제우스나 아폴론의 지시에 따른 것이다. 헤르메스의 가장 중요한 임무는 제우스의 뜻을 전하는 전령의 역할이었기 때문에 그는 자신의 의사에 따라 모험을 하거나 남을 돕는 일을 할 수 없었다. 모든 신이 참전한 트로이아 전쟁에서도 헤르메스의 활약은 전혀 없다. 그렇기 때문에 헤르메스가 그리스신화에서 차지하는 비중은 크지 않다.

헤르메스의 연인과 자손들

속임수에 능한 헤르메스는 연인으로도 정열적으로 활동했다. 아내인 아프로디테의 부정을 눈치 챈 헤파이스토스가 보이지 않는 그물로 아레스와의 불륜 현장을 덮치고 다른 신들을 불러 창피를 줄 때였다. 장난기가 발동한 아폴론은 헤르메스에게 아프로디테와 사랑을 나눌 수 있다면 아레스처럼 저런 수모를 당해도 좋으냐고 물었다. 헤르메스는 두 배 세 배의 수모를 받더라도 아프로디테와 사랑을 나누고 싶다고 천연덕스럽게 대답했다. 실제로 둘 사이에는 헤르마프로디토스라는 자식이 태어났다. 헤르마프로디토스는 남자도 여자도 아닌 중성이었는데, 이름에서 남녀추니를 지칭하는 영어 hermaphrodite가 유래했다.

헤르메스는 로도스 섬에서 미노아Minoa의 딸 아페모시네Apemosyne를 보는 순간 사랑에 빠졌으나 그녀가 이리저리 피해 다녀 도무지 뜻을 이룰 수 없었다. 이에 헤르메스는 꾀를 내어 방금 벗겨낸 미끄러운 양가죽을 그녀가 물을 길러 다니는 길에 놓아두고 기다렸다. 가죽을 밟고 미끄러진 아페모시네는 그의 계획대로 헤르메스의 품으로 쓰러졌다. 헤르메스는 기회를 놓치지 않고 자신의 욕망을 채웠다.

펠롭스에게 반한 피사의 공주 히포다메이아Hipodameia의 사주를 받아 자신이 모시던 왕 오이노마오스Oinomaos의 마차 바퀴에 나사못을 빼어 죽게 한 미르틸로스Myrtilos는 바로 헤르메스의 아들이다. 미르틸로스의 어머니는 칼리메네Kalymene라는 설도 있고 다나오스의 딸 중에 하나인 파에투사Phaethousa라는 설도 있으나 아마존 족인 미르토Myrto라는 설이 우세하다.

디오니소스 신을 따라다니며 광란의 축제를 벌이는 판 신도 헤르메스와 오디세우스의 아내인 페넬로페 사이의 아들이라고 한다. 헤르메스는 시키온Sikyon의 딸 크토노필레Chthonophile와 어울려 폴리보스Polybos를, 코린토스의 알키다메이아Alkidameia와는 부노스Bounos를 낳았다. 그리스 영웅 가운데 최고의 지략가라는 오디세우스의 외할아버지 아우톨리코스Autolykos도 헤르메스가 필로니스Philonis에게서 얻은 아들이다. 꾀가 많아 레슬링에서 적수를 찾지 못했다는 영웅 아르팔리코스Arpalykos도 헤르메스의 아들이었다. 그는 헤라클레스에게 씨름을 가르쳐 주었다. 말에 밟혀 비명에 죽은 헤라클레스의 애인 아브데로스Abderos와 아르고나우타이의 영웅 에리토스Erytos와 에키온 Echion도 그의 아들이었다. 끝으로 트로이아 전쟁 때 아킬레우스의 부장으로 참가한 에우도로스Eudoros는 헤르메스가 아르테미스의 시녀 중 하나인 어떤 요정과 비밀리에 나눈 사랑에서 얻은 아들이다.

바람과 욕망의 신, 헤르메스

헤르메스는 원래 갈림길을 지키던 신이었다. 길을 가다가 갈림길을 만났을 때 누구나 어디로 가야 할지를 고민하게 마련이다. 이정표가 없던 시대의 사람들은 이때 자신이 선택한 길이 옳기를 바라며 간절하게 기도한다. 그리고 그 기도의 표지로 돌을 하나 놓아둔다. 이 돌은 그가 혹시 그 자리로 되돌아왔을 때 자신이 지난 길임을 가르쳐 주는 귀한 정보를 제공한다. 갈림길에 이렇게 쌓인 돌들이 성황당을 이룬다. 그리고 그곳은 길의 신을 모시는 성소가 된다.

그리스 말로 돌무더기를 '헤르마 herma'라고 한다. 바로 이 낱말에서 헤르메스의 이름이 나왔다. 그러기에 그는 길의 신이다. 그리고 길이 갈리는 곳은 경계를 이루기에 헤르메스는 경계를 넘나드는 신이자 경계를 허무는 자들의 신이다. 즉 나그네나 먹고 살기 위해 길을 가는 전령, 장사꾼, 도둑들의 수호신이자, 이승과 저승을 넘나들며 죽은 자들을 지하 세계로 인도하는 저승사자의 역할을 담당한다. 또 여행하는 자들은 여러 마을과 나라를 지나며 다양한 관습과 가치관을 경험하게 마련이다. 이런 까닭에 이들의 수호신인 헤르메스는 관습의 경계를 허무는 자들의 신이요, 선과 악의 경계에 서 있는 신이다. 변덕스러운 게 길이다 보니, 길의 신은 자연스럽게 변덕스러운 바람의 신이 된다. 그래서 헤르메스는 변덕의 신도 겸한다. 길을 가는 사람은 길에서 만난 사람들과 잘 어울려야 하니 친화력이 있어야 하기에 헤르메스는 친화력의 신이 되고, 장사를 잘해야 하기 때문에 설득력의 신이 되기도 한다.

헤르메스가 가지고 다니는 지팡이 '카두케우스caduceus'에는 두 마리의 뱀이 감겨 있고 꼭대기에는 두 개의 날개가 달려 있다. 두 마리의 뱀은 이해상관을 달리하는 양측을 상징한다. 헤르메스는 이런 자들의 조정자이기도 하다. 남들의 조정자가 되려면 상대방의 의중을 잘 살피고 읽을 줄 알아야 한다. 그러기에 헤르메스는 해석의 명수다. 해석학hermeneutics이라는 영어 낱말에 그의 이름이 포함된 까닭이 여기에 있다. 또 한없이 자신의 형태를 바꾸며 흘러가는 수은 mercury 역시 헤르메스의 라틴어 이름에서 온 것이다.

헤르메스는 순수한 그리스 신이다. 이 신은 원래 바람의 힘을 상징화한 신격으로 아득히 먼 옛날부터 숭배되어 왔다. 다른 인도-유럽어족의 신화에서도 헤르메스에 대응하는 신격을 쉽게 찾을 수 있다. 헤르메스와 어원적으로 연결되는 게르만 신화의 오딘Odin, 인도 신화의 바후Vaju, 로마와 켈트 신화의 메르쿠리우스Mercurius는 모두 바람의 신이다. 특히 헤르메스가 기후의 신인 제우스의 아들로 동굴에서 태어났다는 설화는, 이 신이 고대에 어떤 성격을 지니고 있었는지 잘 나타내 준다. 고대인들은 바람이 깊은 동굴에서 잠자고 있다가 나온다고 믿었다. 헤르메스의 어깨에 날개가 달렸고 그가 신고 다니는 샌들에도 날개가 있다는 것도 바람과 이 신의 관계가 얼마나 깊은가를 보여 준다. 그는 걷지 않고 날아다닌다. 그는 바람처럼 빠르고 온갖 장애물을 교묘히 피해 다닌다. 또 사람들 눈에 보이지 않는다. 하지만 그는 분명히 존재하며 우리가 미처 눈치 채지 못하는 사이에 갑자기 다가왔다가 속절없이 사라진다.

헤르메스는 바람과 같다. 변덕스럽고 믿을 수 없다. 거짓말쟁이이며 우리를 속인다. 우리가 조심하지 않으면 한순간에 다가와 우리의 재산을 재빨리 앗아가 버린다. 어린 시절 우리는 얼마나 많은 풍선과 연을 바람에게 빼앗겼던가? 그러나 바람은 예기치 않았던 행운을 가져다주기도 한다. 길에서 우연히 주운 물건은 헤르메스가 남에게서 빼앗은 물건이다. 바람은 행운이요, 행운은 바람이다. 믿을 수 없고 덧없다. 예기치 않은 만남도 바람의 선물이다. 그래서 기대하지 않던 사람이 나타나면 "무슨 바람이 불어 여기에 왔느냐?"라고 말한다. 헤르메스가 여러 악기를 발명했다는 것도 소리가 바람에 의해 퍼져 나간다는 현상과 관련시켜 보면 자연스러운 일이다. 특히 관악기는 바람에 의해 연주된다. 헤르메스는 인간의 꿈속에 나타나 제우스의 뜻을 인간에게 전한다. 그래서 그의 지팡이는 누구든지 아무 때나 잠들게 할 수도 잠에서 깨게 할 수도 있다. 꿈은 바람이다. 꿈도 바람처럼 존재하는 것도 아니고 존재하지 않는 것도 아니다. 예기치 않을 때 우리 앞에 속절없이 사라진다. 제우스의 뜻이라는 것도 바람처럼 덧없는 것인지도 모른다.

바람은 욕망이다. 우리말만 보아도 바람이라는 낱말이 들어가는 말은 욕망과 관련이 있다. 난봉쟁이는 바람을 피우고, 야바위꾼은 바람을 잡는다. 여자들이 학교에서는 치맛바람을 일으키고, 카바레에서는 춤바람에 미친다. 고스톱 판에선 손바람이 매섭고, 신바람이 나면 엉덩잇바람을 일으키며 뛰어다닌다. 그래서 우리는 바람 부는 날이면 압구정동에 가야 한다. 헤르메스는 바람의 신이다. 원하는 것은 어떻게 해서든 얻고야 만다는 헤르메스의 성격은 결국 바람의 속성에서 유래된 것이다. 그가 왜 도둑과 협잡꾼의 수호신이고 상업의 신인가는 바람의 의미를 알면 저절로 깨닫게 되는 이치이다.

11장

폭력과 공포를 관장하는
전쟁의 신

아레스

아레이오스 파고스(Areios Pagos)

아테네 아크로폴리스의 서쪽에는 붉은빛이 도는 대리석 언덕이 있다. 그리 크지 않은 조그만 언덕이다. 언덕의 중간에는 바위를 파서 만든 계단이 있는데 수많은 사람들이 오르내려 반질반질해져 몹시 미끄럽다. 특히 습기가 많은 겨울철에 이 언덕을 오르려면 발밑에서 눈을 뗄 수가 없다. 언덕 위에 서면 발아래 고대 아테네 공공생활의 중심지였던 아고라의 폐허가 한눈에 들어온다. 왼쪽으로 전형적인 비잔틴 양식의 성 사도의 교회가 있고 그 아래로 아테네의 영웅 테세우스의 뼈가 묻혀 있다는 테세이온Theseion 신전이 보인다. 멀리 오른쪽으로는 현대에 복원한 아탈로스 스토어Stoa of Attalos라는 아름다운 건물이 서 있다. 비 오는 날 오후, 인적 없는 이 언덕에 서서 한없이 찬란했던 문명의 을씨년스러운 잔재를 보고 있노라면 인간사가 덧없음을 절로 느끼게 된다.

이 언덕 근처의 숲 속에서 할리로티오스Halirrhothios가 알키페

Alkippe라는 처녀를 겁탈했다. 알키페는 아레스가 아테네 왕 케크롭스의 딸 아그라울로스를 사랑하여 얻은 딸이다. 딸의 비명소리에 급히 달려온 아레스는 이미 저질러진 일을 보고 분노를 누를 길이 없어 할리로티오스를 한 방에 때려죽였다. 할리로티오스는 포세이돈과 요정 에우리테Euryte 사이에서 태어난 아들이었다. 아들을 잃은 포세이돈은 아레스를 올림포스 신들로 구성된 법정에 고소하였다. 언덕 위에 올림포스의 열두 신이 배석하고 법정이 열렸다. 신들은 딸을 겁탈한 악한을 죽인 아레스의 행위는 정당한 것이라고 무죄 판결을 내렸다. 이 재판을 기념하여 이 언덕은 아레이오스 파고스Areios Pagos, 즉 아레스Ares의 언덕이라고 불리게 되었다. 올림포스 신들의 재판은 인간들에게 공정한 재판의 본보기가 되었다. 그래서 고대 아테네인들은 이 언덕에서 종교와 살인에 대한 죄를 재판하는 법정을 열었다. 어머니 클레타임네스트라를 죽인 아가멤논의 아들 오레스테스도 이 언덕에서 신들의 재판을 받고 죄를 용서받았다. 지금도 그리스에서는 대법원을 아레이오스 파고스라 한다. 폭력과 살육을 일삼는 무법자인 전쟁의 신 아레스에게 공정한 재판에서 무죄를 받는 최초의 영광을 안겨 준 것은 신화의 아이러니irony이다.

완전무장을 한 전쟁과 폭력의 신 아레스
(기원전 570년쯤, 피렌체 Museo Archelogico 소장)

아테네의 영웅 테세우스가 아마존의 여왕 안티오페Antiope를 납치했을 때 이를 복수하기 위해 아테네로 쳐들어온 아마존 군대가 진영을 설치한 곳도 바로 이 아레이오스 파고스 언덕이었다.

기원후 51년 사도 바울로도 이 아레이오스 파고스 언덕에서 알려지지 않은 신에 대한 설교를 했다. 언덕 오른쪽 바위에는 이 이야기가 나오는 사도행전 17장 22절부터 34절까지를 새긴 동판이 박혀 있다. 국민의 95퍼센트가 그리스 정교를 믿는 나라답다.

전쟁과 살육의 신 아레스

아레스는 제우스와 헤라 사이에서 태어난 신이다. 정실부인에게서 태어난 적자嫡子이건만 그다지 부모의 사랑이나 인정을 받지 못했다. 오히려 제우스는 피비린내 나는 싸움과 전쟁을 즐기는 아레스에 대한 혐오감을 공공연하게 드러낸다. 트로이아 전쟁에서 아레스는 아테나의 도움을 받은 디오메데스에게 아랫배를 찔려 깊은 상처를 입고 피를 흘리며 올림포스로 도망쳐 왔다. 그는 아버지 제우스가 아테나만을 편애하여 자신에게 이런 짓을 해도 벌주지 않고 너그럽게 대한다며 불평했다. 이에 제우스는 화를 내며 "나는 올림포스 신 가운데 네가 가장 싫다. 너는 밤낮 싸움질과 살육만 좋아하니 누가 너를 좋아하겠느냐?"라고 호통을 친다.

아레스는 아테나와 함께 전쟁의 신이면서도 싸움을 잘하는 편은 못 되었다. 특히 아테나 여신에게는 여러 번 봉변을 당한다. 트로이아 전쟁에서 아레스는 애인 아프로디테 때문인지 항상 트로이아 편에서 싸웠다. 자신이 아스티오케Astyoche에게서 얻은 아들인 아스칼라포스Askalaphos와 이알메노스Ialmenos가 그리스군에 몸담고 있다는 사실도 그의 결심에 하등 영향을 끼치지 못했다. 트로이아 전쟁에서 아레스는 또 한 번 아테나와 마주쳤다. 이번에는 단단

아레스와 아프로디테
아레스는 아프로디테와 정을 통하던 사이였다. 완전 무장한 아레스가 왼손에 평화의 상징인 흰 비둘기를 들고 있는 아프로디테의 시선을 외면하는 것으로 보아, 연인 사이의 분위기는 그다지 화기애애한 것 같지 않다.
(기원전 520년쯤, 타르키니아 Museo Nationale Archeologico 소장)

히 마음을 먹고 회심의 일격을 아테나에게 날렸지만 무술에 있어서 그는 아테나의 적수가 아니었다. 아테나는 그의 창을 슬쩍 피하고는 뾰족한 검은 돌을 들어 아레스의 목덜미를 내려쳤다. 자신의 애인이 위험에 처한 것을 본 아프로디테가 재빨리 달려와 아레스를 끌고 나가려 하자, 헤라가 이를 보고 아테나에게 아프로디테마저 혼내 주라고 부추겼다. 아테나는 얼른 쫓아가 억센 손으로 아프로디테의 가슴을 쳤다. 그러자 둘은 땅 위에 벌렁 자빠지고 말았다. 아레스는 어머니인 헤라의 사랑도 받지 못했던 것이다.

헤라클레스가 자신의 아들 키크노스를 죽이자 아레스는 아테나의 경고를 무시하고 헤라클레스에게 창을 던졌다. 아테나는 창을 빗나가게 했다. 기회를 놓치지 않고 헤라클레스가 창을 던졌다. 창은 아레스의 넓적다리를 관통했다. 아레스가 상처를 입자 그의 시종인 포보스와 데이모스가 그를 전차에 태워 올림포스로 도망쳤다. 아레스는 억울해서 엉엉 소리 내어 울었다.

아레스는 또 거인 오토스와 에피알테스 형제에게 잡힌 적도 있다. 힘이 장사인 이 형제는 아레스를 쇠사슬에 묶어 청동항아리 안에 열석 달 동안이나 가두어 놓았다. 만약 꾀 많은 도둑의 신 헤르메스가 거인들의 계모에게서 비밀을 알아내 구해 주지 않았다면 영영 잊힐 뻔했다.

전쟁과 살육의 신인 아레스는 항상 공포의 신인 포보스와 걱정의 신 데이모스, 그리고 불화의 여신 에리스와 싸움의 여신 에니오를 거느리고 다녔다. 이들은 투구를 쓰고 갑옷을 입은 채, 방패와 창을 들고 전차를 몰고 다니며 닥치는 대로 싸움질과 행패를 일삼았다.

아레스의 아들들 역시 흉포하기 그지없는 자들이었다. 올림피아의 왕 오이노마오스도 그의 아들이었다. 오이노마오스는 자신의 딸

히포다메이아와 결혼하는 자에게 죽음을 당하리란 신탁을 받았다. 이를 피하기 위해 그는 딸의 구혼자들에게 마차 경주를 겨뤄 이기면 그들의 목을 잘라 성문 위에 걸어놓았다. 그러나 오이노마오스는 영웅 펠롭스와 겨룬 마차 경주에서 목숨을 잃고 만다.

악당 키크노스도 아레스의 아들이었다. 그는 델포이로 가는 길목을 지키고 있으면서 지나가는 나그네를 습격하여 죽이고, 그 희생자들의 뼈로 자신의 아버지 아레스의 신전을 짓겠다고 큰소리를 쳤다. 그는 헤라클레스와 싸우다가 죽는다. 이 싸움에서 아레스마저 헤라클레스에게 상처를 입는다.

또 다른 아레스의 아들인 플레기아스Phlegyas 역시 델포이 신전으로 참배하러 가는 나그네들에게 씨름을 걸어 죽이던 악당이었다. 아폴론은 자신의 참배객에게 못된 짓을 하는 플레기아스를 악당의 수법 그대로 씨름을 걸어 죽여 버렸다.

키크노스의 형인 트라케 지방의 왕 디오메데스Diomedes는 더 흉포한 악당이었다. 디오메데스에게는 말이 네 마리 있었는데 그는 지나다니는 나그네를 잡아 죽여 그 고기로 이 말들을 키웠다. 이자 역시 헤라클레스의 철퇴에 맞아 죽는다. 호전적인 여전사족인 아마존의 여왕 펜테실레이아Penthesileia 역시 아레스의 딸이었다.

테바이의 샘을 지키며 물 길러 오는 사람들을 괴롭히던 용도 아레스의 자식이었다. 이 용은 테바이를 건설한 영웅 카드모스의 손에 죽임을 당한다. 카드모스는 신계神界에 속한 영물인 용을 죽인 죄를 씻기 위해 8년 간 아레스 밑에서 노예 생활을 한 후 하르모니아와 결혼하게 된다. 하르모니아는 아레스와 아프로디테 사이에서 태어난 딸이다. 공포의 신인 포보스와 걱정의 신 데이모스도 아레스와 아프로디테 사이에서 태어난 자식들이다.

아레스Ares란 이름은 불행과 재앙을 나타내는 "are-"라는 어근에서 파생된 것이다. 아레스는 아테나와 달리 목적도 이유도 없이 그저 싸움을 즐기는 신이다. 그에게는 전술이나 책략과 같은 세련된 전투 기술이 없다. 무작정 폭력을 휘두르며 피를 보는 난폭한 악당이다. 합리적인 사고와 인도주의를 신봉하는 그리스 정신은 이런 아레스를 높게 평가하지 않았다. 아레스는 부모의 위세만 믿고 안하무인으로 날뛰는 부잣집 아들의 온갖 약점을 다 가지고 있다. 생각이 깊지 못하고 쉽게 감정에 휩싸이며 노력하지 않는다. 자신을 억제하는 것을 배우지 못해 모든 일을 감정적으로 처리한다. 호메로스를 비롯한 서사 시인들은 버르장머리 없는 아레스의 굴욕을 즐겨 노래했다. 헤라클레스에게 상처를 입고 올림포스로 돌아가는 길에 엉엉 우는 아레스의 모습은 우스꽝스럽기까지 하다.

역시 흉포한 악당들인 아레스의 자식들은 모두 그리스 정신을 대표하는 영웅 헤라클레스와 아폴론에 의해 퇴치된다. 무지하고 야만스러운 시대의 생경한 신들은 이런 방법으로 이성과 합리성을 중시하는 올림포스 신앙에 정복되어 갔다.

아레스는 원래 아르테미스, 디오니소스와 함께 트라케 지방의 신이었다. 올림포스 신앙이 들어오기 이전에 아레스는 자연의 풍요로움과 다산을 주관하는 신이었다. 그 후 이 신에 대한 신앙이 그리스인들에게 전해지면서 전쟁과 폭력의 신으로 신격이 바뀌었다. 하지만 아테네와 테바이 같은 일부 그리스 지방과 트라케 지방에서만 아레스에 대한 숭배가 활발했을 뿐이다. 그러나 마르스라는 라틴어 이름을 가진 아레스는 로마에서는 주신으로 추앙 받았다.

아레스와 아프로디테의 부정한 사랑은 많은 시인들에게 영감을 주었다. 신들 중에서도 잘생기고 아름다운 용모를 자랑하는 아레스와 가장 아름다운 여신의 결합은 지극히 자연스럽다. 더구나 아프로디테의 남편이 신들 가운데에서 가장 못생긴 헤파이스토스이기에 이들의 연애는 더 현실성을 띤다. 특히 이들 사이에서 태어난 딸이 조화調和를 뜻하는 하르모니아라는 사실은 매우 상징적이다. 남성의 원초적인 거친 힘을 나타내는 아레스와 여성다움과 아름다움을 상징하는 아프로디테의 결합이야말로 최상의 조화인지도 모른다. 또 다른 자식들인 포보스공포와 데이모스걱정 역시 불륜의 관계를 맺는 연인들의 심리적 특성이다.

12장

화산과 불을 다루는
대장장이의 신

헤파이스토스

헤파이스토스와 헤라

　　헤파이스토스는 제우스와 정실부인 헤라 사이에서 태어난 적자嫡子였지만 부모의 사랑을 받지 못했다. 헤파이스토스는 올림포스 신들 가운데 가장 못생겼을 뿐 아니라 태어나면서부터 다리를 절었다. 헤라는 이런 아이를 낳은 것이 창피했다. 물에나 빠져 죽으라고 아이를 하늘에서 바다로 내던졌다. 그러나 바다의 여신 테티스와 에우리노메는 생모에게 버림받은 아이를 불쌍하게 여기고 헤라 몰래 아이를 키웠다. 9년 동안 헤파이스토스는 바다의 신 네레우스Nereus의 동굴에서 반지, 팔찌, 귀걸이 같은 여성용 장신구를 만들며 무럭무럭 자라났다.

　　헤파이스토스는 아무 변화 없는 바다 밑 생활이 점차 지겨워졌다. 올림포스로 올라가서 정정당당히 제우스와 헤라의 인정을 받고 다른 신들과 대등하게 지내고 싶었다. 자신이야말로 진정한 제우스와 헤라의 자식이 아닌가? 자기를 버린 어머니 헤라에게도 이번 기회에 복수하여 섭섭한 감정을 풀고 싶었다. 자신의 작업장에 틀어박혀 헤라에게 선사할 황금 의자를 열심히 만들었다. 누가 보아도 감탄을 금하지 못할 아름다운 의자가 완성되었다. 헤파이스토스는 그 의자 위에 눈에 띄지 않는 그물을 쳐놓았다. 자신이 아니면 아무도 이 그물을 풀 수 없었다. 옛일은 모두 깨끗이 잊은 것처럼, 헤파이스토스는 누구나 탐내는 이 의자를 어머니 헤라에게 선물했다. 헤라는 기뻐 어쩔 줄 모르며 이 선물을 받아들였다. 그리고 뽐내며 여러 신들 앞에서 우아한 몸짓으로 의자에 앉아 보았다. 순간 그물이 위에서 떨어지며 그녀를 꼼짝 못하게 옭아맸다. 신들이 깜짝 놀라 이리저리 손을 써 보지만 속수무책이었다. 헤파이스토스만이 이 그물로부터 자신을 풀어 줄 수 있다는 사실을 안 헤라는 아름다움과 사랑의 여신 아프로디테를 아내로 주기로 약속하고 그를 올림포스로 불러들인다. 9년 전 천덕꾸러기로 올림포스에서 쫓겨난 헤파이스토스는 이렇게 영광 속에 올림포스로 입성하게 되었다.

아레스는 자신이 항상 마음에 두고 호시탐탐 노리던 아프로디테를 헤파이스토스에게 빼앗기게 되자 약이 올라서 감정을 누를 수 없었다. 그는 헤파이스토스에게 쫓아가 그처럼 못생기고 절름발이인 놈이 감히 어찌 자신과 경쟁하여 아프로디테의 사랑을 얻을 수 있겠냐고 비웃었다. 가뜩이나 외모에 자신이 없던 헤파이스토스는 이 말에 깊은 상처를 입었다. 불량기가 있기는 하지만 아레스는 정말로 잘생긴 청년이었기에 더욱 기가 죽었다. 그는 올림포스로 가기를 포기하고 중도에서 다시 바다의 은신처로 돌아갔다.

이렇게 되자 그물에 갇힌 헤라는 속이 탔다. 9년 전 헤파이스토스를 버린 대가를 톡톡히 치르게 된 것이다. 일을 망쳐 놓은 아레스가 한없이 미워 혼내 주고는 싶지만 그물에 갇힌 형편이니 어쩔 수 없었다. 지금 당장은 누군가 바다로 내려가서 헤파이스토스를 데려오는

술 취한 헤파이스토스
술에 취한 헤파이스토스가 사티로스의 부축을 받으며 올림포스로 향하고 있다. 헤파이스토스는 왼쪽 어깨에 망치를 메고 오른손에는 대장간에서 쓰는 집게를 들고 있다. 앞서 가는 인물은 포도주의 신 디오니소스다.
(기원전 435-430년, 베를린 슈타틀리헤 박물관 소장)

것이 더 급했다. 포도주의 신 디오니소스가 이 일의 해결점을 찾았다. 항상 헤파이스토스에게 호감을 가지고 있던 디오니소스는 바다로 내려가 헤파이스토스에게 포도주를 주었다. 술이 거나하게 취하자 디오니소스는 헤파이스토스를 한 마리 노새에 태워 올림포스로 데려왔다. 디오니소스를 항상 따라다니는 무리인 판 신과 요정들은 춤과 음악으로 흥을 돋우며 이 행렬을 축복했다. 올림포스에 올라온 헤파이스토스는 어머니 헤라와 화해하고 그녀를 그물에서 풀어 준 뒤 아프로디테와 결혼하여 올림포스의 일원이 되었다.

올림포스에서 헤파이스토스는 헤라의 절대적 지지자였다. 한번은 제우스와 헤라가 심하게 부부싸움을 했다. 분위기가 험악해져 제우스는 헤라에게 주먹질을 할 정도에까지 이르렀다. 이때 헤파이스토스가 어머니 헤라의 편을 들자 화가 난 제우스는 헤파이스토스를 올림포스 밖으로 내던졌다. 또다시 헤파이스토스는 하늘에서 떨어지는 신세가 되었다. 땅에 닿을 때까지 하루 종일 걸렸다. 해가 질 무렵에야 헤파이스토스는 렘노스Lemnos 섬에 떨어졌다. 워낙 높은 하늘에서 떨어졌기 때문에 상처가 깊었다. 렘노스 섬의 주민들은 헤파이스토스를 잘 간호해 주었지만 이 상처로 헤파이스토스는 더 심한 절름발이가 되었다.

볼품없는 외모에 절름발이인 헤파이스토스에게 불시에 아프로디테를 빼앗긴 아레스는 그대로 물러서지 않았다. 자신의 육체적 아름다움과 뻔뻔스러움을 내세워 유부녀인 아프로디테의 정부가 되었다. 그러나 모든 것을 보는 태양신 헬리오스는 이 사실을 헤파이스토스에게 알렸다. 신중한 헤파이스토스는 조용히 기회를 기다렸다. 자신의 주특기인 손재주를 이용하여 눈에 띄지 않는 쇠 재질의 정교한 그물을 짰다. 이 그물을 아프로디테의 침대 위에 설치하여 그들이 움직이면 곧바로 떨어지게 했다. 오래지 않아 아레스와 아프로디테는 함정에 빠졌다. 아레스가 아프로디테의 침대에 기어오르자마자 그물은 둘을 꼼짝 못하게 옭아맸다. 헤파이스토스는 이 불륜의 현장을 제우스를 제외한 올림포스 남신들에게 공개했다. 그 와중에 장난꾸러기인 아폴론은 헤르메스에게 아프로디테와 함께라면 아레스 대신 저 그물 속에 있을 수 있느냐고 농담을 걸었다. 헤르메스는 그물이 두 배 세 배로 옥죈다 해도, 또 남신들뿐만 아니라 여신들까지 와서 본다 해도 아레스의 자리에 대신 있겠다고 응수했다. 포세이돈은 헤파이스토스에게 적당한 보상을 받고 불륜의 현장을 들킨 아레스를 풀어 주라고 중재에 나섰다. 만일 아레스가 보상을 하지 않으면 자신이 대신 물어 주겠다고 약속했다. 이에 헤파이스토스는 그들을 풀어 주었다. 아프로디테는 곧바로 키프로스 섬의 파포스 샘에 가서 목욕을 하고 다시 처녀가 되어 돌아왔다.

헤파이스토스는 대장장이 신이다. 호메로스는 그의 작업장이 올림포스 안에 있다고 했지만 일반적으로는 헤파이스토스가 하늘에서

아테네 아고라에 있는 테세이온

기원전 5세기에 세워진 헤파이스토스 신전으로 지금까지 남아 있는 고대 그리스 신전 가운데 가장 완전한 형태를 보이고 있다.

떨어졌다는 렘노스 섬이 그의 대장간으로 더 널리 알려져 있다. 그리스 문명의 후기에는 시칠리아 섬도 그의 작업장으로 여겨졌다. 헤파이스토스의 작업장에 대한 이런 이설들은 그리스인들이 지리적 경험을 축적해 감에 따라 화산 활동이 활발한 여러 지역을 모두 헤파이스토스의 작업장과 결부시키면서 생겨난 것들이다.

원래 헤파이스토스는 소아시아 서북부 지방의 신이었다. 어원학적으로 헤파이스토스란 낱말은 그리스어에 속하지 않는다. 기원전 6세기 말에 헤파이스토스 신앙은 렘노스를 거쳐 아테네로 유입되었다. 아테네인들은 헤파이스토스를 아테나와 함께 대장장이들의 수호신으로서 받아들였다. 이 시기에 아테네의 주요 산업은 청동기 제작이었다. 기원전 5세기에 아테네의 아고라에 세워진 테세이온Theseion 신전은 테세우스의 뼈가 묻혔다 하여 이렇게 불리기는 하지만 원래 헤파이스토스에게 바쳐진 신전이었다. 그러나 렘노스와 아테네를 제외한 다른 그리스 지역에서 헤파이스토스에 대한 신앙은 거의 찾아볼 수 없다.

헤파이스토스가 절름발이라는 것은 당시의 풍습과 관련이 깊다. 육체적인 완력이 중요한 고대 전쟁에서 다리를 절거나 장애인들은 병사로서 쓸모가 없었다. 그래서 육체가 건장하지 못한 사람들이나 아주 약골인 사람들, 남에게 혐오감을 줄 정도로 못생긴 사람들은 어려서부터 대장간을 비롯한 가내 작업장에 보내져 기술을 배우게 했다. 어차피 정상적인 사회생활이 어려우니 기술을 익혀서 먹고 살 수 있도록 배려한 것이다. 고대 여러 신화에서 대장장이를 비롯한 솜씨 좋은 장인匠人들이 절름발이나 난쟁이나 곱사등이나 애꾸눈이 같은 장애인인 것은 이런 까닭이다. 대장장이들이 주로 팔을 많이 사용하여 억센 팔을 가진 반면 다리의 힘은 상대적으로 약하다는 것도 헤파이스토스가 절름발이로 묘사되는 이유가 되었을 것이다. 헤파이스토스가 하늘에서 두 번씩이나 떨어졌다는 설화도 그가 왜 절름발이가 되었는가를 설명하기 위한 것이다. 일설에는 헤파이스토스가 태어날 때는 정상이었으나 제우스가 집어던져 렘노스 섬에 떨어졌을 때 다

헤파이스토스의 추락
제우스와 헤라가 부부싸움을 할 때, 헤파이스토스는 어머니인 헤라 편을 들었다. 이에 화가 난 제우스는 헤파이스토스의 발목을 잡아 올림포스 아래로 던져 버렸다. 그림의 위쪽 구름 위에 번개를 든 제우스와 왕홀을 든 헤라가 보이고, 그 아래로 집게와 망치를 든 헤파이스토스가 떨어지고 있다. 아래에는 용과 함께 있는 바다의 여신이 깜짝 놀라 위를 바라보고 있다. 왼쪽에 아테나 여신이 아테네 아크로폴리스 언덕 위의 올리브나무 옆에 서 있다.
(기원후 150년쯤, 베를린 Staa-tliche Museen 소장)

쳐서 절름발이가 되었다는 것이다. 모든 것을 합리적으로 설명하려는 서사시인들의 정신이 잘 드러나는 대목이다.

대장장이는 불과 밀접한 관계를 가지고 있다. 쇠를 녹여 주형을 뜨고 뜨겁게 달궈서 담금질하는 일은 불을 다루는 고도의 기술을 필요로 한다. 특히 고대인들에게 쇠를 녹일 정도의 불을 얻는 일은 매우 어려웠다. 그 정도의 고온을 얻기 위해서는 좋은 연료와 강력한 풀무가 있어야 한다. 한 번 고온을 얻으면 밤낮을 가리지 않고 일을 해야 한다. 그러니 그 시대에도 대장간에서는 한밤에도 쇠를 벼르는 소리가 요란했을 것이다. 화산의 분화구도 강렬한 불꽃이 밤낮없이 활활 타오르고 소리가 요란하다. 그러나 화산의 불꽃과 열은 인간의 대장간과는 비교도 되지 않는다. 그곳은 신들의 대장간이다. 그래서 헤파이스토스는 화산을 주관하는 신이다. 그의 이름인 헤파이스토스는 그리스어로 '화산'을 뜻한다. 영어로 화산을 뜻하는 볼케이노volcano 역시 헤파이스토스의 로마식 이름에서 온 낱말이다. 하늘에서 두 번 떨어지는 그의 모습은 하늘 높이 치솟았다가 떨어지는 화산의 불덩어리다.

인류의 문명은 불에서 시작되었다. 쇠를 녹이고 달궈서 담금질하는 데 쓰이는 헤파이스토스의 불은 문명을 일으키는 창조적인 불이다. 이런 점에서 헤파이스토스는 프로메테우스나 아테나와 함께 문화 영웅의 범주에 속한다. 헤파이스토스처럼 창조적 천재는 보답 받을 만한 가치가 있다. 그래서 못생긴 절름발이인 그에게 여신들 가운데 가장 아름다운 아프로디테가 아내로 주어졌다. 헤파이스토스와 사랑의 여신 아프로디테와의 결혼은 창조적인 불과 생명과 다산의 근원인 흙의 결합을 상징한다. 문명의 기술력과 자연의 생명력의 결합이다. 이 결합에서 토기가 만들어지고 인류의 위대한 문명이 태어난다. 문명이란 결국 기술의 아름다움과 자연의 아름다움의 조화에서 비롯되는 것이다. 그러나 그리스인들은 자연의 아름다움에 비해 기술의 아름다움은 초라하기 그지없음을 알았다. 또 인류의 문명이 만들어 낸 것들이 자연의 생산물에 비해 완전하지 못함도 알았다. 그래서 헤파이스토스는 절름발이다. 아프로디테는 흠잡을 데 없이 아름답지만 헤파이스토스는 추하다.

헤파이스토스의 아내는 아프로디테 이외에 우아優雅의 여신들인 카리테스 가운데 막내인 아글라이아라는 설도 있다. 아프로디테나 아글라이아 모두 절세의 미인인 것은 변함없다. 헤파이스토스가 정말 못생겼는가 하는 문제는 별로 중요하지 않다. 절름발이였으니 아무리 잘생겼다 해도 미남 소리를 듣기는 쉽지 않았을 것이다. 절세의 미녀가 절름발이와 결혼한다는 사실 자체가 주제의 핵심이다. 아름다운 여인이 마음에 없는 결혼을 해야 할 때 상대방 남자가 추하면 추할수록 그녀의 불행은 더 비극적인 것이 되고 더 큰 연민을 불러일으키게 된다. 추한 남자와 절세미인의 결합은 시인들의 상상력을 항상 자극했다. 미녀와 야수의 원형은 바로 헤파이스토스와 아프로디테의 결혼에서 출발한다. 다만 미녀와 야수 설화에는 '여자란 연약하지만 사랑의 힘으로 남자를 구할 수 있다.'라는 남성 중심 사회의 이상이 적나라하게 드러난다.

아레스의 시기猜忌와 불륜 이야기는 서사시인들의 상상력이 만들어 낸 창조물이다. 가장 아름다운 여신과 추남이며 절름발이인 대장장이 신의 결혼에 대해 서사시인들의 합리주의적 사고는 적당한 합리화를 필요로 했다. 그런 걸맞지 않은 결혼에 대해 질투하는 신이 없을 수 없다. 또 그런 결혼에 자유분방한 아프로디테가 고분고분 순응할 것 같지도 않다. 그러니 감정적이고 분을 삭일 줄 모르는 안하무인 아레스가 아프로디테의 정부로 안성맞춤이다. 더구나 그는 미남이었다. 못생긴 헤파이스토스에 대응하는 인물로 아레스보다 더 알맞은 인물은 없다. 결국 불륜의 현장을 헤파이스토스에게 들켜 망신당하지만 신화에는 그 일로 인해 두 연인이 관계를 청산했다는 암시는 어디에도 나타나지 않는다. 아마도 관계를 계속한 모양이다.

낳자마자 자신을 버린 어머니 헤라에게 앙갚음을 하기 위해 헤파이스토스가 사용한 방법은 절대 풀리지 않는 그물로 상대방을 옭아매는 것이었다. 이 방법은 아레스와 아프로디테의 불륜을 처벌하는 방법이기도 했다. 죄지은 자를 옭아매어 공중에 매다는 것은 고대의 형벌 가운데 하나였다. 제우스가 자신을 권좌에서 쫓아내려 했던 헤라를 밧줄로 묶어 공중에 매단 것이나 엉뚱하게 헤라에게 음심을 품고 덤벼들었던 익시온을 불의 수레바퀴에 묶어 영원히 공중을 날게 한 것도 모두 이런 형벌을 암시한다. 또한 매듭은 고대에 고도의 손재주를 상징하는 기술이었다. 역사상 처음으로 말을 수레에 묶어 전차를 만든 프리기아 제국의 건설자 고르디아스Gordias의 매듭은 아무도 풀 수 없었다. 이 매듭을 푸는 자가 아시아 전역을 정복한다는 전설이 생겼다. 후세에 프리기아 지방에 온 알렉산드로스 대왕은 이 매듭을 단칼에 잘라 아시아를 정복하게 된다. 절대로 남이 풀 수 없는 그물을 짜는 헤파이스토스야말로 장인 중에 장인이었다.

헤파이스토스가 아레스의 놀림에 의기소침해져 바다로 되돌아갔을 때, 디오니소스는 그를 술에 취하게 하여 올림포스로 다시 데려온다. 술에 취한 헤파이스토스는 이번에는 수줍어하지 않고 아프로디테와 결혼할 수 있었다. 술기운을 빌어 숫기 없음을 이기고 사랑의 고백을 하는 일은 예나 지금이나 마찬가지이다. 헤파이스토스와 디오니소스의 우정은 그리스신화 전체에 걸쳐 유지된다. 이는 포도 재배가 화산 지대에서 유난히 잘된다는 사실에서 생긴 이야기이다. 화산 지대의 흙은 배수가 잘되어 포도 재배에 알맞다. 또 헤파이스토스는 포도주가 익을 때에 필요한 강렬한 태양열과 좋은 날씨를 상징하기도 한다. 디오니소스 신도 불에 탄 나무에서 태어난 몸이다. 화산 활동이 활발한 지역에서 불에 탄 나무를 찾기란 어렵지 않다.

헤파이스토스의 업적과 작품들

헤파이스토스는 대장장이 신답게 도끼로 제우스의 두개골을 내리쳐 제우스가 아테나를 낳도록 도와주었고 제우스에게 거역한 프로메테우스를 코카서스 산정에 못 박았다. 거인들과의 전쟁에서 헤파이스토스는 나귀를 타고 전투에 임했다. 나귀 울음을 처음 들어 본 거인들은 겁에 질려 도망하고 이 혼란을 틈타 헤파이스토스는 거인 클리티오스를 불로 태워 죽인다. 몸이 약한 헤파이스토스가 격렬한 전투에 지치자 태양의 신 헬리오스는 그를 자신의 불마차에 태워 쉬게 하였다. 이에 대한 보답으로 헤파이스토스는 나중에 헬리오스의 아들 아이에테스Aietes에게 궁전을 지어주었다. 그러나 무시무시한 괴물 티폰이 올림포스로 공격해오자 겁에 질린 헤파이스토스는 황소로 둔갑하여 도망쳤다. 그러나 제우스가 티폰을 제압하여 시칠리아 섬의 에트나 화산 밑에 가두자 헤파이스토스는 티폰을 감시하겠다며 티폰의 목덜미 위에 자신의 작업장을 마련했다.

헤파이스토스의 위력이 가장 잘 드러난 것은 강의 신 스카만드로스Skamandros와 대결했을 때이다. 친구를 잃은 분노에 미친 듯이 날뛰는 아킬레우스의 잔인한 칼 앞에 수많은 트로이아 병사들이 죽임을 당해 스카만드로스 강은 피로 붉게 물들었다. 이에 화가 난 강의 신

스카만드로스는 거센 물결을 일으켜 아킬레우스를 공격했다. 행여나 아킬레우스가 다칠까 염려한 헤라가 헤파이스토스를 부추겨 불로 스카만드로스를 공격하게 하였다. 강가의 버드나무와 느릅나무들이 화염에 휩싸였다. 둑의 풀들도 타들어갔다. 강물까지 끓어오르자 스카만드로스는 손을 들고 말았다. 헤파이스토스와 헤라에게 용서를 구하고 스카만드로스는 전투에서 물러났다.

못생긴 탓인지 아니면 근면하고 성실한 성격 때문인지 헤파이스토스에게는 이렇다 할 연애사건이 없다. 따라서 그의 자손에 대한 이야기도 많지 않다. 아테나 여신이 헤파이스토스를 좋아하여 은근히 관계를 맺기를 바란다는 포세이돈의 거짓말에 순진하게 속아 덤벼들다가 아테나가 몸을 피하는 바람에 땅 위에 사정을 하고 말았다. 땅 위에 떨어진 정액에서 에리크토니오스가 태어났다. 일설에 에리크토니오스는 헤파이스토스가 아테네 왕 크라나오스Kranaos의 딸 아티스Atthis와 어울려 낳은 아들이라 한다. 또 아테네 최초의 왕 케크롭스도 헤파이스토스의 아들이라는 설도 있다. 또 헤파이스토스는 카베이로Kabeiro와 어울려 카밀로스Kamillos를 낳았다. 그는 렘노스의 카베이로이Kabeiroi족의 시조이다. 또 섬광을 의인화한 스핀테라스Spitheras도 헤파이스토스의 아들로 알려져 있다.

헤파이스토스는 인정이 많은 고운 마음씨를 가졌다. 어머니 헤라가 장애를 가지고 태어난 자신을 낳자마자 내다버렸지만, 마음씨 착한 헤파이스토스는 어머니와 쉽게 화해했다. 다른 자식 같으면 평생을 두고 원망할 일이었다. 헤파이스토스는 또 불을 실은 마차에서 하루 종일 보내야 하는 태양의 신 헬리오스를 위하여 마차에 편히 기대어 누울 수 있는 안락의자를 만들어 주었다. 빼어난 용모를 가진 거인 청년 오리온이 키오스Chios섬의 왕 오이노피온Oinopion의 음모에 빠져 눈이 멀자 헤파이스토스는 이를 불쌍히 여겨 태양의 신 헬리오스에게 데려가 그의 시력을 되찾게 해주었을 뿐만 아니라 자신의 시종 케달리온Kedalion을 길 안내자로 붙여 주기까지 했다. 제우스의 명령에 의해 프로메테우스를 코카서스의 바위에 묶을 때도 헤파이스토스는 프로메테우스의 불행에 가슴 아파했다. 펠로폰네소스의 영웅 펠롭스가 헤르메스의 아들 미르틸로스를 죽인 죄에 대한 정죄淨罪 의식을 치러 준 것도 헤파이스토스였다.

헤파이스토스 신앙의 본거지인 렘노스 섬의 여인들은 아프로디테의 저주를 받아 몸에서 고약한 냄새가 나게 되었다. 그러자 남편들이 모두 트라케 여인들에게 도망갔다. 이에 화가 난 렘노스 여인들은 남편들을 모두 죽이고 섬에는 여자들만 남게 되었다. 헤파이스토스에게 제사를 지내 줄 남자들이 없게 된 것이다. 헤파이스토스는 아내 아프로디테를 달래 아르고나우타이가 이 섬에 들러 렘노스 여인들과 사랑을 나누고 자식을 낳을 수 있도록 주선하였다. 그 대가로 원정대의 배 아르고스가 위험한 암초 해역을 지날 때면 배가 무사히 항해할 수 있도록 자신의 대장간에서 하던 풀무질을 멈추었다.

헤파이스토스의 가장 뛰어난 재주는 진귀한 걸작을 만들어 내는 데 있다. 우선 올림포스 궁전에 있는 신들의 방은 모두 그의 작품이다. 특히 제우스 방의 조각과 장식은 화려하고 아름다우면서도 근엄함을 잃지 않았다고 한다. 거인들과의 전투에 지친 자신을 친절하게 돌봐준 헬리오스에게 달리는 마차에서도 편히 기댈 수 있는 안락의자를 만들어 주었고, 콜키스Kolchis의 왕인 헬리오스의 아들 아이에테스Aietes에게도 궁전을 지어 주었다. 이 궁전에는 네 개의 수도꼭지가 있었는데 각 수도꼭지에서는 우유와 포도주, 더운물과 시원한 찬물이 흘러나왔다. 이외에 헤파이스토스는 아이에테스에게 콧구멍에서

투구를 살펴보는 헤파이스토스

헤파이스토스에게 아들 아킬레우스의 무장을 만들어 달라고 부탁한 테티스가 그의 대장간에서 창과 방패를 들고 서 있다. 헤파이스토스는 오른손에 대장장이 망치를 든 채 방금 완성한 투구를 살펴보고 있다.
(기원전 480년쯤, 베를린 Staatiliche Museen 소장)

불을 뿜는 청동 황소 한 쌍을 선사했다. 나중에 아르고나우타이의 영웅 이아손은 이 황소에게 쟁기를 지우고 밭을 갈게 한다.

신들과 영웅들의 무기 가운데는 헤파이스토스의 작품이 많다. 헤파이스토스는 아폴론과 아르테미스의 활과 화살을 만들어 주었다. 아가멤논의 왕홀王笏과 페르세우스의 철퇴, 헤라클레스의 갑옷과 디오메데스의 갑옷도 헤파이스토스가 만들어 준 것이다. 또 헤라클레스가 새를 쫓을 때 쓴 카스타네츠도 헤파이스토스의 작품이다. 그러나 그가 만든 무기 중에 가장 뛰어난 작품은 아킬레우스에게 만들어 준 무기이다. 헤파이스토스는 자신이 어머니 헤라의 버림을 받아 바다에 떨어졌을 때 자신을 보살펴 주고 키워 준 여신 테티스의 부탁을 받고 하룻밤 사이에 아킬레우스의 갑옷과 방패, 칼과 창을 만들어 준다. 특히 방패에는 하늘과 태양, 달과 별, 바다와 대지를 아름답게 조각해 넣었다. 헤라클레스의 방패도 헤파이스토스의 작품이었는데 이 방패에는 아테나가 포이보스, 데이노스, 에리스, 에니오를 거느린 아레스와 전투하는 장면과 페르세우스가 고르곤의 목을 치는 장면을 새겨 넣었다.

헤파이스토스는 황금으로 만든 포도송이를 제우스에게 선사했다. 나중에 제우스는 이 포도송이를 자신이 시종으로 쓰려고 데려온 미소년 가니메데스의 아버지에게 아들에 대한 보상으로 선물한다.

디오니소스의 은으로 된 술잔과 디오니소스의 아내인 아리아드네가 결혼식 때 쓴 왕관도 헤파이스토스의 선물이다. 그 왕관은 하늘로 올라가 왕관별자리가 되었다. 카드모스와 결혼할 때 하르모니아가 걸었던 목걸이도 헤파이스토스가 선사한 것이었는데, 이 목걸이는 대대로 테바이 왕가의 왕비에게 전해지다가 끝내는 델포이 신전에 바쳐졌다.

헤파이스토스는 금속으로 갖가지 신비한 힘을 가진 동물도 만들었다. 크레타의 제우스 신전을 지키게 하기 위해 황금으로 개를 한 마리 만들었다. 이 개는 나중에 판다레오스가 훔쳐 리디아Lydia의 꾀 많은 왕 탄탈로스에게 맡겼는데, 나중에 판다레오스가 돌려 달라고 하자 탄탈로스는 제우스의 이름을 걸고 잡아뗴였다. 이런 불경의 극치에 화가 끝까지 난 제우스는 탄탈로스를 찢어 죽였다. 트로이아 지방의 파이아케스Phaiakes 족의 왕 알키노오스Alkinoos의 궁전을 지키는 금으로 만든 개와 은으로 만든 개 한 쌍 역시 헤파이스토스의 선물이었다.

크레타 미노스 왕을 도와 하루에 한 번씩 섬을 돌며 법의 집행을 맡았던 탈로스Talos 란 이름의 거인도 헤파이스토스가 만들어 준 것이다. 이 거인은 등에 법전을 메고 다니며 법을 어기는 자와 공공의 적을 억센 팔로 움켜쥐고 자신의 청동가슴에 가져다 대어 타 죽게 만들

청동상을 만드는 고대 그리스의 대장간 모습
도가니와 화덕 옆 벽에 대장장이들의 수호신인 헤파이스토스와 아테나의 그림을 걸어 놓은 게 보인다.
(기원전 480년쯤, 베를린 Staatliche Museen 소장)

었다.

 헤파이스토스는 자동으로 움직이는 기계도 설계하여 제작했다. 올림포스 궁전에는 헤파이스토스가 만든 식탁이 하나 있었다. 이 식탁은 신들의 잔치 때 홀로 굴러다니며 시중을 들다가 잔치가 끝나면 헤파이스토스의 작업장으로 돌아오곤 하였다. 또 자신이 절름발이여서 걸을 때 불편했기 때문에 황금으로 두 명의 소녀를 만들었다. 이 황금소녀들은 헤파이스토스가 움직일 때마다 얼른 그에게 다가와 부축해 주었다. 이들은 말도 할 줄 알았고 두뇌도 명석하여 사람보다 시중을 더 잘 들었다. 그리고 기계여서 절대로 지치지 않았다.

 그러나 헤파이스토스 작품 가운데에서도 가장 걸작은 바로 판도라이다. 자신의 불을 훔쳐 인간들에게 가져다준 프로메테우스에게 복수하기 위해 제우스는 인간에게 온갖 불행을 가져다줄 여자를 만들기로 마음먹고 헤파이스토스에게 이 일을 맡겼다. 솜씨 좋은 헤파이스토스는 제우스의 기대에 어긋나지 않게 걸작 판도라를 만들었다. 판도라 역시 고운 목소리로 말을 할 줄 알았고 사악함에 있어 남성들을 뛰어넘는 명석함을 가졌으며 남자들보다 더 끈질긴 체력을 갖고 있다. 에피메테우스가 판도라를 아내로 얻은 이후 남자들의 행복은 영원히 사라졌다.

 거인들이 헤파이스토스가 탄 나귀 울음소리에 놀라 도망쳤다는 이야기는 악령들이 나귀 소리를 싫어한다는 민간의 믿음을 반영하고 있다. 예수 그리스도가 예루살렘에 입성할 때 나귀를 타고 간 것도 나귀가 악령을 쫓는다는 민간신앙과 관련이 있다.

 올림포스에 올라갈 때도 헤파이스토스는 나귀를 타고 갔다. 이처럼 헤파이스토스가 나귀를 타고 나타나는 것은 다리를 저는 대장장이들이 나들이할 때 흔히 나귀를 타고 다녔음을 알려준다. 또 대장장이들에게는 무거운 짐이 있게 마련이어서 나귀가 필요했을 것이다. 나귀는 미련할 정도로 참을성이 많고 주인에게 충실하다. 이런 나귀의 성질은 시끄러운 대장간에서 하루 종일 묵묵히 일하는 대장장이의 모습과 흡사하다. 이와 같이 대장장이와 나귀의 관계는 밀접하다.

헤파이토스와 스카만드로스의 싸움은 화산에서 흘러내린 용암이 강으로 흘러들어 온갖 나무와 풀을 태우고 강물까지 끓어오르게 만드는 자연 현상을 의인화한 흔적이 역력하다. 이 설화는 불의 힘이 물의 힘을 압도한다는 것을 암시하고 있다.

헤파이스토스가 에리크토니오스나 케크롭스의 아버지라는 설화는 이 신이 특히 아테네에서 많이 숭배된 사실과 관련이 있다. 다른 지방에서는 헤파이스토스 신앙을 별로 찾아볼 수 없다. 렘노스의 카베이로이 족의 시조인 카밀로스의 아버지가 헤파이스토스란 것도 이 신의 숭배지와 관련이 있다. 섬광을 뜻하는 스핀테라스가 헤파이스토스 신의 아들이라는 것은 화산에서 용암이 분출할 때 생기는 섬광을 화산의 신 헤파이스토스와 연관 지은 것이다.

헤파이스토스가 인정 많고 마음씨가 따듯한 신이라는 것은 불의 따듯함을 상상하면 쉽게 이해할 수 있다. 뿐만 아니라 육체노동자들은 정신노동자들에 비해 순박하고 마음씨가 곱다. 헤파이스토스가 펠롭스의 죄를 씻는 의식을 치러 주었다는 설화는, 순수한 불에 죄를 씻는 힘이 있음을 암시한다.

태양의 빛과 불의 관계가 분명한 것처럼, 헤파이스토스와 태양의 신 헬리오스가 유난히 많은 설화에 함께 등장하는 이유는 분명하다. 화산의 신인 헤파이스토스는 동시에 불꽃의 신이며 빛의 신이기도 하다. 하늘에서 추락하는 헤파이스토스는 하늘에서 내려오는 빛의 상징이요, 화산에서 분출하여 땅 위로 떨어지는 불덩어리의 의인화이다. 화산 활동은 물론이고 청명한 대기와 태양, 달과 별, 여명의 빛은 모두 헤파이스토스가 주관하는 세계에 속한다. 또 시력을 잃은 오리온을 태양의 신 헬리오스에게 보내 시력을 되찾게 하는 이야기는 고대인들이 시력을 빛과 관련지어 생각했음을 보여 준다.

고대 그리스인들은 인간의 솜씨로 보이지 않는 건축물이나 공예품들을 모두 헤파이스토스의 작품으로 여겼다. 실용적이면서도 정교한 예술 작품이 새겨진 방패, 절대로 부러지지도 않고 빗나가는 일이 없는 화살, 황금으로 만들어진 포도송이, 너무 정교하여 신비롭기까지 한 목걸이와 왕관 등과 같은 물건들은 모두 헤파이스토스나 가능한 작품들이었다. 또 당시로서는 상상으로나 가능한 발명품들도 헤파이스토스는 만들었다고 믿었다. 찬물과 더운물이 원하는 대로 나오는 수도꼭지며 지능을 가진 말하는 로봇, 하루 종일 섬을 돌아다니며 법을 감시하는 로봇과 사람의 특별한 지시 없이도 궁전의 입구를 24시간 지키는 로봇, 홀로 모든 것을 제어하여 자동으로 인간에게 봉사하는 식탁, 컴퓨터와 사이버네틱스 기술이 막 발달한 이 시점에서야 겨우 실현 가능성이 조금 엿보이는 이런 물건들을 그리스인들은 이미 3,000년 전에 꿈꾸었던 것이다.

헤파이스토스가 판도라를 만들었고 그의 정액이 땅에 떨어져 에리크토니오스를 탄생시켰다는 설화는, 흙과 물을 섞어 불의 힘으로 토기를 만드는 기적과 같은 인류의 발명에 대한 찬가이다. 고대인들은 인간의 영혼이 불에서 유래하며 영혼은 약한 불꽃이라고 믿었다. 판도라도 에리크토니오스도 순수한 불꽃의 신인 헤파이스토스로부터 생명을 얻었다.

헤파이스토스도 아레스와 마찬가지로 부모의 사랑과 관심을 받지 못했다. 그는 아레스처럼 용모가 준수하지도 않았고 싸움을 잘할 수 있는 건장한 체격을 갖고 있지도 않았다. 그러나 그는 성실하게 실력을 쌓아 나갔다. 자신이 남들보다 더 잘하는 일이 무엇인가를 찾아내고 그 방면으로 열심히 기술을 연마했다. 남에게 비웃음을 당해도, 누가 해코지를 해도, 상관하지 않고 묵묵히 참고 일만 열심히 하며 장인으로서의 길을 닦아 나갔다. 그리고 자기만이 할 수 있는 일을 개발했다. 그래서 자신이 아니면 얻을 수 없는 것들을 만들어 올림포스 신들에게 선사했다. 처음에는 못나고 절름발이인 아들을 창피하게 여기고 내다 버린 제우스와 헤라도 이런 헤파이스토스를 인정할 수밖에 없었다. 그는 자신의 솜씨 하나로 올림포스를 정복했고, 또 그 전리품으로 여신 가운데 가장 아름다운 아프로디테를 아내로 맞았다.

헤파이스토스는 사랑받는 자식들인 아폴론과 아테나, 헤르메스와는 전혀 다른 의미에서 제우스에게 없어서는 안 될 존재가 되었다. 그의 성공은 권력과는 상관없다. 그의 승리는 참을성과 성실함의 승리이다. 그보다 형편이 훨씬 좋았던 아레스의 실패와 비교하면 이 승리가 얼마나 값진 것인가를 알 수 있다.

그러나 헤파이스토스의 승리는 아프로디테와 조화를 이루지 않으면 추하다. 헤파이스토스만의 승리는 결국 절름발이가 될 뿐이다. 자연의 아름다움을 파괴하는 개발과 기술 발달이 가져온 오늘날 인류 문명의 모습을 보라. 지구 곳곳이 병들어 가고 있다. 기후마저 변하여 재앙이 속출하고 있다. 헤파이스토스의 순수한 불꽃은 핵폭발의 버섯구름이 되어 인류를 위협하고 있다. 자연의 섭리와 생명의 고귀함을 잊고 추진되는 게놈 계획은 인간이 유전자를 조작하여 우리가 미처 알지 못하는 유전자의 가능성을 말살해 결국은 모든 자연에

재앙을 가져올 위험이 있다. 우리 인류가 자연과 생명의 신비에 대해 아는 것은 많지 않다. 지난 몇 세기 동안 과학의 눈부신 성공에 도취한 인류가 분수를 모르고 계속 아프로디테를 무시하면, 우리는 사랑의 고귀한 정신도 조화의 귀중한 가치도 잃고 파멸해 갈 뿐이다. 메덴 아간Meden Agan! 지나침이 없어야 한다. 델포이 신전에 쓰여 있었다는 이 경구를 새삼 기억해야 할 때다.

13장

축제와 광기를 지배하는
포도주의 신
디오니소스

디오니소스의 탄생과 성장

테바이 시의 건설자인 카드모스는 죽어야 하는 운명을 타고난 인간의 몸으로 여신인 하르모니아와 결혼했다. 인간이 여신과 결혼한 것은 이것이 처음이었다. 이들 사이에서 눈부시게 아름다운 처녀 세멜레가 태어났다. 이런 아름다움이 제우스의 눈을 벗어날 리가 없었다. 기회를 노리던 제우스는 어느 날 밤에 세멜레의 방으로 숨어들어 자신이 제우스임을 밝히고 처녀의 싱싱한 육체를 마음껏 즐겼다. 세멜레가 워낙 아름다운지라 제우스는 행복하기 그지없었다. 제우스의 사랑을 받은 세멜레는 곧바로 잉태하였다.

제우스는 자신이 세멜레와 이렇게 달콤한 사랑을 하고 있다는 것을 헤라가 모르는 줄 알았다. 그러나 헤라는 모든 것을 알고 있었다. 질투심에 불타는 헤라는 복수를 위해 무서운 음모를 꾸몄다. 모든 일의 원인은 바람을 피운 제우스에게 있었지만 제우스를 상대로 복수할 수는 없었다. 제우스의 유혹을 받아들인 죄밖에 없는 세멜레가 복수의 대상이 되었다. 제우스는 세멜레에게 자신이 얼마나 그녀를 사랑하고 있는가를 보여 주기 위해 그녀가 원하는 일이면 무엇이든지 들어주겠다고 맹세했다.

헤라는 복수를 위해 바로 이 맹세를 이용하기로 하였다. 세멜레의 마음에 그녀가 진정으로 제우스의 사랑을 받고 있다면 헤라와 마찬가지로 제우스의 본 모습을 볼 수 있어야 한다는 오만한 마음을 심어 주었다. 세멜레는 제우스에게 헤라와 결혼할 때의 모습 그대로를 보여 달라고 졸랐다. 제우스는 참으로 난처했다. 연약한 처녀가 자신의 무시무시한 모습을 감당할 수 없음이 확실했기 때문이다. 세멜레를 달래 보았으나 막무가내였다. 제우스는 하는 수 없이 세멜레에게 자신의 모습을 드러냈다. 번개와 천둥으로 둘러싸인 전차를 타고 세멜레의 방에 들어서면서 언제나처럼 번개를 던졌다. 세멜레는 무서운 제우스의 모습에 놀라 번개를 미처 피하지 못했다. 번개의 화염이 그녀를 감쌌다. 혼백이 그녀에게서 빠져나갔다. 헤라의 복수는 성공했다.

세멜레는 임신 6개월째였다. 대지의 여신 가이아는 뱃속의 아이가 불에 타지 않도록 궁전 기둥에 넝쿨을 자라게 하였다. 그러는 동안 제우스는 세멜레의 뱃속에서 태아를 끄집어내어 자신의 넓적다리에 넣었다. 달이 차자 아이는 아버지의 넓적다리를 뚫고 세상에 나왔다. 이 아이가 바로 디오니소스다.

제우스는 세멜레에게 일어난 불행이 모두 헤라의 소행임을 알았

디오니소스의 탄생

디오니소스의 탄생은 그 자체가 기적이다. 그림에서 포도넝쿨 화관을 쓴 아기 디오니소스가 제우스의 넓적다리에서 세상으로 나오고 있다. 그의 손은 그를 안으려고 서 있는 헤라를 향하고 있다. 디오니소스 위에서 무슨 일이 일어나고 있는지 호기심에 어린 눈초리로 바라보는 인물은 숲의 신 '판'이다. 헤라 뒤쪽에 에로스와 아프로디테가 보이고, 오른쪽에는 아폴론과 아르테미스가 보인다. 제우스 아래에는 헤르메스가 탄생 장면을 보고 있고, 그 옆에는 요정들과 사티로스가 있다.
(기원전 410년쯤, 타란타 Museo Nationale Archelogico 소장)

사티로스의 피리소리에 맞춰 춤을 추고 있는 요정들
(기원전 330년쯤, 아테네 고고학 박물관 소장)

다. 헤라가 갓 태어난 디오니소스에게 또 무슨 짓을 할지 모르는 일이었다. 제우스는 디오니소스를 세멜레의 언니인 이노와 그녀의 남편 아타마스에게 맡기면서 헤라가 눈치 채지 못하도록 여자아이로 키우라고 명령했다. 그러나 헤라는 이번에도 속지 않았다. 이노와 아타마스를 미치게 만들었다. 아타마스는 실성하여 아들 레아르코스 Learkhos를 사슴으로 착각하여 쏘아 죽였다. 미친 이노는 아들 멜리케르테스 Melikertes를 끓는 물에 넣어 죽였다. 이노는 제정신이 들자 절망하여 죽은 아이를 안고 바다에 몸을 던져 죽었다. 헤라의 분노와 무서운 복수심에 놀란 제우스는 디오니소스를 새끼 염소로 둔갑시켜 헤르메스에게 맡기면서 아이를 멀리 아시아의 니사 산에 사는 요정들에게 데려가라고 명령했다.

디오니소스는 무럭무럭 자라났다. 그러나 헤라의 복수는 집요했다. 이번에는 디오니소스를 미치게 만들었다. 미친 디오니소스는 이집트와 시리아 지방을 방황했다. 디오니소스가 소아시아의 프리기아 지방에 이르렀을 때 제우스와 헤라의 어머니인 레아가 디오니소스의 미친 병을 치유해 주고 후에 디오니소스 축제 때 이루어질 종교 의식을 전수해 주었다. 이 제전에서 레아는 디오니소스와 신도들은 새끼 사슴의 가죽을 입어야 한다는 것도 가르쳐 주었다.

미친 병에서 치유된 디오니소스는 인도까지 여행을 계속하면서 포도 재배법과 포도주 담그는 법을 가르치는 동시에 자신의 신앙을 전파했다. 이제 그는 더 이상 미치광이 소년이 아니었다. 표범 위에 올라탄 채 손에는 삿갓 모양의 손잡이에 덩굴 장식이 화려한 티르소스Thyrsos라는 막대기를 든 당당한 모습의 신이었다. 그의 곁에는 항상 그를 추종하는 한 떼의 무리, 즉 그를 길러 준 니사의 요정들과 판신, 사티로스, 세일레노스Seilenos, 그리고 디오니소스를 광신적으로 믿는 마이나데스Mainades들이 뒤따랐다.

대지의 신 디오니소스 : 포도주와 생식력의 신

디오니소스란 이름은 니사Nysa의 디아스Dias, 즉 "니사의 제우스"라는 뜻이라고 전해져 온다. 그러나 언어학적으로는 "제우스"를 뜻하는 어간 "Dio-"에 "아들"을 뜻하는 낱말 "-nysos"가 결합하여 만들어진 이름으로 분석한다. 즉 "제우스의 아들"이라는 뜻을 지닌 낱말이라는 것이다. 또 다른 민간어원은 디오니소스를 "두 번 태어난 자"로 분석한다. 이는 발음에 따른 해석으로, 디오니소스란 이름을 "둘"을 나타내는 어간 "dyo-"와 "태어나다"를 뜻하는 "nys-"

로 본 것이다. 왜냐하면 디오니소스는 어머니 세멜레에게서 한 번 태어난 후 제우스의 넓적다리에서 다시 태어났기 때문이다. 디오니소스가 제우스의 넓적다리에서 태어났다는 이야기는 아테나가 제우스의 머리에서 튀어나왔다는 설화와 함께 가부장사회에서 아버지의 우위를 나타내고 있다.

제우스를 비롯한 올림포스의 다른 남신들이 천신天神인데 비해 디오니소스는 지신地神, 즉 대지의 신이다. 그의 어머니의 이름 세멜레Semele의 어간 "sem-"은 토대土臺나 기본을 나타내는 그리스어의 어간 "them-"과 통한다. 올림포스 신앙이 들어오기 전 세멜레는 원래 대지의 여신이었다. 따라서 디오니소스는 천신인 제우스와 대지의 여신인 세멜레 사이에서 생겨난 신이다. 디오니소스가 번갯불에 타지 않도록 대지의 여신 가이아Gaia가 넝쿨로 보호해 준 것이라든지 미친 디오니소스를 또 다른 대지의 여신인 레아가 고쳐 주고 종교 예식을 전수한 것은 모두 대지의 신 디오니소스의 성격을 잘 나타내 준다. 그리스신화가 전하는 또 다른 전승에 의하면 디오니소스의 어머니는 세멜레가 아니라 데메테르라고 한다. 또 다른 설에는 디오니소스는 제우스가 용으로 변신해 자신의 딸 페르세포네를 덮쳐 얻은 아들이라고도 한다. 데메테르나 페르세포네도 모두 대지의 여신들이다. 따라서 어느 신화를 취한다 해도 디오니소스가 대지의 신이라는 사실에는 변함이 없다.

디오니소스와 이들 대지의 여신들과의 관계는 대지와 식물의 생명력과의 관계이다. 제우스가 용으로 변하여 자신의 딸 페르세포네를 겁탈하여 디오니소스를 얻었다는 신화는 이 관계를 더욱 분명히 나타내 준다. 예로부터 용은 왕성한 생명력의 상징이다. 대지와 생명력 사이의 이런 관계는 신화에서 수없이 반복된다. 페르세포네와 데

디오니소스와 사티로스
(기원후 170-180년, 아테네 국립
고고학 박물관 소장)

메테르, 아도니스와 아프로디테, 아티스Attis와 키벨레 여신의 신화가 모두 이에 해당된다. 다산과 풍요의 신으로서의 디오니소스의 성격은 그가 아프로디테와 어울려 아들 프리아포스를 얻었다는 신화에 잘 드러난다. 프리아포스는 커다란 성기를 가진 못생긴 신으로 왕성한 생식력의 상징이다. 세월이 흐르면서 대지의 생명력과 풍요를 상징하는 디오니소스의 신격은 포도의 재배와 포도주의 숙성을 주관하는 신격으로 축소되었다. 이런 사실은 레아가 디오니소스의 미친 병을 낫게 해주고 포도 재배법과 포도주를 담그는 법을 가르쳤다는 설화에 잘 나타난다.

디오니소스가 자랐다는 니사 산이 어디 있는지는 분명하지 않다. 고대 그리스 세계에는 니사라는 이름을 가진 산이 많아 모두 디오니소스의 성장지라고 주장하나 우리는 그 산이 소아시아 지방에 있다는 것 외에는 아는 게 없다. 또 디오니소스가 인도를 정복했다는 이야기는 헬레니즘 시대에 알렉산드리아에서 만들어진 것으로 알렉산더 대왕의 아시아 원정을 보기로 하여 창작된 것이다.

디오니소스의 그리스 정복

인도 정복을 마친 디오니소스는 소아시아를 거쳐 트라케 지방에 이르렀다. 그러나 그곳의 왕인 리쿠르고스Lykourgos는 여인들이 술을 먹고 광기에 빠지는 새로운 종교를 환영하지 않았다. 그는 디오니소스와 여신도들을 소몰이 막대기로 마구 때리고 감옥에 가두었다. 이에 디오니소스를 키운 니사의 요정들은 지팡이를 버리고 달아났고 디오니소스도 바다로 뛰어들어 테티스에게로 도망쳤다. 그러나 디오니소스의 여신도들은 알 수 없는 힘에 의해 감옥에서 풀려나고, 왕 자신은 미쳐버려 포도 묘목을 자른다는 이유로 도끼로 자기 아이들의 손발을 잘랐다. 제정신이 들자 왕국은 황폐화되어 불모의 땅이 되어 있었다. 백성들이 신탁을 물으니 디오니소스의 노여움은 죄지은 자의 죽음으로만 풀어진다는 것이었다. 백성들은 리쿠르고스 왕을 말에 매어 사지를 여덟 조각으로 갈기갈기 찢어 죽였다.

모든 영웅은 고향에서 인정받기가 힘들다. 디오니소스 역시 자신이 태어난 테바이에서 가장 심한 박해를 받았다. 인도에서 개선한 디오니소스는 어머니의 고향 테바이로 돌아갔다. 그러나 테바이에는 그와 그의 어머니 세멜레에 대한 좋지 않은 소문이 퍼져 있었다. 세멜레가 제우스의 사랑을 받아 디오니소스를 낳았다는 것은, 세멜레가 떳떳하지 못한 자신의 사랑을 미화시키기 위한 새빨간 거짓말이라는 것이다. 이런 거짓말에 제우스가 화가 나서 세멜레를 번개로 때려죽였다는 것이다. 이런 소문은 세멜레의 자매들의 입에서 나온 것으로 많은 사람들이 이를 믿었다. 따라서 괴상한 차림의 젊은이가 이끄는 광기에 찬 무리들을 바라보는 테바이 사람들의 눈이 고울 리가 없었다. 특히 테바이의 왕 펜테우스Pentheus는 디오니소스 여신도들이 산과 들에 나가 미친 듯이 뛰며 춤추는 모습이 마음에 들지 않았다. 이 때문에 펜테우스는 디오니소스를 즉시 옥에 가두었지만, 키타이론Kithairon 산에서 벌어지는 디오니소스 종교 제전을 구경하러 갔다가 디오니소스의 여신도들인 마이나데스들에 의해 사지가 찢겨 죽었다. 그를 찢어 죽인 여인은 다름아닌 펜테우스의 어머니인 아가우에였다.

보이오티아의 또 다른 도시국가 오르메노스Ormenos의 왕 미니아스Minyas의 딸들 역시 디오니소스를 무시했다가 봉변을 당했다. 이들은 디오니소스가 좋은 말로 축제에 참가하여 즐기자고 했으나 이를 무시하고 길쌈에만 열중했다. 화가 난 신은 이들을 미치게 했다. 실성한 이들은 자기 아이들을 찢어 죽였는데, 제정신이 들자 괴로움에 몸부림치다 새가 되고 말았다.

티린스Tiryns의 왕 프로이토스Proitos의 딸들도 디오니소스의 종교 제전에 참가하기를 거부했다. 그러나 종교적 광란이 시작되자 이들은 미쳐서 숲 속을 헤매고 다녔다. 프로이토스 왕이 이 딸들을 찾아 궁전으로 데리고 오면 딸들은 또다시 미쳐 나가곤 했다. 이런 상황이 열석 달 동안이나 계속되었다. 프로이토스는 아르테미스 여신에게 빌어 디오니소스로부터 겨우 용서를 받을 수 있었다.

그러나 디오니소스 신앙이 가장 어려운 시련에 부딪힌 것은 아르고스에서였다. 디오니소스가 마침 아르고스에 도착했을 때 그곳은 메두사를 죽인 영웅 페르세우스가 다스리고 있었다. 페르세우스는 디오니소스와 함께 자신의 왕국을 나누고 싶지 않았다. 더구나 그는 헤라의 전폭적인 지지를 받고 있었다. 디오니소스는 자신의 여신도들인 마이나데스와 아내 아리아드네와 함께 맞섰다. 한창 전투가 벌어지고 있을 때 페르세우스가 메두사의 머리를 처들어 아리아드네를 돌로 변하게 하였다. 이에 이성을 잃다시피 한 디오니소스가 온 아르고스 지방을 황폐하게 하려고 들자 헤라가 헤르

술에 취해 리라를 켜는 디오니소스

디오니소스가 술에 취해 머리를 뒤로 젖힌 채 리라를 켜고 있다. 그의 앞뒤로 사티로스들이 카스타네츠를 치며 춤을 추고 있다. 그 가운데 한 명은 왼손에 포도가 열린 넝쿨을 쥐고 있다.
(기원전 480년쯤, 뮌헨 Staatiliche Antikensammlungen 소장)

메스에게 중재에 나서 달라고 부탁했다. 돌이 된 아리아드네에게 하늘에 자리를 내어주어 별자리가 되게 하고, 아르고스 지방에서는 디오니소스와 페르세우스가 공동으로 숭배 받는 것으로 신과 영웅 사이에 타협이 이루어졌다.

디오니소스와 그의 무리가 모든 지방에서 박해를 받은 것은 아니었다. 몇몇 지방에서 디오니소스 신앙은 별다른 저항 없이 받아들여졌다. 디오니소스가 아이톨리아 지방에 이르렀을 때 그곳의 왕 오이네우스Oineus는 그를 극진히 대접했다. 이에 대한 보답으로 디오니소스는 오이네우스에게 그리스에서 처음으로 포도를 재배하는 법을 가르쳐 주었다. 오이네우스는 아르테미스 여신에게 제사 드리는 것을 소홀히 한 죄로 여신이 보낸 멧돼지에 의해 포도밭을 망치게 된다. 이 멧돼지는 아이톨리아의 미녀 영웅 아탈란타의 손에 죽는다. 디오니소스는 또 오이네우스의 아내 알타이아Althaia와 사랑을 하여 딸 데이아네이라Deianeira를 얻었다. 그녀는 나중에 헤라클레스의 부인이 된다.

아티카에서는 이카리오스Ikarios가 디오니소스를 반가이 맞았다. 이번에도 디오니소스는 이카리오스에게 포도 재배법과 포도주 담그는 법을 가르쳐 주었다. 이카리오스는 술을 먹고 여태까지 알지 못했던 황홀한 기분에 빠졌다. 기분 좋게 취하는 술맛을 함께 즐기려는 착한 마음으로 이카리오스는 포도주를 다른 목동들에게도 나누어 주었다. 그러나 처음으로 술을 마신 목동들은 정신이 몽롱해지고 어지러워지는 것에 놀라 이카리오스가 자신들에게 독을 먹인 것으로 생각했다. 목동들은 곧바로 이카리오스에게 덤벼들어 그를 찢어 죽여 버렸다. 술이 깬 후에 목동들은 자신들의 실수를 깨달았지만 때는 이미 늦었다. 이 때문에 서둘러 이카리오스의 시신을 몰래 묻었다. 그러나 충성스러운 이카리오스의 개 마이라Maira는 이카리오스의 딸 에리고네Erigone에게 주인이 묻힌 위치를 가르쳐 주었다. 착한 마음씨 때문에 오히려 목숨을 잃은 아버지를 애통해 하던 에리고네는 스스로 목을 매어 목숨을 끊었다.

디오니소스의 탄생에서부터 신격화에 이르는 과정에 관한 신화는 다른 올림포스 신들의 경우와는 달리 일관된 줄거리가 있다. 마찬가지로 디오니소스 신앙의 전파 과정도 분명한 모습을 드러낸다. 소아시아에서 발생한 디오니소스 신앙은 이미 완전한 종교의 형태를 갖춘 채 그리스의 북동부에 있는 트라케 지방을 거쳐 테살리아와 보이오티아로 들어온다. 이 과정에서 디오니소스의 신흥 종교는 많은 박해를 받지만 모든 도시를 하나하나 정복해 간다. 리쿠르고스와의 투쟁, 펜테우스의 박해, 프로이토스와 미니아스의 딸들이 미쳐나가는 이야기에서 디오니소스 신앙의 전파 과정이 순탄하지 않았음을 알 수 있다. 그 후 보이오티아의 서쪽과 남쪽에 위치한 아이톨리아 지방과 아티카 지방으로 들어올 때에는 별다른 저항을 받지 않았다. 오이네우스와 이카리오스의 설화는 이런 사정을 반영한다. 그러나 지정학적으로 폐쇄되어 있어 지방색이 강하고 외래문화에 대해 배타적인 펠로폰네소스 반도로 들어가자 또 다른 저항에 부딪혔다. 특히 헤라 숭배의 중심지인 아르고스 지역의 저항은 거셌다. 그 저항이 디오니소스와 페르세우스의 대결로 표현되었다.

대지의 신인 디오니소스와 천신天神 계통인 페르세우스의 싸움은 태양빛과 새싹과의 대립을 상징하기도 한다. 지중해의 강렬한 태양열에 누렇게 말라 죽는 풀잎을 신과 영웅의 싸움으로 비유한 것이다. 이런 비유는 태양의 상징인 헤라클레스가 대지의 상징인 리노스를 때려죽이는 설화에서 반복된다. 초목에 대한 태양의 승리는 페르세우스가 디오니소스를 이겨 레르나Lerna 호수에 던져버렸다는 또 다른 설화에 더 분명하게 모습을 드러낸다. 이 설화에는 지금은 잊힌 죽음과 부활에 대한 고대 종교 제전의 흔적이 엿보인다. 디오니소스의 죽음과 부활은 아도니스나 아티스의 죽음과 부활과 마찬가지로 가을이면 죽어 없어지지만 봄이 되면 어김없이 대지를 뚫고 나오는 식물의 기적 같은 생명력을 상징한다.

디오니소스 신앙의 전파 과정에서 이카리오스와 오이네우스에게 포도 재배법과 포도주 담그는 법을 전수하는 디오니소스의 모습에서는 그가 포도주의 신이라는 사실이 잘 드러난다. 특히 오이네우스라는 이름은 포도주를 담그는 자란 뜻이다. 그리스 말로 포도주는 "oinos"이고 "-eus"는 행위자를 가리키는 접미사이다. 또 이카리오스의 설화는 술에 취하여 저지르는 사고, 특히 술기운에 저지르는 살인 이야기이다.

디오니소스 신앙이 완전한 종교 형식을 갖춘 채 전래되었다는 사실에서 많은 신화학자들은 디오니소스 숭배가 비교적 후기에 들어온 것으로 생각했다. 그러나 1953년 영국의 건축학도 밴트리스Vantris에 의해 선형 문자 BLinear B가 해독되자, 펠로폰네소스 반도의 남동부에 자리 잡은 필로스Pylos에서 발견된 점토판에 디오니소스란 이름이 두 번 나타나고 있음이 밝혀졌다. 이로써 디오니소스 신앙은 이미 올림포스 신앙 이전부터 존재했음이 분명해졌다. 따라서 디오니소스 신앙의 전파에 따른 설화들은 그의 신앙이 잊혀 갔다가 재도입되는 과정을 반영하는 것으로 보인다.

디오니소스와 해적 티레노이(Tyrrhenoi) : 아리아드네와의 만남

소아시아에서 시작된 디오니소스 신앙은, 트라케 지방을 거쳐 보이오티아와 펠로폰네소스로 들어와 끝내는 그리스 본토에 자리 잡게 되었다. 그러나 디오니소스의 정복은 여기서 그치지 않는다. 디오니소스는 배를 타고 그리스의 여러 섬을 정복하기 위해 떠난다.

디오니소스는 바닷가 바위에 홀로 앉아 있었다. 이때 마침 그 앞을 지나던 티레노이 족 해적이 그를 발견하고는 몸값을 받기 위해 납치했다. 해적들은 디오니소스의 손을 묶으려 했지만 밧줄은 번번이 스스로 풀려 나갔다. 이를 본 조타수는 그가 보통 인물이 아님을 알아차리고 다른 선원들을 만류하며 소리쳤다.

"여보게들, 이 청년은 보통 인물이 아니네. 아마도 올림포스 신인지도 모르네. 그러니 그를 한시 바삐 풀어 주는 게 좋을 듯하네."

그러나 무지한 해적들은 막무가내였다.

"너는 잔말 말고 네 일이나 잘해! 우리는 사나이로서 사나이답게 살 뿐이야. 이 작자가 올림포스 신이라도 상관하지 않아. 우린 그를 이집트나 키프로스로 데려가서 두둑한 몸값을 받아 낼 거야."

이 소동에도 디오니소스는 아무 말도 하지 않고 웃고 있을 뿐이었다.

해적들은 돛을 올리고 바다 한가

포도주의 신 디오니소스

디오니소스가 포도 송이가 잔뜩 달린 포도넝쿨이 돋아난 배 안에 길게 기대어 누워 있다. 그는 오른손에 술이 가득한 풍요의 각배 잔을 들고 있다. 돛은 순풍에 잔뜩 부풀어 있고 바다에서는 돌고래들이 뛰어 놀고 있다. 그리스신화는 디오니소스가 자신을 바다에 집어 던진 티레노이 해적들을 돌고래로 변신시켰다고 전한다.
(기원전 540-530년, 뮌헨 Staatiliche Antikensammlungen 소장)

운데로 나갔다. 순간 해적들이 자신들의 눈을 믿을 수 없는 일이 벌어졌다. 돛대에는 포도넝쿨이 감기고 밧줄에는 포도송이가 무성하게 매달렸다. 배에는 온통 향긋한 내음이 풍기고 포도주가 배 안으로 철철 넘쳐흘렀다. 노에는 꽃이 피었다. 어디에선가 신비로운 피리 소리가 들려왔다. 해적들은 혼비백산했다. 배를 다시 육지로 대려고 했으나 때는 이미 늦었다. 그 순간 디오니소스는 사자로 변신해 뱃머리에서부터 해적들을 위협하며 다가갔다. 그와 동시에 어디에서 왔는지 모를 곰 한 마리가 배 한가운데에서 두 발을 든 채 선원들을 고물 쪽으로 몰았다. 모두 조타수 쪽으로 도망쳤다. 사자가 된 디오니소스는 선장에게 덤벼들어 날카로운 이빨과 발톱으로 그를 찢어 죽였다. 그 광경을 본 다른 선원들은 목숨을 부지하기 위해 바다로 뛰어들었다. 바다로 뛰어든 해적들은 모두 돌고래가 되었다. 오직 디오니소스를 알아본 조타수만이 이 재앙에서 벗어날 수 있었다. 그제야 디오니소스는 자신이 제우스의 아들 디오니소스임을 밝혔다.

디오니소스와 아리아드네
바위 위에 자신의 겉옷을 깔고 앉은 디오니소스가 오른쪽 다리를 아리아드네의 허벅다리 위에 올려 놓고 있다. 이는 이들이 이미 사랑을 나누었음을 암시한다. 오른쪽 아래에 디오니소스의 성스러운 동물인 표범이 앉아 있다.
(기원전 350-330년, 테살로니키 고고학 박물관 소장)

해적을 혼내 준 디오니소스는 낙소스에 도착했다. 그곳에는 마침 아테네의 영웅 테세우스에 의해 버림을 받은 크레타의 왕녀 아리아드네가 있었다. 그녀는 테세우스가 크레타에서 소머리에 인간의 몸을 가진 괴물 미노타우로스Minotauros를 처치할 때 도움을 주고 그를 따라 낙소스까지 오게 되었다. 그러나 그녀가 잠든 틈에 테세우스는 그녀를 버리고 달아났다. 버림 받아 슬픔에 잠겨 있는 아리아드네를 발견한 디오니소스는 그녀의 아름다움에 반해 결혼한다. 디오니소스는 아리아드네에게서 암펠로스Ampelos, 스타필로스Staphylos, 오이노피온Oinopion이라는 세 아들을 얻는다.

티레노이 족은 이탈리아의 에트루리아인, 또는 고대 그리스의 선주민인 바다 사람들, 즉 펠라스고이를 가리킨다. 이들은 이미 기원전 6세기부터 동부 지중해에서 해적으로 유명했다.

고대 그리스인들은 항해 때 배를 좇아 헤엄치는 돌고래를 인간이 변해서 된 동물이라고 믿었다. 그만큼 돌고래는 그리스인들에게 매우 친숙한 동물이었다. 그리스인들은 돌고래를 사랑했는데, 그리스 신화에서 돌고래는 인간을 구하는 등 많은 도움을 준다.

아리아드네의 설화에는 많은 이설이 있다. 아테네인들은 테세우스가 그녀를 버린 것은 디오니소스의 명령 때문이며 테세우스는 이 이별을 몹시 가슴 아파했다고 믿었다. 그러나 다른 지방 사람들은 테세우스가 이미 아이글레Aigle라는 처녀를 사랑하고 있었기 때문에 아리아드네를 버린 것으로 믿었다. 테세우스에게 아리아드네를 버리라고 명령한 것은 디오니소스가 아니라 아테나 여신이었다는 설도 있다. 일설에는 디오니소스가 테세우스로부터 아리아드네를 완력으로 빼앗았다고도 한다. 호메로스의 서사시 〈오디세이아〉에는 디오니소스의 강력한 항의를 받은 아르테미스가 아리아드네를 죽였다고 나온다. 다만 디오니소스의 항의가 무엇 때문인지는 밝히지 않고 있다. 또 다른 설에 의하면 아리아드네는 순결을 맹세한 아르테미스 사당의 여사제였는데 디오니소스 신전에서 테세우스와 몸을 섞은 죄를 지었기 때문에 아르테미스에게 죽임을 당하게 되었다고 한다. 다른 설화에서는 테세우스가 자신을 버리고 간 사실을 알자 아리아드네가 절망하여 목매어 죽었다고 한다. 또 버림을 받았을 때 아리아드네가 테세우스의 아이를 배었다는 설도 있다.

키프로스에는 또 다른 설이 전해 내려온다. 임신한 아리아드네가 멀미를 하자 테세우스가 그녀를 데리고 상륙했다. 테세우스가 물건을 가지러 잠깐 배에 올랐을 때 바람이 배를 바다 쪽으로 밀어내는 바람에 둘은 헤어지게 되었다. 그러나 아리아드네는 테세우스가 자신을 버린 것으로 알고 비관하여 시름시름 앓다가 죽었다. 나중에 키프로스로 돌아온 테세우스는 아리아드네의 죽음을 알고 매우 슬퍼했다. 그래서 그녀의 사당을 짓고 많은 돈을 남겨 해마다 희생을 드리게 하였다.

미노아 시대에 아리아드네는 다산과 자연의 풍부한 생명력을 상징하는 대지의 여신이었다. 이 여신의 신앙이 올림포스 신앙에 흡수되면서 그녀는 또 다른 풍요의 신인 디오니소스의 아내로 격하되었다.

디오니소스가 아리아드네에게서 얻었다는 세 아들의 이름은 모두 포도와 관련이 있다. 암펠로스Ampelos는 '포도밭'이라는 의미이고, 스타필로스Staphylos는 '포도나무'란 뜻이며, 오이노피온Oinopion은 '술 마시는 사람'이란 뜻이다.

디오니소스 축제 : 한겨울 밤의 광란

디오니소스 종교의 핵심은 광란의 춤을 통해 무아경에 빠져드는 것이다. 가면을 쓴 여신도들은 한겨울 밤에 손에 횃불을 들고 춤을 추며 산에 오른다. 북과 피리 소리는 귀가 멍할 정도로 시끄럽게 울려댄다. 음악 소리가 고조될수록 춤도 점점 빨라진다. 여인

디오니소스와 사티로스, 그리고 판 신
(기원후 150-200년, 코스 고고학 박물관 소장)

들은 무아경에 빠져들기 시작한다. 땅에서는 젖과 꿀이 솟아나오는 듯한 황홀경이 눈앞에 펼쳐진다. 격렬한 춤에 취한 여신도들은 신들린 상태에 이른다. 광기가 그들의 감각을 지배한다. 현실 세계는 사라지고 신과 한 몸이 되는 절정감에 온몸을 떨기 시작한다. 산속에서 야생 짐승을 만나면 이는 곧 디오니소스의 현신이다. 앞장을 선 여신도가 디오니소스의 지팡이 티르소스를 흔들며 그 짐승에게 덤벼든다. 신의 몸과 피를 먹고 신성의 일부를 나누어 가지려는 욕망에서 여신도들은 놀라운 힘을 발휘한다. 짐승보다도 더 빨리 더 힘차게 뛰어가서는 그 짐승을 잡아 무서운 기세로 찢어 죽인다. 짐승이 없으면 때로 어린아이가 제물이 되기도 하였다. 모두가 피를 뚝뚝 흘리며 미친 듯이 짐승의 살과 피를 날로 먹어 치운다. 이제 신이 그들의 몸으로 들어온 것이다. 아니 그들 자신이 신의 살과 피를 먹고 마심으로써 신과 하나가 된 것이다. 이때쯤이면 무아경은 절정에 이른다. 더 이상 춤을 출 수 없을 만큼 지치면 여신도들은 땅바닥에 쓰러진다. 이제 제정신이 돌아올 때까지 이들은 기진맥진한 채 아침을 기다린다. 광란의 축제는 끝나고 또다시 지겨운 일상이 시작되는 것이다.

겨울이 오면 태양은 힘을 잃고 낮은 짧아진다. 어둡고 무서운 밤이 점점 더 길어진다. 대지의 모든 생명은 자취를 감추고 죽음이 지배한다. 생명력은 점점 약해져 가고 곳곳에서 죽음의 승리가 확실해 보인다. 죽음으로부터 세상을 살리기 위해 무엇인가 해야 한다. 죽음의 세계가 더 이상 생명을 주관하는 대지의 신을 누르고 승리하지 못하도록 도와달라고 빌어야 한다. 죽음의 대지에서부터 생명을 소생시켜야 한다. 죽음의 시간인 밤에 여신도들이 신의 땅인 산으로 가서 춤

아테네의 디오니소스 극장
이곳에서 고대 그리스 비극이 탄생했다. 기원전 4세기 때 지어진 것이다.

을 춤으로써 신에게 빌어야 한다. 탈진해서 쓰러질 때까지 춤을 추고 신의 몸과 피를 다시 받아먹음으로써 죽어 가는 생명력을 소생시켜야 한다. 죽음을 극복하고 새로운 생명을 얻어 내야 한다. 그래서 디오니소스 축제는 겨울밤에 산에서 치러졌다.

  죽음을 맛본다는 것은 종교적 경험의 극치이다. 디오니소스 축제에서 여신도들이 맛본 것은 바로 이 죽음이다. 이들은 미친 듯이 춤을 추다가 탈진 상태에 이른다. 탈진은 죽음이다. 탈진 상태에서 여신도들은 죽음을 맛본다. 죽음은 황홀하다. 죽음으로써 우리는 개체의 한계를 벗어나고 다른 모든 것들과 하나가 될 수 있다. 순간적으로나마 그것을 맛보는 것은 황홀하다. 죽음은 영원하다. 삶에는 한계가 있지만 죽음에는 끝이 없다. 죽음만이 죽음을 이길 수 있다. 죽음은 순수하다. 죽음은 죽음일 뿐 그외에 아무것도 아니다. 죽음은 삶처럼 복잡하지 않다. 죽음 속에서 모든 것은 아늑하고 안정되어 있다. 괴로운 일상사에선 맛볼 수 없는 이 아늑함은 그 무엇과도 바꿀 수 없다. 죽음에 이르기 위한 광기야말로 디오니소스 축제의 특성이다. 그래서 생명의 신인 디오니소스는 동시에 죽음의 신이다. 디오니소스는 어두움의 신이다.

디오니소스 축제 때 여신도들은 가면을 썼다. 가면을 쓰는 것은 자아의 부정이다. 가면을 뒤집어쓰는 순간 그는 다른 인간이 된다. 자아는 사라지고 개성은 의미를 잃는다. 가면 뒤에 숨은 인간에게는 모든 것이 가능하다. 모든 금기가 사라진다. 어떤 무서운 광기도 그에게는 더 이상 금기가 아니다. 평소에는 생각지도 못하던 일을 대범하게 치를 수 있다. 금기는 세속적인 것이다. 종교 축제 속에서 모든 세속적인 것은 부정된다. 금기도 부정된다. 디오니소스 축제가 끝내 난잡한 혼교에 이르는 것은 금기가 사라진 때문이다. 이 가면으로부터 고대 그리스 비극이 탄생한다. 비극은 겨울에 있는 디오니소스 축제에서 유래한 것이다.

디오니소스가 포도주의 신임에도 불구하고 초창기 디오니소스 제전에서 술은 그리 중요한 역할을 하지 않았다. 종교적 황홀경에 빠지는 데에는 꼭 술이 필요한 것은 아니다. 술은 때로 신들림을 방해한다. 오히려 맑은 정신에서 빠져드는 종교적 열정이 더 황홀하다. 디오니소스 축제에 술이 도입된 것은 디오니소스가 생산력과 풍요의 신에서 포도주의 신으로 신격이 바뀐 후의 일이다.

디오니소스 숭배에는 남근 숭배의 전통도 포함되어 있었다. 남근은 풍요와 생산력의 상징이다. 디오니소스가 풍요의 신인 이상 이런 연관은 자연스러운 것이다. 그러나 디오니소스 자신은 남근을 상징하지 않았다. 대신 그를 따르는 무리인 판 신, 사티로스, 세일레노스는 바로 남근을 상징하는 존재들이다. 이들은 그림에서 흔히 불뚝 선 남근을 드러낸 모습으로 등장한다.

디오니소스 숭배는 민간에 뿌리를 둔 신앙이어서 귀족 취향의 호메로스를 비롯한 서사시인들은 별다른 호감을 갖지 않았다. 특히 디오니소스 신앙이 갖고 있는 광기는 이성과 합리적 사고를 중시하는 서사시인과 같은 지식인들에게는 원시적이고 위험하게까지 느껴졌다. 그래서 호메로스는 디오니소스를 올림포스 신의 반열에 올리지 않았다. 그의 서사시《일리아스》에서는 디오니소스에 대해 오직 두 번, 그것도 아주 짧게 언급하고 있을 뿐이다. 디오니소스에 대한 호메로스의 반감은 이에 그치지 않는다. 그는 디오니소스가 리쿠르고스의 위협에 벌벌 떨며 테티스에게 도망가는 모습을 묘사하고 있다.

호메로스보다 한 세대 뒤의 사람인 헤시오도스는 디오니소스를 올림포스 신으로 기록하고 있다. 뿐만 아니라 디오니소스는 지하 세계에 내려가 어머니 세멜레를 구해 올림포스로 같이 올라가 티오네Thyone 또는 디오네Dione로 이름을 바꾸게 하고 올림포스의 여신이 되게 하였다고 한다.

서사시인들과 귀족들의 견해가 어떠하건 간에 디오니소스는 민중의 사랑을 받았다. 이들에게 술과 축제로 대변되는 디오니소스는 일상생활에서부터 오는 근심과 걱정, 노동의 고통을 잊게 해주는 고마운 신이었다. 서민들에게 있어서 일상으로부터의 해방감을 맛볼 수 있는 유일한 출구로서 디오니소스 신앙의 가치는 다른 어떤 올림포스 신보다도 중요했다. 특히 가부장제도 속에서 억압받는 여자들에게는 술과 광란의 춤으로 이루어진 디오니소스 축제야말로 집안일을 내팽개쳐 버리고 스트레스와 불만을 마음 놓고 풀 수 있는 제도적 장치이기도 했다. 따라서 초창기 디오니소스 종교의 신도들은 모두 여자들이었다. 디오니소스 신앙의 여신도들에 대한 명칭은 여럿이다. 그리스말로 이들은 마이나데스 또는 티아데스Thyades라고 하지만 소아시아의 리디아 말로는 박코이Bacchoi라고 한다. 바로 이 명칭에서 디오니소스의 로마식 이름인 바쿠스Bacchus가 유래했다.

찢어 죽임과 인신공희(人身供犧)

　　　　　제우스가 딸 페르세포네와 관계하여 디오니소스를 낳자 제우스의 권좌에 항상 불만을 품어온 티타네스들은 헤라의 사주를 받아 어린 디오니소스를 납치하여 찢어 죽인 후에 솥에 넣어 끓인다. 티타네스들은 이 고기를 아폴론에게 먹으라고 권했다. 그러나 아폴론은 이것이 디오니소스의 고기임을 알고 델포이의 세 발 달린 솥 밑에 묻었다. 아폴론은 나중에 제우스의 명을 받고 난도질당한 모든 고기를 모아 땅에 묻어 디오니소스의 부활을 도왔다.

　또 다른 설화에는 디오니소스가 티타네스의 추격을 피하기 위해 송아지로 변신하자 티타네스들은 때를 놓치지 않고 디오니소스를 잡아 난도질했다. 이에 화가 난 제우스가 티타네스들에게 벼락을 내려 모두 재가 되게 했다. 나중에 이 재에서 인간이 나왔다고 한다. 한편 레아는 토막 난 디오니소스의 고기를 다시 꿰맞추어 디오니소스를 소생시켰다. 일설에는 아테나 여신이 겨우 심장만을 구해 내어 이를 제우스에게 갖다 주자 제우스가 이를 삼킨 후 디오니소스를 다시 낳았다고 한다.

　　　디오니소스의 설화에는 유난히 찢어 죽이는 장면이 많다. 헤라의 저주를 받아 미쳐 버린 이노와 아타마스는 자신들의 아이를 난도질하고 끓이는 등 참혹한 방법으로 죽인다. 또 디오니소스를 박해하던 리쿠르고스는 자신의 백성들에게 찢어 죽임을 당했고, 펜테우스는

사티로스
잔뜩 발기한 사티로스가 포도넝쿨을 살짝 건드리고 있고, 그 앞에는 황홀경에 빠진 디오니소스의 여신도인 마이나데스가 춤을 추고 있다.
(기원전 350-330년, 테살로니키 고고학 박물관 소장)

자신의 어머니를 비롯한 여신도들에게 똑같은 방식으로 죽임을 당했다. 착한 이카리오스도 술 취한 목동들의 오해를 받아 찢어 죽임을 당한다. 미니아스의 딸들도 미쳐서 자신들의 아이를 찢어 죽인다.

티타네스에게 찢어 죽임을 당하는 어린 디오니소스 이야기는 전설적인 음유시인 오르페우스의 창작으로 알려진 일련의 서사시에 나오는 설화로, 이미 기원전 6~7세기부터 그리스 세계에 널리 알려져 있었다. 이 설화에는 많은 제의적 요소가 포함되어 있다. 찢어 죽임을 당하는 것과 죽음에서 다시 소생하는 이야기는 겨울이 되면 식물이 죽고 봄에 다시 소생하는 자연의 생명력을 상징하는 것으로 풍요와 생산력의 신에게서 흔히 볼 수 있는 신화이다. 한 알의 씨앗이 죽어 싹이 나고 자라나 수많은 열매를 맺는다. 더 많은 생명을 만들기 위해 씨앗은 죽고 찢겨진다. 디오니소스 자신도 티타네스들에게 찢어 죽임을 당한다. 디오니소스가 찢어짐을 당하는 것은 신성을 나누어 주기 위함이다.

황홀경의 절정에 이르러 짐승을 찢어 죽이는 행위는 디오니소스 축제의 특성 중 하나이다. 디오니소스 축제 때 여신도 마이나데스들이 짐승을 맨손으로 잡아 찢어 죽이고 그 피와 살을 날로 먹는 것은 신의 생명력을 나누어 받는 행위이다. 이렇게 찢긴 살과 피는 다시 모아져서 자연의 생명력을 부활시키는 데 쓰인다. 이와 같이 신의 살과 피를 먹고 마심으로써 신과 하나 되는 행위를 그리스어로 엔투시아즈모스 enthousiasmos 라 한다. 이 낱말은 "안"을 뜻하는 접두어 "en-"과 "신"을 의미하는 어간 "thou-"의 합성으로, 직역하면 "신 안으로 들어가기" 또는 "신과 하나 되기"라는 의미를 갖는다. 바로 이 낱말에서 "열광"이란 뜻의 영어낱말 "enthusiasm"이 유래했다.

또 디오니소스의 찢김과 나누어 줌, 그리고 찢긴 몸이 다시 모여 소생하는 이야기는 철학과 신학에서 자연 속의 만물로 확산되었다가 궁극적인 존재로 환원하는 신성의 상징으로 많이 쓰였다.

심장을 날로 삼키는 것은 신의 생명력의 정수를 삼키는 행위이다. 이 행위는 나중에 포도주를 마시는 것으로 대체된다. 포도주는 검붉다. 심장과 같은 색이다. 포도주는 디오니소스의 심장이요 피다. 포도주를 마시는 것은 신의 본질을 마시는 것이다. 알코올은 신의 숨결이다. 술기운이 몸에 퍼져 취기가 오르는 것은 신의 혼이 몸 안에 들어왔기 때문이다.

찢어 죽임의 설화에는 인신공희 人身供犧의 어두운 그림자가 드리워져 있다. 실제로 페르시아 전쟁 때 그리스인들은 포로 한 명을 디오니소스의 제단에 산 채로 바쳤다. 그 뒤 사람을 희생물로 바치는 풍습은 차츰 사라지고 대신 짐승을 희생물로 바치게 된다. 티타네스들이 송아지로 변한 디오니소스를 잡아 죽여 난도질한 후 삶았다는 설화는 이런 변화의 흔적이다.

아폴론이 디오니소스의 고기를 델포이의 세 발 달린 솥 아래 묻었다는 설화는 이 두 신이 델포이를 공유하고 있는 이유를 신화적으로 설명하고 있다. 디오니소스 신앙은 광기가 어느 정도 약화된 뒤 델포이에 받아들여졌다. 겨울 석 달 동안 아폴론은 델포이를 디오니소스에게 맡기고 멀리 히페르보레이오이의 나라로 떠난다. 히페르보리오스란 최북단 最北端을 의미한다. 델포이는 원래 대지의 여신 가이아의 땅이었다. 따라서 아폴론이 이 성지를 겨울 석 달 동안 대지의 신인 디오니소스에게 양보한 것은 토착 신앙과 새로운 종교인 올림포스 신앙의 타협을 암시한다. 아폴론은 빛의 신이요 디오니소스는 어두움의 신이다. 밝은 태양이 힘을 잃는 겨울은 디오니소스의 계절이다. 이 계절에 아폴론은 델포이를 디오니소스에게 맡기고 멀리 떠나 있다.

레아가 토막 난 디오니소스의 고기를 다시 꿰맞추어 디오니소스를 소생시켰다는 이야기는 나중에 디오니소스가 헤라에 의해 올림포스에 받아들여진다는 사실과 함께 모계사회에 있어서 어머니의 우월적 역할을 암시한다. 실제로 위의 탄생 설화에서 아버지 제우스의 역할은 거의 없다. 이런 점에서 이 설화는 디오니소스의 다른 탄생 설화보다 더 오랜 것임을 알 수 있다.

디오니소스 신앙과 올림포스 신앙

올림포스 체제 안에서 디오니소스의 위치는 애매하다. 우선 그는 다른 남신들과 달리 천신이 아니라 지신이다. 그의 활동 무대는 주로 땅 위이다. 거의 모든 신들이 참가한 트로이아 전쟁에도 그는 참전하지 않았다. 그리스신화에 나오는 수많은 영웅들과도 페르세우스와의 싸움 이외에는 거의 관련을 맺지 않는다. 다만 거인들과의 전쟁에서 그의 모습이 보인다. 그는 헤파이스토스와 사티로스 Satyros들과 함께 당나귀를 타고 당나귀 소리에 놀란 거인들을 자신의 지팡이 티르소스로 툭툭 건드려 죽인다. 또 거인들처럼 머리카락 대신 뱀이 달린 모습으로 적들을 막아서는가 하면 결정적인 순간에는 사자로 변하여 상대를 물어 죽인다. 그러나 그뿐이다. 다른 활동에서 그가 올림포스 신들과 함께하는 모험은 없다.

그러나 디오니소스와 천신들의 관계는 나쁜 편이 아니다. 우선 그의 아버지 제우스는 천신이다. 디오니소스는 또 아폴론과 델포이를 공유한다. 디오니소스가 아폴론과 우호적인 관계를 유지하는 것은 태양과 식물의 성장 사이의 우호적인 상호 작용을 상징한다.

디오니소스는 유난히 헤파이스토스에게 호감을 갖고 있다. 그는 헤파이스토스가 올림포스로 올라가 어머니 헤라와 화해하는 것을 돕는다. 그 공로로 자기 자신도 헤라와 화해하고 그녀로부터 올림포스 신의 반열에 드는 것을 허락받는다. 헤파이스토스도 디오니소스를 좋아하여 그의 결혼식 때 아리아드네에게 금관을 선물한다. 헤파이스토스와의 돈독한 우정은 무기물이 풍부한 화산지대에서 포도 재배가 유난히 잘된다는 사실과 관련이 있다. 포도주는 화산지대에서 자란 포도로 빚은 것이 일품이다. 디오니소스의 어머니 셀레네는 벼락에 맞아 죽었다. 벼락 맞은 나무로 만든 통에 담근 포도주는 최고품이다.

태양을 상징하는 영웅 페르세우스와의 싸움도 디오니소스와 천신 사이의 불화를 의미하지는 않는다. 이 싸움은 아르고스 지방에서 있었던 헤라 숭배와 디오니소스 숭배의 갈등을 암시한다. 또 초목과 강렬한 태양 사이의 부정적 관계를 상징한다.

올림포스 신앙과 디오니소스 신앙의 관계는 복잡하다. 올림포스 신앙은 왕과 귀족들의 종교인 반면 디오니소스 신앙은 민중에 뿌리박고 있었다. 이 두 종교는 서로 대립하며 공존했다. 올림포스 신앙 못지않게 디오니소스 신앙도 훌륭한 틀을 갖추고 있었다. 어떤 면에서는 오히려 올림포스 신앙보다 더 짜임새 있는 종교 의식과 신학을 갖고 있었다. 디오니소스 신앙은 영혼의 윤회를 믿었고, 육체는 악하나 영혼은 선하며 신의 속성에 속하는 것으로 보았다. 죄를 지으면 지옥에서 고통을 당하고 착한 일을 하면 다음 세계에서 복을 받는다고 믿었다. 보다 나은 내세를 믿었고 영생을 받아들인 것이다.

고대 그리스 세계의 말기에 올림포스 신앙은 신봉 계급인 왕과 귀족들의 몰락으로 사라져갔다. 더욱이 새로운 지식인 계급인 소피스트들과 철학자들은 날카로운 논리로 서사시인들의 시에 나타난 비합리성을 공격했다. 이들의 도전은 합리성을 내세우는 올림포스 신앙에 치명적이었다. 올림포스 신앙의 권위는 여지없이 붕괴되었다. 플라톤은 심지어 자신의 공화국에서 시인을 내쫓을 것이라고 선언했다.

그러나 교리보다는 의식儀式을 중시하고 이성보다는 감성에, 합리성보다는 신비주의에 뿌리를 둔 디오니소스 신앙은 철학자의 도전으로부터 멀리 떨어져 있었다. 올림포스 신앙이 약화될수록 디오니소스 신앙은 힘을 더해 갔다. 고대 그리스 세계의 말기에는 디오니소스 신앙의 중심인 오르페우스 비교Orphism가 급속히 확산되었다. 이와 함께 디오니소스가 다스리는 영역도 확산되었다. 우선 포도 경작만을 주관하던 디오니소스는 마침내 대지의 모든 것을 주관하기에 이르렀다. 이제 디오니소스는 문화 영웅적 성격도 갖게 되었다. 소에 멍에를 씌우는 법을 처음 고안한 것이 디오니소스였음이 새삼 강조되었다. 디오니소스가 또 델로스 섬의 왕 아니오스Anios의 세 딸 엘라이스Elais, 스페르포Sperpo, 오이노Oino에게 각기 올리브에서 기름 짜는 법, 밀을 경작하는 법, 포도주를 담그는 법을 가르쳤다는 것도 범상치 않은 사실로 받아들여졌다. 이 기술을 바탕으로 아니오스의 딸들은 나중에 트로이아 원정군의 식량 보급을 맡게 된다.

디오니소스에 대한 절대자로서의 신성화는 이에 그치지 않는다. 오르페우스 비교의 신봉자들은 제우스가 디오니소스를 후계자로 정하고 손수 왕위를 물려주었다고 굳건히 믿었다. 천신인 올림포스의 남신들은 대지의 여신들에게서 권좌를 빼앗았다. 그러나 이제 천신인 제우스는 다시 대지의 신인 디오니소스에게 권력을 넘겨주었다. 끝내 지신地神 쪽의 승리였다. 디오니소스는 이제 제우스 디오니소스

Zeus Dionysos로 불리게 되었다. 고대 그리스 세계의 말기에 그의 승리는 확실한 것으로 보였다. 그러나 결국 그렇게 되지 않았다. 보다 강력한 신흥 종교가 나타났기 때문이다. 바로 그리스도교이다.

신의 몸과 피를 먹어 신과 하나의 본질을 이루는 디오니소스 신앙의 종교 의식은 그대로 그리스도교로 전승된다. 그리스도교 의식의 중심은 포도주와 빵으로 변한 예수의 살과 피를 받아먹음으로써 하느님과 살과 피를 나누고 이 영성체를 통하여 하느님과 하나가 되는 것이다. 달라진 것은 날고기와 피를 먹는 대신 포도주와 빵을 먹는 것뿐이다. 바로 이런 성찬 의식을 통해 그리스도교는 이전의 이교도 신앙 가운데 가장 강력했던 디오니소스 신앙을 흡수한다. 예수가 성령을 받은 마리아로부터 잉태되어 태어나는 신화 구조도 디오니소스의 탄생 설화와 흡사하다. 마리아는 세멜레의 변신이요 따라서 지상의 성스러움을 상징하며 성부와 성령은 천신을 상징한다. 예수 역시 천신과 대지의 결합에서 태어난 신이다. 예수도 디오니소스처럼 악의 무리에 의해 죽임을 당하고 부활한다. 죽음으로 죽음을 이긴다.

그리스도교와 디오니소스 신앙의 유사점은 여기에 그치지 않는다. 그리스도교의 최대 축제인 성탄절은 12월 25일이다. 바로 겨울에 있었던 디오니소스 축제와 시기적으로 일치한다. 또 디오니소스의 봄 축제는 부활절과 일치한다.

그뿐 아니다. 그리스도교에서 1월 6일은 예수가 세례를 받은 날로 하늘에는 성부가 현현하고 지상에는 성자가 서 있고 공중에는 성령의 화신인 비둘기가 날아 삼위일체가 동시에 나타난 날이다. 이 날이 바로 신현 축일神顯祝日이다. 이 날 젊은이들은 한겨울임에도 불구하고 물에 뛰어든다. 이 날은 세상의 모든 물이 성수聖水가 되는 날이다. 이런 그리스도교의 신현 축일 행사는 디오니소스의 봄의 축제 때 행하던 의식과 너무 흡사하다. 디오니소스도 바다로부터 현현顯現했다. 해마다 봄이면 디오니소스가 소아시아로부터 바다를 건너 그리스로 온 것을 기념하여 젊은이들이 물에 뛰어들었고 그들이 몸을 던진 물은 성수로 변한다.

결국 올림포스 신앙보다 더 오래 살아남은 디오니소스 신앙도 강력한 신흥 종교인 그리스도교 앞에선 무력했다. 이 신흥 종교는 디오니소스 신앙이 가지고 있는 모든 매력을 가지고 있었다. 하느님과 하나가 되는 성찬 의식과 죽음을 이기고 부활하고 영생을 믿으며 보다 나은 내세를 믿는 것까지 모든 것을 빈틈없이 갖추고 있었다. 더구나 이 신흥 종교는 사도 바울과 같은 훌륭한 전도사를 갖고 있었다. 이렇게 디오니소스 신앙은 무력하게 사라져 갔다. 제우스와 마찬가지로 디오니소스도 힘을 잃고 잊혀져 갔다. 그리고 디오니소스는 죽었다. 디오니소스의 죽음과 함께 고대 세계도 끝났다.

14장
지진과 폭풍을 일으키는 바다의 신
포세이돈

수니온(Sounion)으로 가는 길

아테네의 중심에서 남쪽으로 곧게 뻗은 싱그루Singrou 길을 따라 남쪽으로 내려가면 탁 트인 바다가 싱그럽게 나타난다. 좌회전을 하여 동쪽으로 뚫린 바닷가 길을 달리면 수면에 반짝이는 햇빛 조각들이 눈부시다. 수니온으로 가는 길이다. 해안을 따라 신선한 생선 요리를 전문으로 하는 고급 음식점들이 늘어서 있고 군데군데 부자들의 요트들이 한가롭게 떠 있는 조그마한 포구들이 나타났다 사라지곤 한다. 섭씨 40도가 넘는 더위에 길가에는 인적마저 드물다. 한적한 찻집에 앉아 맛있는 커피 한 잔을 앞에 놓고 한없이 시원하게 펼쳐지는 바다를 즐기는 그리스인들의 여유가 부럽다. 1960년대에 그리스의 선박왕 오나시스Onasis와 케네디 대통령의 미망인 재클린이 사랑을 속삭였다는 특급 호텔도 이 길가에 있다. 옛날에는 빼어난 경치와 맑은 바다로 유명했던 이곳도 이제는 끊임없는 개발에 점점 개성 없는 도시의 모습으로 변해 가고 있다.

수니온의 포세이돈 신전

　포세이돈 신전과 아름다운 저녁노을로 유명한 수니온은 아테네에서 남동쪽으로 70킬로미터 떨어져 있다. 바다를 향하여 우뚝 솟아 있는 해발 60미터의 이 언덕은 아티카 반도의 끝에 위치하고 있어서 에게해와 사로니코스Saronikos 만 사이를 항해하는 모든 배들을 감시할 수 있는 전략적 요충지이다. 특히 언덕에서 오른쪽으로 내려다보이는 호젓한 만灣은 배를 숨기기에 안성맞춤이어서 오랫동안 해적들의 소굴로 쓰였다. 이곳에 포세이돈 신전이 세워진 것은 기원전 444년이다. 총 34개의 기둥을 가지고 있던 이 신전도, 오랜 성상의 시달림에 각각 가로와 세로로 나 있던 기둥 6개와 13개는 사라지고 지금은 북쪽에 9개, 남쪽에 6개의 기둥만이 남아 있다.

　신전으로 오르는 길옆에는 두어 사람이 겨우 설 수 있는 작은 바위가 하나 있다. 아득히 먼 옛날 이 바위에서 아테네의 왕 아이게우스 Aigeus는 크레타로 떠난 아들 테세우스를 기다렸다. 아들은 자신이 살

동쪽에서 바라본 수니온
언덕 위의 포세이돈 신전

아온다면 돛 위에 흰 깃발을, 죽어서 오게 되면 검은 깃발을 달고 오겠다고 약속했다. 그러나 아테나 여신의 명령에 따라 낙소스 섬에 자신의 사랑하는 여인 아리아드네를 버려야 했던 테세우스는 슬픔 때문에 떠날 때 달았던 검은 깃발을 흰 깃발로 바꾸는 것을 잊었다. 아들을 태우고 떠났던 배가 검은 기를 달고 들어오는 것을 본 아이게우스는 절망하여 바위 아래로 몸을 던졌다. 그 후로 그 바다는 아이게우스가 떨어져 죽은 바다라 하여 에게해라 불리게 되었다.

1809년 이곳을 찾은 21세의 약관 바이런Byron은 "수니온의 대리석 절벽, 파도를 막는 것은 아무것도 없다."라고 노래했다. 신전의 동쪽 기둥 위에는 그가 남긴 "Byron"이란 낙서가 남아 관광객들의 시선을 사로잡는다. 엄연한 문화재 훼손이건만 낙서를 남긴 장본인이 바이런이니 귀중한 관광 자원이 되었다. 유명해지고 볼 일이다.

포세이돈 : 바다와 물의 신, 지진의 신

포세이돈은 크로노스와 레아 사이에서 태어났다. 포세이돈을 낳은 레아는 망아지 한 마리를 자신이 낳은 아이라고 속여 크로노스에게 주었다. 남편은 의심하지 않고 망아지를 한 입에 삼켜 버렸다. 레아는 아이를 로도스 섬의 주민인 텔키네스Telchines와 오케아노스의 딸인 카페이라Kapheira에게 맡겨 기르게 했다.

자식을 먹어 치우는 아버지를 피해 이렇게 비밀리에 성장한 포세이돈은 제우스가 아버지 크로노스와 아버지의 형제들인 티타네스에게 선전포고를 하자 제우스의 편에 서서 용감하게 싸웠다. 이 전쟁 중에 포세이돈은 키클롭스로부터 삼지창 트리아이나를 받아 이를 자신의 무기로 삼았다. 전쟁이 끝나자 포세이돈은 티타네스의 거대한 몸들을 끌고 가서 영원히 벗어날 수 없는 지하 감옥인 타르타로스Tartaros에 가두었다. 타르타로스는 올림포스 신들도 가고 싶어 하지 않는 무시무시하고 기분 나쁜 곳이었다. 그러나 포세이돈은 자신의 형제인 제우스를 위하여 이 궂은일을 즐거이 맡았다. 그 뒤로 포세이돈이 타르타로스의 열쇠를 간수했다.

거인들과의 전쟁에서 포세이돈은 거인 폴리보테스를 에게해 동남쪽 끝까지 쫓아갔다. 포세이돈은 삼지창으로 코스 섬의 일부를 잘라 내어 거인에게 던졌다. 거인은 그 밑에 깔려 죽었다. 포세이돈이 던진 땅덩이는 니시로스Nisyros 섬이 되었다.

티타네스와의 전쟁이 끝났을 때 제우스와 포세이돈, 하데스는 제비를 뽑아 각자의 지배 영역을 정했다. 이들은 모두 크로노스의 아들이었기에 아버지로부터 물려받은 세계에 대한 동등한 권한을 갖고 있었다. 제비뽑기의 결과로 제우스는 하늘을, 포세이돈은 바다를, 하

아르테미시온의 포세이돈
(기원전 460년쯤, 아테네 국립 고고학 박물관 소장)

데스는 지하 세계를 지배하게 되었다. 올림포스와 대지는 중립 지역으로 세 신 모두가 공유하기로 결정했다. 포세이돈은 올림포스에 헤파이스토스가 지어 준 궁전 이외에 바다 밑에 번쩍이는 황금으로 지은 또 다른 궁전을 갖고 있었다. 그 궁전에서 포세이돈은 아내 암피트리테와 안락한 생활을 즐겼다. 포세이돈이 바다 밑 궁전을 나와 황금 전차를 타고 파도 위를 달리면 돌고래들은 기쁨에 전차 주위로 모여들어 힘껏 물위로 뛰어올랐다. 바다의 신인 그는 마음만 먹으면 자신의 무기인 삼지창을 한 번 휘두름으로써 바다를 폭풍우로 사납게 만들 수도, 호수처럼 잔잔하게 만들 수도 있었다. 쏜살같이 빨리 달린다는 파이아케스Phaiakes 인들의 배도 그가 선사한 것이다.

포세이돈은 '바다의 노인' 네레우스의 딸 암피트리테와 결혼했

위엄 어린 포세이돈
(기원전 540-530년, 파리 Bibliothèque Nationale 소장)

다. 포세이돈은 암피트리테에게 연정을 품고 사랑을 고백했지만 그녀는 포세이돈을 믿지 못하고 바다 밑 깊숙한 곳에 있는 아틀라스의 궁전에 숨어 버렸다. 포세이돈은 그녀를 잊을 수 없어 바다의 모든 동물들에게 암피트리테가 있는 곳을 알아내어 달라고 부탁했다. 이때 돌고래들이 암피트리테의 거처를 알아내고 포세이돈의 애절한 사랑을 전함으로써 둘은 결혼을 하게 되었다. 이에 대한 고마움의 표시로 포세이돈은 하늘에 돌고래별자리를 마련해 주었다.

올림포스에서 포세이돈은 제우스와 함께 최고 연장자에 속했다. 다른 올림포스 신들은 그를 어른으로 존경했다. 올림포스의 제 2인자라 할 수 있는 아폴론도 포세이돈과 정면으로 맞서는 것은 꺼렸다. 트로이아 전쟁 때 포세이돈은 아폴론에게 도전했지만 아버지의 형제와 싸우기를 부끄럽게 여긴 아폴론은 이를 피한다. 그러나 올림포스의 제1인자는 어디까지나 제우스였다. 포세이돈은 제우스의 권좌를 넘보지 않았다. 오히려 제우스가 전차를 몰고 올림포스로 오면 포세이돈이 가장 먼저 마중 나가 말고삐를 매어 주었다. 트로이아 전쟁 때에도 포세이돈은 제우스의 명령에 따라 싸움터에서 물러섰다. 또 바람처럼 빨리 달린다는 명마名馬를 놓고 제우스와 다투었을 때도 끝내 양보한 것은 포세이돈이었다. 그러나 다혈질인 포세이돈은 말을 빼앗긴 분을 삭이지 못하고 땅 한 귀퉁이를 떼어 내서 바다에 집어던졌다. 그가 던진 땅은 사르데니아Sardegna, 에우보이아, 키프로스 섬이 되었다.

또 포세이돈은 여신 테티스를 놓고 제우스와 다투었다. 그러나 테티스가 낳은 아들은 아버지보다 위대하여 아버지의 자리를 빼앗을 것이라는 예언을 듣고 형제는 그녀를 인간 펠레우스에게 시집보낼 음모를 꾸미게 된다.

그러나 포세이돈은 딱 한 번 제우스에게 도전했다. 아테나와 아폴론과 함께 제우스를 권좌에서 몰아내려는 헤라의 음모에 가담한 것이다. 그러나 이 음모는 실패로 돌아갔고 포세이돈은 그 벌로 아폴론과 함께 트로이의 왕 라오메돈에게 1년 동안 봉사하게 되었다. 두 신은 왕의 부탁을 받고 트로이아 성벽을 쌓아 주었다. 성벽 쌓기를 끝내고 두 신은 왕에게 약속한 보수를 요구했지만 라오메돈은 보수를 주기는커녕 귀를 잘라 먼 곳에 팔아 버리겠다고 위협했다. 이에 화가 난 포세이돈은 트로이아 지방에 해일과 홍수를 보냈다. 또 바다의 온갖 괴물들을 보내 큰 재앙을 불러일으켰다. 그제야 다급해진 왕은 델포이에 사람을 보내 신들과 화해를 모색했다. 왕의 딸 헤시오네를 바다 괴물에게 희생해야 한다는 신탁이 나왔다. 헤시오네가 괴물에게 희생당하게 된 순간 마침 이곳을 지나던 헤라클레스가 그녀를 구해 주었다.

에티오피아 왕 케페우스Kepheus의 아내 카시에페이아Kassiepeia도 자신이 포세이돈의 아내인 암피트리테나 바다의 요정 네레이데스Nereides보다 더 아름답다고 자랑하다가 포세이돈의 노여움을 타 수난을 겪었다. 포세이돈은 바다 괴물을 보내 나라를 황폐하게 만들었다. 왕은 급히 델포이에 사람을 보내 신탁을 물었다. 이번에도 신탁은 그의 딸 안드로메다Andromeda를 제물로 바쳐야 한다고 나왔다. 안드로메다가 바닷가 바위에 묶여 희생되려는 순간 마침 이곳을 지나던 영웅 페르세우스가 그녀를 구해 주었다.

다혈질이고 흥분하기 쉬운 포세이돈은 남들과 쉽게 다투었다. 그는 여러 신들과 영토를 놓고 분쟁을 벌였지만 별로 소득은 없었다. 제우스와 달리 그는 책략이 모자랐다. 그는 제우스와 아이기나Aigina 섬을 놓고 주도권 싸움을 했지만 신들은 제우스 편을 들었다. 하는 수 없이 그는 섬을 제우스에게 양보한다. 아테네를 놓고 아테나 여신과 격돌하지만, 아테네 주민들은 포세이돈이 파 놓은 샘보다 아테나가 준 올리브나무를 선호하여 자신들의 수호신으로 아테나 여신을 선택했다. 화가 난 포세이돈은 아티카 반도의 서해안 트리아시오Thriasio 평원에 홍수를 보내 앙갚음을 했다. 아르고스를 두고 헤라와 대결했을 때도 강의 신 이나코스는 헤라의 손을 들어 주었다. 포세이돈은 이번에도 아르고스 지방에서 모든 물을 마르게 하여 이나코스 강을 마른 내로 만들었다. 낙소스 섬도 디오니소스에게 빼앗겼다. 그리스의 성지聖地 델포이도 아폴론에게 양보해야 했다. 원래 델포이는 대지의 여신 가이아와 포세이돈의 공동 소유였다. 그러나 가이아가 자신의 지분을 테미스에게 양도했고 테미스는 다시 아폴론에게 주었다. 포세이돈이 자신의 몫을 요구했지만 델포이에 대한 권리를 포기할 수밖에 없었다. 대신 트로이젠의 칼라우레이아Kalaureia 지방을 얻는 것으로 만족해야 했다. 트로이젠 시를 놓고 포세이돈은 아테나 여신과 또 한 번 주도권 싸움을 벌였다. 제우스의 중재로 트로이젠은 두 신의 공동 소유가 되었다. 코린토스에서는 태양의 신 헬리오스와 소유권을 다투었다. 중재에 나선 거인 브리아레오스는, 산은 헬레오스가 차지하고 포세이돈은 지협地峽을 갖도록 했다. 헬리오스는 나중에 코린토스를 아프로디테에게 양도했다. 영토 문제에 있어서 포세이돈은 결코 성공적이지 못했다.

테살리아의 왕 엘라토스Elatos에게는 아름다운 딸 카이네Kaine가 있었다. 그녀는 포세이돈의 사랑을 받아들이는 조건으로 자신을 절대로 죽지 않는 남자가 되게 해 달라고 졸랐다. 인간의 분수에 넘치는 요구였지만 포세이돈은 그녀의 소원을 들어 주었다. 남자가 된 카이네는 이름도 카이네우스Kaineus로 바꿨다. 누구에게도 지지 않는 용사가 된 카이네우스는 점점 오만해졌다. 라피타이Lapithai 족의 왕이 된 그는 주민들에게 자신의 곤봉을 광장 한가운데 세워 놓고 이를 신 대신 경배하라고 강요했다. 이 모습이 역겨웠던 제우스는 켄타우로스Kentauros 족으로 하여금 카이네우스를 공격하게 했다. 켄타우로스들이 카이네우스를 이겼지만 그는 죽지 않는 몸이었다. 켄타우로스들은 하는 수 없이 그를 나무 말뚝에 묶어 그대로 땅속에 박아 넣고는 그 위에 커다란 바위를 얹어 놓았다.

자식이 태어나자마자 먹어 치우는 고약한 아버지를 속여 아이를 구하는 어머니의 이야기는 고대 신화에서 반복되는 모티브이다. 제우스의 탄생 설화도 이와 유사하다. 다만 제우스는 높고 깊은 산속 동굴에서 자라는 반면 포세이돈은 바닷가에서 대양의 신 오케아노스의 딸 카페이라에게 길러진다. 바다의 신 포세이돈의 신격에 어울리는 환경이다.

포세이돈이 바다의 노인 네레우스의 딸 암피트리테와 결혼했다는 설화도 그가 바다의 신임을 분명히 보여 주고 있다. 포세이돈과 암피트리테 사이를 중개한 돌고래들은 포세이돈의 절친한 친구이자 부하들이다. 고대인들은 돌고래를 좋은 소식을 가져다주는 동물로 여겼다. 그래서 고대의 선원들은 바다에서 돌고래를 보면 반가워했다.

포세이돈은 순수한 그리스 신이다. 그의 신앙은 올림포스 신앙이 도래하기 훨씬 이전부터 그리스인들의 숭배를 받았다. 그리스 이전의 문명인 미노아 문명이나 미케네 문명에서 포세이돈의 지배 영역은 바다에만 국한되지 않았다. 포세이돈이 제비를 뽑아 바다의 신이 되었다는 이야기는 후대에 만들어진 이야기다. 그는 원래 전권을 휘두르는 강력한 지신地神이었다. "포세이돈"이란 낱말의 어원은 "주인" 또는 "남편"을 뜻하는 어간 Posis와 "대지"를 의미하는 "da-"의 합성어에서 유래한 것이다. 즉 올림포스 신앙이 도래하기 이전에 포세이돈은 대지 여신의 남편으로서 가장 강력한 신이었다. 그가 들고 있는 삼지창 트리아이나는 제우스의 번개에 맞먹는 권위의 상징이다. 포세이돈은 자연 세계의 질서를 돌보는 전지전능한 신이었다. 산과 계곡, 섬과 지협이나 해협 등 대지 위의 모든 지형은 그의 손에 의해 만들어진 것이다. 그는 마음만 먹으면 땅 한 귀퉁이를 잘라 내어 섬을 만들 수도 있고, 산으로 바다로 나가는 입구를 막아 버릴 수도 있다. 니시로스, 사르데니아, 에우보이아, 키프로스 섬은 그가 집어 던진 땅덩이로부터 생겨난 섬들이다. 포세이돈은 또 파이아케스인들의 항구 앞에 산을 세워 바다로의 통로를 막기도 했다. 포세이돈이 지하 감옥 타르타로스의 열쇠를 관리한다는 것도 대지 여신의 남편으로서의 권한을 상징한다. 대지 여신의 남편으로서의 포세이돈은 땅속 깊숙한 곳에 살면서 땅을 흔들어 지진을 일으킬 수도 있고 땅을 갈라놓을 수도 있으며 산사태를 일으킬 수도 있다.

파괴할 수 있는 자는 지킬 수도 있다. 대지의 안정도 포세이돈에게 달려 있다. 땅 위에 서 있는 모든 성곽을 비롯한 건축물들의 건설과 파괴를 주관하는 것은 포세이돈이다. 카이네우스의 설화는 포세이돈의 이런 성격을 암시한다. 카이네우스의 고향 테살리아에는 늪이 많았다. 이 설화에는 인류가 물가에 말뚝을 박고 그 위에 집을 짓던 시절의 아련한 기억이 남아 있다. 여성 카이네가 남성 카이네우스로 성 전환한 것은 말뚝을 암수 한 쌍씩 박으면 집이 안전하다는 미신을 반영한다. 또 카이네우스의 전설은 바다 괴물에게 바쳐진 처녀들인 안드로메다와 헤시오네의 설화와 함께 포세이돈 신앙에서 이루어졌던 인신공희의 흔적을 보여 준다.

포세이돈의 권한은 대지에만 국한된 것이 아니었다. 그는 지상의 모든 물의 솟아남과 흐름을 주관했다. 샘물로부터 개울, 강, 바다가 모두 포세이돈의 관할이다. 그는 삼지창으로 바위를 찔러 샘물이 솟게 할 수도 있고 강물을 불어나게 하여 홍수를 일으킬 수도 있다. 가뭄도 가져올 수 있다. 또 바다를 흔들어 폭풍우와 해일을 일으킬 수도 있다. 포세이돈은 아테나에게 아테네를 빼앗기자 화가 나서 아티카 지방에 홍수를 일으키고, 헤라에게 아르고스를 빼앗겼을 때에는 가뭄을 보냈다. 트로이와 에티오피아에서는 신들을 무시한 왕들을 벌하기 위해 해일을 일으켰다.

제우스를 중심으로 하는 올림포스 신앙이 그리스로 들어오면서 포세이돈의 위치는 점차 약화되었다. 우선 제비뽑기에 의해 포세이돈은 하늘과 땅 밑 세계에 대한 권리를 잃었다. 대지와 올림포스는 세 형제가 공유한다고 했지만, 제1인자가 된 제우스의 차지나 마찬가지였다. 자연히 포세이돈의 영역은 바다로 한정되었다.

서사시인들은 포세이돈을 크로노스 가계家系에 편입시키기 위해 레아가 아이를 몰래 키우게 했다는 설화를 널리 퍼뜨렸다. 또 그의 권력을 바다에 한정시키기 위해 오케아노스의 딸 카페이라를 포세이돈의 보모로 둔갑시켰고, 바다의 신 네레우스의 딸 암피트리테를 그의 아내로 만들었다.

포세이돈을 바다의 신으로 한정하려는 서사시인들의 노력은 이에 그치지 않는다. 바다와 관련된 모든 지방 신들과 괴물들을 포세이돈의 자식으로 만들었다. 또 바다의 요정 네레이데스 가운데 가장 아름다운 테티스를 놓고 제우스와 삼각관계를 이루게 했다. 이제 바다와 관련된 모든 것은 포세이돈의 주관 아래 편입되었다. 그러나 바다 이외의 영역에서 포세이돈의 권력은 현저하게 약화되었다. 이에 따라 뭍에서의 포세이돈 신앙은 올림포스의 다른 신들에 대한 신앙에 밀려 점차 위축되었다. 포세이돈이 다른 신들과 영토를 다투지만 거의 예외 없이 그 영토를 잃는 설화는 이런 현상을 반영한다. 올림포스 체제 아래서 포세이돈은 다른 신들의 아저씨인 연장자로서의 역할을 충실히 수행할 뿐이다. 올림포스에서 그는 동생인 제우스에게 제1인자로서의 대우를 깍듯이 한다. 아폴론이 포세이돈의 도전을 받고 정면대결을 피한 것도 그가 두려워서라기보다는 아버지의 형제와 싸우고 싶지 않았기 때문이었다. 이제 포세이돈의 시대는 끝났다.

포세이돈과 영웅들 : 서사시 시대의 포세이돈

포세이돈은 영웅 펠롭스와 사랑에 빠져 그에게 날개 달린 말과 황금 전차를 선물했다. 이 말들은 바다 위를 젖지 않고 달릴 수 있었다. 펠롭스는 이 전차를 몰고 오이노마오스와의 전차 경주에서 이기고 히포다메이아와 결혼한다.

크레타의 영웅 미노스는 형제들과 왕위를 놓고 다툴 때 자신이 왕위에 어울리는 자라는 것을 증명할 수 있는 징표를 보여 달라고 포세이돈에게 빌었다. 포세이돈은 이 기도를 들어주어 황소 한 마리를 보냈다. 바다로부터 걸어 나오는 황소의 아름다운 모습에 사람들은 얼이 빠졌다. 이렇게 하여 미노스는 왕이 되었으나 그 황소가 아까운 나머지 포세이돈에게 제물로 바치지 않았다. 다혈질의 포세이돈은 이에 발끈하여 미노스의 아내 파시파에Pasiphae로 하여금 황소에 대한 연정을 품도록 했다. 파시파에가 황소와 어울려 낳은 자식이 미노타우로스, 즉 미노스의 황소이다. 한편 포세이돈이 보낸 황소는 헤라클레스에 의해 미케네로 옮겨졌는데, 나중에 마라톤 평원에서 횡포를 부렸다. 많은 영웅들이 이 황소를 잡기 위해 도전했으나 번번이 실패하고 죽임을 당할 뿐이었다. 미노스의 아들 안드로게오스Androgeos도 이 황소에게 희생되었다. 이 황소는 결국 아테네의 영웅 테세우스에게 죽게 된다.

아들 히폴리토스가 자신의 새 아내 페드라를 겁탈하려 한 것으로 오해한 테세우스는 포세이돈에게 히폴리토스를 벌해 달라고 빌었다. 그러자 바다로부터 황소 한 마리가 갑자기 나타나서 히폴리토스의 말을 놀라게 했다. 히폴리토스는 말고삐를 놓치고 절벽 아래로 떨어져 죽었다. 테세우스가 자신이 오해한 것을 알고 자신의 경솔한 소원을 거두려 했으나 이미 일은 벌어진 뒤였다. 테세우스는 포세이돈의 아들이었다.

트로이아 전쟁에서 포세이돈은 헤라와 아테네와 함께 그리스 편을 들었다. 라오메돈 왕에게 당한 수모가 아직도 가시지 않았던 것이다. 다혈질인 포세이돈은 그 어느 신보다도 적극적으로 전투에 참가했다. 아킬레우스가 없는 전쟁터에서 헥토르가 그리스군을 몰아붙이며 배를 태우려 할 때 헥토르를 막아 선 것도 포세이돈이었다. 또 그리스군이 의기소침해 있을 때 예언자 칼카스의 모습을 빌어 독전督戰한 것도 그였다. 심지어는 전쟁터에서 올림포스의 제2인자인 아폴론에게까지 도전하기를 서슴지 않았다.

그러나 포세이돈은 자신의 손으로 손수 쌓은 트로이아 성이 정작 그리스군에게 점령되어 멸망하는 것을 보자 착잡한 마음이 든다. 유서 깊고 아름다운 도시가 외적에 의해 불타고 파괴되는 모습을 바라보는 일은 참으로 가슴 아픈 것이었다. 점령군으로서 그리스인들은 잔인했다. 방화와 살인, 강간과 약탈을 서슴지 않았다. 심지어 로르코스Lorkos 출신 아이아스는 신전에서 살려 달라고 애원하는 왕녀 카산드라를 겁탈하기까지 했다. 포세이돈은 무력한 트로이인들에게 잔혹한 짓을 한 그리스인들을 용서하지 않았다. 그들이 고향으로 돌아갈 때 바다 위에서 이들을 하나하나 처치했다. 아이아스의 배들은 모두 폭풍우에 휘말려 침몰했다. 아이아스가 탄 배는 아테나가 내려친 벼락에 맞아 산산조각이 났다. 아이아스가 결사적으로 헤엄쳐 겨우 암

황소 두상
(기원전 1550-1500년, 크레타 이라클리온 고고학 박물관 소장)

14장 지진과 폭풍을 일으키는 바다의 신, 포세이돈 361

초에 매달렸을 때 포세이돈은 삼지창으로 이 바위를 잘라 냈다. 아이아스는 바위와 함께 물속으로 가라앉았다. 크레타 왕 이도메네우스 Idomeneus 역시 신들의 노여움을 벗어나지 못했다. 그는 포세이돈에게 자신이 무사히 고국에 도착하게 해주면 첫 번째 만나는 생명체를 제물로 바치겠다고 맹세했다. 그러나 고국의 해안에서 이도메네우스가 처음 발견한 것은 그의 아들이었다. 이도메네우스는 차마 자신의 손으로 아들을 죽일 수 없어 고국을 영원히 버리고 떠난다.

포세이돈은 자신의 아들 폴리페모스 Polyphemos 의 눈을 멀게 한 오디세우스의 귀환을 끝까지 방해한다. 포세이돈은 오디세우스가 파이아케스의 나라에 벌거벗은 채 도착하도록 일을 꾸몄다. 자신의 후손인 파이아케스 족이 오디세우스를 괴롭히길 바랐던 것이다. 그러나 파이아케스 족은 오디세우스를 바람처럼 달리는 자신들의 배에 태워 고향에 데려다주었다. 아테나의 가호가 있었기 때문이었다. 오디세우스를 파멸시키려는 포세이돈의 마지막 계획은 자신의 후손들에 의해 무위로 돌아갔다. 화를 참지 못한 포세이돈은 파이아케스 족의 배를 돌로 만들어 버리고 파이아케스 족이 다시는 항해할 수 없도록 그들의 항구 앞에 높은 산을 세워 바다로부터 분리시켰다. 한편 포세이돈은 아테나의 부탁을 들어주어 타우로스 Tauros 에서 돌아오는 오레스테스의 뱃길을 안전하게 보호해 주었다.

포세이돈은 거칠고 변덕스러운 위험한 바다를 상징하는 신이다. 그는 다혈질이다. 성급하고 파괴적이다. 어질고 자상한 신이 아니다. 다분히 감정에 치우치는 신이다. 힘은 세지만 사려가 깊은 편도, 술수에 능한 편도 아니다. 그의 행동은 직선적이다. 대세를 가늠하는 눈이 없다. 정치를 모른다. 아니 아예 알려 들지 않는다. 이 점이 그가 제우스에게 크게 뒤떨어지는 부분이다. 흥분하기 쉬운 성격이기에 전쟁터에서 올림포스의 제2인자인 아폴론에게 앞뒤를 가리지 않고 결투를 신청한다. 이성적인 신 아폴론이 그의 도전을 피하지 않았다면 한낱 이슬에 불과한 인간들 때문에 올림포스의 위대한 두 신이 목숨을 걸고 싸울 뻔했다. 트로이아 전쟁에서 포세이돈은 단순히 라오메돈에 대한 복수심 때문에 그리스군을 돕는다. 그 결과 자신의 아들 키크노스가 아킬레우스의 손에 죽는다.

또 정작 자신이 바란 대로 트로이아가 멸망하고 자신이 손수 쌓은 트로이아 성벽이 화염에 휩싸이자 포세이돈은 회의에 빠진다. 이번에는 승리자인 그리스인들, 특히 약자에게 잔인하게 군 그리스인들에게 포세이돈의 분노가 폭발한다. 귀향길에서 아이아스를 비롯한 많은 그리스군의 영웅들이 포세이돈의 복수를 벗어나지 못하고 바다에 빠져 죽는다.

트로이아 함락에 결정적인 공을 세운 오디세우스에 대한 포세이돈의 증오는 유난했다. 그 결과 오디세우스는 트로이아 전쟁이 끝난 뒤 10년 동안이나 고향에 가지 못하고 바다를 헤매야 했다.

포세이돈의 변덕스러움과 잔인함은 합리주의를 미덕으로 여기는 서사시인들의 마음에 들지 않았다. 그래서 서사시의 영웅들과 포세이돈의 관계는 우호적이라기보다는 적대적이다. 그가 날개 달린 말을 선물한 펠롭스도 도덕성을 갖춘 영웅은 아니다. 다분히 충동적인 성격을 가진 영웅이다. 그는 오이노마오스 왕과 겨룬 전차 경기에서 이기기 위해 충동적으로 왕의 마부인 미르틸로스에게 히포다메이아를 하룻밤 양보하기로 약속하지만, 정작 경주에서 이기자 이 약속을 지킬 생각이 없어 미르틸로스를 절벽에서 밀어 살해한다.

포세이돈과 관련을 맺는 다른 영웅들도 다분히 충동적이다. 그들은 포세이돈에게 자신들의 분수에 넘치는 일들을 기원한다. 포세이돈은 이러한 영웅들의 기원을 들어주지만 그 대가는 크다. 테세우스는 자신의 경솔한 기원의 대가로 아들 히폴리토스를 잃었다. 왕위 쟁탈전에서 이기기 위해 포세이돈에게 증표를 보내 달라고 빌었던 미노스는 포세이돈에게서 받은 황소를 아까워하다가 자신의 아들 안드로게오스를 잃었을 뿐만 아니라 그 황소와 아내 파시파에 사이의 부정을 감수해야 했다. 여성에서 남성으로 성전환을 한 카이네우스의 종말도 비참했다. 그는 말뚝처럼 땅에 박힘을 당하고 말았다. 포세이돈에게 기도하여 무사히 고국에 도착할 수 있었던 이도메네우스 역시 자신의 아들을 죽일 수 없어 고국을 영원히 떠나야 했다. 이 모든 설화의 가르침은 분명하다. 감당할 수 없는 일은 바라지도 맹세하지도 말라는 것이다.

포세이돈의 아들들 : 악당과 괴물들

사납고 거친 족속인 텔키네스의 손에 키워진 포세이돈은 성장하자 사랑에 눈을 뜬다. 그가 가장 먼저 건드린 여인은 텔키네스의 여동생인 할리아 Halia, 바다였다. 이들 사이에서 딸 로도스와 여섯 아들이 태어났다. 이 아들들은 성질이 매우 사나워 거품에서 갓 태어난 아프로디테가 자신들의 섬 앞을 지날 때 이를 방해했다. 화가 난 아프로디테는 이들의 이성을 잃게 하여 자신들의 어머니 할리아를 범하게 만들었다. 이를 본 포세이돈은 아들들을 모두 땅속 깊이 가두어 버렸다.

포세이돈이 다음으로 만난 여인은 테살리아 왕 트리오파스

Triopas의 딸 이피메데이아Iphimedeia이다. 그녀는 포세이돈을 사모해 날마다 바닷가에 나와 그를 기다렸다. 축축한 바닷바람에도 아랑곳하지 않고 날마다 그를 기다리는 모습에 감동한 포세이돈은, 강의 신 에피네우스Epineus의 모습으로 그녀 앞에 나타났다. 둘의 사랑으로 나온 아이들이 올림포스를 점령하려고 했던 무서운 거인 형제인 오토스와 에피알테스다. 이들은 결국 아르테미스의 꾀에 넘어가 서로를 죽이고 만다.

포세이돈이 강의 신 에피네우스의 모습으로 사랑을 맺은 또 다른 여인이 있다. 테살리아의 왕 살모네우스는 요정 알키디케Alkidike와 결혼하여 딸 티로Tyro를 얻었다. 포세이돈은 티로의 아름다움에 빠져 그녀와 사랑하고 싶었다. 그러나 그녀는 강의 신 에피네우스에게 반해 포세이돈을 거들떠보지도 않았다. 날마다 강가에 나와 앉아 에피네우스를 기다리는 티로를 속이기 위해 포세이돈은 에피네우스의 모습으로 나타났다. 자기가 기다리던 사랑하는 이가 나타나자 티로는

거인들과의 전쟁
포세이돈이 삼지창으로 거인 에피알테스의 허벅지를 찌르는 동시에 왼손으로는 큰 땅덩어리를 집어 들어 에피알테스를 덮쳐 누르려 하고 있다. 그 땅덩어리에 전갈, 뱀, 사슴과 같은 땅의 동물과, 물고기와 같은 물의 짐승이 그려져 있는데, 이는 섬을 상징하기 위한 것이다.
(기원전 480년쯤, 비엔나 문화-역사 박물관 소장)

즐거이 몸을 맡겼다. 이 결합에서 펠리아스와 넬레우스가 태어났다. 펠리아스는 나중에 이올코스Iolkos의 왕이 되고 넬레우스는 펠로폰네소스로 건너가 필로스Pylos를 세운다.

보이오티아의 왕 오르코메노스의 딸 엘라라Elara 역시 매우 아름다웠다. 포세이돈은 이 여인과 어울려 무서운 거인 티티오스를 낳았다. 이 티티오스는 나중에 델포이에서 레토를 겁탈하려고 들다가 아폴론과 아르테미스의 화살에 맞아 죽는다.

포세이돈과 요정 토오사Thoosa 사이에서 태어난 외눈박이 거인 폴리페모스는 오디세우스에게 속아 하나뿐인 눈을 잃는다. 이에 화가 난 포세이돈은 아들의 복수를 위해 오디세우스를 10년 동안 고향에 돌아가지 못하게 하며 괴롭힌다.

포세이돈이 크레타 왕 미노스의 딸 에우리알레Euryale를 사랑하여 얻은 오리온Orion 역시 거인이었다. 포세이돈은 오리온에게 물위를 젖지 않고 걸을 수 있는 능력을 주었다. 이 거인은 매우 미남이어서 여인의 사랑을 받았지만 결국 아르테미스의 화살에 맞아 죽는다.

포세이돈이 대지의 여신 가이아와 어울려 낳은 또 다른 거인 안타이오스Antaios도 악당이었다. 그는 리비아 지방을 지나는 나그네들을 붙잡아 씨름을 강요하여 죽였다. 그는 대지 여신의 아들이었기에 땅에 몸을 붙이고 있는 한 무적이었다. 그러나 안타이오스는 마침 그곳을 지나던 헤라클레스에게 씨름을 걸었다가 죽고 만다. 그의 비밀을 안 헤라클레스는 안타이오스를 공중에 들어 올린 채 죽여 버렸다.

같은 시기에 리비아의 이웃 땅 이집트에도 포세이돈의 아들인 악당 부시리스Bousiris가 살고 있었다. 이 자는 포세이돈이 리시아나사Lysianassa와의 사랑으로 얻은 아들이다. 외할아버지 에파포스Ephapos

로부터 이집트의 왕위를 물려받은 부시리스는 자신의 땅을 지나는 외국인들을 잡아 신들에게 희생을 바치는 나쁜 버릇을 갖고 있었다. 마침 이곳을 지나던 헤라클레스는 부시리스의 못된 버릇을 알아내고는 그를 사로잡아 신들의 제단에서 죽였다.

지금의 프랑스와 이탈리아의 국경 지대를 옛날에는 리구리아Liguria라고 불렀다. 이곳에 포세이돈의 쌍둥이 아들 이알레비온Ialebion과 데르키노스Derkynos가 살고 있었다. 헤라클레스가 게리오네우스Geryoneus의 소떼를 몰고 갈 때 이들 쌍둥이 형제는 매복해 있다가 이 소떼를 빼앗으려 했다. 이 싸움에서 쌍둥이 형제는 헤라클레스에게 맞아 죽었다.

헤라클레스와 포세이돈의 아들들이 벌인 싸움은 이에 그치지 않는다. 헤라클레스가 소떼를 몰고 시칠리아 섬의 건너편을 지나갈 때 소 한 마리가 물에 뛰어들어 시칠리아 섬으로 건너가 버렸다. 헤라클레스는 마침 그곳에 와 있던 헤파이스토스에게 소떼를 맡기고 시칠리아 섬으로 건너갔다. 그곳의 왕은 포세이돈과 아프로디테 사이에서 태어난 에릭스Eryx였다. 그는 지나가는 나그네들에게 권투를 걸어 죽이는 악당이었다. 에릭스는 헤라클레스에게 자신과 권투를 해서 이겨야만 소를 내 주겠다고 시비를 걸어 왔다. 헤라클레스는 그를 두 번이나 이겼지만 에릭스는 한 번 더 해서 이겨야 소를 내 주겠다고 고집했다. 에릭스가 어떻게 해서든 소를 내 주지 않으려는 심보임을 안 헤라클레스는 세 번째 승부에서 그를 때려 죽였다.

헤라클레스와 엘리스Elis의 왕 아우게우스Augeus 사이에 전투가 벌어졌을 때, 이우게우스를 도와 헤라클레스를 공격한 에우리토스Eurytos와 크테아토스Kteatos도 포세이돈의 아들들이다. 헤라클레스가 아우게우스 왕의 외양간을 하루 만에 청소하고 약속한 보수를 요구하자 왕은 보수를 주기는커녕 오히려 겁을 주어 헤라클레스를 쫓아냈다. 그는 헤라클레스가 다시 와서 전쟁을 벌일 것에 대비해 자신의 동생 악토르Aktor의 쌍둥이 아들 에우리토스와 크테아토스를 불러왔다. 이들의 실제 아버지는 악토르 몰래 그의 아내 몰리오네Molione와 관계한 포세이돈이었다. 이 형제는 은으로 된 알에서 태어났다. 몸이 서로 붙어 한 몸을 이루었고 힘이 아주 세어 무적이었다. 처음 전투에서 에우리토스와 크테아토스 형제는 헤라클레스를 이겼다. 그러나 얼마 후에 헤라클레스는 코린토스로 가는 길목에 잠복해 있다가 이들 형제를 습격하여 죽인다. 일설에는 이 사건의 원인이 된 아우게우스도 포세이돈의 아들이라 한다.

포세이돈은 데메테르의 성스러운 나무를 자른 벌로 게걸병에 걸린 에리시크톤의 딸 메스트라Mestra를 사랑하여 에우리필로스Eurypylos를 얻었다. 이 아들은 악당은 아니었으나 코스섬으로 상륙하려는 헤라클레스를 저지하려다가 죽는다. 포세이돈은 연인 메스트라에게 둔갑술을 가르쳐 에리시크톤의 끊임없는 식욕을 해결하는 데 도움을 주었지만 에리시크톤은 끝내 굶주림을 이기지 못하고 자신의 살을 뜯어먹다가 죽는다.

헤라클레스에게 죽은 포세이돈의 아들이 한 명 더 있다. 트라케의 아이노스Ainos 지방에 살던 사르페돈Sarpedon 역시 악당이었는데 그도 헤라클레스의 화살에 맞아 죽었다.

포세이돈이 요정 멜리아Melia를 건드려 얻은 아들 아미코스Amykos도 에릭스처럼 지나가는 길손에게 권투를 하자고 시비를 걸어 죽이는 악당이었다. 이 자는 보스포로스 해협의 아시아 쪽 땅인 비티니아Bithynia 지방에 있는 베브리코스Bebrykos 시의 왕이었다. 아미코스는 아르고나우타이에 참가 중인 제우스의 아들 폴리데우케스

Polydeukes와 권투를 하다가 맞아 죽는다.

포세이돈이 요정 에우리테Euryte와의 사랑에서 얻은 아들 할리로티오스는 아레스 신의 딸 알키페를 겁탈하다가 비명을 듣고 달려온 아레스에게 맞아 죽는다. 포세이돈이 복수하려 했지만 아레이오스 파고스에서 열린 재판에서 올림포스 신들은 아레스의 무죄를 선언했다.

코린토스에서 아테네에 이르는 길가에서 악당짓을 하던 포세이돈의 자식들은 모두 테세우스의 손에 죽었다. 코린토스 지방에 살면서 지나가는 행인들을 두 소나무 사이에 매달아 튕겨 나가는 힘으로 찢어 죽이던 악당 시니스Sinis는 같은 방법으로 테세우스에게 죽었고, 메가라Megara의 절벽 밑에서 나그네들에게 자신의 발을 씻으라고 강요하고는 발로 밀어 떨어뜨려 죽이던 스키론Skiron도 테세우스에게 당했다. 엘레우시스Eleusis 근처에서 씨름으로 사람을 죽이던 케르키온Kerkyon 역시 테세우스와 씨름을 하다 죽었다. 또 아테네 교외의 케피소스Kephisos 강가에서 침대를 하나 놓고 지나가는 사람들을 붙잡아 침대보다 키가 크면 잘라 죽이고 작으면 늘려 죽이던 프로크루스테스Prokroustes는 바로 그 침대에서 테세우스에 의해 잘려 죽었다. 이들 모두는 포세이돈의 아들이었는데 공교롭게도 테세우스 역시 포세이돈의 자식이었다.

포세이돈의 아들들이 모두 악당인 것은 아니다. 그에게는 훌륭한 아들도 있었다. 신이 된 아들도 있고 영웅이 된 아들도 있다. 우선 포세이돈은 정실 암피트리테와의 사이에서 프로테우스Proteus와 트리톤Triton과 딸 벤테시키메Benthesikyme를 얻었다. 프로테우스는 바다의 현자賢者로 포세이돈의 물개를 돌본다. 메넬라오스가 트로이에서 귀향할 때 이 노인을 힘으로 눌러 고향으로 가는 길을 알아낸다. 트리톤은 바다에 사는 하반신이 물고기인 바다 신이다. 그의 후손인 인어족은 심보가 고약하고 장난을 좋아하여 해안가 주민들의 가축을 훔치는 등 골칫거리였다. 딸 벤테시키메는 에티오피아의 왕에게 시집가서 거기서 살았다.

하반신이 물고기인 또 다른 신 글라우코스Glaukos는 포세이돈이 요정 나이다Naida에게서 얻은 아들이다. 그는 원래 불사의 몸도 하반신이 물고기인 흉물도 아니었다. 보이오티아 지방의 바닷가에서 고기를 잡아먹고 사는 평범한 어부였다. 그러나 어느 날 죽어 가는 물고기가 어떤 약초를 먹더니 되살아나는 것을 보고 신기하게 여겨 자신도 그 약초를 먹어 보았다. 그러자 그의 하반신이 물고기처럼 변하여 인어가 되었다. 푸른 구레나룻을 한 이 신은 어둠이 깔리는 검푸른 바다를 상징한다.

제우스에게 딸 아이기나가 납치당한 것을 알고 따지고 들다가 혼이 난 아소포스는 테살리아 지방의 강의 신이다. 그는 포세이돈과 요정 나이다 사이의 아들이다.

트라케의 해변에 사는 장님 예언자 피네우스Phineus도 포세이돈의 아들이다. 그는 장님이 되는 조건으로 신들로부터 예언력과 불사의 몸을 허락 받았다. 그러나 입이 가벼워 신들의 일을 인간들에게 너무 떠벌려 그 벌로 끼니때마다 괴조怪鳥 하르피아이Harpyai들이 그의 식사에 배설물을 싸 놓는 고통을 당하고 있었다. 이 고통은 그가 아르고나우타이를 위해 예언을 해준다는 조건으로 영웅 제토스Zetos와 칼라이스Kalais가 괴조를 쫓아 줄 때까지 계속되었다.

포세이돈의 자식들 중에는 걸출한 영웅들도 많다. 아테네의 영웅 테세우스는 포세이돈이 트로이젠의 왕녀 아이트라Aithra와 결합하여 얻은 아들이다. 아이트라는 같은 날 밤에 신인 포세이돈과 인간인 아

남부 이탈리아 파이스툼에 있는 포세이돈 신전

파이스툼의 고대 지명은 포세도니아였다. 이 신전은 고대 그리스 신전 가운데 가장 오래되었고 보존 상태 역시 가장 좋은 것 가운데 하나이다.

(기원전 5세기 초)

이게우스를 맞이했던 것이다. 트로이아 전쟁에서 아킬레우스가 던진 바위에 맞아 죽은 트로이아 측의 영웅 키크노스도 포세이돈이 요정 "칼리케Kalyke"에게서 얻은 아들이다. 테바이를 공격한 일곱 용사 가운데 하나인 파르테노파이오스Parthenopaios를 죽이고 다른 적장 암피아라오스Amphiaraos를 뒤쫓던 영웅 페리클리메노스Periklymenos 역시 포세이돈의 아들이다. 그의 어머니는 테바이의 유명한 예언자 테이레시아스의 딸 클로리스Chloris이다.

아르고나우타이에 참가한 에우페모스Euphemos와 안카이오스Ankaios는 포세이돈이 에우로페Europe와 그녀의 동생 아스티팔라이아Astypalaia에게서 얻은 자식들이다. 에우페모스는 아버지에게서 물 위를 걸을 수 있는 재주를 물려받았고 안카이오스는 배의 조타를 맡았다.

트로이아 전쟁의 영웅 나우플리오스Nauplios는 포세이돈과 다나

포세이돈의 자식들

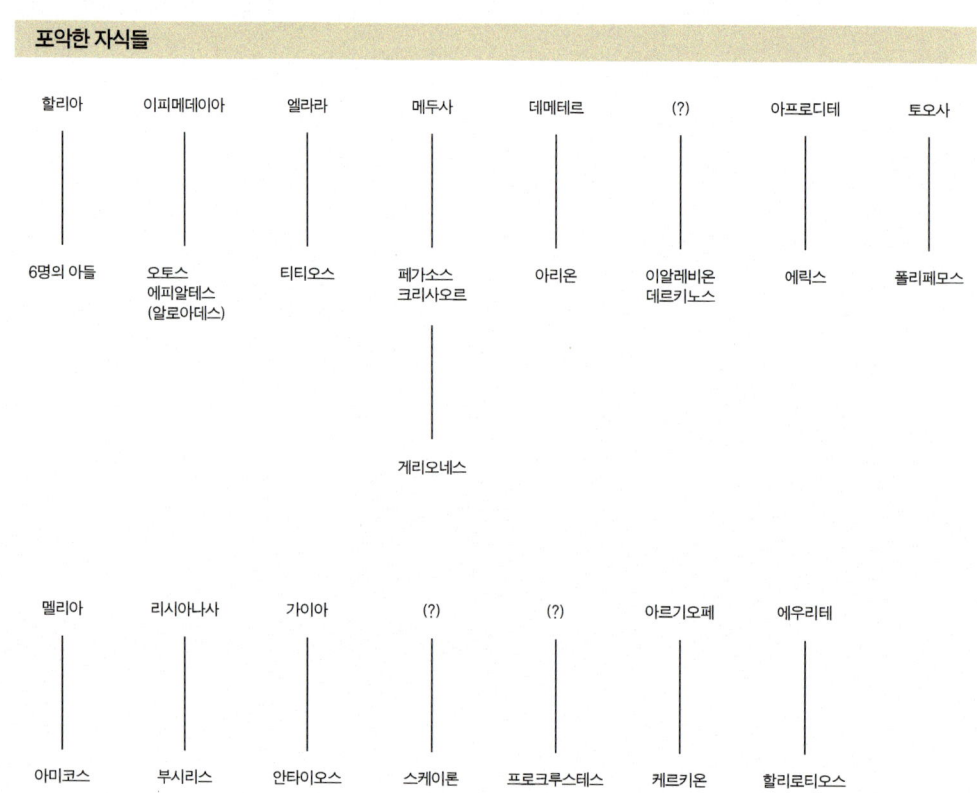

영웅 자식들

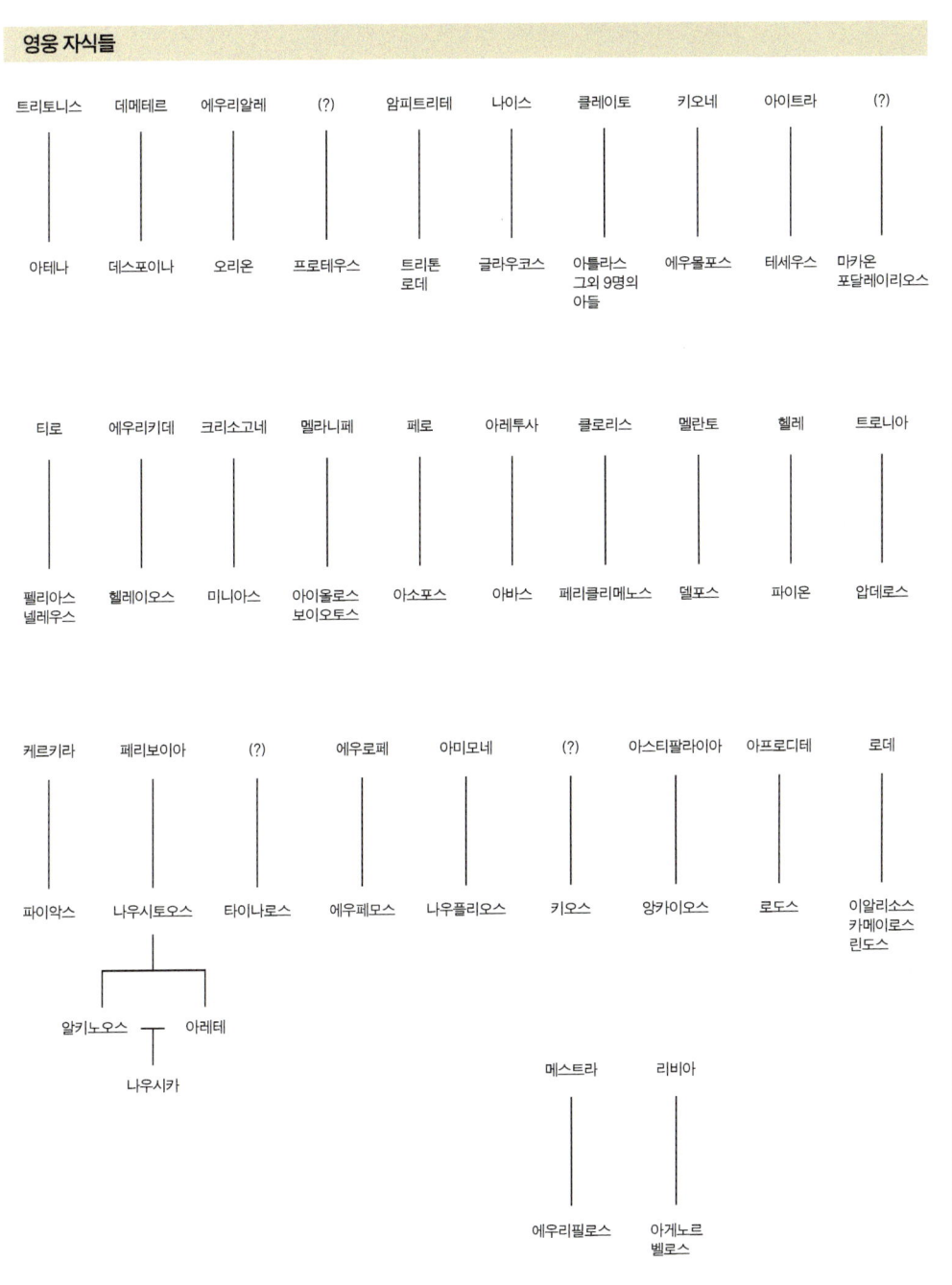

오스의 딸 아미모네Amymone 사이의 아들이다. 그는 항해술의 대가이다. 그러나 오디세우스를 전쟁에 끌어들인 대가로 오디세우스의 음모에 걸려 반역죄로 죽임을 당한다. 포세이돈은 아미모네의 사랑을 얻기 위하여 삼지창으로 바위를 쪼개어 물이 귀한 아르고스 지방에 샘을 하나 만들어 주었다.

북풍 보레아스의 딸 키오네Chione는 포세이돈의 사랑을 받아 아들 에우몰포스Eumolpos를 낳았다. 처녀의 몸으로 아이를 낳은 키오네는 아버지가 무서워 아이를 몰래 버렸다. 포세이돈은 이 아이를 에티오피아에 있는 딸 벤테시키메에게 맡겨 기르게 했다. 에우몰포스는 자라서 트라케의 왕이 된다. 마침 자신이 어려울 때 신세 졌던 엘레우시스의 왕이 아테네에 맞서 싸울 때 원조를 청하자 이에 응해 출전하여 싸우다 죽는다. 그는 엘레우시스 비의의 창시자로 알려져 있다.

사라진 전설의 대륙 아틀란티스Atlantis의 주민도 모두 포세이돈의 후손이었다. 포세이돈은 이 대륙에서 홀로 있는 요정 클레이토Kleito를 발견하고 그녀와 사랑에 빠져 다섯 차례에 걸쳐 쌍둥이를 낳는다. 포세이돈은 클레이토와 열 명의 아들을 위해 이 대륙을 평화롭고 풍요로운 땅으로 만들어 주었다. 그리고 큰아들 아틀라스의 이름을 따서 이 대륙의 이름을 아틀란티스, 즉 "아틀라스의 땅"이라고 지었다. 이외에도 트로이아 전쟁 때 그리스군의 명의名醫 형제 마카온Machaon과 포달레이리오스Podaleirios도 일설에는 포세이돈의 자식이라 한다. 그러나 이들은 의술의 신 아스클레피오스의 아들로 더 널리 알려져 있다.

포세이돈은 인간 외에 말이나 바다 괴물도 낳았다. 그는 아르카디아 지방에서 딸 페르세포네를 잃고 방황하는 데메테르를 덮쳤다. 데메테르가 암말로 변해 포세이돈의 육탄 공세를 피하려 하자 그는 자신도 수말이 되어 욕망을 채운다. 이 결합에서 인간의 말을 하는 명마名馬 아리온Arion이 태어났다. 이들 사이에 딸도 하나 있었으나 그녀의 이름은 엘레우시스 비교를 믿는 신도들에게만 알려져 있었다. 신도 가운데 그 누구도 그녀의 이름을 밝히지 않았기에 지금까지도 그녀의 이름은 알 수 없다.

포세이돈은 그녀를 보는 자는 누구든 돌이 되고 만다는 무시무시한 괴녀怪女 메두사에게서 두 필의 명마 크리사오라스와 페가소스를 얻었다. 크리사오라스는 헤라클레스가 훔쳐 오는 소떼의 주인인 게리오네스Geryones의 아버지이고, 페가소스는 날개 달린 말로서 테바이의 영웅 벨레로폰을 도와 괴물 키마이라Chimaira를 퇴치한다.

테살리아에서 포세이돈은 말의 모습을 한 멜라니페Melanippe와 결합하여 아이올로스Aiolos와 보이오토스Boiotos를 낳았다. 이들은 각각 에올리아 족과 보이오티아 족의 시조가 된다.

포세이돈에게는 이외에도 수많은 아들이 있다. 이들은 대부분 각 민족의 시조이거나 도시를 처음으로 건설하는 영웅들이다. 포세이돈의 자식이 이렇게 많은 이유는 그가 그리스 전역에 걸쳐 널리 숭배되었기 때문이다. 특히 많은 도시들이 위대한 신 포세이돈을 선조로 떠받들어 위상을 높이려 했다. 이는 포세이돈 신앙이 그 이전의 종교를 흡수하면서 각 지방의 신들을 포세이돈의 자식으로 편입한 결과이다.

포세이돈의 자식이 이렇게 많은 또 다른 이유는 그가 가지고 있는 재능이 다양하기 때문이다. 바다는 물론 그의 지배하에 있다. 따라서 트리톤, 프로아테스, 글라우코스, 피네우스 같은 바다의 신령들과 괴물들은 모두 그의 자식들이다. 물위를 걸을 수 있는 오리온이나 에우페모스, 항해술에 능한 나우플리오스와 안카이오스는 당연히 포세이돈의 아들이다. 에게해의 이름을 준 테세우스의 호적상 아버지 아이게우스도 바다와 관련된 인물이다. 또 포세이돈이 처음 관계한 여인 할리아는 "바다"라는 뜻의 이름을 갖고 있다. 아레스의 딸을 범하다가 아레스에게 맞아 죽은 할리로티오스의 이름은 "바다의 포효咆哮"라는 뜻을 가졌다. 모두 바다의 현상과 관련된 신격들이다.

지상의 물도 그의 지배하에 있다. 모든 샘과 강, 호수에 얽힌 설화는 포세이돈과 관련되게 마련이다. 포세이돈은 곳곳에서 삼지창으로 땅을 찔러 샘물을 솟아나게 했다. 아테나와 아테네를 놓고 다툴 때도, 아르고스에서 아미코스의 사랑을 얻으려 할 때도 포세이돈은 삼지창으로 바위를 깨어 샘을 만들었다. 또 강의 신 아포소스도 그의 아들이다.

물은 생명의 원천이다. 물을 다루는 대지의 신 포세이돈은 파괴력과 생명력을 동시에 상징한다. 지진과 해일, 사태와 홍수 등으로 파괴를 하는 신인 포세이돈은 동시에 수많은 자식을 낳은 생명력의 화신이다. 포세이돈이 강의 신 에피네우스의 모습으로 여인들과 관계하여 낳은 자식들은 모두 성장이 빠르다. 이피메데이아가 낳은 오토스와 에피알테스는 아홉 살이 되었을 때 벌써 키가 산 아홉 개 만큼의 높이로 자랐다. 티로가 낳은 자식인 펠리아스와 넬레우스 역시 빨리 자라 곧 거인이 되었다. 이는 물이 가지고 있는 왕성한 생명력을 상징한다.

마카온과 포달레이리오스와 같은 명의를 자신의 자식으로 편입시키는 포세이돈의 힘은 그가 한때 제우스보다 더 강력한 신이었음을 암시한다. 그는 삶과 죽음을 두루 관장하는 전지전능한 신이었다.

바람처럼 달리는 말을 두고 제우스와 경쟁했고 펠롭스에게 날개 달린 말을 주었던 포세이돈은 또한 말의 신이기도 하다. 페가소스, 크리사오라스, 아리온과 같은 명마가 모두 포세이돈의 자식이다. 테살리아의 전설에 의하면 포세이돈이 바위를 깨뜨리자 최초의 말이 튀어나왔다고 한다. 바위틈에서 세차게 솟는 샘물이나 분출하는 강물, 바다의 거센 파도는 질풍과 같이 내닫는 말처럼 기운차고 성난 황소처럼 거칠다. 일설에는 포세이돈이 당나귀의 모습으로 태어났다고 한다. 레아가 크로노스를 속일 때 갓 태어난 포세이돈 대신 망아지를 준 것은 우연이 아니다. 암말로 둔갑한 데메테르와 결합할 때 포세이돈 자신도 말이 되었다. 또 포세이돈은 "검은 암말"이란 뜻의 이름을 가진 말 모습의 처녀 멜라니페와 사랑하여 아들을 얻는다. 멜라니페와 사랑할 때 포세이돈 자신도 말로 변신했을 것이다.

포세이돈은 또 소의 신이기도 하다. 그와 관련된 설화에는 소가 많이 등장하는데, 그의 아들 이아벨리온과 데르키노스 형제의 이야기나 에릭스의 이야기는 온통 황소에 관련된 것뿐이다. 히폴리토스에게 황소를 보낸 것도 모두 포세이돈이었다. 크레타의 미노아 문명 중심지인 크노소스 궁전의 문장은 황소 뿔을 추상화한 것이다. 크레타는 포세이돈이 미노스에게 황소를 보낸 곳이다. 크노소스 궁전의 지하는 상반신은 황소이고 하반신은 인간인 괴물 미노타우로스가 살던 곳이다. 황소와 관련이 깊은 이 섬에서 포세이돈 신앙이 유난히 성행했던 것은 우연이 아니다. 크레타는 지진이 많은 곳이다. 미노아 문명은 지진으로 말미암아 멸망했다. 고대인들은 지진이 땅 밑에서 황소가 불을 뿜으며 달리기 때문에 일어나는 현상이라고 생각했다. 이것만 봐도 지진의 신인 포세이돈이 소의 신이 되는 이유는 분명하다.

지진을 일으킬 수 있는 자는 또한 땅 밑 세계의 주인이기도 하다. 땅에 발이 붙어 있는 한 무적인 안타이오스, 거인 티티오스, 오토스, 에피알테스 등은 먼 옛날 숭배되었던 지신地神의 모습을 하고 있다. 티타네스를 타르타로스에 가두고 그 열쇠를 관리한다는 이야기나 땅에 묻힌 카이네우스의 이야기도 지신으로서의 포세이돈의 성격을 잘 드러낸다.

포세이돈의 자식들이 대부분 성질이 포악하고 못된 악당인 것은 포세이돈이 자연의 무서운 힘을 상징하기 때문이다. 거칠고 변덕스러운 바다, 포효하는 강물과 사나운 폭풍우, 땅을 뒤흔드는 지진은 파괴적인 자연의 남성적인 힘이다. 이런 현상을 주관하는 신의 아들들이 성질이 고울 리가 없다. 그들은 난폭하고 잔인하다. 자비심이란 없다. 약자에게 한없이 잔혹한 자들이다. 어둡고 음흉한 지하 세계에 속하는 존재들이다. 더구나 이들은 힘이 장사이고 권투와 씨름에 능한 천부적인 싸움꾼들이다. 출렁이는 물결같이 걷잡을 수 없고 지칠 줄 모르는 바다처럼 끊임없이 덤벼드는 이들은 헤라클레스조차 다루기 힘들었다.

이들이 성질이 못되고 야만스러운 또 다른 이유는 포세이돈 신앙이 흡수한 고대 원시 종교 자체가 야만스러웠기 때문이다. 인류가 아직 문명의 혜택을 받지 못했을 때. 인간의 윤리적 수준은 매우 낮았다. 근친상간의 개념도 희미했다. 외국인을 잡아서 행하는 인신공희와 식인 풍습도 별로 이상한 것이 아니었다. 그들은 맹수가 사냥감을 사정없이 물어뜯듯 자신에게 굴복한 적을 잔인하게 다루었다. 고대 그리스 시대나 지금의 윤리 수준으로 보면 역겨운 풍습이나 습관이 매일같이 벌어지던 시대였다. 하지만 그들을 현재의 기준으로 비난할 수는 없다. 그들에게는 그것이 생활이었다.

이런 관점은 포세이돈의 아들들이 왜 동물이나 괴물의 모습을 하고 있는가를 설명해 준다. 그 당시 신들의 모습은 괴물이거나 동물을 닮았다. 그 신앙을 흡수한 포세이돈의 신앙 속에 그들의 모습은 그대로 유지되었다. 이들은 아폴론이나 아레스와 같은 새로운 올림포스

신이나 헤라클레스나 페르세우스와 같은 천신 계통의 영웅들에 의해 퇴치될 운명이었다. 지신地神 신앙이 천신天神 신앙으로 대치되는 것이다.

　대지의 신으로서 포세이돈의 성격은 그가 흔히 헤라나 아프로디테, 아테나와 함께 등장하는 데에서 잘 드러난다. 이들 역시 고대 대지의 여신들의 후신이다. 한때 포세이돈과 대지 여신들은 한 쌍의 부부로 공동 숭배되었다. 포세이돈이 여신들과 벌인 영토 다툼은 이런 옛 신앙의 흔적을 보여 준다. 특히 아프로디테는 바다 밑에서 떠오른 대지를 상징한다. 그러므로 포세이돈과 아프로디테의 결합은 대지와 대양의 결합을 의미한다. 이들의 숭배 지역이 시칠리아 섬에서 키프로스에 이르는 바다에 퍼져 있음은 이들에 대한 옛 신앙의 범위를 암시한다.

　그 넓던 포세이돈의 영역도 올림포스 신앙에 점차 자리를 내주게 되었다. 서사시 시대에 들어설 무렵 포세이돈 신앙은 쇠퇴해 가고 있었다. 여기에 서사시인들의 집중적인 공격이 그의 입지를 더욱 좁혔다. 포세이돈은 이제 올림포스의 연장자로, 성급하고 성질 사나운 신으로, 제우스에게 복종하며 살아가게 되었다. 포세이돈의 흉포한 자식들이 하나같이 올림포스 신들과 서사시의 영웅들에게 맞아 죽는 이유가 여기에 있다. 헤라클레스가 포세이돈의 자손을 하나씩 처치할 때마다 그의 영토는 좁아져 갔다. 이들의 죽음과 함께 포세이돈 신앙은 쇠퇴해 갔다. 그의 전성기는 끝났다.

15장

땅속의 부를 지배하는
지하 세계의 신

하데스

하데스는 제우스나 포세이돈과 마찬가지로 크로노스와 레아 사이에서 태어났다. 그는 태어나자마자 아버지 크로노스에게 잡아먹힌다. 제우스의 꾀로 아버지 뱃속에서 다시 살아 나오자 하데스는 제우스 편에 서서 크로노스와 티타네스를 상대로 싸운다. 이때 그는 키클롭스에게서 황금 투구 키네에Kynee를 무기로 받는다. 이 투구를 쓰면 남들의 눈에 보이지 않는다. 이 황금 투구는 아테나 여신이 즐겨 빌려 썼다. 또 페르세우스가 메두사의 목을 자를 때에도 빌려 썼다. 전령의 신 헤르메스도 제우스의 전갈을 비밀리에 전할 때 이 투구를 빌리곤 했다. 티타네스와의 전쟁에서 승리한 후, 크로노스의 세 아들이 제비뽑기를 했을 때, 맏형인 하데스는 지하 세계를 맡게 되었다.

하데스는 자신의 지하 궁전에서 조용히 지내기를 좋아한다. 여간해서 지상에 나오거나 올림포스에 올라가지 않는다. 그가 지하 세계 밖으로 나들이한 것은 꼭 두 번이다. 한 번은 데메테르의 딸 페르세포

하데스의 페르세포네 납치
페르세포네를 짝사랑하던 하데스가 바다의 요정들과 놀고 있던 페르세포네를 납치하고 있다. 마차 앞에
횃불을 들고 길을 밝히는 여인은 지하의 여신인 헤카테고, 마차 뒤에서 쫓아오는 인물은 헤르메스다.
(기원전 360-350년, 런던 영국박물관 소장)

네를 납치하기 위해 니시온 Nysion 평원에 나타났다. 두 번째는 헤라클레스의 공격을 받은 포세이돈의 쌍둥이 아들 페리클리메노스와 넬레우스를 도우러 필로스로 왔을 때이다. 이 전투에서 하데스는 헤라클레스의 화살을 어깨에 맞아 부상을 당한다. 하데스는 올림포스로 가서 신들의 의사인 파이에온 Paieon 에게 상처를 치료 받는다.

지상에서 지하 세계로 가려면 아케루시아 Acherousia 호수와 아케론 Acheron 강을 건너야 한다. 이 호수와 강을 건너기 위해서는 지하 세계의 늙은 뱃사공 카론의 배를 타야 한다. 이 영감은 은전 한 닢을 받고 죽은 자들의 영혼을 강 건너편으로 태워다 주지만 산 사람은 결코 태워 주지 않는다. 헤라클레스가 아케론 강을 건너려 할 때 카론은 배를 태워 주지도, 빌려 주지도 않으려 했다. 헤라클레스는 이 고집쟁이 영감을 흠씬 두들겨 패 준 뒤에야 배를 얻어 탈 수 있었다. 그러나 카론은 살아있는 인간을 태워 준 죄로 하데스에게 벌을 받았다.

아케루시아 호수와 아케론 강은 지상 세계에 속한다. 그러나 스틱스 Styx 는 지하 세계의 강이다. 스틱스 강은 지하 세계를 아홉 겹으로 둘러싸고 있다. 스틱스는 대양 오케아노스와 테티스 Tethys 의 딸이다. 스틱스는 티타네스에 속함에도 불구하고 제우스가 티타네스와 싸울 때 자신의 자식, 크라토스힘, 비아폭력, 젤로스의욕 또는 질투, 니케승리를 거느리고 제우스 편에서 싸웠다. 그 공으로 그녀는 올림포스 신들의 존경을 받았다. 올림포스 신들은 스틱스의 이름으로 맹세를 했다. 제우스는 무지개의 신 이리스에게 지하 세계의 한 바위틈에서 흘러나오는 스틱스 강물을 올림포스로 떠 오게 했다. 이런 방법으로 제우스는 스틱스로 하여금 신들의 맹세를 지켜보게 했다. 맹세를 어긴 데 대한 벌은 엄했다. 어느 신이든 자신의 맹세를 지키지 않으면

1년 동안 숨을 쉬지 않아야 하고, 불사의 음식인 암브로시아와 불로의 음료 넥타르를 마실 수 없는 벌을 감수해야 했다. 뿐만 아니라 그 후 9년 동안 신들의 향연에 참가할 수 없었다. 10년째가 되어야만 신으로서의 모든 권한을 회복할 수 있었다.

스틱스를 건너면 음울한 벌판이 펼쳐진다. 망령들은 이곳에 거주한다. 이곳은 빛이 들어오지 않아 땅거미 질 무렵처럼 항상 희미하다. 푸른빛이 도는 회색의 세계로서, 모든 사물이 어렴풋하게 보이고 음산하기 짝이 없다. 이 벌판에서는 살아서 나쁜 짓을 한 사람들이 영원한 형벌을 받고 있다. 신들에게 자신의 아들 펠롭스의 고기를 대접한 탄탈로스는 기둥에 묶인 채 영원히 갈증과 기아에 시달리고 있다. 그의 턱까지 차오른 물은 그가 고개를 숙이면 숙인 만큼 아래로 물러나고 그의 코끝에 매달린 음식은 그가 고개를 뽑으면 뽑은 만큼 위로 멀어진다. "감질나게 하다, 애먹이다"라는 뜻을 가진 영어 낱말 tantalize는 그의 이름에서 유래했다.

그 옆에서는 희대의 사기꾼 시시포스가 비탈 위로 돌을 끊임없이 반복하여 굴리고 있다. 그는 죽음의 신 타나토스Thanatos를 속여 잡아

하데스와 페르세포네
지하 세계의 신 하데스가 오른손에 술잔을 들고 왼손에는 풍요의 뿔을 쥔 채 긴 의자에 비스듬히 누워 있고, 그 앞에 그의 부인 페르세포네가 앉아 있다. 이들은 지금 신들의 향연에 참가하고 있다.
(기원전 440년쯤, 런던 영국박물관 소장)

가두었다. 때문에 인간은 죽지 않고 인구는 계속 늘어만 갔다. 인간의 무게에 숨을 쉴 수조차 없게 된 대지의 어머니 가이아는 타나토스를 찾아내 풀어 준다. 인간들은 다시 죽기 시작했고 대지는 가벼워졌다. 그 후 하데스가 시시포스를 명계로 데려오지만 꾀 많은 시시포스는 죽기 전에 자신의 아내에게 장례를 치르지 말라고 부탁한다. 저승에 내려간 시시포스는 장례도 지내지 않는 괘씸한 아내를 혼낼 수 있도록 한 번만 지상에 다녀올 수 있게 해 달라고 부탁한다. 하데스는 시시포스에게 속아 그를 보내 준다. 죽음에서 빠져나간 시시포스는 그 길로 도망쳐 오랜 세월 동안 지상에서 지낸다. 한 번 혼이 난 타나토스는 또 어떤 봉변을 당할지 몰라 시시포스를 잡아들이지 못한다. 그러나 결국 죽음의 멍에를 벗어나지 못한 시시포스는 영원히 돌을 굴리는 벌로 죗값을 치르게 된다.

다나오스의 50명의 딸들은 구멍 난 양동이로 쉬지 않고 물을 길어야 하는 벌을 받고 있다. 이들은 아버지의 명령에 따라 첫날밤에 남편을 살해했다. 아폴론과 아르테미스의 어머니 레토를 겁탈하려 한 거인 티티오스는 바위에 묶인 채 독수리에게 간을 파 먹히고 있다. 그의 간은 날마다 다시 생겨나고 독수리는 그 간을 파먹는다. 또 다른 구석에서는 아버지를 잘 섬기지 않은 아들들이 아버지한테 혼이 나고 있다. 지하 세계의 심판은 살아 생전에 공정한 재판으로 이름이 높은 미노스와 라다만티스 형제가 맡고 있다.

하데스는 궁전 문의 열쇠를 아이기나 섬의 왕 아이아코스Aiakos에게 맡겼다. 아이아코스는 생전에 항상 신들을 공경하고 착하게 살았기 때문에 죽어서 이런 영광을 얻었다. 하데스 궁전의 문은 케르베로스라는 개가 지키고 있다. 이 개는 머리가 50개나 되었다. 앞에 달려 있는 세 개는 개의 머리이지만 등에 달린 나머지는 갖가지 짐승의 머리가 뒤섞여 있다. 꼬리는 독을 뿜는 뱀 머리이다. 생긴 모양만으로도 겁에 질리게 한다. 케르베로스는 하데스의 궁전으로 들어갈 때는 아무런 간섭을 하지 않는다. 그러나 궁전에서 나오려는 사람은 이 개의 공격을 피할 수 없다.

하데스의 지하 세계에서 살아 나온 인간은 세 명이다. 죽어야 하는 인간의 몸으로 맨 처음 죽은 자들의 왕국을 찾아온 영웅은 오르페우스다. 그의 아내 에우리디케는 독사에게 물려 죽었다. 그녀를 잊지 못한 오르페우스는 음악의 신비한 힘을 빌려 지하 세계로 내려간다. 뱃사공 카론도 오르페우스의 아름다운 음악에 빠져 강을 건너게 해 준다. 죽은 자들의 세계에서 고통을 받던 탄탈로스와 시시포스 등의 죄인들도 모든 고통을 잊고 그의 음악을 들었다. 케르베로스도 얌전하게 굴었다. 하데스와 그의 아내 페르세포네도 오르페우스의 신비로운 음악에 넋을 잃었다. 하데스는 오르페우스에게 에우리디케를 다시 지상으로 데려가도 좋다고 허락한다. 다만 에우리디케가 완전히 지상 세계로 들어설 때까지 절대로 뒤를 돌아보지 않아야 한다는 조건을 달았다. 지상으로 통하는 입구에 이르러, 먼저 지상의 햇빛 속으로 나온 오르페우스는 뒤쫓아오는 에우리디케를 보고 싶어 고개를 돌렸다. 그러나 에우리디케는 아직 지하 세계를 완전히 벗어나지 않았다. 가냘픈 신음 소리와 함께 에우리디케는 다시 망자의 세계로 빠져들어 갔다. 오르페우스는 자신의 성급함을 후회하며 그녀를 잡으려 했지만 상황을 돌이킬 수는 없었다. 사랑하는 아내를 두 번 잃은 오르페우스는 그 후 실의에 빠져 트라케 지방을 방랑하다가 자신들을 거들떠보지도 않는 데 화가 난 여인들의 손에 죽는다.

두 번째 인간은 아테네의 영웅 테세우스이다. 테세우스와 그의 친구 페이리토스Peirithos는 지하 세계의 여왕 페르세포네를 납치하여 페이리토스의 부인으로 삼겠다는 허황된 꿈을 꾸며 지하로 내려갔다. 이들을 맞은 하데스는 짐짓 그들의 요구에 응하는 척하면서 의자에 앉으라고 권했다. 이 의자는 망각의 의자였다. 그 의자에 앉으면 모든 것을 잊어 버리고 자신이 지금 어디서 무엇을 하는지도 깨닫지 못하고 마냥 앉아 있게 된다. 나중에 헤라클레스가 하데스의 궁전에 와서 이들을 다시 지상으로 데리고 가게 해 달라고 부탁하자 하데스는 흔쾌히 승낙한다. 헤라클레스는 우선 테세우스를 힘으로 의자에서 떼어 내고, 이어서 페이리코스를 일으키려는 순간 지진이 나서 그민 손을 놓쳤다. 그래서 테세우스만이 다시 지상으로 나오게 되었다.

지하 세계에 대한 인간의 침범 가운데 가장 유명한 사건은 헤라클레스의 모험이다. 케르베로스를 데려오라는 에우리스테우스Eurystheus의 명령을 받은 헤라클레스는 하데스의 왕국으로 내려간다. 하데스와 페르세포네는 헤라클레스에게 그가 맨손으로 케르베로스를 굴복시킬 수 있다면 데려가도 좋다고 허락한다. 그러나 일이 끝나는 즉시 그 개를 제자리에 돌려 놓아야 한다는 조건도 잊지 않았다. 케르베로스와의 싸움에서 이긴 헤라클레스는 개를 데리고 지상으로 온다.

"하데스"라는 이름은 부정의 뜻을 가지고 있는 접두어 "a"와 "보다"란 뜻을 가진 어간 "id-"가 합쳐져 만들어진 말이다. 즉 "보이지 않는 자"란 뜻을 갖고 있다. 그의 이런 성격은 그의 무기인 황금 투구 '키네에'에 잘 드러난다. 이 투구를 쓰면 남들의 눈에 보이지 않는다. 죽음의 신인 하데스는 황금 투구를 쓰고 몰래 다가와 한 순간에 우리를 죽음의 세계로 데려간다. 보이지 않는 적은 두렵다. 보이지 않는 자의 공격은 곧 죽음이다. 그리고 죽은 자의 혼은 눈에 보이지 않는다.

고대 그리스인들은 하데스의 이름을 입에 올리기를 두려워했다. 죽음은 항상 두려운 것이다. 그에겐 많은 별명이 있었

하데스와 데메테르
하데스가 풍요의 뿔에서 나오는 씨앗을 밭에 뿌리고 있다. 그 앞에 경작지의 여신 데메테르가 쟁기를 든 채 서 있다. 고대 그리스인들은 데메테르의 곡식에서 싹을 틔워 달라고 하데스에게 빌었다.
(기원전 430-420년, 아테네 국립 고고학 박물관 소장)

다. 그리스인들은 하데스를 가리킬 때 "묶인 자들의 왕", "수많은 자의 지배자", "수많은 자를 받아들이는 자"와 같은 완곡한 표현을 썼다. 하데스의 별칭으로 가장 많이 쓰인 것은 "부자富者", 또는 "부富를 주는 자"라는 뜻을 가진 플루토스Ploutos이다. 땅에서부터 모든 부가 생산된다. 대지는 식물을 싹 틔우고 성장하게 한다. 땅 밑에는 수많은 광물 자원이 매장되어 있다. 산업 사회 이전에 부의 생산은 전적으로 땅에 의존했다.

저승 세계의 뱃사공 카론도 반어법에서 생긴 이름이다. "카론"이란 "기쁨"을 의미하는 chara에서 온 말로 "기쁨을 주는 자"라는 뜻이다. 저승사자에게는 어울리지 않는 이름이다. 그러나 금기시된 불길한 이름을 피하려 할 때 인간은 정반대의 의미를 갖는 좋은 뜻의 낱말로 그 이름을 대신하는 것이 보통이다.

하데스의 성격은 그가 다스리고 있는 세계처럼 어둡고 음울하다.

신들조차 무시무시하고 삭막한 그의 거처를 두려워한다. 다만 저승 세계로 망자를 데려가는 역할을 맡은 헤르메스만이 하데스의 거처를 드나들었다. 헤르메스가 죽은 자들을 지하 세계로 데려간다는 믿음은 비교적 후기에 생겨난 것이다. 원래는 하데스가 직접 죽은 자의 혼을 데려갔다.

하데스는 자신의 모습을 드러내기를 좋아하지 않는다. 전혀 사교적이 아니다. 올림포스의 향연에 참석하여 다른 신들과 어울리는 것을 즐기지 않는다. 항상 조용히 자신의 세계에 빠져 있다. 티타네스와의 전쟁이나 거인들과의 전쟁에서도 하데스의 활약상은 눈에 띄지 않는다. 거의 모든 신이 참전한 트로이아 전쟁에도 모습을 드러내지 않는다. 오히려 전투에 참가하는 포세이돈이 지진을 일으켜 땅을 갈라놓자 하데스는 자신의 궁전이 세상에 드러날까 봐 안절부절못한다.

하데스는 냉혹하고 무정한 신이다. 페르세포네를 납치할 때, 소녀의 두려움이나 딸을 잃은 어머니의 아픈 마음 따위에는 전혀 무관심하다. 죽은 자를 데려갈 때 그는 무자비하고 냉정하다. 죽은 자의 아이들이 울부짖어도 상관하지 않는다. 다시는 못 보게 될 사랑하는 사람을 매정하게 채 가면서도 하데스는 눈 하나 깜짝하지 않는다. 그는 차갑다. 보이지 않는 투구를 쓴 하데스의 접근은 헤아릴 수 없다. 하데스의 말은 빠르다. 하데스는 우리를 데려갈 때, 서서히 여유를 두고 데려가지 않는다. 죽음은 갑작스럽다. 그의 솜씨는 재빠르다.

하데스는 두려움의 대상이다. 하데스에 대한 신앙은 인간이 죽음에 대한 경외심을 갖는 순간에 시작되었다. 죽음에 대한 두려움을 이기고픈 인간의 염원은 부활의 꿈을 키웠다. 수많은 풍요의 신과 생명의 신이 죽음을 극복했다고 주장했다. 그리스도교도 예수가 죽음으로 죽음을 극복하고 인간에게 영생을 얻을 수 있는 길을 열어 주었다고 가르친다. 많은 종교가 부활과 영원히 지속되는 행복한 삶을 약속한다. 그러나 부활과 영생에 대한 믿음을 강조하면 강조할수록 죽음의 그림자는 더 짙게 드리워진다. 생명을 가진 모든 존재에게 죽음은 아직 두려울 뿐이다.

찾아보기

ㄱ

가니메데스Ganymedes 109, 111, 112, 281, 311
가이아Gaia 16, 17, 18, 19, 22, 23, 26, 27, 28, 29, 34, 35, 36, 37, 38, 39, 40, 41, 47, 48, 49, 84, 86, 88, 127, 133, 137, 150, 239, 240, 319, 322, 342, 355, 366, 383
고르곤Gorgon 210, 219, 228, 311
고르디아스Gordias 306
글라우코스Glaukos 258, 370, 375
기간테스Gigantes 27, 34, 35, 37, 39, 40, 41, 77, 84, 86, 87

ㄴ

나르키소스Narcissos 139, 166
나우플리아Nauplia 127
나우플리오스Nauplios 371, 375
나우플리온Nauplion 120
나이다Naida 82, 102, 128, 341, 370, 371
낙소스Naxos 171, 198, 242, 252, 253, 331, 350, 355
네레우스Nereus 23, 298, 352, 357, 359
네레이데스Nereides 355, 359
네메시스Nemesis 17, 21, 63
네메아Nemea 107, 122
네펠레Nephele 284
넥타르nectar 214, 234, 235, 238, 382
넬레우스 366, 376, 382
노아 58, 59, 60
노토스Notos 56
니사Nysa 282, 320, 321
니사Nysa의 디아스Dias 321
니시로스Nisyros 351, 357
니시온Nysion 380
니오베Niobe 108, 197, 202, 256, 259
니케Nike 29, 35, 36, 40, 209, 226, 382
닉스Nyx 16, 17, 18, 20, 46

ㄷ

다나에Danae 108, 222
다나오스Danaos 212, 213, 222, 228, 282, 286, 371, 384
다르다노스Dardanos 111
다이아나Diana 199
다프네Daphne 164, 239, 245, 248, 250, 251
대폭발이론 16, 17
데르키노스Derkynos 367, 377
데메테르Demeter 40, 81, 87, 96, 106, 114, 132-140, 143-146, 161, 166, 281, 322, 368, 374, 375, 377, 380, 387
데모폰Demophon 135, 139, 145
데우칼리온Deukalion 56, 57, 58, 60, 97, 99, 231
데우크로스Deukros 258
데이노스 311
데이모스Deimos 158, 161, 294, 295, 297
덱시테아Dexithea 96, 99
델로스Delos 122, 234, 236, 237, 242, 254, 345
델포이Delphoi 28, 92, 197, 230-233, 236, 238, 240-244, 252, 253, 255, 256, 266, 273, 282, 295, 311, 317, 339, 342, 343, 354-356, 366
델포이 신전 28, 92, 230, 295, 311, 317
델피스delphis 233, 244
도도나Dodona 152, 153
도도네Dodone 91, 92, 98, 213, 224
도로스Doros 252
도리아인Doria 70
도소Doso 134
드리오페Dryope 252
디오네Dione 152, 153, 175, 338
디오니소스Dioysos 32, 35, 39, 81, 82, 107, 123, 138, 158, 159, 161, 162, 171, 192, 230, 250, 263, 282, 286, 296, 300, 306, 307, 311, 318-347, 355
디오니소스와 사티로스 323, 334
디오메데스Diomedes 169, 173, 180, 214, 220, 221, 228, 258, 292, 295, 311
디오스쿠로이Dioskouroi 110
디케Dike 102
딕타이온Diktaion 동굴 28

ㄹ

라다만티스Rhadamanthys 109, 282, 384
라오도코스Laodokos 252

라오메돈Laomedon 257, 259, 260, 354, 361, 363
라이오스Laios 126
라케다이몬Lakedaimon 107
라케시스Lachesis 103
라피타이Lapithai 236, 356
레다Leda 89, 110
레르나Lerna 122, 127, 329
레르나이아Lernaia 122, 127
레소스Resos 215
레스보스Lesbos 170, 178, 242
레아Rhea 28, 29, 56, 84, 114, 115, 120, 133, 137, 242, 321, 322, 324, 339, 343, 351, 359, 377, 380
레카이온 로 149
레토Leto 92, 93, 107, 108, 109, 111, 122, 194, 197, 204, 233-235, 237, 242, 247, 252, 255, 256, 259, 260, 274, 366, 384
렘노스Lemnos 168, 170, 171, 173, 242, 300, 302, 303, 308, 309, 314
로고스Logos 21
로도스Rhodos 150, 158, 161, 286, 351, 364
로디니와 플레우코스 231
로르코스Lorkos 216, 361
로마 180, 288, 296
루시아Lousia 145
리구리아Liguria 367
리노스 252, 253, 254, 328
리디아Lydis 94, 223, 232, 312, 339
리시아나사Lysianassa 366
리카베토스Lykabettos 218
리카온Lykaon 94, 99
리코레이아Lykoreia 252
리코로스Lykoros 252
리쿠르고스Lykourgos 324, 325, 328, 338, 339
리토호로Litochoro 78

■ ─────────────────────

마르스 296
마르시아스Marsyas 256, 257, 259
마르페사Marpessa 245, 246, 248
마이나데스Mainades 321, 325, 326, 338, 340, 341
마이나스 159

마이라Maira 328
마이아Maia 107, 262, 263, 265, 266, 267, 269, 273, 274
마카온Machaon 374, 376
마케도니아 264
만토Manto 253
메가라Megara 369
메넬라오스Menelaos 89, 101, 126, 216, 369
메노이티오스Menoitios 49
메데이아Medeia 94, 124, 126, 171
메돈Medon 100
메두사Medousa 108, 193, 212, 213, 219, 222, 282, 326, 375, 380
메르쿠리우스Mercurius 288
메스트라Mestra 368
메타네이라Metaneira 134, 135, 136, 139, 145
메티스Metis 28, 32, 88, 102, 209, 226
멜라니온Melanion 95, 170, 171, 179
멜라니페Melanippe 375, 377
멜레아그로스Meleagros 197
멜리아Melia 368
멜리케르테스Melikertes 320
모이라이Moirai 17, 35, 102, 121, 151
몰리오네Molione 368
몹소스Mopsos 253
무사이 Mousai 80, 103, 121, 141, 169, 236, 251, 252
므네모시네Mnemosine 23, 103
미네르바Minerva 226
미녀와 야수 189, 305
미노스Minos 96, 109, 312, 360, 364, 366, 377, 384
미노아Minoa 199, 253, 286, 333, 357, 377
미노타우로스Minotauros 331, 360, 377
미논 36
미니아스 325, 328, 341
미니에스Minyes 213
미다스Midas 257, 259
미르틸로스Myrtilos 286, 309, 363
미마스Mimas 37, 242
미케네Mycenae 53, 70, 128, 222, 249, 357, 360
미티카스Mitikas 79
밀레토스Miletos 242, 252, 253, 260

ㅂ

바레인 127
바르바로이Barbaroi 60
바이런Byron 350
바쿠스Bacchus 192, 339
바후Vaju 288
박코이Bacchoi 339
백설공주 54, 188, 189
밴트리스Vantris 329
베르길리우스Vergilius 180
베브리코스Bebrykos 368
베스타vesta 116
벤테시키메Benthesikyme 369, 370, 374
벨레로폰Bellerophon 212, 225, 375
보레아스Boreas 56, 374
보이오토스Boiotos 375
보이오티아Boiotia 57, 70, 95, 128, 195, 238, 248, 264, 266, 269, 284, 325, 328, 330, 366, 370, 375
복희와 여와 72
부노스Bounos 286
부시리스Bousiris 366, 367
부주키Botzouki 78
브리세이스Briseis 214, 257
브리아레오스Briareos 85, 122, 356
비너스Venus 180
비블로스Biblos 167
비아Bia 29, 382
비잔티온 제국 192
비티니아Bithynia 368

ㅅ

사도 바울로 191, 292
사도 요한 193, 194
사로니코스Saronikos 148, 349
사르데니아Sardegna 354, 357
사르페돈Sarpedon 109, 368
사티로스Satyros 107, 263, 300, 319, 320, 321, 326, 334, 337, 340, 343
살라미스Salamis 133
살마키스Salmakis 163
살모네우스Salmoneus 96, 365
선형 문자 BLinear B 329
성 소피아 성당 193
세멜레Semele 107, 123, 282, 318, 319, 320, 322, 325, 338, 346
세이레네스Sirenes 251, 254
세일레노스Seilenos 321, 337
셀레네Selene 37, 95, 106, 107, 111, 202, 344
셀렘노스Selemnos 170, 171
셀죽Selcuk 161, 190, 193, 201
셈 60
소포클레스Sophokles 55
소피스트Sophist 68, 344
수니온Sounion 348, 349, 350
수은mercury 288
스미르나Smyrna 163, 166, 168, 173
스카만드로스 307, 308, 314
스칼라Skala 79
스키론Skiron 369
스타필로스Staphylos 332, 333
스테파니Stefani 79, 80
스티븐 호킹 Stephen Hawking 20
스틱스Styx 29, 36, 48, 198, 382, 383
스팀팔로스Stymphalos 213
스파르타 89, 107, 110, 169, 173, 180, 203
스페르포Sperpo 345
스페리돈Speridon 258
스핀테라스Spitheras 308, 314
스핑크스 66, 126
시니스Sinis 369
시시포스Sisyphos 95, 99, 110, 383, 384, 385
시칠리아 37, 39, 42, 84, 152, 158, 209, 302, 307, 367, 379
시키온Sikyon 262, 286
신데렐라 54, 189
심봉사 147
심청 147
심플레가데스Symplegades 213

ㅇ

아가멤논Agamemnon 196, 203, 214, 215, 249, 257, 259, 284, 291, 311

아게노르Agenor 109
아글라울로스Agraulos 218, 291
아글라이아Aglaia 106, 305
아기스Agis 210
아니오스Anios 252, 345
아다마스토르Adamastor 37
아담 53, 58, 64
아도니스Adonis 140, 141, 142, 159, 162, 163, 164, 166, 167, 168, 169, 179, 204, 324, 329
아드메토스Admetos 93, 197, 203, 248, 250, 257
아라크네Arachne 223, 225
아라호바Arahova 231
아레스Ares 35, 36, 37, 81, 106, 121, 158, 159, 160, 161, 164, 198, 209, 213, 220, 221, 227, 233, 255, 256, 281, 285, 290-297, 299, 301, 305, 306, 311, 316, 369, 376, 378, 379
아레이아Areia 253
아레이오스 파고스Areios Pagos 215, 227, 290, 291, 292, 369
아르고나우타이Argonautai 82, 124, 168, 173, 213, 224, 251, 258, 284, 287, 309, 311, 368, 370, 371
아르고스Argos 96, 97, 108, 123, 124, 127, 128, 169, 180, 213, 222, 253, 255, 259, 282, 284, 309, 326, 327, 328, 344, 355, 358, 374, 376
아르골리스Argolis 128, 129
아르기라Argyra 170
아르카디아Arkadia 94, 107, 123, 143, 170, 194, 195, 223, 246, 374
아르카스Arkas 107, 123, 195
아르코스arkous 107, 282
아르테미스Artemis 38, 40, 81, 93, 95, 107, 108, 109, 111, 114, 122, 131, 141, 157, 169, 174, 190-205, 216, 235, 236, 245, 247, 255, 256, 261, 282, 287, 296, 311, 319, 326, 327, 332, 365, 366, 384
아르테미시온 352
아르팔리코스Arpalykos 286
아리스타이오스Aristaios 252, 253
아리스토텔레스Aristoteles 68
아리스토파네스Aristophanes 72, 73
아리아드네Ariadne 171, 311, 326, 327, 330, 331, 332, 333, 344, 350

아리온Arion 375, 376
아마존 124, 286, 291, 295
아말테이아 30
아미모네Amymone 374
아미코스Amykos 368, 376
아브데로스Abderos 286
아소포스Asopos 95, 110, 370
아스클레피오스Asklepios 92, 98, 199, 204, 247, 250, 252, 374
아스티오케Astyoche 292
아스티팔라이아Astypalaia 371
아에로페Aerope 96
아우게우스Aigeus 367, 368
아우톨리코스Autolyukos 286
아이게우스Aigeus 149, 349, 350, 370, 376
아이글레Aigle 332
아이기나Aigina 95, 103, 110, 242, 355, 370, 384
아이기스토스Aigistos 249, 284
아이기알레이아Aigialeia 169, 173
아이기판Aigipan 42
아이네이아스Aineias 94, 169, 171, 178, 179, 180, 214, 258
아이노스Ainos 368
아이도스Aidos 63
아이스킬로스Aischylos 101, 132
아이아스Aias 110, 216, 258, 361, 362, 363
아이아코스Aiakos 103, 110, 384
아이에테스Aietes 94, 307, 309
아이올로스Aiolos 375
아이테로스Aitheros 16
아이톨로스Aitolos 252
아이톨리아Aitolia 58, 252, 327, 328
아이트라Aithra 370
아이틀리아스Aithlias 58
아케론Acheron 382
아케루시아Acherousia 382
아크로폴리스 206, 207, 211, 217, 218, 224, 290, 303
아크리시오스Akrisios 108
아킬레우스Achilleus 49, 85, 110, 122, 139, 214, 228, 252, 253, 254, 257, 258, 259, 284, 287, 307, 308, 310, 311, 361, 363, 371
아타마스Athamas 123, 320, 339

찾아보기 393

아탈란타Atalanta 94, 170, 171, 174, 179, 197, 327
아탈로스 스토어Stoa of Attalos 290
아테나Athena 35, 36, 37, 39, 40, 42, 44, 45, 46, 52, 81, 85, 87, 88, 102, 107, 114, 120-122, 153, 154, 156, 172, 174, 206, 208-229, 256, 260, 261, 274, 275, 277, 282, 292, 294, 296, 302-304, 307, 308, 311, 312, 316, 322, 332, 339, 350, 354-356, 358, 361, 362, 376, 379, 380
아테네Athene 22, 68, 78, 107, 128, 132, 144, 145, 149, 155, 156, 159, 165, 166, 180, 181, 206, 208, 210, 211, 215, 217, 218, 222, 223, 224, 227, 230, 233, 242, 243, 253, 282, 290, 291, 296, 302, 303, 308, 314, 320, 323, 331, 332, 336, 348, 349, 352, 355, 358, 360, 361, 369, 370, 374, 376, 385, 387
아트레우스Atreus 96, 97, 284
아트로포스Atropos 47, 103
아틀라스Atlas 29, 31, 32, 33, 48, 49, 107, 262, 274, 353, 374
아틀란티스Atlantis 374
아티스Attis 308, 324, 329
아티카Attika 95, 128, 145, 327, 328, 349, 355, 358
아페모시네Apemosyne 286
아포소스 376
아폴로도로스Appolodoros 145
아폴론Apollon 35-38, 71, 81, 82, 85, 87, 92, 93, 95, 103, 107, 108, 109, 114, 122, 131, 157, 159, 164, 169, 182, 194, 196-198, 199, 201, 202, 204, 205, 230, 231, 233-278, 280, 282, 284, 285, 295, 296, 301, 311, 316, 319, 339, 342, 343, 353-355, 359, 361, 363, 378, 379, 384
아풀레이우스Apuleius 187
아프로디테Aphrodite 16, 27, 40, 52, 81, 88, 89, 93, 94, 114, 120, 126, 128, 140, 141, 142, 148, 150-189, 199, 204, 216, 236, 285, 292-297, 299-301, 304-306, 309, 316, 317, 319, 324, 356, 364, 367, 379
아프로디테 포르네Porne 183
아프로스aphros 27, 152
악타이온Aktaion 95, 195, 196

악토르Aktor 368
안드로게오스Androgeos 360, 364
안드로메다Andromeda 355, 358
안카이오스Ankaios 371, 375
안키세스Anchises 94, 175, 176, 177, 178, 179, 180
안타이오스 366, 377
안토니우스 192
안티고네Antigone 230
안티오페Antiope 107, 291
알렉산드로스 대왕 191, 306
알케스테Alkeste 248, 250
알크마이온Alkmaion 259, 260
알크메네Alkmene 110, 282
알키노오스Alkinoos 312
알키다메이아Alkidameia 286
알키디케Alkidike 365
알키오네Alkyone 95
알키오네우스Alkyoneus 36, 37, 213
알키페Alkippe 290, 291, 369
알타이아Althaia 327
알페이오스Alpheios 196, 242, 265
암몬Ammon 92
암브로시아ambrosia 214, 234, 382
암펠로스Ampelos 332, 333
암피사Amphissa 252
암피소스Amphissos 252
암피아라오스Amphiaraos 259, 371
암피온Amphion 107
암피트리온Amphitrion 110, 111
암피트리테 352, 353, 355, 357, 359, 369
암피트리톤Amphitriton 224
압시르토스Apsyrtos 94
에깁토스Egyptos 212
에니오 294, 311
에덴동산 63, 67, 127
에라토Erato 103
에레보스Erebos 16, 18
에레크테우스 217, 253
에로스Eros 16, 18, 46, 51, 140, 141, 157, 158, 166, 172, 181, 182, 183, 184, 185, 186, 187, 189, 319
에리고네 328
에리니스Erinys 145

에리니에스Erinyes 27, 215, 222, 227, 259, 284
에리스Eris 17, 21, 88, 89, 153, 294, 311
에리시크톤Erysichthon 146, 147, 368
에리카스Erykas 158
에리크토니오스Erichthonios 210, 216, 308, 314, 315
에리토스Erytos 287
에리필레Eriphyle 259
에릭스Eryx 367
에스페리데스Esperides 17
에스페리스Esperis 122, 127
에오Eo 37, 195, 202
에올리아 375
에우노미아Eunomia 102
에우도로스Eudoros 287
에우로페Europe 109, 110, 371
에우리노메Eurynome 106, 298
에우리디케Eurydike 251, 385
에우리메돈Eurymedon 37
에우리스테우스Eurystheus 124, 386
에우리알레Euryale 366
에우리테Euryte 291, 369
에우리토스Eurytos 39, 256, 259, 367, 368
에우리필로스Eurypylos 368
에우몰포스Eumolpos 374
에우보이아Euboia 128, 238, 354, 357
에우에노스Euenos 245
에우테르페Euterpe 103
에우페모스Euphemos 371, 375
에우프로시네Euphrosene 106
에이레네Eirene 102
에일레이티이아 Eileithyia 106, 121, 201, 209, 234
에키온Echion 287
에테오클레스Eteokles 97
에트나Etna 42, 84, 307
에트루리아 332
에티오피아 355, 358, 370, 374
에파포스Epaphos 96, 108, 122, 123, 237, 366
에페소스Ephesos 190, 191, 192, 193, 194, 199, 201, 279
에페이로스Epeiros 92
에피네우스Epineus 365, 376
에피메테우스Epimetheus 44, 49, 51, 52, 54, 281, 313

에피알테스Ephialtes 36, 37, 85, 197, 198, 203, 255, 281, 294, 365, 376, 377
엔디미온Endymion 111
엔켈라도스Enkelados 37, 39
엔투시아즈모스enthousiasmos 341
엘라라Elara 111, 366
엘라이스Elais 345
엘라토스Elatos 356
엘레우시스Eleusis 132, 134, 135, 136, 137, 138, 143, 144, 145, 369, 374, 375
엘렉트라Elektra 107
엘리모이족Elymoi 158
엘리스Elis 96, 367
엘리엇T. S. Eliot 167
엥겔라도스 209
여와 72-73
오나시스Onasis 348
오디세우스Odysseus 100, 214, 215, 285, 286, 362, 363, 366, 374
오디세이아Odysseia 81, 332
오딘Odin 288
오레Ore 17, 23, 27, 215, 222, 227, 259, 260, 284, 291, 362
오르메노스Ormenos 325
오르코메노스Orchomenos 257, 366
오르페우스Orpheus 251, 252, 254, 341, 345, 385
오리온Orion 195, 202, 308, 315, 366, 375
오사Ossa 198
오이네우스Oineus 196, 197, 203, 327, 328, 329
오이노Oino 345
오이노마오스Oinomaos 286, 294, 295, 360, 363
오이노피온Oinopion 308, 332, 333
오이디푸스Oidipous 32, 62, 97, 126, 230
오케아노스Okeanos 22, 23, 29, 47, 106, 127, 351, 357, 359, 382
오토Oto 85, 197, 198, 203, 255, 281, 294, 365, 376, 377
올림포스Olympos 15, 29, 34, 35, 37, 39-41, 52, 61, 63, 70, 71, 75, 76, 78-82, 85-87, 92-94, 99-103, 106, 107, 111, 112, 114, 115, 121, 129-131, 133, 134, 136-139, 151-153, 158, 164, 171, 173-175, 180, 183, 187, 194, 197, 201, 214, 220, 221, 223, 224, 230, 232, 234-

238, 242, 244, 252, 260, 261, 264, 266, 268-271, 273-275, 277, 278, 291, 292, 294, 296, 298-301, 303, 306, 307, 309, 313, 316, 322, 328-330, 333, 338, 342-345, 347, 351-354, 357-359, 361, 363, 365, 369, 378, 379, 380, 382, 387
올림피아Olympia 95, 109, 117, 232, 236, 243, 283, 294
옴팔로스 232
우라노스Ouranos 17, 19, 22, 23, 26, 27, 28, 32, 35, 42, 82, 150, 175, 208
우라니아Urania 103
유스티니아누스 192
이나코스 355
이노Ino 123, 320, 339
이다스Idas 245, 246
이데Ide 산 154
이도메네우스Idomeneus 362, 364
이드몬Idmon 223
이리스Iris 87, 136, 210, 234, 382
이브 53, 58, 64, 127
이스키스Ischys 246
이아벨리온 377
이아손Iason 32, 94, 124, 168, 171, 225, 258, 311
이아시온Iasion 96, 145
이아페토스Iapetos 29, 49, 50
이알레비온Ialebion 367
이알메노스Ialmenos 292
이암베Iambe 135
이오Io 96, 108, 122, 123, 213, 237, 281
이오카스테Iokaste 126
이온Ion 253, 282
이올코스Iolkos 124, 242, 366
이즈메네Izmene 214, 216, 219
이즈미르Izmir 190
이카리오스Ikarios 327, 328, 329, 341
이테아Itea 231, 232
이피게니아Iphigenia 196, 203
이피메데이아Iphimedeia 197, 365, 376
이피아나사Iphianassa 111
이피클레스Iphikles 111
익시온Ixion 93, 99, 306
일리아스Ilias 81, 204, 257, 274, 338

임꺽정 278

ㅈ ─────────────

작은 아르테미스 201
잠자는 숲속의 미녀 54, 189
재클린 348
제우스Zeus 28, 29, 30, 32, 34, 35, 37, 39-58, 61, 62, 64, 65, 67, 68, 71, 72, 77, 79-81, 84-115, 119-124, 127, 129-131, 133-137, 139-141, 145, 151-154, 157, 164, 168, 171, 173-176, 178-180, 182, 183, 194, 195, 198, 199, 204, 208, 209, 210, 212, 215, 218-227, 233, 235-238, 240, 244-248, 254-257, 260, 261, 263, 266-270, 272-277, 279, 280-285, 288, 289, 292, 298, 300, 301, 303, 306, 307, 309, 311-313, 316, 318-322, 325, 331, 339, 343, 345, 347, 351, 353-359, 363, 368, 370, 376, 379, 380, 382
제우스 디오니소스Zeus Dionysos 345
제토스Zethos 107, 370
제피로스Zephyros 151
젤로스 29, 382
조르주 바타이유Georges Bataille 161
조왕신 118

ㅋ ─────────────

카두케우스caduceus 288
카드모스Kadmos 62, 107, 110, 212, 230, 240, 295, 311, 318
카론 382, 385, 387
카르타고 180
카리테스Kharites 52, 80, 106, 121, 157, 305
카밀로스Kamillos 308, 314
카베이로 308, 314
카사노 127
카산드라Kassandra 216, 219, 246, 249, 252, 361
카스타네츠 311, 326
카시에페이아Kassiepeia 355
카오스Chaos 16, 17, 18, 19, 33, 34, 35
카이네Kaine 356
카이네우스Kaineus 356, 358, 364, 378

카이로네이아Chaironeia 252
카이론Chairon 252
카키아 스칼라Kakia Skala 79
카타노Kathano 120
카파네우스Kapaneus 96, 98
카페이라Kapheira 351, 357, 359
칸타로스 38
칼라우레이아Kalaureia 356
칼라이스Kalais 370
칼리돈Kalydon 196, 214
칼리메네Kalymene 286
칼리스토Kalisto 107, 123, 194, 195, 202, 203, 204, 282
칼리오페Kalliope 103, 251, 252
칼리케Kalyke 371
칼립소Kalypso 215, 285
칼카스Kalchas 253, 361
케네디 348
케달리온Kedalion 309
케르베로스Kerberos 140, 283, 384, 385, 386
케르키온Kerkyon 369
케아Kea 96
케욱스Keux 95
케이론Cheiron 247
케크롭스Kekrops 107, 218, 291, 308, 314
케페우스Kepheus 355
케피소스Kephisos 369
켄타우로스Kentauros 236, 247, 356
켈레오스Keleos 134, 135, 136, 139, 143
코로니스Koronis 246, 247, 249
코리반테스Korybantes 103, 252
코리키아Korykia 252
코린토스Korinthos 95, 110, 148, 149, 150, 161, 173, 260, 262, 264, 286, 356, 368, 369
코메테스Kometes 169
코스모스Cosmos 17, 34
코스모폴리타니즘Cosmopolitanism 118
코스 섬 242, 351, 368
코이오스Koios 233, 274
코카서스Caucasus 42, 48, 59, 281, 307, 309
콜키스Kolchis 309
쿠레테스Kouretes 28, 30, 32, 96, 225
크라나오스Kranaos 308

크라토스 29, 382
크레온Kreon 230
크레우사 252, 253, 282
크레타Krete 28, 84, 96, 109, 145, 199, 233, 241, 242, 244, 253, 312, 331, 349, 360, 361, 362, 366, 377
크로노스Kronos 26, 28, 29, 30, 32, 34, 42, 61, 80, 84, 86, 89, 114, 115, 120, 133, 150, 152, 175, 208, 351, 359, 377, 380
크리사Krisa 241, 242, 375, 376
크리세스Chryses 257
크리세이스Chryseis 257
크리아리Kriari 284
크테아토스Kteatos 367, 368
크토노필레Chthonophile 286
클레이오 169, 173
클레이토Kleito 191, 192, 374
클로리스Chloris 371
클로토Klotho 103
클리오Klio 103, 173
클리타임네스트라Klytaimnestra 27, 169, 173, 215, 249, 259
클리티오스Klytios 37, 307
키네에Kynee 29, 280, 380, 386
키니라스Kinyras 163, 168, 173
키돈Kydon 252, 253
키레네Kyrene 252, 253
키르케Kirke 285
키마이라Chimaira 375
키벨레Kybele 27, 199, 324
키오네Chione 36, 37, 95, 196, 202, 374
키오스Chios 242, 308
키크노스Kyknos 213, 221, 252, 294, 295, 363, 371
키클롭스Kyklops 17, 23, 28, 29, 58, 86, 90, 92, 244, 247, 250, 257, 351, 380
키타이론Kithairon 325
키테라Kythera 151
키파리소스Kyparissos 164, 248, 250
키프로스Kypros 151, 152, 163, 168, 169, 173, 301, 330, 333, 354, 357, 379
킬레네Kyllene 262, 265, 267, 269, 273
킬리키아Kilikia 42

찾아보기 397

ㅌ

타나토스Thanatos 383, 384
타르타로스Tartaros 29, 34, 41, 86, 92, 93, 247, 250, 256, 259, 267, 351, 358, 377
타미레스Thamyres 169
타우로스Tauros 215, 236, 362
타이게테Taygete 107
탄탈로스Tantalos 94, 99, 197, 312, 383, 385
탈레이아Thaleia 103, 252
탈로스Talos 94, 99, 197, 290, 312
탈리아Thalia 106
태풍typhoon 42, 43
테네도스Tenedos 252, 254, 255
테네스Tenes 252
테로Thero 16, 156, 252
테르시코레Tersichore 103
테미스Themis 102, 355
테바이Thebai 62, 96, 97, 98, 107, 109, 110, 126, 128, 212, 213, 214, 230, 240, 242, 244, 256, 257, 258, 295, 296, 311, 318, 325, 371, 375
테살로니키 78, 151, 331, 340
테살리아Thessalia 93, 110, 146, 240, 253, 328, 356, 358, 364, 365, 370, 375, 376
테세우스Theseus 149, 169, 171, 290, 291, 302, 331, 332, 333, 349, 350, 360, 361, 364, 369, 370, 376, 385, 386
테세이온Theseion 290, 302
테이레시아스Teiresias 253, 371
테티스Thetis 48, 49, 85, 88, 112, 122, 127, 139, 153, 252, 298, 310, 311, 324, 338, 354, 359, 382
텔레마코스Telemachos 215
텔키네스Telchines 96, 351, 364
텔푸사Telphousa 238, 239, 240, 242, 244
템페 239, 240, 244
토아스Thoas 215
토오사Thoosa 366
트라케Thrake 108, 168, 295, 296, 309, 324, 328, 330, 368, 370, 374, 385
트로이아Troia 21, 62, 87, 89, 94, 98, 101, 110, 111, 112, 115, 124, 126, 131, 154, 157, 169, 176, 178, 180, 196, 198, 202, 210, 214, 216, 218, 220, 221, 224, 225, 228, 246, 249, 252, 253, 257, 258, 260, 284, 285, 287, 292, 307, 312, 343, 345, 353, 354, 361, 363, 371, 374, 388
트로이젠Troizen 149, 199, 356, 370
트리아시오Thriasio 355
트리아이나Triaina 29, 351, 357
트리오파스Triopas 364
트리톤Triton 223, 224, 369, 375
트리프톨레모스Triptolemos 144, 145
티데우스Tydeus 214, 216, 228
티레노이Tyrrhenoi 330, 332
티로Tyro 365
티르소스 321, 335, 343
티린스Tiryns 326
티아데스Thyades 338
티에스테스Thyestes 96, 97, 284
티오네Thyone 338
티이아Thyia 252
티타네스Titanes 17, 23, 28, 29, 31, 32, 34, 39, 45, 49, 77, 80, 82, 84, 85, 86, 87, 233, 274, 339, 341, 342, 351, 377, 380, 382, 388
티티오스Tityos 93, 111, 197, 204, 255, 366, 377, 384
티폰Typhon 41, 42, 77, 84, 85, 86, 87, 122, 129, 281, 307
틴다레우스Tyndareus 110, 169, 173

ㅍ

파르나소스 Parnassos 28, 57, 230, 231, 239, 242, 273
파르테노파이오스Parthenopaios 371
파르테논Parthenon 206-208, 226
파리스Paris 88, 89, 98, 101, 120, 126, 154, 156, 171, 172, 216, 258, 259, 284
파시파에Pasiphae 360, 364
파에돈Phaedon 93, 99
파에투사Phaethousa 286
파온Phaon 170, 171, 178
파이아케스Phaiakes 312, 352, 357, 362
파이에온Paieon 382
파트라Patra 170
파트로클로스Patroklos 214, 228, 258
파포스Paphos 96, 122, 123, 151, 152, 301
판Pan 신 30, 35, 42, 286, 300, 321, 334

판다레오스Pandareos 199, 225, 312
판다로스Pandaros 214
판도라Pandora 50, 51, 52, 53, 54, 55, 169, 171, 225, 280, 281, 313, 315
판디아스Pandias 107
팔라디온Palladion 218, 224, 226
팔라스Pallas 35, 40, 210, 218, 219, 223, 224, 226
페가소스Pegasos 212, 225, 375, 376
페네이오스Peneios 239, 245
페넬로페Penelope 100, 215, 285, 286
페니키아인 180
페드라Phedra 149, 150, 169, 173, 204, 360
페르세우스Perseus 32, 108, 212, 219, 222, 228, 282, 311, 326, 327, 328, 329, 343, 344, 355, 379, 380
페르세포네Persephone 87, 106, 132, 133, 134, 135, 136, 137, 138, 139, 140, 141, 142, 143, 144, 162, 163, 164, 166, 179, 186, 187, 188, 251, 281, 322, 339, 374, 380, 381, 383, 385, 386, 388
페리클리메노스Periklymenos 213, 214, 371, 382
페리파스Periphas 95
페미오스Phemios 100
페이리토스Peirithos 385
페이토Peitho 157, 160
펜테실레이아Penthesileia 295
펜테우스Pentheus 325, 328, 339
펠라스고스Pelasgos 108
펠라스고이Pelasgoi 108, 332
펠레우스Peleus 49, 88, 113, 153, 354
펠로레우스Peloreus 37
펠로폰네소스 128, 143, 148, 180, 241, 264, 309, 328, 329, 330, 366
펠롭스Pelops 94, 96, 284, 286, 295, 309, 314, 360, 363, 376, 383
펠리아스Pelias 124, 126, 366, 376
펠리오스Pelios 198
포달레이리오스 374, 376
포보스Phobos 158, 161, 294, 295, 297
포세이돈Poseidon 29, 35, 37, 38, 48, 56, 80, 81, 85-87, 96, 111, 122, 127, 143, 146, 147, 157, 158, 161, 197, 198, 203, 209, 210, 213, 215, 217, 222-224, 227, 234, 244, 252, 257, 291, 301, 308, 348-379, 380, 382, 388
포이베Phoibe 233, 274
포이보스 311
포이토스 36
포토스Pothos 157
폰토스Pontos 17, 23
폴리네이케스Polyneikes 97
폴리데우케스Polydeukes 368
폴리보스Polybos 286
폴리보테스Polybotes 37, 38, 351
폴리페모스Polyphemos 362, 366
폴리포이테스Polypoites 252
폴힘니아Polhymnia 103
프락시텔레스 283
프로메테우스Prometheus 29, 31, 44, 45, 46, 47, 48, 49, 50, 52, 56, 64, 67, 68, 73, 86, 119, 122, 125, 129, 209, 227, 281, 304, 307, 309, 313
프로아테스 375
프로이토스Proitos 326, 328
프로크루스테스Prokroustes 369
프로클레이아Prokleia 252
프로테우스Proteus 369
프로토게네아Protogenea 58
프리기아Phrygia 27, 176, 178, 197, 256, 257, 306, 321
프리아모스Priamos 246, 284, 285
프리아포스Priapos 159, 161, 162, 324
프리오니아Prionia 78
프릭소스Prixos 284
프사마테Psamathe 252, 253, 254, 255
프시케Psyche 140, 184, 186, 187, 188
프티아Phthia 252
플라톤Platon 68, 72, 73, 345
플레기아스Phlegyas 246, 255, 256, 295
플루토스Ploutos 145, 387
피그말리온Pygmalion 169, 171
피네우스Phineus 370, 375
피에리아Pieria 242, 264
피토 172
피톤Python 239, 240, 244
피티아 243, 256
필로니스Philonis 286

필로스Pylos 242, 264, 267, 269, 329, 366, 382
필로크테테스Philoktetes 124

ㅎ

하데스Hades 29, 61, 80, 85-87, 133-140, 142, 221, 247, 251, 280, 281, 285, 351, 380-388
하르모니아Harmonia 107, 157, 158, 161, 295, 297, 311, 318
하르피아이Harpyai 370
하리테스 236
하이모스Haimos 42
할리로티오스Halirrhothios 290, 291, 369, 376
할리아Halia 364, 376
함 59
해석학hermeneutics 288
햄릿Hamlet 32
향연Symposion 72, 151, 152, 237, 238, 274, 383, 387
헤라Hera 36, 40, 81, 85, 93, 95, 114, 120-131, 133, 153, 154, 156, 159, 198, 202, 204, 209, 210, 225, 233, 257, 263, 274, 281, 292, 294, 296, 298, 300, 303, 305, 308, 311, 316, 318, 319, 320, 321, 326, 339, 343, 344, 354, 355, 358, 361, 379
헤라클레스Herakles 37, 41, 48, 82, 86, 107, 110, 111, 121, 122, 124, 127, 129, 130, 140, 213, 219, 220, 221, 225, 230, 240, 248, 256, 257, 258, 282, 283, 286, 294, 295, 296, 311, 327, 328, 355, 360, 366, 367, 368, 375, 378, 379, 380, 382, 386
헤라클레이토스Herakleitos 191, 192
헤로도토스Herodotos 92
헤로스heros 126, 191, 192
헤로스트라토스Herostratos 191
헤르마herma 287
헤르마프로디토스Hermaphroditos 160, 162, 163, 286
헤르메스Hermes 42, 47, 48, 51, 52, 82, 84, 87, 92, 97, 107, 111, 123, 136, 137, 159, 162, 163, 176, 196, 202, 236, 262-289, 294, 301, 309, 316, 319, 320, 326, 380, 381, 387
헤르세Herse 107
헤메라Hemera 16

헤베Hebe 106, 121, 130, 157
헤스티아Hestia 81, 82, 114, 115, 116, 117, 118, 119, 133, 174, 216
헤시오네 354, 358
헤시오도스Hesiodos 17, 18, 20, 21, 24, 53, 54, 62, 63, 69, 70, 115, 338
헤카테Hekate 37, 133, 134, 202, 381
헤카톤케이레스Hekatoncheir 17, 23, 28, 29, 86
헤파이스토스Hephaistos 35, 37, 44, 52, 81, 106, 119, 121, 158, 159, 160, 168, 209, 216, 226, 227, 285, 297-316, 343, 344, 352, 367
헥토르Hektor 214, 228, 258, 284, 361
헬레Helle 284
헬레네Helene 60, 62, 89, 98, 110, 126, 154, 169, 171, 173, 216, 284
헬레네스Hellenes 60
헬레스폰토스Hellespontos 284
헬렌Hellen 57, 60
헬리오스Helios 37, 47, 93, 133, 134, 139, 150, 158, 161, 184, 301, 307, 308, 309, 314, 315, 356
호라이Horai 102, 151, 157, 160, 236
호메로스Homeros 70, 81, 82, 115, 138, 152, 155, 204, 257, 274, 277, 296, 301, 332, 338
휴브리스hubris 259
히드라Hydra 122, 127
히메로스Himeros 157
히아킨토스Hyakinthos 164, 169, 173, 248, 250
히페르보레이오이 236, 342
히포다메이아Hipodameia 286, 295, 360, 363
히폴리테Hippolyte 124
히폴리토스Hippolitos 149, 169, 174, 199, 204, 281, 360, 364, 377